U0717171

宋元學案補遺

十

〔清〕王梓材 馮雲濠 編撰
沈芝盈 梁運華 點校

中華書局

宋元學案補遺人名索引

説　　明

一、本索引以姓名作主目,其他稱謂一律附注于後。例如:

方有開(躬明)

二、爲方便查閲,主目後所注稱謂一律列出參見條目。例如:

躬明(見方有開)

三、主目後列出師承關係及所在卷數和頁數。例如:

方有開(躬明)

晦翁門人＊69/3888

忠肅門人 43/2331

前一数碼"69"、"43"是卷數,後一数碼是頁數。

"＊"號標志傳文所在。出處單一者不標"＊"號。

四、索引後附有拼音和筆畫檢字。

0010_4主

10 主一(見張匡敬)
主一(見吴志淳)
主一齋(見張洽)
48 主敬(見陶安)

0010_4童

12 童瑞(見歐陽光祖)
17 童君欽
楊氏同調 69/3943
24 童偉(俊卿)
王氏門人 44/2437
26 童伯羽(蜚卿、敬義先生、敬義堂)
晦翁門人 69/3870
童侃(文卿)
王氏门人 44/2437
28 童徽
鄭氏門人 56/3268
32 童溪(見王宗傳)
33 童必大
楊氏門人 78/4468
77 童居易(行簡、杜洲先生)
慈湖門人 * 74/4298
王氏門人 74/4312
80 童金(子丹、端介先生、一間齋)
杜洲家學 74/4317
83 童鋐(聲伯)
杜洲家學 74/4317

0010_8立

00 立庵(見俞貞木)
立齋(見王侃)
立齋(見杜範)
立方(見胡常)
27 立叔(見陳持之)
30 立之(見方審權)
立之(見郭忠孝)
立之(見王直方)
立之(見王聞禮)
立之(見潘植)
立之(見曹建)
立之(見陳宗禮)
35 立禮(見鄭履)
38 立道(見方公權)
立道(見張顯)
立道(見黄超然)
立道(見趙良本)
立道(見劉大中)
40 立大(見王天與)
立大(見徐直芳)
立大(見陳苑)
50 立夫(見吴萊)
立夫(見趙必愿)
77 立卿(見夏天祐)

80 立翁（見李志道）
立父（見程其清）
立義（見周葵）

0012_7 病

77 病叟（見張撝）

0014_1 癖

00 癖齋（見杜旃）

0020_1 亭

22 亭山（見李丑父）

0020_7 亨

26 亨泉先生（見張方）
30 亨之（見蔣元）
34 亨遠（見周霆震）
40 亨壽（見吳觀萬）
53 亨甫（見郭泰亨）
亨甫（見傅野）
80 亨父（見范椁）
亨父（見羅必元）
亨父（見嚴世文）

0021_1 庇

77 庇民（見趙敦臨）

0021_1 鹿

00 鹿庵（見王磐）
鹿庵（見王鶚）
22 鹿巖（見賈端老）
28 鹿谿生（見黃沇）
40 鹿皮子（見陳樵）

0021_1 龐

00 龐文英（見龐元英）
10 龐元英（龐文英、懋賢）
涑水同調 8/855
30 龐安仁（宅道）
陳氏家學别 1/6211

0021_3 充

30 充之（見唐廣仁）
充之（見汪義端）
充之（見曾充之）
充安老人（見戴表元）
充安閣（見戴表元）
53 充甫（見齊礎）
充甫（見楊宏中）
77 充履（見朱□）

0021_6 兗

80 兗公（見歐陽修）

0021_6 庵

22 庵山（見陳淵）

0021_7亢

30 亢宗（見司馬京）
亢宗（見蔣昌道）

0021_7廬

74 廬陵（見歐陽修）

0022_2彥

00 彥立（見師古）
彥亨（見金安節）
彥高（見胡景崧）
彥文（見季汶）
彥文（見江緯）
彥章（見項昕）
彥章（見汪藻）
彥章（見袁士元）
彥章（見易袚）
03 彥誠（見董文忠）
08 彥謙（見張撝）
彥謙（見李彌光）
10 彥正（見張綱）
彥正（見陳士貞）
彥平（見李衡）
彥平（見莫砥）
彥醇（見馬希孟）
彥栗（見栗寬）
彥霖（見王巖叟）
16 彥聖（見胡宗炎）
彥理（見陳大倫）
17 彥承（見胡居祐）
彥柔（見陳剛中）
18 彥珍（見樓士寶）
21 彥仁（見鄭憲）
彥貞（見王桓）
彥能（見鄭僅）
彥穎（見王庭秀）
24 彥先（見高登）
彥德（見凌懋）
彥德（見周潤祖）
彥升（見陳薦）
25 彥純（見劉承弼）
26 彥和（見徐常）
彥和（見曾旼）
彥和（見龔夬）
27 彥修（見朱震亨）
彥修（見馮安國）
彥修（見劉子羽）
彥侯（見楊汝南）
彥舟（見雷杭）
彥魯（見王沇之）
彥紉（見周瑄）
28 彥從（見李作乂）
30 彥安（見黄仲元）
彥容（見鄭伯海）
彥良（見桂彥良）

彥實(見張擴)
彥實(見黃叔英)
34 彥達(見盧觀)
彥達(見梅致和)
彥遠(見趙善應)
35 彥沖(見劉子翬)
彥清(見譚彥清)
彥禮(見蔣康國)
37 彥深(見李彌厚)
彥通(見李蒙亨)
彥通(見程逵)
38 彥淳(見袁韶)
彥道(見凌愈)
彥啓(見邱迪)
40 彥直(見崔子方)
彥直(見趙方)
彥古(見王漢英)
42 彥彬(見路謙亨)
43 彥博(見王約)
彥博(見周喻)
44 彥莊(見余日强)
彥執(見施德操)
彥英(見胡公武)
彥華(見董文蔚)
彥材(見董文用)
彥材(見范文英)
46 彥如(見趙友同)
48 彥敬(見高克恭)
50 彥夫(見李堯輔)
彥夫(見趙宜中)
彥肅(見戴良齊)
彥本(見練耒)
彥忠(見趙悰)
彥忠(見陳士直)
53 彥成(見譚中勣)
彥輔(見王得臣)
60 彥國(見富弼)
彥思(見唐棣)
彥思(見祝奕)
彥思(見楊伯嵒)
彥回(見蔣湋)
64 彥時(見胡伸)
67 彥明(見尹焞
彥明(見邵清)
彥明(見董文炳)
彥明(見劉德智)
彥暉(見汪洸)
彥昭(見宣昷)
彥昭(見蔣浚明)
彥昭(見趙霄)
77 彥隆(見白棟)
彥周(見方适)
80 彥養(見柳申錫)
90 彥光(見王葆)
彥光(見張文華)
94 彥忱(見虞迪)

97 彦輝(見吳炳)

0022_2序

77 序賢(見朱右)

0022_2廖

00 廖應瑞(祥國)

達觀同調別 2/6284

廖應淮(學海、溟涬生)

杜氏所傳 78/4468

廖庚(西仲)

宋儒博考別 2/6226

廖彦正

又不在碑目者 96/5725

08 廖謙(益仲)

晦翁門人 69/3893

10 廖正一(明略、竹林居士)

餘官 *96/5719

東坡門人 99/6031

廖平

盱江門人 3/419

17 廖及(成叟、南園遯翁、南園遁翁)

蜀學之先 6/716

廖君玉(國華、紫桂堂)

劉韓門人別 1/6193

22 廖偁

廬陵同調 4/493

24 廖德明(子晦、槎溪)

晦翁門人 *69/3753

龜山續傳 25/1708

節齋講友 62/3480

26 廖俁(季碩)

晦翁門人 69/3894

37 廖遲

廖氏家學 25/1693

48 廖敬存(敬存)

刑部門人 59/3359

72 廖剛(用中、高峯、古溪先生)

龜山門人 25/1656

86 廖鐸(宣叔)

涪翁門人 19/1486

87 廖欽(敬先)

刑部門人 59/3358

叩廖□

澹庵門人 34/2039

廖□

胡氏門人 85/5115

0022_3齊

00 齊齋(見倪思)

齊唐

王氏學侶別 1/6162

04 齊諾(景憲、衛國公、歷山書院)

張氏講友別 3/6353

10 齊天覺(莘夫)

方氏門人別 2/6273
14 齊琦(仲圭、易巖、易巖先生)
傅氏所傳＊78/4498
節初家學 89/5297
24 齊德勝
徑畈同調 84/5049
27 齊魯瞻(齊興龍、興龍、魯瞻、怡堂)
山屋講友＊89/5273
沈氏門人 89/5293
齊叔(見彭齊叔)
30 齊之(見陳長方)
44 齊夢龍
邵學續傳 78/4470
齊夢龍(覺翁、節初)
怡堂學怡＊89/5274
齊琦從祖 78/4498
齊英(見方來)
50 齊貴澄
傅氏所傳 78/4498
60 齊國公(見張宏範)
齊國公(見朱熹)
齊國公(見李稷)
齊國公(見劉子翬)
齊國公(見劉敏中)
齊國公(見鄭清之)
齊國公(見尚文)
71 齊原(充甫)
潛庵私淑 64/3567
77 齊履謙(伯恒、文懿)
魯齋門人＊90/5395
文康門人 90/5420
齊卿(見鄭思孟)
齊興龍(見齊魯瞻)
齊賢(見王師愈)
齊賢(見雷思齊)
齊賢(見李思齊)
80 齊義
齊履謙父 90/5395
88 齊節初(節初)
石澗講友 49/2885

0022_7 方

00 方彥惠
井伯門人 47/2592
方齊
雙峯門人 83/5003
方應龍(梅叔、梅窗居士)
方氏先緒 81/4681
方唐(見楊維翰)
02 方端
廬陵同調 4/495
03 方誼(賓王)
晦翁門人 69/3864
10 方一夔(時佐、富山先生)
方氏家學 82/4819

方石（見徐昇）

方雲林（見戴良）

11 方琥

國録家學 70/4001

方琢（元章）

廣平門人 76/4383

方榘

臞軒門人 81/4681

12 方廷實（廷美）

沮和議者 96/5736

16 方璪

東萊門人 51/3016

方璟

國録學家 70/4001

17 方璟（元圭）

虚谷先緒 81/4680

方琚

國録家學＊70/4001

東萊門人 51/3016

方子發（見方梓）

方子踐（見方樗）

19 方璘

東萊門人 51/3016

20 方壬（若水）

晦翁門人 69/3830

方重桂（介軒先生）

方克勤曾祖 49/2913

方信孺（孚若、紫帽山人、好庵）

放翁門人 98/5933

方季仁（達材、季仁）

方山京父 71/4154

方秉倓

方秉白從弟 47/2581

方秉白（直甫、草堂）

艾軒講友 47/2581

22 方豐之（德亨）

紫微門人 36/2148

方巖（見王居安）

方山（見杜知仁）

方山京（子高）

孫氏學侶 71/4154

24 方德至（遂初）

方槐生師 47/2628

方德順（德順）

劉胡學侶＊43/2319

沮和講者 96/5737

方升（中高）

王氏門人 44/2444

25 方傳

九峯續傳 67/3677

26 方伯休（見方士繇）

方伯載

抑齋門人 55/3202

方伯起

晦翁門人 69/3936

27 方阜鳴（子默）

草堂家學 47/2589
方舟子(見李石)
方綱
方有開父 69/3888
方叔(見郭黃中)
方叔(見李廌)
方叔(見余大猷)
28 方儀(儀父、懋翁)
竹溪門人 * 47/2624
後村門人 47/2625
徑畈門人 84/5055
30 方進(見郭大昕)
方之泰(巖仲)
若水續傳 70/4020
方富文
艾軒師承 47/2573
方審權(立之、聽蛙)
王氏講友 81/4679
方宙(子正)
蔡氏門人 5/631
方實孫(端卿、淙山)
朱學續傳 49/2867
方寮(見林泳)
32 方澄孫(蒙幼)
履齋家學 70/3992
方适(彥周)
餘官 96/5718
33 方梁
蛟峯家學 82/4873
34 方洧孫
方澄孫弟 70/3992
35 方清孫(潛仲)
履齋家學 70/3992
36 方澤儒
後村師承 47/2599
37 方逢嘉(君會、巖隱)
方氏家學 82/4819
方逢振(君玉、山房先生)
方氏家學 82/4819
方逢辰(方夢魁、君錫、蛟峯先生)
方氏家學 82/4817
38 方導(夷吾)
横浦門人 * 40/2243
拙齋門人 36/2154
樊氏門人 40/2247
40 方九思
淵穎講友 56/3255
方大琮(德潤、鐵庵、忠惠)
後村講友 47/2619
方大壯(履之、履齋)
晦翁門人 69/3831
方大東(東叔、廉尉、賢師)
履齋家學 70/3991
方士繇(方伯休、伯謩、遠庵)
晦翁門人 69/3790

方壺居士(見汪莘)
方塘(見徐之祥)
方克勤(去矜、愚庵)
朱學之餘 49/2913
方有開(躬明)
晦翁門人＊69/3888
忠肅門人 43/2331
方梓(方子發、子發)
方氏家學 56/3248
41 方樗(方子踐、壽父、子踐)
方氏家學＊56/3248
皋羽門人 56/3257
44 方翥(次雲)
震澤門人 29/1820
方夢魁(見方逢辰)
方蒙
于世封門人 4/544
方蒙幼(見方澄孫)
方孝孺
方氏家學＊49/2931
俞氏續傳 77/4454
方孝聞(希學)
方氏家學 49/2931
方萬(一經堂)
宋儒博考別 2/6223
方其義(同甫)
實齋師承 71/4136
45 方椿(大年)
淵穎門人 56/3265
46 方槐生(時舉)
艾軒私淑 47/2628
47 方愨(性夫、萬卷書堂)
從新學者 98/5886
48 方梅叔(見方應龍)
50 方中全
方氏門人 81/4692
方耒(耕道)
屏山門人 43/2328
57 方靚(叔行、學者室)
宏齋門人 70/3966
60 方回(萬里、囦甫、虛谷)
西山私淑＊81/4684
呂學之餘 51/3023
方氏家學 76/4392
靖齋門人 80/4611
曹氏學侶 89/5265
方回(見賀鑄)
方回孫
張氏門人 84/5071
方回孫
張氏講友別 3/6358
方暈(聖時、迂愚翁)
方端子 4/495
方是間居士(見劉學箕)
方景山(見方鳳)
方景嚴

方氏家學 29/1823
64 方疇(耕道、困叟、困齋、困齋先生、守正堂、觀養堂)
紫微門人 *36/2148
澹庵門人 34/2037
衡麓門人 41/2277
趙氏門人 44/2374
張氏門人 44/2404
72 方岳(巨山、秋崖)
履齋門人 *77/4447
毛氏家學别 2/6264
77 方鳳(韶父、存雅、嵓南先生)
全歸講友 *56/3237
梅邊同調 88/5249
方聞一
曾氏同調 28/1803
方叟(見陳介)
方興(義軒)
文山同調 88/5237
80 方公權(立道、石巖先生)
别附别 2/6276
88 方符(子約)
晦翁門人 *69/3900
履齋家學 70/3992
方敏中(明軒、自明軒)
張學之餘 50/2975
90 方惟深(子通)
荆公門人 98/5876
92 方恬(元養、仲退、鑑軒、師古林、鑑堂先生)
竹洲門人 71/4144
95 方性仲(之性)
方彦惠子 47/2592
97 方炯
方克勤父 49/2913
方炯
王朝附 49/2934
叩方□
南軒門人 71/4135

0022_7 市

72 市隱(見金樞)

0022_7 帝

86 帝錫(見彭與)

0022_7 席

30 席之(見袁聘儒)
47 席郁(士文)
胡氏門人 49/2927

0022_7 鷹

22 鷹山先生(見游酢)

0022_7 育

26 育伯(見孫邦仁)

0022_7 商

10 商霖(見鮑若雨)

商霖(見李晞説)

11 商琥(台符)

商挺子 90/5362

24 商佐(見傅肖説)

26 商伯(見黃灝)

44 商老(見徐夢莘)

商老(見李彭)

52 商挺(殷挺、孟卿、文定、魯國公)

雪齋同調 90/5362

77 商卿(見林象)

商卿(見林湯臣)

80 商企翁

滋溪門人 91/5485

商翁(見陶弼)

0022_7 高

00 高齋(見陳舜申)

高商老

象山門人 77/4421

高唐王(見闊里吉思)

高唐忠憲王(見闊里吉思)

10 高元之(端叔、萬竹先生)

沙隨門人 25/1715

高元舉

侯氏所傳 30/1858

高天錫(竹澗)

朱學之餘 49/2889

12 高登(彥先、東溪先生)

梁氏講友 *41/2271

誠齋講友 44/2408

15 高璉

存齋門人 90/5433

17 高珉(仲溫)

王氏門人 70/4082

20 高舜元

清容門人 85/5127

高禾(穎叔)

晦翁門人 69/3923

21 高衡孫

高氏續傳 25/1715

22 高嶷(士美)

陵川師承 90/5318

高峯(見廖剛)

高山先生(見許瑾)

高崇(西叔)

鶴山學侶 80/4589

高繼忠(承之)

縮齋續傳 80/4626

23 高弁(公儀、高夫子)

劉氏師承 *6/673

种氏門人 9/932

柳氏門人 9/955

高稼(南叔、縮齋、忠)
鶴山學侶 80/4588
25 高仲(見劉岳申)
高仲震(正之、學易先生)
趙氏講友 100/6131
高仲任(見高道充)
高仲振(正之)
百源續傳 10/1084
26 高伯壎
橫渠之餘 18/1381
高得全(仲遠)
息齋家學 25/1695
27 高象先
戚氏門人 3/281
28 高復亨(本□)
王氏門人 82/4960
30 高永(高夔、高撰、舜卿、信卿)
屏山門人 100/6121
高憲(仲常)
黄華門人 100/6122
高安世
龜山門人 25/1667
高宗商(應朝)
艮齋門人 ＊52/3047
慈湖講友 74/4273
廣平講友 76/4371
象山門人 77/4423
34 高邁
高翥叔 27/1759
35 高沖霄(高鳴、雄飛、沖霄)
湛然門人 8/894
38 高遵恪(見高遵裕)
高遵裕(高遵恪、公綽)
餘官 96/5716
高道充(高仲任、與可)
鶴山師承 80/4573
40 高士育
餘官 96/5713
高士權
武臣 96/5720
高克恭(彥敬)
文肅同調 90/5417
高志寧(宗儒)
陳氏師承別 1/6155
高嘉甫
高克恭父 90/5417
41 高樞(見高拱辰)
42 高斯誠(法颺、唯菴)
屏山講友 ＊100/6116
王氏講友 99/6069
高斯信(見高斯得)
高斯得(高斯信、不妄、恥堂)
縮齋家學 80/4608
高斯道(不器)
著齋家學 80/4609
43 高載(東叔)

鶴山學侶 80/4588
44 高翥(九萬、菊磵、信天巢)
德舉家學 27/1759
高茂華(秀實)
餘官 96/5719
高芝
許氏講友別 3/6341
高若訥(敏之、文莊)
潞公講友 2/162
高植(叔剛)
高本弟 82/4920
45 高棟(季隆)
高本弟 82/4920
48 高松(子合)
晦翁門人 69/3930
50 高夫子(見高弁)
高本
柳氏門人 9/957
高本(孟端)
柳氏門人 82/4920
51 高頔(子奇)
宋儒博考別 1/6141
52 高揆(見高永)
54 高拱辰(高樞、拱辰)
徂徠門人 2/175
60 高冕(子莊)
萬氏講友 6/672
67 高明之所(見朱公遷)
高鳴(見高沖霄)
71 高驤生
淵穎講友 56/3255
高頤
張氏門人 45/2504
77 高閌(抑崇、息齋、憲敏)
龜山門人＊25/1657
明道私淑 14/1213
高鵬飛(南仲)
高翥姪 27/1759
高開
龜山門人 25/1667
高闓
龜山門人 25/1667
高巽志(世敏、文忠)
玩齋門人＊92/5584
周氏門人 92/5592
80 高夔(見高永)
高公應
餘官 96/5711
83 高錠(汝楫、楫齋)
竹梧門人 59/3358
84 高銑
柳氏門人 9/958
86 高錫(天福)
柳氏講友 9/924
88 高節先生(見嚴侶)
96 高懌(文悅、安素處士)

种氏門人 9/930

99 高榮(仲仁)

高本弟 82/4920

叩高□

龜山門人 25/1667

高□(可仰)

宋儒博考別 2/6225

0022_7 庸

00 庸齋(見梁益)

庸齋(見楊時煦)

庸齋(見趙汝騰)

庸齋(見趙葵)

庸齋(見陸九皋)

庸齋(見陳良能)

庸齋(見陳中)

庸齋(見鄭文遹)

庸齋先生(見薛立)

38 庸道(見劉中)

0023_0 卞

40 卞大亨(嘉甫、松隱居士)

卞圜父別 2/6305

50 卞夫子(見卞圜)

60 卞圜(子東、卞夫子)

王氏門人別 2/6305

0023_1 應

00 應庵(見鄭銓)

應庵先生(見鄭銓)

應齋(見趙善括)

10 應元(見譚端伯)

11 應彌正

達觀同調別 2/6283

22 應䌛(之道、葺芷、臨海郡侯)

樓氏門人＊73/4231

晦翁私淑 49/2854

25 應仲(見魏應仲)

應傃(自得、蘭坡)

應氏先緒 73/4225

應純之(純甫)

晦翁門人 69/3792

26 應伯(見劉誂)

28 應復(宏道)

鄭氏門人＊73/4241

蘭坡家學 73/4240

30 應宿(見王軫)

應之(見石宗昭)

應之(見詹慥)

應之(見木待問)

應之(見楊國寶)

應之(見聞人夢吉)

應之邵

魏德剛師 52/3069

應宗詒(坦齋)
朱學之餘 49/2922
34 應浩然
達觀同調別 2/6287
38 應祥(見危和)
43 應求(見王説)
應求(見陳俊卿)
44 應權(見鄭權)
46 應恕(仁仲、艮齋)
晦翁學侶 49/2829
47 應獬(見應獬孫)
應朝(見高宗商)
50 應本
楊氏學侶別 3/6338
應本仁(本立)
高平續傳 3/437
53 應甫(見趙逢龍)
57 應抑之
勉齋同調 63/3506
71 應辰(見程士龍)
77 應叟(見邊友誠)
應叟(見翁定)
80 應鏞(子和)
易氏家學別 2/6250
87 應翔孫(子翱、全軒)
應氏家學 73/4242
97 應恂(子孚)
陳氏門人別 3/6377

0023_2 康

00 康文虎(炳道)
東萊門人 * 73/4203
晦翁門人 49/2840
05 康靖(見孟夢恂)
康靖(見李若谷)
康靖(見趙槩)
10 康震(宗武)
草廬門人 * 92/5548
申齋門人 4/594
14 康功(見楊景略)
26 康伯齡
倪用宣友 52/3054
27 康侯(見胡安國)
32 康淵(叔臨)
上蔡續傳 24/1614
33 康必厚
康桑從祖別 3/6329
44 康夢薦
康桑從祖別 3/6329
康植(子厚、誠求齋)
徐氏門人 70/3973
50 康肅(見吴芾)
康肅(見陳堯咨)
53 康成(見李則)
60 康里不忽木(康時用、用臣、不忽木、文貞、魯國公)

魯齋門人＊90/5405
文肅門人 78/4496
康里禿忽魯（親臣、文肅、趙國公）
魯齋門人 90/5406
康里巙（見康里巙巙）
康里巙巙（康里巙、子山、文忠）
文貞家學＊90/5434
魯齋門人 90/5415
康里回（見康里回回）
康里回回（康里回、子淵、時齋）
文貞家學 90/5433
康里時用（見康里不忽木）
康里脫脫（忠獻、和寧王）
張氏講友別 3/6353
康國（見王僖）
康國公（見韓絳）
64 康曄（顯之、澹軒）
閻氏門人 10/1090
80 康谷（見謝致平）
88 康簡（見趙承慶）
康範先生（見汪晫）
康敏（克復堂）
道園門人 92/5580
康敏（見黄超然）
康節（見張昇）
康節（見邵雍）
90 康燊（濟甫、橘林先生）
王氏學侶別 3/6329

0023_7庶

00 庶齋（見盛如梓）
10 庶可（見熊復）

0023_7廉

00 廉充
道園門人 92/5581
廉彥（見周鍔）
05 廉靖處士（見滕宬）
17 廉孟子（見廉輝善哈雅）
25 廉仲（見李處廉）
40 廉友（見趙友藺）
廉希憲（善甫、文正、恒陽王、止善堂）
文康門人 99/6083
50 廉夫（見楊維楨）
廉夫（見胡鍔）
廉夫（見陳止）
廉夫（見周清叟）
廉夫（見舒公平）
52 廉靜廬（見蘇紹成）
74 廉尉（見方大東）
80 廉善（見趙充夫）
90 廉惇
熊氏門人＊49/2887
廉氏家學 99/6087

廉惇
蕭氏門人 95/5658
97 廉恂
廉希憲子 99/6083
廉恪
廉希憲子 99/6083
廉輝善哈雅(公亮、廉孟子)
廉氏家學 99/6087

0024_1 庭

20 庭秀(見陳芝)
44 庭芳(見戴蘭)
庭芳(見胡一桂)
庭植(見董槐)

0024_7 度

10 度正(周卿、性善)
晦翁門人 ∗69/3774
濂溪續傳 12/1170
劉氏門人 79/4543

0024_7 慶

30 慶之(見吴廷祚)
31 慶源(見程汴)
37 慶湖遺老(見賀鑄)
53 慶甫(見陳祐)
60 慶國公(見吴潛)
67 慶嗣(見歐陽光祖)
71 慶長(見王慶長)
慶長(見陳祖永)
80 慶善(見洪興祖)
慶曾(見王次翁)
慶曾(見嚴昌裔)
88 慶符(見張伯麟)

0024_7 廄

80 廄父(見宋駒)

0026_1 磨

44 磨勘工部府君(見劉式)

0026_7 唐

00 唐充之(見唐廣仁)
又不在碑目者 96/5724
唐廣仁(充之)
陳鄒同調 35/2089
唐意(居正)
放翁師承 98/5904
唐庚(子西)
唐氏家學別 1/6193
唐文魁(見唐子彰)
唐文鳳(見唐子儀)
05 唐諫(唐冊、子方)
又不在碑目者 96/5729
09 唐麟
欒氏講友 73/4240

10 唐元(長孺、長儒、筠軒)
洪氏講友 * 39/2207
張學之餘 50/2975
唐元嘉(顯德)
凝熙門人 82/4944
唐震(景實、忠介)
存齋門人 * 80/4612
王氏門人 70/4009
雙峯門人 83/5004
11 唐珏(玉潛)
莊節講友 * 64/3558
臯羽同調 56/3243
12 唐廷瑞(君祥、容齋)
馬氏同調 81/4678
17 唐子彰(唐文魁、子彰、拙庵)
唐氏家學 94/5642
唐子儀(唐文鳳、子儀)
唐氏家學 94/5642
18 唐愗
唐氏家學 8/863
19 唐璘(伯玉)
毅齋門人 70/4030
20 唐季乙(唐述孫、述之)
鶴山門人 80/4601
21 唐術(景行)
草廬門人 92/5549
唐旣(潛亨、真淡翁、淡翁)
唐氏家學 8/863
24 唐佐(見姜君弼)
25 唐仲實(唐桂芳、仲實、白雲先生)
師山學侶 * 94/5638
唐氏家學 39/2207
唐仲友(與政、説齋)
永嘉同調 * 60/3364
長民私淑 2/203
26 唐伯虎(見唐瞻)
唐伯剛
張氏門人 95/5672
唐總卿
晦翁門人 69/3935
28 唐徹(子卓)
靜春門人 59/3346
唐復(子立、來復、敬齋)
東萊門人 73/4222
30 唐容(雲壑老人)
欒氏講友 73/4240
33 唐述孫(見唐季乙)
37 唐淑問(士憲)
唐氏家學 8/863
40 唐堯章(煥文)
唐曄父 69/3912
唐堯封
説齋先緒 60/3363
44 唐英(見孫元齡)
唐英(見李杞)

唐英(見史堯弼)

唐桂芳(見唐仲實)

唐林(孟學)

戴氏門人 82/4968

45 唐棣(彥思)

伊川門人 30/1849

46 唐如晦(幼光、善齋)

宋儒博考別 2/6234

47 唐朝(用大)

周學之餘＊12/1183

程學之餘 16/1613

橫渠之餘 18/1382

唐轂(叔直)

唐轅弟＊74/4328

戴氏門人 82/4968

50 唐夫(見陳堯叟)

51 唐輻(季齊)

戴氏門人 82/4968

54 唐轅(伯度)

汪氏門人 74/4328

58 唐輪(仲規)

戴氏門 82/4968

60 唐日宣

陳氏家學別 1/6205

唐巽(子正)

崔氏同調 3/272

64 唐曄

晦翁門人 69/3912

67 唐瞻(唐伯虎、望之、長儒)

陳氏家學別 1/6190

71 唐臣(見寇靖)

77 唐閱(進道)

宋儒博考別 2/6228

唐叟(元老)

東坡同調 99/5998

唐冊(見唐諫)

唐卿(見王師古)

唐卿(見項汝弼)

唐卿(見黄鑑)

唐卿(見趙師白)

唐卿(見陳造)

唐卿(見党禹錫)

唐卿(見掌禹錫)

80 唐人鑑(德明、玉立齋)

宋儒博考別 2/6234

唐介(子方、質齋)

涑水同調 8/853

唐父(見李陶)

唐義問(士宣、君益)

餘官＊96/5702

唐氏家學 8/863

90 唐懷德(思誠、存齋)

白雲門人＊82/4897

唐氏續傳 60/3392

唐光祖(仲遲、委順夫)

李氏門人 82/4981

0028_6廣

10 廣平(見舒璘)
廣平郡王(見徒單鎰)
廣平郡王(見完顏承暉)
廣平先生(見程頤)
廣平先生(見游酢)
廣平侯(見趙世崇)
25 廣仲(見胡實)
28 廣微(見袁甫)
30 廣寧王(見耶律楚材)
38 廣道(見王去非)
40 廣真野人(見趙樗年)
74 廣陵(見王令)
廣陵郡侯(見貢士瞻)
廣陵郡侯(見貢奎)

0028_6賡

48 賡敬(見樂韶)

0029_4麻

25 麻仲英
泰山同調 6/696
40 麻九疇(知幾)
邵學續傳 * 78/4470
邵學之餘 10/1086
44 麻革(信之)
遺山門人 * 14/1237
庸齋學侶 90/5360

0029_4糜

81 糜鍇(如止居士)
沮和議者 96/5737

0029_4麋

80 麋弇(仲昭)
高平續傳 3/436

0033_0亦

01 亦顏(見陸祐)
22 亦樂居士(見郭邗)
24 亦佳(見宋自適)

0033_6意

60 意足園(見林彖)

0040_0文

00 文(見文珪)
文(見王安石)
文(見王洙)
文(見朱熹)
文(見姚燧)
文(見蘇洵)
文(見歐陽玄)
文(見楊億)
文彦博(寬夫、忠烈、潞國公)

泰山門人＊2/150
石氏門人 3/400
文彦若
泰山門人 2/158
文應麟
文山家學 88/5245
文康(見王鶚)
文康(見宋和)
文康(見葛勝仲)
文康(見葉時)
文康(見楊恭懿)
文康(見閻復)
文康先生(見郭熙)
文襄(見孟祺)
02 文端(見戴溪)
文端(見陳肅)
05 文靖(見貢奎)
文靖(見張慮)
文靖(見魏了翁)
文靖(見湯養直)
文靖(見徐榮叟)
文靖(見梁克家)
文靖(見李侗)
文靖(見李沆)
文靖(見李道傳)
文靖(見孛术魯翀)
文靖(見楊時)
文靖(見胡晉臣)
文靖(見胡祇遹)
文靖(見史彌忠)
文靖(見呂夷簡)
文靖(見劉子翬)
文靖(見劉因)
文靖(見貫小雲石海涯)
文靖(見鄭昭先)
文靖(見舒璘)
07 文毅(見王葆)
文毅(見洪天錫)
文毅(見陳亮)
10 文正(見廉希憲)
文正(見許衡)
文正(見王旦)
文正(見王曾)
文正(見夏竦)
文正(見賈居貞)
文正(見耶律有尚)
文正(見耶律楚材)
文正(見司馬光)
文正(見何瑋)
文正(見吴澄)
文正(見竇默)
文正(見李冶)
文正(見李昉)
文正(見范仲淹)
文正(見蔡卞)
文正(見蔡沈)

文正(見劉秉忠)
文玉(見杜瑛)
文璋
　　聶氏門人 88/5252
文元(宗之)
　　鶴山門人 80/4603
文元(見賈昌朝)
文元(見楊簡)
文元(見饒魯)
文元先生(見王經)
文于(見戴栩)
文霆(見宋文昭)
文天禎
　　文氏家學 88/5244
文天祥(文雲孫、履善、宋瑞、文山、忠武、忠烈、信國公)
　　巽齋門人 * 88/5216
　　廬陵之餘 4/591
　　澹庵私淑 34/2051
　　忠襄續傳 45/2506
　　翁氏門人 67/3672
　　汪氏門人 70/4003
文可(見吴景奎)
文雲孫(見文天祥)
11 文孺(見張祖説)
文孺(見趙溈)
12 文璣(見史伯璿)
17 文及翁(本心)
　　魯齋同調 82/4815
文子(見戴栩)
文子(見錢文子)
20 文季(見王光祖)
文季(見司馬朴)
文季(見錢文子)
21 文行先生(見鄧牧)
文行先生(見彭恪)
文虎(見鮑彪)
文貞(見康里不忽木)
文貞(見王利用)
文貞(見徐琰)
文貞(見曹伯啓)
文貞(見馬祖常)
文貞(見劉秉忠)
文貞(見同恕)
文貞先生(見葛元喆)
文貞先生(見黄溍)
22 文川(見楊伯允)
文山(見文天祥)
23 文獻(見耶律履)
文獻(見姚樞)
文獻(見蓋苗)
文獻(見黄溍)
文獻(見杜瑛)
文獻(見楊雲翼)
文獻(見楊果)
文獻(見曹元用)

文獻(見陳大猷)
文獻(見党懷英)
24 文先生(見張洽)
文僖(見陳彭年)
25 文仲(見皇甫斌)
文仲(見李揚伯)
文仲(見秦約)
26 文白先生(見范梈)
文伯(見丁黼)
文伯(見沈棐)
文和(見李遵勖)
文穆(見張起巖)
文穆(見李稷)
文穆(見范成大)
文穆(見蔣之奇)
文穆(見曹鑑)
文穆(見呂蒙正)
文穆(見呂彧)
文穆(見滕安上)
27 文修(見祝穆)
文修(見葉味道)
文約(見沈棐)
文約(見李孟博)
文約(見戚同文)
文叔(見張彥博)
文叔(見包廷藻)
文叔(見宋斌)
文叔(見江樸)
文叔(見潘友文)
文叔(見梁琭)
文叔(見李格非)
文叔(見范仲黼)
文叔(見黄度)
文叔(見黄裳)
文叔(見胡璟)
文叔(見趙若恢)
文叔(見馬純)
文叔(見鄭清之)
28 文儀(士表、革齋)
文氏先緒 88/5212
30 文宣
劉環翁門人 55/3207
文宣公(見孔延世)
文宣公(見孔宜)
文之(見林偉)
文之(見朱埜)
文之(見楊朴)
文憲(見王柏)
文憲(見張洽)
文憲(見何榮祖)
文憲(見程鉅夫)
文憲(見宋白)
文憲(見宋濂)
文憲(見洪擬)
文憲(見薛季宣)
文憲(見楊奐)

文安(見謝端)
文安(見王堯臣)
文安(見宋白)
文安(見趙景緯)
文安(見揭傒斯)
文安(見劉爚)
文安(見陸九淵)
文安(見陳淳)
文安(見金履祥)
文安先生(見蘇洵)
文定(見商挺)
文定(見王惲)
文定(見石中立)
文定(見張齊賢)
文定(見張方平)
文定(見張綱)
文定(見孟攀鱗)
文定(見何基)
文定(見何坦)
文定(見朱震)
文定(見吴獵)
文定(見汪應辰)
文安(見洪遵)
文定(見李迪)
文定(見李燔)
文定(見彭方)
文定(見蘇轍)
文定(見韓忠彦)
文定(見葛邲)
文定(見葉適)
文定(見杜思敬)
文定(見郝天挺)
文定(見胡安國)
文定(見趙安仁)
文定(見劉克莊)
文定(見陳宗禮)
文定(見邱密)
文定(見曾鞏)
文定(見鄭性之)
31 文濳(見張耒)
文濳(見李孟珍)
32 文淵(見樓澄)
文溪(見李昴英)
34 文遠(見李昴英)
文遠(見林公遇)
文遠(見陳藻)
文達(見陸九齡)
文達(見陳亮)
文浩(見趙汝淺)
35 文清(見程元鳳)
文清(見徐僑)
文清(見宋褧)
文清(見湯漢)
文清(見游九言)
文清(見袁桷)
文清(見董槐)

文清(見薛勉)
文清(見呂本中)
文清(見劉宰)
文清(見曾幾)
37 文瀾(見何逢原)
文潔先生(見黄震)
文潔(見林公遇)
文初(見譚掞)
文通(見李孟堅)
38 文祚
陳氏師承别 1/6148
文裕(見張掞)
文裕(見桂彦良)
文道南
姚氏講友 3/271
40 文大(見劉輝)
文奎(見朱應辰)
文在(見張在)
44 文莊(見高若訥)
文莊(見夏竦)
文莊(見李大同)
文莊(見楊徽之)
文莊(見晁宗慤)
文莊(見曾漸)
文蔚先生(見徐應虎)
文蔚(見尚野)
文恭(見王思廉)
文恭(見胡宿)
文恭(見曹豳)
文恭(見羅點)
文孝(見張覿)
文孝(見大食瞻思)
46 文如玉(璋甫)
文□子 2/236
47 文懿(見齊履謙)
文懿(見許謙)
文懿(見張士遜)
文懿(見傅立)
文懿(見李壁)
文懿(見蔡幼學)
文懿(見趙汝談)
文懿(見陳居仁)
文懿先生(見殷奎)
文起(見曹沂)
文起南
文應麟子 88/5245
文起東
文應麟子 88/5245
50 文忠(見高巽志)
文忠(見康里巎巎)
文忠(見許友壬)
文忠(見張商英)
文忠(見張九成)
文忠(見張養浩)
文忠(見耶律鑄)
文忠(見富弼)

文忠(見李孟)
文忠(見真德秀)
文忠(見蘇軾)
文忠(見蔡齊)
文忠(見郝經)
文忠(見胡寅)
文忠(見敬儼)
文忠(見陳天祥)
文忠(見陳堯叟)
文忠(見陳顥)
文忠(見周必大)
文忠(見歐陽脩)
文忠(見鐵木兒塔識)
文中虎(見江緯)
文肅(見康里秃忽魯)
文肅(見王恂)
文肅(見章穎)
文肅(見王寂)
文肅(見王構)
文肅(見孔思誨)
文肅(見鄧文原)
文肅(見吳儆)
文肅(見吳奎)
文肅(見包恢)
文肅(見徐應龍)
文肅(見徐邦憲)
文肅(見游酢)
文肅(見李邴)
文肅(見范鍾)
文肅(見黄榦)
文肅(見蔡杭)
文肅(見柳貫)
文肅(見曹叔遠)
文肅(見暢師文)
文肅(見劉槩)
文肅(見曾布)
文肅(見鄭戩)
文肅(見鄭伯熊)
文惠(見喬行簡)
文惠(見洪适)
文惠(見李大性)
文惠(見李道傳)
文惠(見楊長孺)
文惠(見史浩)
文惠(見陳孚)
文惠(見陳堯佐)
文惠(見俞漢)
文忠(見王結)
文忠(見王磐)
文忠(見包希魯)
文忠(見余闕)
文忠(見江萬里)
文素(見范質)
51 文振(見杜鐸)
文振(見邱鐸)
文振(見鄭南升)

52 文授(見李孟傳)
文靜先生(見倪淵)
53 文甫(見輔季章)
文成(見劉基)
60 文思(見趙淇)
文昌(見李嗣榮)
文昌(見彭元亨)
61 文顯(見馮晦)
67 文明(見吴彤)
文昭(見王守誠)
文昭(見朱黼)
文昭(見林之奇)
文昭(見胡瑗)
文昭(見趙秉溫)
文昭(見陳麟)
文昭(見曾肇)
68 文晦(見趙時煥)
72 文剛(見胡廣)
文隱(見林公遇)
文質(見羅從彦)
77 文同(與可、笑笑先生、石室)
東坡同調 * 99/5992
惠穆門人 19/1468
文周(見杜鎬)
文舉(見張特立)
文舉(見孫之翰)
文舉(見倪稱)
文舉(見楊翮)
文卿(見童侃)
文卿(見郭郁)
文卿(見王介)
文卿(見項采)
文卿(見倪樸)
文卿(見竇從周)
文卿(見楊芾)
80 文介(見林亦之)
文介(見林公遇)
文介(見陳禾)
文父(見蘇渙)
文美(見謝士奇)
84 文饒(見張行成)
88 文簡(見許師可)
文簡(見王舉正)
文簡(見丁度)
文簡(見程大昌)
文簡(見宋之才)
文簡(見馮京)
文簡(見尤袤)
文簡(見李燾)
文簡(見范百禄)
文簡(見蕭貢)
文簡(見蔡杭)
文簡(見蔡松年)
文簡(見葉李)
文簡(見趙與票)
文簡(見畢士安)

文簡（見劉爚）
文簡（見劉敏中）
文簡（見陶熾）
文範（見鄧約禮）
文範先生（見周宗岳）
文敏（見王遜志）
文敏（見元明善）
文敏（見洪邁）
文敏（見李邴）
文敏（見林泉生）
文敏（見趙孟頫）
文節（見謝枋得）
文節（見王洙）
文節（見王禕）
文節（見張知白）
文節（見衛涇）
文節（見魏杞）
文節（見倪思）
文節（見家大酉）
文節（見汪澤民）
文節（見李道傳）
文節（見薛叔似）
文節（見黃庭堅）
文節（見黃震）
文節（見蔡元定）
文節（見林光朝）
文節（見楊萬里）
文節（見趙蕃）
文節（見趙卯發）
文節（見哈剌魯伯顏）
文節（見劉光祖）
文節（見陳傅良）
文節先生（見曾元忠）
91 文炳（見王磐）
97 文恪（見朱善）
98 文悅（見高懌）
□文□
　　文氏續傳 2/236
文□
　　文□子 2/236
文□
　　聶氏門人 88/5252

0040_1 辛

00 辛文悅
　　宋儒博考別 1/6144
辛棄疾（幼安、稼軒、忠敏）
　　晦翁講友 *49/2798
　　蔡氏門人 100/6119
26 辛泉（見楊桓）
40 辛有終（成之）
　　劉氏門人 6/681
71 辛愿（敬之）
　　雪齋學侶 90/5351

0040_6 章

05 章靖（見程克靖）

章靖(見馮元)
07 章望之(表民)
古靈同調 6/706
09 章麟
絜齋門人 75/4353
10 章至仲
象山門人 77/4427
章元崇(德昂、環溪先生)
宋儒博考別 2/6227
章貢先生(見李朴)
13 章琬
鐵崖門人 52/3074
20 章綜(子上、美蔭室)
從新學者 98/5896
21 章衡(子平、公甫)
古靈門人 5/623
章穎(茂獻、文肅)
玉山門人 *46/2553
濂溪續傳 12/1168
誠齋同調 44/2411
23 章傅(傳道)
蘇氏門人 10/1031
24 章德
葉氏門人 *18/1384
章氏家學 82/4985
章徠
劉氏同調 79/4520
26 章泉先生(見趙蕃)
27 章詧(隱之、沖退處士)
宋氏同調 *6/693
涑水同調 8/852
章叔平
東萊續傳 51/3022
章叔和
魯齋同調 82/4816
30 章永(延仲)
王氏門人別 2/6304
章憲(叔度、復軒先生)
震澤門人 *29/1819
漢上門人 37/2169
章寅臣
鶴山師承 80/4574
31 章江先生(見劉珣)
35 章沖(茂深)
章氏門人 98/5932
36 章湜
龍川門人 56/3233
章禩
章詧子 6/693
37 章粢(質夫、振齋)
陳氏家學別 1/6185
38 章溢(三益)
木訥門人 *82/4963
葉氏學侶 18/1383
40 章才邵(希古)
龜山門人 25/1668

章才邵
　　晦翁學侶 49/2819
章存誠
　　木訥門人 82/4965
章存道
　　木訥門人 82/4965
章樵(桐麓)
　　伊川續傳 16/1305
44 章蘊
　　葉氏門人 * 18/1384
　　章氏家學 82/4985
45 章椿
　　龍川門人 56/3233
46 章如愚(浚卿、山堂先生)
　　附傳 79/4549
50 章貴
　　彭進門人別 2/6257
53 章甫(端叔)
　　章氏先緒 29/1817
章甫(冠之、易足居士)
　　于湖門人 41/2282
章甫(見謝俊民)
56 章蟬(耘業齋)
　　戴氏門人 82/4969
71 璋階
　　徐端卿師 99/6070
77 章用中(端叟)
　　止齋門人 * 53/3132
　　民齋門人 52/3048
章闢之
　　網山門人 47/2594
80 章公量(寬夫)
　　廬陵門人 * 4/544
　　南豐門人 4/567
88 章簡(見張綱)
章敏(見滕元發)
章節夫(仲制、從軒先生)
　　象山門人 * 77/4422
　　陳氏門人 77/4437
90 章惇(子厚、申國公)
　　別附 * 96/5721
　　康節門人 10/1070
章粹
　　陳氏門人 98/5910
97 章煥(昭卿)
　　章麟父 75/4353

0044_1 辨

30 辨之(見秦希甫)

0060_1 言

22 言幾(見李至)

0063_1 譙

17 譙郡公(見汪澤民)
25 譙仲午(仲甫、說齋)

鶴山講友 80/4590
30 譙定(天授、涪陵居士、譙夫子)
伊川門人 30/1847
45 譙椿(子長)
譙氏先續 80/4575
50 譙夫子(見譙定)

0071$_4$ 雍

60 雍國公(見虞允文)

0073$_2$ 玄

40 玄真先生(見褚承亮)

0073$_2$ 襄

05 襄靖(見樓炤)

0080$_0$ 六

10 六一居士(見歐陽修)
22 六峯居士(見李澥)

0090$_4$ 棄

50 棄夫(見蔡逢甲)

0090$_6$ 京

00 京文(見黄必昌)
27 京叔(見劉祁)
32 京兆郡公(見同恕)
京兆郡公(見貫小雲石海涯)
36 京況
杜塢門人 83/5033

0121$_1$ 龍

10 龍雲(見劉弇)
12 龍森
毛氏家學別 2/6264
21 龍仁夫(觀復、麟洲先生)
朱學之餘 49/2900
22 龍川先生(見陳亮)
龍崇(邦之、升之)
西山門人 * 81/4674
東山門人 44/2457
32 龍淵先生(見車景壽)
龍溪(見汪藻)
龍溪釣叟(見李山甫)
35 龍津(見劉鐔)
40 龍友(見龔孟夔)
44 龍坡先生(見孫調)
龍麓子(見程斗)
46 龍觀復
喻立師 92/5551
47 龍起澐
龍仁夫父 49/2900
60 龍昌期(起之、武陵先生)
高平門人 3/380
77 龍岡先生(見董朴)
龍門牧翁(見林宋偉)

90 龍光先生（見雷光霆）

0128_6顏

00 顏度（魯子、如山）
　　晦翁學侶 49/2817
　顏褒（唯庵）
　　達觀同調別 2/6285
　顏應焱
　　李氏同調 80/4616
24 顏岐（夷仲）
　　滎陽門人＊23/1599
　　顏氏家傳 3/410
28 巖復（長道）
　　顏氏家傳 3/409
40 顏太初（醇之、鳧繹處士）
　　孔氏同調 3/343
42 顏斯立
　　劉欽附 88/5235
　顏斯理
　　附傳 88/5243
47 顏起巖
　　劉欽附 88/5235
叩顏□（子堅）
　　象山門人＊77/4432
　　南軒門人 50/2966

0137_6顯

38 顯道（見員興宗）

0161_1証

53 証甫（見劉伯証）

0164_6譚

00 譚彥清（譚澄、彥清）
　　譚克修父 90/5410
　譚章（煥之）
　　衡麓之先 6/720
02 譚端伯（應元）
　　文山同調 88/5238
25 譚傃
　　五峯門人＊42/2303
　　譚氏家學 6/745
27 譚凱
　　崔氏同調 79/4534
28 譚以則
　　陳仁子門人 81/4683
32 譚澄（見譚彥清）
33 譚必（子思、忠愍）
　　鄭氏門人 6/743
40 譚克修
　　魯齋門人 90/5410
44 譚世選（勤之）
　　宋儒博考別 2/6233
　譚世勣（彥成、端潔）
　　譚氏家學 6/744
46 譚觀

草廬門人 92/5551

50 譚中立

譚氏家學 6/745

譚申

譚氏家學 6/744

59 譚掞(文初)

譚氏家學 98/5837

60 譚昉

荆公師承 98/5784

74 譚助(思順)

澹庵門人 34/2039

86 譚知言(養正、學林堂)

譚世選兄子别 2/6233

譚知禮(子立)

譚世家學 6/745

90 譚惟寅(子欽、蛻齋)

誠齋同調＊44/2412

王氏門人别 2/6304

0173_2 襲

77 襲服(見李葵)

80 襲美(見司馬奕)

0180_1 龔

00 龔應之(處善)

徐氏門人 70/3973

08 龔敦頤(見龔頤正)

10 龔霆松

陸學之餘 58/3327

龔栗

晦翁門人 69/3913

15 龔璛(子敬)

仇氏講友 93/5613

16 龔理

龔璛弟 93/5613

17 龔孟夔(龍友、楚清先生)

陸學之餘 58/3326

22 龔鼎臣(輔之、東原先生)

泰山門人 2/156

23 龔允昌

龔郯曾祖 69/3900

26 龔和

籍溪學侶 43/2319

33 龔必俞

龔郯祖 69/3900

44 龔茂良(實之、莊敏)

傅氏師承 69/3743

龔世廣

東萊門人 73/4219

龔世宏

東萊門人 73/4219

龔世英

東萊門人 73/4219

龔世恩

東萊門人 73/4219

龔世昌

東萊門人 73/4219
龔世隆
東萊門人 73/4219
46 龔楫(濟道)
龔氏續傳 98/5923
龔相(聖任)
龔頤正父 98/5923
50 龔中元(會□)
高平門人 3/384
龔夬(彥和)
元祐之學 19/1451
53 龔軾(五登士)
龔氏家學 70/4013
71 龔頤正(龔敦頤、養正)
龔氏續傳 98/5923
龔原(深父、深之)
荆公門人 98/5847
77 龔開(聖予)
文山私淑 88/5250
97 龔郯(曇伯、南峯居士)
晦翁門人 69/3900

0212_7 端

23 端獻(見葛洪)
24 端偉(見蕭正奇)
26 端伯(見李籲)
27 端叔(見高元之)
端叔(見章甫)
端叔(見潘友端)
端叔(見李之儀)
30 端憲(見沈煥)
端良(見羅願)
34 德遠(見陳肇)
35 端禮(端木禮)
白雲再傳 82/4967
37 端潔(見譚中勣)
40 端木(見劉春)
端木禮(見端禮)
端木孝思
范氏門人 *82/4954
朔氏門人 83/5032
危氏門人 93/5631
端木智(見端智)
47 端懿先生(見梁百揆)
50 端夫(見陸秉)
端夫(見令狐俅)
53 端甫(見姚燧)
端甫(見劉敏中)
端甫(見陳瑢)
56 端規(見羅頌)
端操(見熊節)
72 端質先生(見陳德瑜)
77 端叟(見章用中)
端學先生(見熊原)
端卿(見方實孫)
端卿(見程揆)

80 端翁（見吴範）
端介先生（見童金）
端父（見杜去輕）
端父（見劉汝舟）
86 端智（端木智）
白雲再傳 82/4967
88 端敏（見李從益）

0260_0 訓

40 訓直（見蘇玭）

0261_8 證

53 證甫（見劉伯証）

0292_1 新

25 新仲（見朱翌）
30 新之（見盧孝孫）
新安伯（見邵雍）
60 新恩（見鄭夢協）

0361_7 誼

27 誼叔（見成遵）
80 誼父（見毛居正）

0363_2 詠

16 詠聖（見邱應辰）
30 詠之（見程沂）
38 詠道（見趙師葴）

0365_0 誠

00 誠齋（見誠震）
誠齋（見楊萬里）
誠意伯（見劉基）
10 誠一（見姚勉）
26 誠伯（見田腴）
27 誠叔（見沈貴珤）
30 誠之（見諸葛千能）
誠之（見游九言）
誠之（見李訦）
誠之（見李師中）
誠之（見袁方）
誠之（見葉武子）
誠之（見劉復亨）
誠之（見段成己）
43 誠求齋（見康植）
50 誠中（見陳中立）
誠夫（見宋本）
誠夫（見袁明善）
誠夫（見葛誠）
53 誠甫（見錢樞）
77 誠叟（見王綽）
誠叟（見徐存）
誠叟（見曾逢震）
80 誠善（見陳誠善）

0391_4 就

00 就庵居士（見張簡）

就齋(見羅椿)

0428_1 麒

25 麒仲(見徐卿孫)
77 麒卿(見黃子麟)

0460_0 謝

00 謝應琇
章泉門人 *59/3348
澗泉門人 59/3348
謝應芳(子蘭、龜巢老人)
陳氏家學別 3/6386
謝應辰(濟明)
謝源父子別 3/6357
02 謝端(敬德、楷齋、文安、陳留郡侯)
王氏門人 95/5663
03 謝識
艮齋家學 28/1806
06 謝諤(昌國、艮齋、定齋、桂山先生)
白雲門人 28/1800
07 謝諮
艮齋家學 28/1807
10 謝璡(公玉)
晦翁門人 69/3905
謝雩(季澤)
攻媿講友 79/4532
謝元禮(元禮)
吴辰之師 83/5022
謝元賁
謝端大父 95/5663
謝平叔
勿軒門人 64/3574
謝天申(謝佃、用休)
程吕門人 32/1926
17 謝子祥
石堂講友 64/3562
18 謝致平(康谷)
王氏門人別 2/6298
20 謝禹
疊山家學 84/5063
22 謝鼎
鐵崖門人 52/3072
23 謝俊民(章甫、適齋)
環谷講友 83/5026
24 謝升孫(南牕先生)
達觀同調別 2/6287
謝升賢(景芳、恕齋)
貫齋講友 *69/3720
晦翁私淑 49/2853
謝特起
季光弼门人 40/2244
謝皓
李琉门人別 1/6195
25 謝仲潛

剡源门人 85/5124
謝傑
謝氏續傳 24/1613
26 謝伯理
謝恒兄 52/3072
謝佃(見謝天申)
謝皋朋(舜佐)
王氏門人 44/2442
27 謝郵
謝敷經子 24/1614
謝侯善
西山私淑 81/4683
謝翱(皋羽、晞髮子、晞髮先生)
全歸講友 56/3238
謝絳(希深)
胥氏同調 *4/542
謝氏家學 3/288
28 謝徽(元懿)
周氏門人 92/5592
謝徽明
辛氏門人 49/2842
謝收
伊川門人 30/1855
30 謝良佐(顯道、上蔡先生、逍遙)
二程門人 *24/1605
又不在碑目者 96/5724
31 謝潛(致虚)
餘官 96/5717
謝源(資深)
謝敏行子 23/1601
謝源父
張氏講友別 3/6357
33 謝臧
李琉門人別 1/6195
34 謝濤(濟之)
王氏講友 3/271
36 謝湜(持正)
伊川門人 30/1846
37 謝汲古
蔡氏門人 53/3140
謝深甫(子肅、惠正、魯國公、信王)
西山同調 62/3448
謝逸(無逸、溪堂先生)
滎陽門人 *23/1598
涪翁門人 19/1486
謝鄆
謝敷經子 24/1614
40 謝士龍(漢臣)
王氏門人 44/2434
謝士奇(文美)
王氏門人 44/2434
謝直(古民、晦齋)
柯氏同調 55/3170
謝堯仁
于湖門人 41/2281

謝克念(任伯)

上蔡家學 24/1612

謝希孟

象山門人 77/4431

謝枋得(謝鍾、君直、君和、仲直)

徑畈門人＊84/5051

謝氏家學 49/2863

謝氏家學 59/3351

勿軒講友 64/3565

44 謝恭(元功)

謝徽弟 92/5592

謝薖(幼槃、竹友)

滎陽門人＊23/1598

涪翁門人 19/1486

謝英(楚華)

宋儒博考別 2/6228

47 謝杞

文山同調 88/5241

50 謝肅(原功、密庵)

玩齋門人 92/5584

58 謝敷經(子暢)

謝氏續傳＊24/1614

高平續傳 3/435

60 謝思順

鐵崖門人 52/3074

謝景平(師宰)

胥氏家學 4/495

謝景溫(師直)

胥氏家學 4/495

謝景初(師厚)

謝氏家學＊4/495

廬陵講友 4/489

謝景回(師復)

胥氏家學 4/496

64 謝疇(遠錫)

李氏門人 8/874

68 謝黔

忠甫講友 52/3045

77 謝鵬(圖南)

王氏門人 44/2438

謝舉之(志遠)

橫浦講友 40/2236

謝譽(綽中)

朱氏門人 39/2103

謝與能(任之)

王氏門人 44/2433

謝與賢(簡之)

王氏門人 44/2433

80 謝無懋

九峯私淑 67/3672

82 謝鍾(見謝枋得)

87 謝鈞(君舉)

鐵崖門人 52/3070

88 謝鑰(君啓)

謝氏先緒 56/3235

謝敏行(長訥、中隱居士)
溪堂門人 23/1601
91 謝恒
鐵崖門人 52/3072
叩謝□
廖氏門人 25/1693

0461_1詵

44 詵老(見聞人詵)

0461_1諶

53 諶甫(見劉伯諶)

0461_4謹

00 謹齋(見劉惔)
25 謹仲(見楊愿)
謹仲(見陽恪)
謹仲(見滕處厚)
60 謹思(見鄧忠臣)
80 謹翁(見葉審言)
88 謹節先生(見熊恪)

0462_7訥

00 訥庵(見林棟)
訥庵(見景星)
訥庵先生(見余端臣)
訥齋(見程元鳳)
訥齋(見趙師淵)
77 訥居(見包宏)

0464_1詩

35 詩禮堂(見丁珤成)

0466_0諸

44 諸葛説(夢叟、艮園、易園、傃室)
諸葛家學 32/1948
諸葛玨
北溪門人 68/3720
諸葛希仁
王復師 70/3974
諸葛千能(誠之)
象山門人 77/4410
諸葛伯衡
吴氏門人 82/4923
諸葛十朋(見諸葛□)
諸葛泰(安之)
晦翁私淑 49/2860
諸葛□(諸葛十朋、諸葛千能)
元英門人 76/4384

0468_6讀

60 讀易先生(見李光)

0469_4謀

38 謀道(見王弈)

0512_7 靖

17 靖君（見劉愚）
23 靖獻先生（見陸正）
30 靖之（見王鎮）
靖之（見李端方）
靖安先生（見楊伯嵒）
37 靖逸（見葉紹翁）
靖逸（見陳高）
44 靖恭（見楊匯）
47 靖懿（見葛巖）
50 靖夷先生（見顧櫰）
靖肅（見魏瑤）
靖肅（見胡憲）
靖惠（見牟子才）
53 靖甫（見吴隱若）
88 靖節先生（見鄭君老）

0662_7 諤

77 諤卿（見劉廷直）

0668_6 韻

27 韻鄉贅翁（見黄仲元）

0691_0 親

71 親臣（見康里禿忽魯）

0710_4 望

30 望之（見唐瞻）
望之（見竇儼）
50 望春先生（見王該）
80 望八老人（見李祁）

0724_7 毅

00 毅齋（見徐僑）
毅齋（見鄭性之）
毅齋先生（見沈貴珤）
23 毅然（見黄義剛）
50 毅夫（見吴潛）
毅夫（見鄭獬）
53 毅甫（見張千載）
80 毅父（見姚雄）
毅父（見馬純）

0733_8 戇

00 戇庵先生（見黄叔英）

0742_7 郭

00 郭雍（子和、白雲先生、沖晦處士、頤正先生）
兼山家學＊28/1779
百源私淑 10/1076
横渠私淑 18/1378
郭彦章
二劉學侶 4/593
郭京
高平同調 3/321

02 郭新(韞玉書室)
別附別 2/6275
10 郭正孫
郭氏先緒 80/4592
郭正子(存齋)
郭隆父別 3/6347
郭正表(湜溪先生)
磻洲門人 59/3352
郭元亨
宋氏同調 6/691
郭元亮
暢軒家學 70/4094
郭天祐(祐之、陳留郡伯)
侯郁父 95/5671
郭磊卿(子奇、兌齋、正肅)
南湖講友 66/3614
郭霖(溪上翁)
鹿皮學侶 70/4054
文穆門人 19/1401
12 郭琊(筠心)
郭熙孫 70/4093
郭延卿
文穆門人 19/1401
郭子昭(子昭)
仁山門人 82/4859
郭邗(亦樂居士)
郭氏家學 4/575
郭翼(羲仲、東郭先生、野翁)
王氏門人別 3/6361
20 郭維
豐氏門人 19/1473
24 郭紘
郭大昕父別 1/6189
郭緒(天錫)
百源續傳 78/4461
25 郭純中
涪翁門人 19/1485
27 郭久中
又不在碑目者 96/5728
郭叔誼(幼才、肖舟老人)
涑水續傳 8/877
郭叔雲(子從)
晦翁門人 69/3886
郭絳(長孺、樂善先生)
回光同調 4/551
28 郭份(仲質)
靜春講友 59/3338
30 郭守敬(若思)
文正門人 78/4488
31 郭瀶
宋氏門人 82/4978
34 郭浩(郭邵、希孟)
晦翁門人 ＊69/3878
郭氏家學 40/2253
東萊門人 51/3016
郭逵(仲通)

高平門人 3/384
35 郭津(希吕)
東萊門人＊73/4224
郭氏家學 40/2253
晦翁門人 49/2841
38 郭汾(沖寂居士)
郭叔誼父 8/877
40 郭大昕(方進)
陳氏家學別 1/6189
郭友仁(德元)
晦翁門人＊69/3910
司農門人 34/2048
郭友直(伯龍)
郭氏家學 6/741
郭友聞(北郭先生)
郭氏家學 6/742
郭士文
甄克敏師 91/5484
郭奎(子章)
余氏門人 92/5595
郭有憑
羅氏門人 34/2043
郭希朴(有道先生)
蜀學之先 6/715
43 郭載
譙氏師承 30/1829
44 郭蒙
靜春門人＊59/3345
郭氏家學 59/3347
郭孝友(次仲)
濂溪學侶 19/1480
郭執中
餘官 96/5711
郭植(廷碩)
晦翁門人 69/3927
47 郭郁(文卿)
侯氏門人＊95/5671
可堂同周 83/5005
郝氏門人 95/5671
郭好德(秉彝)
朱學之餘 49/2913
郭槓(德茂、暢軒、貞成先生)
郭氏續傳 70/4090
50 郭泰亨(亨甫)
又未入案者 97/5750
郭忠順(移可)
横浦門人 40/2243
郭忠孝(立之、仲晦、兼山先生)
伊川門人＊28/1767
郭氏家學 3/421
陳氏門人 10/1071
郭忠恕(恕先)
徐氏同調 2/123
57 郭邦逸(道遙)
晦翁門人 69/3907
60 郭昱

范杲附 9/926
77 郭用孚(仲先)
東坡門人 99/6029
郭周田(磻叟)
文氏學侶 99/5999
郭熙(退軒、文康先生)
暢軒家學 70/4093
79 郭隥(德基、梅西、純德先生)
許氏講友別 3/6347
80 郭鎬
庸齋學侶 90/5360
郭公葵(秉心)
翁氏門人別 3/6378
86 郭知章(明叔)
曾任待制以上者 96/5708
87 郭欽止(德誼)
横浦門人 40/2242
99 郭榮(鴛水翁)
劉氏同調 78/4478
吅郭□
郭絳父 4/551

0748_6 贛

77 贛叟(見韓琦)
80 贛父(見劉攽)

0762_0 詢

00 詢齋(見韓翼甫)

0762_2 謬

16 謬醜(見秦檜)

0766_2 韶

80 韶父(見方鳳)

0821_2 施

10 施元之(德初)
東坡私淑 99/6050
20 施舜顯(聖揚)
章貢學侶 19/1475
21 施師點(聖與)
南塘師承 69/3745
23 施峻
澹庵門人 34/2038
24 施德操(彥執、持正先生)
横浦講友 40/2235
30 施宜生(明望、三住老人)
趙氏門人 99/6046
施宿(武子)
施氏家學 99/6061
施良臣(名卿)
王氏門人 44/2437
32 施淵然(少才)
誠齋同調 44/2413
40 施南一(與之)
王氏同調 70/4009

47 施郁(景父)

施南一從父 70/4009

60 施景明

江氏門人 6/739

叩施□

夢齡門人 44/2456

0822_1旂

77 旂叟(見范應鈴)

0823_3於

43 於嚧(見危𣏓)

於越先生(見黄震)

46 於相(同岐)

玉峯門人 66/3626

0824_0放

00 放麑子(見蔣仲武)

放齋(見曹粹中)

80 放翁(見陸游)

放翁(見周嗣明)

0844_0敦

21 敦仁(見吴給)

35 敦禮(見葉祖洽)

50 敦夫(見孟厚)

敦夫(見周師厚)

敦素(見王絲)

0861_6説

00 説齋(見唐仲友)

説齋(見譙仲午)

説齋(見舒㬊)

38 説道(見趙與懽)

0863_7謙

00 謙齋(見李杞)

05 謙靖先生(見劉愚)

22 謙山(見楊謙之)

25 謙仲(見王藺)

謙仲(見李大有)

謙仲(見蔣中行)

謙仲(見楊允恭)

27 謙叔(見叔撝)

謙叔(見楊謙之)

謙叔(見劉濱)

謙叔(見段沖)

30 謙之(見潘柄)

謙之(見林光朝)

50 謙中(見張有)

謙中(見羅無競)

53 謙甫(見葉大有)

80 謙父(見王撝)

謙父(見宋自遜)

謙父(見葉遜)

謙善(見李浹)

0864_0許

00 許亨(存禮)

白雲家學 82/4894

許應庚(許應寅、春伯)

雙峯門人 83/5001

許應寅(見許應庚)

許唐

許驤父 3/280

許廣大(具瞻)

許氏家學別 3/6337

許廣民

鐵崖門人 52/3075

許文瑞

易氏家學別 2/6254

許文奎(遯齋)

石氏門人＊70/4029

白雲講友 82/4864

許文薦(季文)

草廬講友 92/5515

許文蔚(衡甫)

東萊門人＊73/4217

晦翁門人 49/2840

許文昌(空雲處士)

石氏門人 70/4029

許奕(成子)

易氏家學別 2/6250

許袞(公儀)

田氏門人 6/690

08 許謙(益之、文懿、白雲先生)

仁山門人＊82/4835

許氏續傳 1/99

馬學之餘 8/886

10 許元(存仁)

白雲家學＊82/4894

范氏門人 82/4954

許晉孫(伯昭)

草廬門人 92/5541

13 許武子

梅溪學侶 44/2406

14 許瑾(子瑜、高山先生)

晦翁門人 69/3898

17 許豫立

朱學之餘 49/2890

許子良(肖說)

濂溪續傳＊12/1175

伊川續傳 16/1310

20 許季禮

德基門人＊82/4971

李氏門人 82/4981

21 許仁(性初、思敬堂、金波亭)

龜山門人 25/1668

許熊(吉甫、孚吉、樵隱)

許氏家學＊70/4075

白雲門人 82/4912

許衡(仲平、魯齋、文正、魏國

公、魯齋先生）
江漢所傳 90/5319
許師可（可臣、文簡）
魯齋家學 90/5385
22 許山心
張元禮師 76/4398
24 許勳（功甫）
靜學家學＊70/4034
許氏家學 70/4075
許升（許升之、順之、存齋）
晦翁門人 69/3829
許升亨
德基門人＊82/4971
李氏門人 82/4981
許升之（見許升）
25 許仲文
蛟峯門人 82/4874
許仲舉
蛟峯門人 82/4874
27 許忽魯出孫（見許扆）
許魯瞻
許氏家學別 3/6337
許約
魯齋門人 90/5414
28 許復道
胡楚材師 73/4226
許儉（幼度、孝友堂）
晦翁門人 69/3902

30 許扆（許忽魯出孫、君黻、僖簡、趙國公）
魯齋門人 90/5414
許安仁（仲山）
東坡門人 99/6032
許安世（少張）
陸氏門人＊98/5905
古靈門人 5/625
許實
安定門人 1/55
34 許凌（志伯）
平園學侶 35/2116
37 許洞（淵夭）
宋氏同調 6/692
許潤（子瑩）
唐氏家學別 1/6199
許祖伊（次尹）
王氏門人 44/2447
40 許大有
德基門人＊82/4971
李氏門人 82/4981
許有壬（可用、文忠）
楊氏學侶別 3/6339
許熹（華甫）
靜學家學＊70/4034
許氏家學 70/4075
許古（道真）
陳氏同調 14/1229

44 許勃
高懌附 9/930
46 許楫(公度)
遺山門人 14/1234
48 許翰(崧老)
梁溪講友 *45/2470
涑水私淑 8/864
50 許中應(成甫)
鄭氏師承 *61/3399
晦翁學侶 49/2828
許中孚
德基門人 *82/4971
李氏門人 82/4981
許由
文山同調 88/5241
53 許成大
肩吾門人 80/4610
57 許拯
許安世父 98/5905
60 許國公(見賈昌朝)
許國公(見吳潛)
許國公(見董槐)
許國公(見呂夷簡)
許景亮(少明)
浮沚講友 32/1935
許景衡(少伊、忠簡、橫塘先生)
程呂門人 32/1926
67 許嗣(繼可、得靜山人、得靜齋)
王氏學侶別 3/6336
許嗣翁
許氏續傳 59/3351
70 許驤(允升)
戚氏門人 3/280
71 許巨川(東甫)
晦翁私淑 49/2853
72 許質
滕氏門人 91/5479
77 許堅(介石)
种氏學侶 9/915
許月卿(太空、宋士、山屋先生)
介軒門人 89/5271
許熙載
許有壬父別 3/6339
許閎
穀城門人 43/2332
許民瞻
蛟峯門人 82/4875
80 許人瑞
許文瑞弟別 2/6254
許兌亨
德基門人 *82/4971
李氏門人 82/4981
許介之
許氏續傳 *45/2500
平園門人 35/2122
楊氏門人 44/2454

86 許錫（晉之、月湖先生）

項氏門人 45/2504

91 許炳（仲明）

達觀同調別 2/6289

92 許忻（子禮）

紫微講友＊45/2479

濂溪私淑 12/1165

沮和議者 96/5737

93 許怡（和伯）

許氏家學＊70/4075

白雲再傳 82/4967

97 許輝先（光甫）

王氏門人 44/2443

98 許愉（晉仲）

許氏家學＊70/4075

白雲再傳 82/4967

叩許□

象山門人＊77/4431

庸齋門人 8/880

許□（敬齋）

白雲門 82/4912

許□（敏齋）

白雲門人 82/4912

0865_1 詳

30 詳之（見胡處約）

38 詳道（見包約）

0925_9 麟

00 麟齋（見王之才）

25 麟仲（見徐卿孫）

32 麟洲先生（見龍仁夫）

1000_0 一

00 一庵（見姚愨）

一齋（見朱善）

一齋（見蔣公順）

12 一瑞（見賈修）

21 一經堂（見方萬）

一經之堂（見柯翰）

22 一峯先生（見鍾柔）

24 一德（見賈稱）

26 一得叟（見馬道貫）

30 一之（見林揆）

一之（見陳億孫）

37 一初（見李祁）

47 一鶴（見蔣公順）

55 一拂居士（見鄭俠）

77 一叟（見何坦）

一間齋（見童金）

80 一夔（見周次鳳）

1010_0 二

31 二江先生（見鄧至）

二江先生（見范仲黼）

1010_1 三

00 三疾堂（見謝景初）
10 三石草堂（見全整）
20 三住老人（見施宜生）
22 三山（見鄭鍔）
三山先生（見李樗）
三山先生（見林之奇）
三山布衣（見余載）
30 三寶
葉氏學侶 18/1383
31 三江（見李元白）
三江先生（見李明新）
三顧先生（見蕭楚）
32 三溪（見林廣發）
46 三槐隱士（見王以道）
48 三教遺逸（見趙孟僩）
80 三益（見章益）

1010_1 正

10 正平（見胡登臣）
正平（見范士衡）
11 正孺（見孫蒙正）
17 正子（見崔與之）
正子（見臧格）
正君（見余端臣）
正己（見陳剛）
23 正獻（見何執中）
正獻（見宋本）
正獻（見袁燮）
正獻（見董文忠）
正獻（見范祖禹）
正獻（見杜衍）
正獻（見呂公著）
正獻（見陳俊卿）
正獻（見尚文）
25 正仲（見王誼）
正仲（見王存）
正仲（見吴表臣）
正仲（見劉莊孫）
正仲（見陳讜）
正傳（見吴師道）
正純（見萬人傑）
27 正叔（見王邁）
正叔（見賈蒙）
正叔（見衛湜）
正叔（見程頤）
正叔（見姬平叔）
正叔（見董楷）
正叔（見呂希道）
正叔（見區適子）
正叔（見陳規）
正叔（見余大雅）
28 正儀（見吴淑）
30 正淳（見萬人傑）
正之（見高仲震）

正之(見高仲振)
正之(見王勳)
正之(見王國綱)
正之(見王特起)
正之(見張鼎)
正之(見孫倖)
正之(見孫逢年)
正之(見崔與之)
正之(見胡誼)
正之(見趙端卿)
正之(見羅適)
正之(見劉學雅)
31 正源(見程洙)
38 正裕(見朱昂)
正道(見周南老)
50 正夫(見王逖)
正夫(見朱臨)
正夫(見趙挺之)
正肅(見郭磊卿)
正肅(見王遂)
正肅(見吳柔勝)
正肅(見袁甫)
正惠(見程卓)
正惠(見林大中)
正惠(見趙希懌)
正素先生(見張栻)
正素先生(見戚同文)
53 正甫(見孫元蒙)
正甫(見任忠厚)
正甫(見吴豫)
正甫(見倪思)
正甫(見宋自道)
正甫(見荀宗道)
正甫(見蔡珪)
正甫(見林湜)
正甫(見劉伯証)
正甫(見劉漢弼)
正甫(見陳經)
60 正國(見張景憲)
正思(見程端蒙)
正思(見胡稷言)
62 正則(見葉適)
68 正晦先生(見周頊)
71 正臣(見孫諤)
正臣(見陳準)
正臣(見陳公舉)
正臣(見曾致堯)
77 正卿(見張淑堅)
正卿(見侯克中)
正卿(見潘頤養)
正卿(見林學蒙)
正卿(見楊果)
正卿(見陳朝揆)
正卿(見段直)
78 正愍(見呂大防)
80 正翁(見董楷)

正介(見周穎)
正父(見張汲)
正公(見程頤)
88 正簡(見葉顒)
正節先生(見徐應鑣)
正節侯(見李誠之)

1010_3 玉

00 玉立齋(見唐人鑑)
玉齋(王珹)
玉齋(見胡方平)
玉文(見張理)
10 玉雪(見陳士元)
玉雪亭(見陳士元)
玉吾(見俞琰)
22 玉巖(見陳天澤)
玉巖居士(見陽孝本)
玉峯(見楊公度)
玉峯山民(見車若水)
玉峯逸老(見張宗説)
玉峯老人(見彭惟孝)
玉山先生(見汪應辰)
玉山居士(見胡釋之)
26 玉泉(見喻樗)
28 玉谿翁(見□□)
31 玉潛(見唐珏)
32 玉溪(見李玉溪)
玉溪子(見戴師愈)
玉溪先生(見盧孝孫)
34 玉池先生(見鄧忠臣)
玉汝(見江介)
玉汝(見韓縝)
玉汝(見樓有成)
玉汝(見陳成父)
37 玉澗(見黄琢)
玉澗先生(見詹介)
玉澗道人(見崔閑)
40 玉塘(見程新思)
44 玉華子(見王元禮)
玉華居士(見楊準)
玉林(見項天覺)
玉林(見李應龍)
玉林精舍(見項天覺)
51 玉振(見董琮)
53 玉成(見王珹)
玉成(見薛疑之)
玉甫(見丁璉)
玉甫(見邱珏)
55 玉井(見陽□)
76 玉陽(見韓永)
80 玉父(見洪炎)
玉父(見邱珏)
90 玉堂(見林岊)
玉堂洺水公(見程珌)

1010_3 璽

00 璽齋(見陳汲)

1010_4王

00 王充耘（與耕、耕野）
竹坪門人 67/3678
王雍（子肅）
文正家學 3/325
王彥弼
范大性附 72/4184
王彥恭
立齋家學 82/4835
王齊褒（見王龔）
王應麟（伯厚、深寧、厚齋先生）
王徐門人＊85/5077
東巖門人 47/2627
張學續傳 50/2973
祕監所傳 74/4318
鄭氏門人 79/4559
王應鳳（仲儀、默齋）
深寧學侶 85/5099
王庶（子尚、敏節）
沮和議者 96/5734
王廉清（仲信）
雪溪家學 4/582
王庚應
鶴山門人＊80/4605
張氏門人 72/4182
浩齋門人 72/4184
劉氏門人 79/4544
王庭珪（民瞻、瀘溪先生）
張氏門人 19/1479
王庭秀（彥穎）
龜山門人 25/1669
王庭槐（斗山）
仁山門人 82/4863
王庭筠（子端、黄華山主）
屏山講友 100/6104
王慶長（慶長）
了齋同調 35/2092
王庠（周彥、賢節）
東坡同調 99/5994
王亦詵
剡源門人 85/5124
王文澤（伯雨、梅泉）
陳氏門人别 3/6374
王文貫（貫道）
余氏門人 64/3543
王文煥（王子敬、叔恭、西山先生）
王氏續傳＊49/2885
□□□□95/5665
王奕（復初）
傳氏門人 78/4497
王奕（伯敬）
疊山講友＊84/5056
文山同調 88/5239
王奕（子陵）
程氏門人别 2/6268

王弈(謀道、元祐鄉先生)
樓氏學侶 6/731
王弈(宗甫)
説齋門人 ＊60/3389
龍川門人 56/3234
王該(藴之、望春先生)
鄞江家學 6/727
王該(達夫)
涪翁講友 19/1465
王袞
高平師承 3/272
01 王龍澤(潛淵)
石氏門人 70/4030
王龍友
石氏門人 70/4030
王襲(王齊褒、漢卿)
方舟門人 99/6073
02 王端
待制家學 3/395
王端(道原)
華陽學侶 21/1539
王端禮(懋甫)
濂溪私淑 ＊12/1164
野民家學 98/5901
王端朝(季羔)
澹庵門人 34/2040
03 王誼(正仲)
震澤家學 29/1818
07 王毅(剛叔、木訥)
白雲門人 ＊82/4908
鄭氏門人 52/3085
王毅
柳氏門人 ＊82/4920
鄭氏門人 52/3085
08 王説(應求、桃源先生)
鄞江家學 6/726
王説
麻九疇門人 78/4470
王謙(伯益)
貝氏門人 ＊52/3083
王氏家學 52/3084
10 王正己(王慎言、伯仁)
鄞江家學 6/729
王玉慶(見王全夫)
王至卿(樗叟)
雙溪講友 71/4138
王至善(止齋)
貝氏學侶 52/3078
王元(舜弼)
待制家學 3/396
王元
張氏門人 82/4883
王元亮(見王粹)
王元德
王元節弟 100/6094
王元禮(玉華子)

秋澗先緒 78/4483
王元朗(見王元節)
王元杰(子英)
朱學之餘 49/2916
王元恭(居敬)
隱君門人 72/4186
王元甲
張鎮孫門人 49/2875
王元節(王元朗、子元、遯齋老人)
南山門人 100/6094
王元粹(見王粹)
王雱(元澤)
荆公家學 98/5845
王霆(定叟)
易氏家學别 2/6256
王无咎(見王無咎)
王天與(立大、梅浦)
西山續傳 * 81/4692
朱學之餘 49/2898
王天鐸(振之、思淵老人、莊靖、太原郡公)
秋澗先緒 78/4483
王百朋(昌齡)
王氏家學 44/2430
王雲卿(見王雲龍)
王雲龍(雲卿)
魯齋家學 82/4824
王雲鶴(見王中立)
11 王珏(叔寶、達觀)
别附别 2/6279
王彌道
復齋門人 * 70/4048
方氏門人 81/4692
王礪(汝堅)
戚氏門人 3/281
12 王廷(美宗、南澗先生)
張氏講友别 3/6355
13 王璞
魯齋家學 82/4823
王城(玉成、成齋先生、玉齋)
敬巖家學 82/4877
14 王珪(禹玉、文、岐國公)
曾任宰臣者 * 96/5697
懿敏門人 3/402
又曾任宰臣 96/5721
王瑛(子英、覺軒先生)
許氏講友别 3/6343
王礎(鎮之)
王寂父别 3/6320
15 王璉
宋氏門人 82/4975
王建中(師正)
王奕子 6/731
王建中
元儒博考别 3/6320
17 王珉

王襲門人 99/6073
王予明
王瑛子別 3/6343
王豫(悦之、天悦)
百源門人 33/1962
王子章(中中子)
魯齋家學 82/4824
王子麟
王澄子 49/2925
王子正(見王粹)
王子俊(材臣、三松、格齋)
楊氏門人 *44/2451
平園門人 35/2121
晦翁學侶 49/2818
王子清(寅叔)
草廬門人 92/5546
王子敬
王瑛子別 3/6343
王子敬(見王文煥)
王子明
趙汝滃師別 2/6265
王子覺
王澄子 49/2925
王子知
燭湖門人 77/4435
王鞏(定國)
東坡門人 *99/6023
懿敏家學 3/401
文定門人 3/415
王君玉(君玉)
補之先緒 98/5844
王磵(逸賓、遺安先生、名川)
滏水同調 100/6114
18 王珍(國瑞、瑞庵)
漢卿門人 90/5419
王璲
鐵崖門人 52/3075
王致(君一、鄞江先生)
安定同調 6/702
王致遠
永嘉私淑 32/1957
王敔(行父)
王楙孫 29/1821
19 王璘(德夫)
王氏門人 44/2445
20 王億
王氏先緒 25/1645
王信
附攻慶元道學者 97/5752
王孚(公信)
魯齋門人 90/5413
王受益(子謙)
積齋私淑 87/5201
王禹偁(元之)
韋氏講友 *3/263
文安門人 6/667

畢氏門人 6/694
王乘
泰山同調 2/133
王采苓
麻九疇門人 78/4470
21 王順(性之)
白雲門人 82/4913
王仁著
王氏家學 9/927
王行簡
澹庵門人 34/2040
王師古(唐卿)
龜山私淑 25/1678
王師愈(與正、齊賢)
潘氏門人＊25/1691
晦翁講友 49/2791
南軒講友 50/2959
東萊講友 51/3010
王眞文
仁山門人 82/4863
王經(伯常、文元先生)
秋澗先緒 78/4483
王經(孟遠)
陳氏門人別 3/6370
王經忠
王昕子別 2/6284
王秬(嘉叟、復齋)
文肅門人＊1/90
張氏門人 44/2404
初寮家學 98/5922
王綽(誠叟)
水心學侶 55/3166
王縉(子雲)
陳氏家學別 1/6191
22 王任(叔重)
王氏家學 19/1481
王鼎(鼎臣)
五沿子 33/1961
王佾(伯武、牧养)
雲峯門人＊89/5302
雙溪續傳 71/4163
王偁(孟揚)
吳氏門人別 3/6390
王巖
王襲門人 99/6073
王巖叟(彥霖、恭簡)
明道同調＊19/1439
韓氏門人 3/392
王利用(國賓、文貞、潞國公)
魏氏學侶 14/1237
王綬
宋氏門人 82/4974
王絲(敦素)
陳氏師承別 1/6157
23 王佖(敬巖)
魯齋家學 82/4822

王允中
宋氏門人 82/4979
王獻可
涪翁同調 19/1467
王俊儀(王俊乂、堯夫)
王氏家學 1/75
王俊乂(見王俊儀)
王俊華(王佃、俊華、江南書布袋)
陳氏家學別 3/6388
24 王化基(惠獻)
王舉正父 3/341
王佐(才仲)
王氏門人 44/2442
王佐才
喻立師 92/5551
王德文(周卿)
王楙子 29/1821
王德先
魏氏門人 82/4925
王德明(俊卿)
東坡同調 99/5996
王儔
王慶長子 35/2092
王偉(見王禕)
王僖(康國、逸野堂、王學正)
王氏先緒 25/1644
王休
慈湖同調 74/4284
王勳(上達)
鄞江家學 6/728
王勉(緬之)
朱學之餘 49/2917
王特起(正之)
屏山講友 100/6109
王幼孫(季稚、季雄、自觀先生)
象山續傳 * 58/3322
文山講友 88/5229
王幼學(行卿)
許氏講友別 3/6347
王贊(子襄)
遺山講友 * 14/1227
莊靖講友 78/4485
王結(儀伯、文忠、太原郡公)
龍岡門人 90/5440
25 王仲元(清卿、錦峯老人)
榆山家學 * 100/6117
黄山門人 100/6132
王仲德
王瑛子別 3/6343
王仲傑(之才)
晦翁門人 69/3918
王仲徽
程學之餘 16/1315
王仲安
默庵講友 91/5475
王仲達

石氏講友 99/5990
王仲澤(見王渥)
王仲舉(聖俞)
震澤先緒 29/1815
王仲符(仲符)
范氏門人 19/1453
王伷(見王俊華)
王紳(仲縉)
華川家學 * 70/4084
宋氏門人 82/4974
26 王自中(道甫、厚軒先生)
龍川同調 56/3229
王侃(王偘、剛仲、立齋)
北山門人 * 82/4775
船山門人 70/3998
王得志
王世堅孫 70/4073
王得臣(彥輔、鳳亭子)
安定門人 * 1/54
鄭氏門人 6/743
明道講友 14/1210
潁濱同調 99/6003
王偘(見王侃)
王伯序
王氏家學 22/1585
王伯庠(伯禮)
濳山門人 * 22/1582
周氏門人 45/2492
王伯廣(師德)
楊氏門人 29/1822
王伯羽
楊應桂附 84/5067
王伯起(聖時、酉室)
荆公門人 * 98/5873
南豐門人 4/567
王峴(晉輔)
季章講友 59/3346
王絪
補之家學 98/5903
王縕
補之家學 98/5903
27 王向(子直、公默先生)
深父學侶 4/547
王象祖(德甫、大田先生)
水心門人 * 55/3187
隘軒講友 66/3621
王豫(悅之、天悅)
百源門人 33/1962
王伋(孔章、希逸)
忠宣講友 3/357
王彝(常宗)
王氏門人 82/4930
王磐(文炳、文忠、洛國公、、鹿庵)
麻氏門人 * 78/4481
莊靖講友 78/4485
王甸(伯俊)

方巖家學 74/4314

王約(彥博)

魏氏門人 14/1240

王綱(振仲)

道鄉門人 35/2104

王綱

劉氏門人 91/5471

王紹忠

王昕子別 2/6284

28 王以道(則臣、三槐隱士)

陳氏門人別 3/6369

王佺期(子眞)

附傳 16/1293

王徹

孫奭師 2/114

王復

廬陵門人 4/543

王復(子勉)

徐氏門人 70/3974

王儀

黄氏門人 49/2926

王儀伯

默庵講友 91/5476

王繪

忠宣講友 3/356

30 王濟

葉氏門人 70/4011

王濟淵(道可)

疊山門人 84/5064

王淳(子厚)

王氏門人 44/2436

王寬

魯齋門人 ＊90/5394

文肅家學 78/4496

王宿

又不在碑目者 96/5725

王進德

草廬門人 92/5550

王之佐(國材)

鄒氏同調 16/1312

王之才

唐氏家學別 1/6199

王之才(麟齋)

張氏講友別 3/6354

王適(子立)

東坡門人 ＊99/6031

潁濱門人 99/6038

王守誠(君實、文昭)

道園門人 92/5575

王守正

廣道家學 100/6116

王守素

廣道家學 100/6116

王安石(介甫、文、舒國公、荊國公、臨川先生)

歐貢門人 98/5784

王安仁(常甫)
荆公先緒 98/5783
王安禮(和甫)
都官家學 98/5835
王安中(履道、初寮)
從新學者＊98/5895
東坡門人 99/6034
王安國(平甫)
都官家學＊98/5836
古靈同調 5/610
康節門人 10/1070
王良(止善、鷃游子、止止齋)
陸學之餘 58/3327
王良
王恂父 78/4490
王良玉
王炎澤子 70/4011
王良珉
王炎澤子 70/4011
王良學
深寧家學＊85/5101
三江門人 76/4396
王密(抑之)
王氏家學 98/5934
王定
又不在碑目者 96/5726
王定民
陳氏家學別 1/6188
王寅
王公穀子 49/2935
王賓(子立)
魯齋門人＊90/5395
文肅家學 78/4496
王宗望(希古)
義豐門人 70/4033
王宗傳(景孟、童溪)
慈湖同調 74/4287
王宗岳(良佐、養高先生)
陳氏門人別 3/6369
王宗□(見王元父)
王寂(元老、退翁、文肅)
王氏講友別 3/6320
32 王澄
王氏續傳 49/2925
王淵(如淵)
王氏續傳 6/768
王遜志(文敏)
秋澗續傳 78/4500
33 王必讓
王必大兄 3/436
王必大
高平續傳 3/436
王必學
王必大兄 3/436
王沇之(彥魯)
荆公門人＊98/5878

校理家學 98/5900
王溥(宗溥、空同外史)
危氏門人 93/5631
王冶
宋儒博考別 2/6225
王黼
宋氏門人 82/4979
34 王澍
王氏學侶別 3/6330
王漢
王氏家學＊25/1712
晦翁門人 49/2839
王漢章
深寧續傳 85/5129
王漢英(彥古)
樓氏門人 73/4232
王汝梅(大用)
高氏門人 10/1090
王湋(見王禕)
王濆(希聖)
屯田家學 3/331
王禕(王偉、王湋、子充、文節、忠文華川)
黃氏門人＊70/4055
王氏續傳 70/4077
王逵(仲達)
高氏門人 6/698
王邁(實之、臞軒)
西山門人＊81/4666
後村講友 47/2620
陳氏門人 70/3980
越國門人 75/4360
鶴山門人 80/4602
王邁(正叔)
北山同調 82/4730
35 王洙(原叔、文、文節)
屯田家學 3/332
36 王昶(見黃昶)
王湜
百源續傳 10/1082
王遇(子合、東湖先生、東淵先生)
晦翁門人＊69/3809
艮齋門人 52/3047
王遇
王蒙子別 2/6249
37 王渥(仲澤)
良佐講友＊49/2882
王氏講友別 3/6322
王鴻(翼道)
濂溪講友 12/115
王鴻舉(南賓)
王端禮子 12/1164
王渙之(彥舟)
校理家學＊98/5900
又不在碑目者 96/5725

王沿(聖源)
王氏先緒 33/1961
王次傳(迪甫)
白石門人 68/3721
王次翁(慶曾、兩河先生)
侍御先緒 22/1582
王凝
高平門人 3/381
王祖孝
王氏家學 82/4959
王祁
草廬門人 *92/5540
滕氏門人 91/5478
王過(幼觀、拙齋先生)
晦翁門人 69/3786
王遹(子敏)
東坡門人 99/6031
王逢
安定學侶 1/28
王逢(原夫、松塢先生、松隝先生)
洪氏門人 83/5031
38 王汾
王氏家學 3/284
王瀚(王翰、伯海、定菴)
東萊門人 73/4199
王遂(穎叔、去非、實齋、正肅)
默齊門人 71/4141
王遵古(仲元)
王庭筠父 100/6104
王道深 49/
晦翁學侶 49/2827
王道夫
蘧覺門人 99/6086
39 王逖(正夫)
王氏門人 44/2444
40 王十朋(龜齡、忠文、梅溪、不欺)
張氏門人 *44/2376
廬陵續傳 4/587
涑水私淑 8/865
王九成(夷仲)
方失講友 99/6059
王力行(近思)
晦翁門人 69/3860
王大寶(元龜)
趙氏門人 44/2374
王大中(尊道)
忠宣師承 3/306
王大中
震澤家學 29/1818
王大本
震澤家學 28/1817
王大昌
白石門人 61/3403
王大臨

涑水學侶 8/847

王友直(季溫)

師山門人 94/5640

王士元(長卿、白欄居士)

邵學續傳 78/4475

王士點(繼志)

王氏家學 2/245

王士熙(繼學)

王氏家學 * 2/245

匪石門人 82/4950

王奎文(昌甫、慎獨先生)

□□□□ * 95/5655

宋本師 95/5662

王直方(立之、歸叟)

東坡門人 * 99/6033

涪翁門人 19/1482

王堯臣(伯庸、文安)

博士家學 3/403

王在

西山門人 81/4675

王克誠

蕭氏門人 95/5658

王克勤(叔弼)

熊氏門人 43/2330

王希旦(愈明、葵初)

桃谷門人 * 89/5277

九峯續傳 67/3676

王南美(乙道、釣月樓、耕雲堂)

達觀同調別 2/6288

王存(正仲)

曾任執事者 96/5698

王志叔

實齋家學 71/4152

王嘉言(仲謨)

王氏家學 3/283

王嘉祐

王氏家學 3/283

王古(敏仲)

曾任待制以上者 96/5701

王吉

王氏家學 67/3679

王吉才(益齋先生)

陳氏門人別 3/6368

王壽朋(夢齡)

王氏家學 44/2430

王去非(廣道、醇德先生)

周氏師承 100/6095

王去執(明道、榆山)

廣道學侶 100/6097

王賁(蘊文、石潭)

魯齋門人 82/4825

王槖(見王櫜)

王樵(肩望、贅世生、贅世翁)

賈李同调 2/166

41 王桓(彥貞、明白先生)

寶峯門人 * 93/5618

孫氏門人 93/5620
42 王獵(得之)
趙氏師承 2/128
43 王域
西山門人 62/3483
44 王芷(茂之)
王氏門人 44/2439
王埜(子文、潛齋)
西山門人 ＊81/4661
節齋同調 62/3482
王埜翁(太古、行易齋)
石澗講友 ＊49/2883
長民續傳 2/207
王勤窗
徐子耕師 82/4983
王夢應(聖與)
文山同調 88/5238
王夢庚
脩齋先緒 80/4593
王夢松(曼卿、慎齋先生、順齋處士)
西山門人 65/3595
王蒙(養正、雙巖先生)
易氏家學別 2/6249
王茂剛
定川講友 76/4377
王蘋(信伯、福清先生、震澤)
伊川門人 ＊29/1815
聖時家學 98/5910
王葆(彥光、文毅)
沙隨師承 25/1676
王莘(樂道)
廬陵門人 ＊4/541
酸棗續傳 10/1072
王莘叟
東萊門人 73/4216
王執謙(伯益)
張氏講友別 3/6352
王萬(處一、節惠、忠惠)
晦翁私淑 ＊49/2852
曹氏同調 61/3403
王萬章
義豐門人 70/4033
王英孫(才翁、脩竹)
皋羽同調 56/3244
王若訥
石氏師承 70/3975
王若虛(從之、慵夫、滹南遺老)
德卿門人 99/6062
王蕃(觀復)
涪翁門人 ＊19/1482
王氏續傳 2/189
王藹(用吉)
胡氏門人 86/5183
王世則
王氏學侶別 1/6158

王世堅
黃氏門人 70/4073
王荀龍(仲賢)
王氏先緒＊19/1405
韓氏門人 3/392
王桂(仲芳、月溪)
朱學續傳 49/2879
王模(君定)
義豐門人 70/4033
王梀(勉夫)
王氏續傳 29/1821
45 王構(肯堂、瓠山、文肅、魯國公)
野齋門人 2/243
王構(德基)
秋澗門人 78/4499
46 王旭
魯齋學侶 90/5347
王觀
安定門人 1/55
王恕
雙溪家學 71/4150
王覿(明叟)
曾任待制以上者 96/5700
安定門人 1/55
王槐
包氏門人 92/5590
王楫(濟川)
魯齋門人 90/5412
王柏(會之、長嘯、文憲、魯齋、敬齋)
北山門人＊82/4731
船山門人 70/3998
克齋門人 70/3999
王樫(德潤)
凝熙門人 82/4945
王梠(仙居)
攻媿講友 79/4532
47 王朝(德暉、最樂翁、樂翁)
陳氏門人 49/2934
王都中(邦翰、元俞、本齋、清獻)
魯齋門人 90/5393
王起宗(起巖)
畏齋同調＊87/5198
草廬門人 92/5550
王枏(木叔、和叔、合齋)
艮齋門人 52/3046
王格(伯庸)
陳氏家學別 1/6184
48 王翰(見王瀚)
50 王中立(王雲鶴、湯臣、擬栩)
遺山師承 14/1218
王中行(知復)
司晨門人 34/2048
王申
王億父 25/1645
王申子(巽卿)

周學之餘＊12/1182
程學之餘 16/1317
王泰來(太初)
須溪師承 88/5215
王由
楊恕師別 1/6186
王春卿(春卿)
晦翁門人 69/3920
王素(仲儀、懿敏、獨擊鶻)
文正家學＊3/326
文懿門人 6/724
王橐
雙溪先緒 71/4103
51 王振
王氏學侶別 3/6332
王幀(叔雅)
王氏家學 19/1493
52 王撝(謙父)
樓氏門人＊73/4229
三江門人 76/4391
王哲
范氏所傳 10/1071
54 王拱壽(見王拱辰)
王拱辰(王拱壽、君貺、懿恪)
濂溪講友＊12/1152
薛氏門人 19/1419
58 王軫(應宿)
新學所出＊98/5779
文正家學 3/326
李氏家學 6/667
60 王日休(虛中)
葛氏學侶 4/552
王日起
樂軒門人 47/2608
王旦(子明、文正、魏國公)
王氏先緒＊3/273
趙氏門人 6/723
王國望(東廬先生)
文山師承 88/5214
王國綱(正之)
遯齋續傳 100/6131
王易簡(理得)
橫渠續傳＊18/1379
莊節講友 64/3559
王思廉(仲常、文恭、恒山郡公)
遺山門人 14/1234
王思誠(致道、獻肅)
曹氏門人 10/1092
王冕(元章)
莊節門人 64/3568
王昇(君儀)
張氏學侶 10/1074
王昌世(昭甫、靜學居士)
深寧家學 85/5101
王回(深父、深甫)
廬陵門人＊4/539

荆公講友 98/5839

王回(景深)

餘官 96/5704

道鄉講友 35/2088

王固(王冏、天貺)

安定門人 1/56

王曇噩(見曇噩)

王果

劉氏門人 91/5472

王景(野民)

荆公家學 98/5847

王景賢(希賢、愚如)

楊氏學侶別 3/6339

61 王顯子(敬之)

晦翁門人 69/3918

62 王昕(明之)

達觀同調別 2/6284

63 王黙(復之)

蜀學之先 6/715

64 王時會(季嘉、泰庵)

放翁同調 98/5930

王時敏(德修)

和靖門人 27/1751

王時敘(伯倫)

放翁同調 98/5930

67 王明清(仲言)

雪溪家學 4/582

王昭禹(光遠)

從新學者 98/5889

王昭素

附傳 9/906

王鶚(百一、文康、鹿庵)

滹南門人 *99/6078

滏人門人 100/6124

楊氏門人 100/6130

70 王璧(子潤)

王氏家學 25/1703

71 王阮(南卿)

晦翁門人 *69/3909

于湖門人 41/2281

王驥(致遠)

宋氏門人 82/4979

王厚孫(叔載、遂初老人)

深寧家學 *85/5102

三江私淑 76/4398

蔣氏講友 87/5200

王厚之(順伯、復齋)

象山學侶 58/3306

72 王所(喻叔、南峯)

別附別 2/6279

王岳(景申)

陳氏家學別 1/6177

王質(子野)

高平同調 *3/315

文正家學 3/326

文公門人 6/677

王質(景文、雪山)
夾漈同調＊46/2548
虞氏門人 44/2427
74 王肱(力道)
王□子別 1/6170
77 王月溪(月溪)
姜澤師 82/4835
王用亨(子安)
易氏家學別 2/6259
王冏(容季、公議)
深父學侶 4/547
王冏(見王固)
王岡(壽基)
陳氏家學別 1/6203
王履(坦翁)
武臣 96/5720
王居正(剛中、竹西先生)
龜山門人 25/1655
王居仁(習隱)
南軒門人 71/4114
王居安(資深、資道、方巖)
慈湖同調 74/4286
王熙陽
鄭□門人 53/3142
王聞詩(興之)
王氏家學 44/2431
王聞禮(立之)
王氏家學 44/2431
王學正(見王僖)
王開祖(景山、儒志先生)
安定同調＊6/698
石氏門人 5/629
王舉正(伯中、安簡、文簡)
晁氏門人 3/341
王卿月(清叔、醒庵居士)
百源續傳 78/4460
王與之(次點、東巖)
伊川續傳＊16/1301
橫渠續傳 18/1379
俞氏私淑 77/4445
王與權
王蒙子別 2/6249
80 王全
蔣氏門人 65/3607
王全夫(王玉慶、全夫)
魚齋門人 82/4833
王益(損之、舜良)
荆公先緒 98/5783
王益柔
涑水同調＊8/852
康節講友 10/1022
王鏡潭(見王□)
王介(元石、渾尺居士、忠簡)
東萊門人 73/4198
王介
荆公講友 98/5839

王介(文卿、山堂先生)
別附別 2/6277
王介(萬石)
許氏講友別 3/6345
王介翁
王弈子 84/5056
王令(鍾美、逢原、廣陵)
黄氏門人 ＊6/733
孫氏學侶 1/59
荆公講友 98/5839
王無霸
余氏門人 92/5596
王無咎(王无咎、補之)
荆公門人 98/5849
王義端(元剛)
巽齋門人 88/5228
王義山(元高、稼村、稼村先生、君子堂)
元剛學侶 88/5244
王義朝(國賓)
王氏門人別 2/6309
王普(伯照)
涑水私淑 8/865
王善(元善、竹樓)
朱學之餘 49/2902
王曾(孝先、文正、沂國公)
泰山師承 2/111
王公彦(成德)
餘官 96/5717
王公乂(治表)
王粹然父 74/4278
王公穀(德良)
王氏家學 49/2935
81 王銍(性之)
王氏家學 4/569
王鐈
王氏續傳 22/1586
王鎮(靖之)
武夷門人 34/2024
王鎮圭
楊氏同調 69/3943
84 王鑄
王慶長子 35/2092
87 王鉛(季和)
大愚講友 ＊51/3015
景迂續傳 22/1584
王欽臣(仲至)
文節家學 3/404
88 王鑑(明卿、介軒)
道園門人 92/5581
王鎡(時可)
王氏門人別 2/6301
王箴(元直)
餘官 96/5712
王餘慶(叔善)
白雲門人 82/4904

90 王惟德(輔之)

王大臨父 8/847

王惟寅(賓叔、東埜翁、脩齋)

王夢庚子 80/4593

王惟賢(思齊)

深寧門人 85/5110

王光祖(文季)

晦翁學侶 49/2827

王光薦

王氏家學 67/3679

王光輔

吴氏門人 82/4924

王肖翁

王民續傳 * 63/3519

敬嚴家學 82/4877

王尚恭(安之)

廬陵門人 4/543

王尚喆

廬陵門人 4/543

王尚忠

履齋門人 77/4449

王當(子思)

東坡同調 99/5996

王炎(晦叔、雙溪)

晦翁講友 * 49/2798

文簡門人 2/205

南軒門人 71/4123

王炎澤(威仲、南陵先生)

葉氏門人 * 70/4011

王氏續傳 1/99

王炎午(鼎翁、梅邊先生、太學觀化齋生)

文山門人 88/5245

王粹(王子正、王元亮、王元粹)

江漢學侶 90/5366

王粹然

方嚴學侶 74/4287

91 王恆(仲常)

貝氏門人 * 52/3083

王氏家學 52/3084

王慎言(不疑)

康節講友 * 10/1029

勝之家學 8/862

王慎言(見王正己)

王慎弼(見王慎術)

王慎行

康節講友 * 10/1029

勝之家學 8/862

王慎術(王慎弼)

康節講友 * 10/1029

勝之家學 8/862

97 王恂(敬甫、文肅、定國公)

文正門人 78/4490

王惲(仲謀、文定、秋澗、太原郡公)

鹿庵門人 * 78/4493

遺山門人 14/1233

紫陽門人 90/5422
神川門人 100/6132
98 王悅(習之)
王氏門人別 2/6309
王錀(仲潛、仲晦、修齋)
存齋同調 80/4606
叩王□
王氏先緒 4/479
王□(傅巖、起樂齋)
紫微學侶 36/2134
王□
勉齋門人 63/3517
王□(容溪)
邵學續傳 78/4478
王□
清容門人 85/5128
王□(鏡潭、種德堂)
陳鈞附 90/5437
王□
漢卿門人 90/5419
王□
安氏門人 91/5483
王□
陳氏師承別 1/6155
王□(恭睦先生)
陳氏家學別 1/6170
王□(碣石先生)
王氏學侶別 3/6324
王□(元父)
王氏學侶別 3/6324

1010_4 至

21 致順(見曾順)
27 至叔(見傅誠)
30 至之(見楊至)
至之(見姜潛)

1010_7 五

10 五雲先生(見韓諤)
12 五登士(見龔軾)
21 五經(見梁寅)
五經先生(見董□)
22 五峯(見李孝光)
五峯先生(見胡宏)
五峯居士(見翁挺)
五山先生(見陳堯龍)

1010_7 亞

50 亞夫(見黃庶)
亞夫(見晏淵)

1010_8 靈

22 靈山先生(見董珪)
31 靈源(見何□)
32 靈淵(見徐璣)
87 靈舒(見翁卷)

1010_9丕

61 丕顯(見林謨)

1011_3疏

00 疏齋(見盧摯)

47 疏嬾翁(見李心道)

1014_1聶

22 聶崇義

宋儒博考別 1/6142

聶循矩

單拯門人 99/6035

叩聶□(吉甫、心遠先生)

巽齋門人 88/5228

1016_4露

20 露香居士(見黄大受)

1017_7雪

00 雪齋(見孫介)

雪齋(見姚樞)

11 雪矼(見江凱)

12 雪磯(見孫庚)

雪磯(見樂雷發)

22 雪巖(見鄭霖)

雪山(見王質)

雪巢(見林憲)

23 雪巘(見褚□)

27 雪舟軒(見邱桂子)

31 雪江先生(見江凱)

32 雪溪(見邵彌遠)

雪溪(見趙次誠)

雪溪先生(見常詵孫)

37 雪澗(見朱應五)

45 雪樓(見程鉅夫)

雪樓先生(見程鉅夫)

90 雪堂(見周琦)

1020_0丁

00 丁應龍

履齋門人 77/4449

丁應桂(叔才、竹所堂)

雪樓講友 83/5013

丁度(公雅、文簡)

陳氏師承別 1/6156

10 丁石(貫道、菊山逸民)

丁本從子 55/3198

12 丁廷玉

石氏門人 70/4029

15 丁璉(玉甫)

陳氏家學別 1/6183

18 丁瑶成(詩禮堂)

艾軒同調 47/2582

20 丁季敏

丁鋏子 58/3311

26 丁伯桂(元暉)

丁氏家學 47/2590

丁伯杞(元有)

丁氏家學 47/2590

28 丁復(仲容、檜軒)

附傳 55/3207

30 丁之翰(季蕃)

丁氏家學 92/5590

丁守廉

廖應瑞師別 2/6284

丁寶臣(元珍)

安定同調 6/705

33 丁黼(文伯、延溪、恭愍)

鶴山講友 * 80/4590

西山講友 81/4655

37 丁逢吉

丁度父別 1/6156

40 丁克(復之)

晦翁門人 69/3896

丁南一(宋傑、斗軒)

元有家學 47/2601

丁存(性初、雲崖)

何氏門人 82/4966

47 丁鶴年

周氏門人 74/4321

50 丁中(韋軒先生)

丁氏家學 58/3320

丁本(子植、松山、松山先生)

水心門人 55/3198

丁泰亨(巖老)

丁氏先緒 61/3397

60 丁昌期(經行先生、醉經堂)

安定同調 6/700

丁易東(漢臣、石壇經舍)

漢上續傳 37/2172

77 丁隆

一齋門人 49/2936

89 丁鍨(仲熊、瓮天先生)

象山學侶 58/3311

99 丁榮翁

丁應龍子 83/5013

1021_1 元

00 元亨(見羅上行)

元齋(見蕭夢得)

元亮(見牟完)

元高(見王義山)

元應(見李新)

元應(見樓弆)

元度(見蔡卞)

元度(見金式)

元章(見方琢)

元章(見王冕)

元褒(見梁周翰)

遠京(見孫嵩)

10 元雩(見陳宋霖)

元石(見微介)
元晉(見趙溍)
12 元登(見吳攀龍)
元發(見宋蘊)
元發(見游桂)
元發(見滕元發)
14 元功(見謝恭)
元功(見何敏中)
元功(見侯蒙)
元功(見徐勣)
元功(見黃珪)
16 元聖庚
元勲父 19/1488
17 元琛(見解琛)
元承(見劉安節)
元翼(見范柔中)
18 元珍(見丁寶臣)
20 元受(見任盡言)
22 元鼎(見趙時錡)
23 元獻(見宋庠)
元獻(見晏殊)
24 元佐(見黃裳)
元德(見賈輔)
元德(見張洽)
元德(見李祥)
元德(見趙淇)
元德(見馬祖謙)
元德明(德明、東巖)
遺山先緒 14/1217
元勲(不伐)
涪翁門人 19/1488
元贊(見汪皋會)
25 元仲(見陳士元)
26 元白(見朱雪)
元白(見洪采)
元白先生(見黃中德)
元伯(見張景伯)
元伯(見李端懿)
元伯(見李冠)
元和(見陳曦)
27 元龜(見王大寶)
元修(見巢谷)
元修(見樂材)
元象(見陸滋)
元魯(見胡三省)
元魯(見戚師道)
元約(見沈該)
28 元作(見魏恪)
元倫(見吳錫疇)
元齡(見樓大年)
30 元滂(見陳宋霖)
元之(見王禹偁)
元之(見朱清)
元之(見陶叔獻)
元適(見江泳)
元憲(見宋庠)

元宏（見楊公度）
元賓（見舒璘）
元實（見孫子秀）
33 元溥（見燮理普化）
34 元祐鄉先生（見王奔）
元達（見陳達）
35 元禮（見謝元禮）
元禮（見連庠）
元禮（見劉安上）
元禮（見陸筠）
元禮（見曾纁）
元禮（見饒子儀）
元迪（見鄧啓）
36 元澤（見王雱）
37 元潔（見陳藻）
元通（見傅楫）
元通（見羅上達）
38 元祥（見鄒夢遇）
元裕
　敬齋同調 2/235
元道（見趙彥悈）
40 元大（見陳孔碩）
元圭（見方瑑）
元圭（見曹淇）
元直（見王箴）
元直（見鄧洵侯）
元直（見李植）
元才子（見元好問）
元有（見丁柏杞）
元吉（見黄叔豐）
元吉（見葉祐之）
元吉（見閭邱襄）
元壽（見魏椿）
元壽（見江躋）
42 元彬（見陳文叔）
43 元城（見葛紹體）
元城先生（見劉安世）
44 元英（見郝傑）
元喆（見葛元喆）
元老（見唐叟）
元老（見王寂）
元老（見陳琦）
元老（見周壽）
46 元觀（見彭逢達）
元韞（見周伯玉）
47 元均（見田況）
元懿（見石熙載）
元愨（見謝徽）
元聲（見貢鏞）
元好問（裕之、遺山、元才子）
　晉臣門人＊14/1221
　耶律門人 8/891
　雪齋學侶 90/5351
　滏水门人 100/6124
　楊氏門人 100/6130
48 元翰（見魯有開）

元幹(見楊楠)
50 元中(見吴敏)
元中(見李沖元)
元中(見蔣元中)
元中(見蘇權)
元中(見賀太平)
元中子(見黎立武)
元肅(見夏僎)
元肅(見蔣雝)
元忠(見孫謂)
元忠(見柴衛)
元忠(見周良)
元忠(見金居敬)
元春(見歐陽貞)
52 元播(見賈鈞)
元哲(見葛元喆)
53 元輔(見余燾)
元成(見洪芹)
元成(見李衡)
元甫(見蕭明哲)
元甫(見楊恭懿)
56 元規(見狄遵度)
60 元圃(見燮理普化)
元思(見汪開之)
元思(見蔡念成)
元昇(見李陟)
63 元默(見晁百談)
67 元明(見徐琳)
元明(見李巘)
元明善(復初、文敏、清河郡公)
草廬門人 92/5523
元暉(見丁柏桂)
68 元晦(見朱熹)
71 元長(見范沖)
元長(見蔡京)
72 元剛(見鍾柔)
元剛(見王義端)
元質(見吴文炳)
元質(見李綺)
元質(見林彬之)
元質(見舒璘)
77 元履(見魏掞之)
元卿(見范端臣)
元卿(見薛長孺)
元興(見周明作)
80 元益(見劉應龜)
元俞(見王都中)
元翁(見周壽)
元父(見王□)
元善(見王善)
元善(見詹體仁)
元善(見潘孜)
元善(見李韶)
元善(見李善)
元善(見陳宗仁)
元會(見朱夏)

元公(見周敦頤)
元養(見方恬)
81 元矩(見陳昭度)
84 元鎮(見黃鎮成)
元鎮(見趙鼎)
86 元錫(見謝疇)
88 元籲(見程克俊)
元範(見賈如規)
元範(見楊大法)
87 元鈞(見呂陶)
97 元輝(見劉光)
叩元□
吴氏門人 82/4924

1021_4霍

34 霍漢英
晁氏門人＊5/630
古靈門人 5/624
平甫門人 98/5899
64 霍暐(明甫)
子才講友 1/65

1022_3霽

22 霽峯先生(見李淯孫)
霽山(見林德暘)
77 霽月(見陳一中)

1022_7兩

22 兩峯先生(見陳德永)
31 兩河先生(見王次翁)
32 兩溪(見于石)

1022_7雨

26 雨泉(見葉棻)
51 雨軒(見徐子鄧)

1023_2震

25 震仲(見楊霆)
36 震澤(見王蘋)
80 震翁(見孟文龍)

1024_7夏

05 夏竦(子喬、文正、文莊、英國公、鄭國公)
文莊門人＊3/406
郭氏私淑 2/173
姚氏門人 3/288
10 夏元祐(夏鯉、夏理、立卿、倫卿)
天倪講友 92/5563
11 夏璿
戴氏門人 82/4969
夏璿
陳氏門人别 3/6371
16 夏理(見夏天祐)
17 夏琛
陳氏門人 93/5630

24 夏休
王氏門人別 2/6302
26 夏自明
克齋門人 70/3999
夏伯文（世華）
王氏門人 44/2448
夏伯虎（用之）
王氏門人 44/2443
夏鯉（見夏天祐）
27 夏侯旄（節夫）
元祐之餘＊35/2095
伊川私淑 16/1295
夏侯圭
馮元附 2/134
夏僎（元肅、柯山）
拙齋私淑 36/2157
30 夏宏毅
夏達才子 89/5299
33 夏溥（大之）
安定之餘 1/95
34 夏洪參
黄氏門人 70/4073
夏沐
王氏門人別 2/6304
夏達才（行可）
曹氏門人 89/5299
37 夏逢慶
柳氏門人＊82/4919
夏氏續傳 73/4248
40 夏九鼎（見夏友蘭）
夏希賢（自然、安正、自然先生）
融堂門人＊74/4315
邵學之餘 10/1085
夏友蘭（夏九鼎、幼安）
草廬門人 92/5535
60 夏日孜
聞人樞師 92/5586
夏國公（見余闕）
夏思學
勿軒門人 64/3574
77 夏卿（見吳懿德）
81 夏鎮
歐陽貞師 83/5028
夏鎮
張氏講友別 3/6358
96 夏煜（允中）
丁復門人 55/3207

1024_7 霞

30 霞寓（見曹淇）

1040_0 干

00 干文傳（壽道）
朱學續傳 49/2903

1040_0 于

10 于正封

于世封弟 4/544
于石(介翁、紫巖、兩溪)
杜氏私淑 * 1/97
王氏门人 73/4234
17 于子惠
楊居師 64/3570
21 于衢
于氏家學 73/4243
30 于房
于氏先緒 4/479
于房
陳氏家學別 1/6176
37 于湖先生(見張孝祥)
于湖居士(見張孝祥)
44 于世封
廬陵門人 4/544
60 于𦒉
于房父 4/479
于景龍
朱學之餘 49/2894
87 于欽(思容)
張氏講友別 3/6355

1040_9 平

00 平庵(見項安世)
平齋(見吴皋)
平齋(見洪咨夔)
平齋先生(見傅崧之)
17 平子(見晁公壽)
22 平巖(見葉采)
平山(見黄午山)
平山先生(見毋廷瑞)
平山先生(見曾子良)
平山先生(見舒公平)
25 平仲(見張希季)
平仲(見朱晏)
平仲(見范準)
平仲(見蘇伯衡)
平仲(見劉定國)
27 平舟(見楊棟)
平叔(見胥元衡)
平叔(見劉安世)
平叔(見俞易直)
平叔(見舒邦佐)
32 平州(見曹豳)
53 平甫(見王安國)
平甫(見項安世)
平甫(見喻仲衡)
平甫(見劉坪)
平甫(見陳均)
60 平國(見劉宰)
平園(見周必大)
67 平野莊(見梁彦通)
71 平原郡公(見孟攀鱗)
76 平陽縣伯(見宋之才)
平陽善士(見林大備)

77 平叟(見舒滸)

80 平翁(見葉采)

平父(見項安世)

平父(見劉坪)

叩平□郡公(見姚大福)

1041_0无

00 无妄先生(見曹建)

23 无咎(見詹君履)

无咎(見韓元吉)

无咎(見晁補之)

1043_0天

00 天文(見羅絨)

10 天雨(見張雨)

12 天水郡侯(見趙秉正)

天水郡侯(見趙宏偉)

天水郡侯(見趙與票)

天水郡公(見趙承慶)

天水郡公(見趙善湘)

22 天任(見趙公倚)

23 天台教僧(見晁説之)

24 天德(見繆主一)

天休(見鄭戩)

26 天保(見時戬)

27 天倪(見陳徵)

天彝(見時少章)

31 天福(見高錫)

33 天心(見余闕)

天心水面亭(見李溉之)

34 天祺(見張戩)

38 天游(見曾開)

天祥(見文天祥)

天祥(見李瑞)

47 天趣(見鄭□)

52 天授(見譙定)

53 天成(見范純祐)

66 天覞(見王固)

天覞(見仰忻)

天覞(見陳瓔)

72 天隱(見繆主一)

天隱(見阮逸)

天隱(見曾恬)

77 天覺(見張商英)

天叟(見邵古)

天叟(見黃仲元)

天民(見石斗文)

天民先生(見徐畸)

天與(見袁鏞)

天與(見陳良祐)

86 天錫(見郭緒)

天錫(見周伯祿)

90 天慵先生(見熊朋來)

天粹(見馮璧)

98 天悅(見王豫)

1044_7 再

10 再可(見趙思)

1060_0 石

00 石賡

綱齋門人 70/3987

08 石墪(見石𡼖)

石𡼖(石墪、子重、克齋)

晦翁講友 *49/2792

石氏續傳 14/1214

陳氏門人 44/2427

10 石一鰲(石一鼇、晉卿、蟠松)

王氏門人 70/4008

石一鼇(見石一鰲)

石亞之

石氏家學 14/1213

12 石延年(曼卿、安仁)

高氏門人 *6/697

中舍門人 3/336

17 石承義

石鵬子 49/2909

21 石師訥

徂徠家學 2/174

石師愚

徂徠家學 2/174

石經先生(見沈躬行)

22 石川(見魏新之)

石峯(見安滔)

石巖先生(見方公權)

石繼簫

石□子 69/3938

24 石待旦

高平同調 3/317

26 石泉(見吳惠子)

石泉居士(見趙必健)

石得之

趙敬附 78/4492

28 石牧之(聖咨)

古靈同調 5/609

30 石室(見文同)

石沆

徂徠家學 2/174

石淳

徂徠家學 2/173

石戶農(見歐陽貞)

石安行

石安民弟 41/2278

石安持

石安民弟 41/2278

石安民(惠叔)

衡麓門人 41/2278

石宗昭(應之)

艮齋門人 *52/3047

象山門人 77/4412

大愚講友 51/3015

31 石潭(見王賁)

34 石斗文(天民)
象山門人 77/4411
石汝礪(碧落子)
東坡學侶 99/5988
石洪慶(子餘)
晦翁門人 69/3820
37 石湖居士(見范成大)
石澗先生(見俞琰)
40 石臺先生(見杜醇)
石壇精舍(見丁易東)
石塘(見胡長孺)
43 石城
明道同調 14/1211
44 石坡(見桂萬榮)
石林(見葉夢得)
47 石起宗(似之)
誠齋同調 44/2411
50 石中立(表臣、文定)
文公同調 * 6/659
石氏家學 6/665
石盡問(叔訪)
石氏先緒 77/4406
60 石田(見馬祖常)
石田子(見周霆震)
石景完
陸氏門人 98/5906
石景洙
陸氏門人 98/5906
石景愈
陸氏門人 98/5906
石景舒
陸氏門人 98/5906
64 石時亨(見石□)
70 石壁(見胡穎)
74 石陵先生(見倪樸)
77 石月先生(見余安行)
石門(見陳鏗翁)
石門居士(見趙起)
石鵬(雲卿、義齋先生)
朱學之餘 49/2906
石屏(見戴式之)
石熙載(凝績、元懿)
楊氏講友 6/651
石卿(見車似慶)
80 石介(守道、徂徠先生)
泰山門人 * 2/144
廬陵講友 4/480
士氏私淑 6/725
石合
徂徠家學 2/173
石會
徂徠家學 2/173
石公孺(長孺)
石氏續傳 14/1214
石公揆(道任、道佐)
石氏先緒 77/4405

88 石範(宗卿)

東萊門人 73/4199

90 石堂先生(見陳普)

石光霽(仲濂)

張氏門人 64/3577

叩石□(時亨)

止齋門人 53/3137

石□

晦翁門人 69/3938

1060_0 西

00 西庵(見楊果)

07 西郊老人(見俞靖)

西郭生(見陳士桂)

10 西雨先生(見熊復)

17 西磵居士(見劉渙)

22 西巖(見蔡凝)

西崑子(見劉汲)

西山(見葉味道)

西山先生(見王文煥)

西山先生(見汪大度)

西山先生(見李郁)

西山先生(見真德秀)

西山先生(見蔡元定)

西山先生(見劉子彰)

西山先生(見陳紹大)

西山夫子(見陳紹大)

25 西仲(見廖庚)

西仲(見雷思)

27 西叔(見高崇)

32 西溪(見李過)

西溪(見劉承弼)

西溪先生(見鮑恂)

35 西清隱士(見楊復義)

37 西湖先生(見樓郁)

西澗(見葉夢鼎)

西澗居士(見劉渙)

40 西士(見曹豳)

44 西坡先生(見黃灝)

西麓(見陳允平)

西莊(見江泳)

西莊(見董西莊)

西林先生(見趙鞏)

51 西軒(見黃應春)

西軒子(見陳昭度)

60 西園(見宋甡)

西園(見胡伯履)

西園先生(見徐得之)

西園老圃(見鄭魏挺)

65 西疇(見何坦)

西疇居士(見崔子方)

67 西墅先生(見林起濱)

77 西門楫(道濟)

忠肅門人 2/188

80 西美(見李琥)

90 西堂先生(見范應鈴)

1060_0 百

10 百一(見王鶚)
25 百練真隱(見李元綱)
34 百洪(見洪度)
77 百駒(見周千里)

1060_0 酉

30 酉室(見王伯起)

1060_1 吾

21 吾衍(吾邱衍、子行、竹房、貞白先生)
石墉同調 65/3601
51 吾軒(見黃補)
77 吾邱衍(見吾衍)

1060_1 晉

00 晉齋(見吴攀龍)
晉齋(見袁肅)
晉齋(見陳晉齋)
25 晉仲(見許愉)
晉仲(見李恒)
26 晉伯(見呂大忠)
30 晉之(見許錫)
晉之(見崔杲)
晉之(見陳暘)
34 晉遠(見胡衍)
44 晉老(見游烈)
53 晉輔(見王峴)
晉輔(見程郇)
67 晉明(見史格)
晉昭(見鄒季友)
71 晉臣(見郝天挺)
77 晉卿(見石一鰲)
晉卿(見耶律楚材)
晉卿(見潘預)
晉卿(見李仲偃)
晉卿(見黃溍)
晉卿(見郝天挺)
晉卿(見羅士友)

1060_3 雷

00 雷度(世則)
陳氏家學別 1/6205
10 雷可(見彭震龍)
13 雷琯(伯威)
王氏學侶別 3/6323
17 雷豫
雷復始弟 90/5424
24 雷德潤(雷逢辰、志澤)
陳氏門人別 3/6369
28 雷復始(國明、伯靜)
潛齋門人 90/5424
30 雷宜仲(宜叔)
張氏門人 70/3967

32 雷淵(希顏、季默、半千、雷半千)
屏山門人 100/6119
36 雷淵
宋儒博考別 2/6242
37 雷逢辰(見雷德潤)
40 雷杭(彥舟)
陳氏家學別 3/6382
44 雷世忠
雷復始弟 90/5424
46 雷觀(季正)
雷復始弟＊90/5424
魯齋門人 90/5414
60 雷思(西仲、學玉先生)
雷氏先緒 100/6103
雷思齊(齊賢、空山雷道士、空山先生)
平山講友 84/5060
77 雷叟(見車景壽)
80 雷益(損之)
雷復始弟＊90/5424
雪齋門人 90/5419
88 雷簡夫(太簡)
老泉同調 99/5961
90 雷光霆(友光、龍光先生)
雪樓師承 83/5004
雷半千(見雷淵)
91 雷恒
雷復始弟 90/5424

1061_1 礲

22 礲峯(見曾元圭)

1062_0 可

00 可立(見舒卓)
可庵(見孫□)
22 可山(見宜桂可)
可山(見胡文可)
24 可升(見劉鎮)
27 可象(見竇儀)
可仰(見高□)
可久(見程迥)
28 可儀(見陳嗣道)
31 可遷(見馮去非)
40 可大(見趙充夫)
可大(見陳澔)
62 可則(見周憲)
71 可臣(見許師可)
77 可用(見許友壬)
80 可善(見韓性)
90 可堂先生(見吳迂)
可尚(見翁永年)

1064_7 醇

17 醇子(見胡子實)
24 醇德先生(見王去非)

30 醇之(見顏太初)
44 醇老(見林晞孟)
醇老(見錢藻)
77 醇叟(見趙師孟)
80 醇翁(見鄭楷)

1064_8 醉

21 醉經堂(見丁昌期)
27 醉鄉廬(見金極)
80 醉翁(見歐陽修)
醉翁(見翁易)

1073_1 雲

00 雲交(見吴遁)
20 雲住師(見陳澔)
21 雲衢(見楊升雲)
22 雲崖(見丁存)
雲巢(見曾三異)
雲巢(見曾極)
雲巢子(見李占)
雲峯先生(見胡炳文)
雲巢室(見沈遼)
24 雲幼(見李炎子)
25 雲岫居士(見林子沖)
27 雲壑老人(見唐容)
31 雲源先生(見何□)
32 雲溪(見种放)
雲溪逸叟(見吕皓)
雲溪居士(見華鎮)
33 雲心(見李夢登)
38 雲海居士(見宋之才)
40 雲樵居士(見黄準)
44 雲莊(見劉爚)
雲莊(見陳澔)
雲莊山房(見劉爚)
雲莊先生(見陳澔)
雲林(見貢奎)
雲林(見危素)
雲林子(見黄伯思)
雲林先生(見戴良)
47 雲起(見岑翔龍)
48 雲松(見鮑壽孫)
50 雲夫(見魏閑)
53 雲甫(見徒單公履)
77 雲叟(見葉士龍)
雲卿(見王雲龍)
雲卿(見石鵬)
雲卿(見張翰)
雲卿(見柳從龍)
雲卿(見劉從益)
80 雲龕(見李邴)
雲父(見信世昌)
雲谷老人(見朱熹)
87 雲翔(見彭圖南)

1080$_6$貢

21 貢師謙

貢氏家學 92/5565

貢師道(道甫)

貢氏家學 92/5565

貢師泰(泰甫、玩齋)

草廬門人＊92/5532

歐陽門人 82/4955

雪樓門人 83/5021

道園門人 92/5576

菊潭門人 95/5667

25 貢仲堅

貢氏學侶 92/5521

40 貢士濬(見貢士瞻)

貢士瞻(貢士瞻、廣陵郡侯)

貢氏先緒 92/5497

貢奎(仲章、雲林、文靖、廣陵郡侯)

草廬同調 92/5517

80 貢鏞(元聲)

貢氏續傳 92/5603

貢父(見劉攽)

貢父(見陳自新)

95 貢性之(貢悅、友初、貞晦先生)

玩齋家學 92/5583

98 貢悅(見貢性之)

1080$_6$賈

00 賈文備(仲武、莊武、武威郡公)

陵川門人 90/5428

02 賈端老(鹿巖、不忘室)

水心私淑 55/3203

08 賈敦夫

王龔師 99/6073

12 賈璞(抱真)

劉氏門人 91/5469

17 賈司理(見賈如規)

22 賈稱(一德)

王氏門人 44/2433

24 賈德昇

陳氏門人 9/914

賈勉中

王宿附 96/5725

27 賈修(一瑞)

王氏門人 44/2437

賈彝

賈氏家學 91/5479

30 賈良(伯良)

青陽學侶 92/5560

40 賈士彥(升之)

賈氏家學 3/421

賈壤(巢夫)

劉氏門人 91/5469

賈森

南軒講友 50/2960
44 賈蕃(仲通、東明)
高平門人＊3/379
不附新法者 96/5696
賈蒙(正叔、叔正)
王氏家學別 2/6263
賈黄中(媧民)
楊氏講友 6/651
賈林(仲山)
南軒講友 50/2960
46 賈如規(元範、賈司理)
梅溪同調 44/2407
53 賈輔(元德)
陵川同調 90/5381
56 賈損之
雪齋學侶 90/5350
60 賈昉之(成甫)
永嘉私淑 32/1957
賈昜(明叔)
伊川門人 30/1856
賈思誠
朱氏門人 82/4958
賈黯(直孺)
高平門人 3/377
賈昌齡(延念)
諫議門人 6/687
賈昌朝(子明、文元、許國公、魏國公)
王氏門人 98/5779
77 賈同(賈罔、希得、公疏、存道先生)
泰山學侶 2/128
賈罔(見賈同)
賈居貞(仲明、文正)
馬學之餘 8/885
84 賈鑄(君成)
毛氏家學別 2/6266
87 賈鈞(元播)
王氏門人 2/246
91 賈炳(作德)
王氏門人 44/2443
97 賈煥(世南)
王氏門人別 3/6359
叩賈□
蘇榮祖師 91/5476

1090_0不

00 不忘室(見賈端老)
不妄(見高斯得)
10 不二心老人(見李祁)
不不翁(見程龍)
23 不伐(見元勳)
24 不倚(見李中)
27 不忽木(見康里不忽木)
不疑(見王慎言)
不疑(見孔宜)

不疑（見邵必）

不疑（見曾易占）

47 不欺齋（見王十朋）

不欺先生（見羅椉恭）

不欺堂（見楊汝南）

57 不繫舟漁者（見陳高）

66 不器（見高斯得）

77 不朋（見孫介）

1090_4栗

00 栗齋（見鞏豐）

1111_0北

00 北齋（見吴定翁）

07 北郭先生（見郭友聞）

22 北山（見程俱）

北山（見陳澔）

北山（見鄭剛中）

北山先生（見何基）

北山先生（見陳孔碩）

北山學士（見徐大正）

28 北谿（見蘇壽元）

31 北源先生（見李觀）

32 北溪（見陳淳）

38 北海先生（見李□）

44 北藜（見牟大昌）

80 北谷山人（見羅必元）

1111_1玩

00 玩齋（見貢師泰）

44 玩芳（見馬廷鸞）

60 玩易齋（見劉楚蘭）

1111_4班

90 班惟志

匪石門人 82/4951

94 班忱

王去非門人 100/6095

1111_7甄

40 甄克敏（德修）

楊氏講友 91/5484

60 甄昌祖（茂先）

侍其門人 90/5385

1113_6蜚

77 蜚卿（見童伯羽）

1118_6項

00 項充（德英）

蕭氏門人 45/2490

10 項天覺（希聖、玉林、玉林精舍）

山屋周調 89/5274

項可立

康里家學別 3/6364

12 項璣(仁卿、松牕先生)

宋儒博考別 2/6225

14 項珪(見項良才)

16 項聖與(項夢授、聖與)

項氏家學 45/2503

20 項采(文卿、竹坡)

南湖門人 *66/3619

方山門人 66/3619

項維寅

月湖門人 45/2505

22 項鼎

項氏家學 82/4966

項利用

□□□□45/2494

28 項復(吉甫、耕樂)

慈湖门人 74/4306

30 項安世(平甫、平父、平庵)

晦翁學侶 *49/2803

伊川續傳 16/1300

南軒門人 50/2965

象山私淑 58/3319

項良才(項珪、公望)

白雲門人 82/4912

34 項汝弼(唐卿)

項氏家學 45/2503

36 項涓(見劉涓)

37 項洵美

項充兄 45/2490

44 項夢授(見項聖與)

項英才

項良才弟 82/4912

62 項昕(彥章、抱一翁)

莊節門人 64/3569

1120_7琴

22 琴山(見傅子雲)

51 琴軒先生(見劉繩武)

1122_7彌

12 彌發(見范啓)

95 彌性(見仲并)

1123_2張

00 張主善(木齋)

張氏先緒 82/4871

張疾遷(子敏、定軒)

張氏講友別 3/6357

張彥先(志遠)

晦翁門人 69/3931

張彥清(叔澄)

澹軒門人 *25/1719

晦翁門人 49/2839

張彥博(文叔)

南豐門人 4/566

張齊賢(師亮、文定)

郭氏師承 19/1399

張方(義立、亨泉先生)
南軒私淑 72/4173
張方平(安道、樂全居士、文定)
高平門人＊3/363
學士門人 3/405
張商英(天覺、文忠)
別附 96/5705
張應珍(見吳鄴)
張庭堅(才叔、忠愍、節愍)
豐氏門人＊19/1469
涪翁門人 19/1482
張庭堅
張氏續傳 70/4024
張慶之(子善)
文山門人 88/5247
張唐(張鏜)
張氏續傳＊44/2458
張氏續傳 50/2973
文山同調 88/5232
張唐卿(孫唐卿、希元)
韓氏門人＊3/394
徂徠講友 2/162
張文謙(仲謙、頤齋、忠宣、魏國公)
魯齋同調＊90/5349
邵學續傳 78/4473
張文選(士詮)
橫楊門人 65/3607
張文華(彥光)
祭酒門人 82/4953
張文剛(常勝)
荊公門人＊98/5877
張氏家學 99/6042
張讓禮
張氏家學 82/4963
02 張端臣
張恕子 49/2915
張訢
張氏續傳 4/576
03 張詠(復之、乖崖、忠定)
陳氏門人 9/911
06 張諤(師柔)
康節講友 10/1025
07 張諷(隱直)
張氏家學＊6/720
公是講友 4/546
08 張敦實
涑水私淑 8/876
張敦頤(養正)
韋齋講友 39/2197
張誨(傳師)
張氏家學 6/722
10 張一清
東澗講友 84/5047
張一鶚(見張千載)
張三影(見張先)

張正觀（見張觀）
張正素
龐安仁門人 1/6211
張元度
慈湖門人 74/4306
張元禮（仲和、竹居）
都事講友 76/4398
張元幹（仲宗）
梁溪門人 ＊25/1708
了翁門人 35/2099
張元瞻
張氏學侶 69/3940
張元簡（敬父）
宏齋門人 70/3966
張雨（伯雨、天雨、句曲外史、貞居）
仇氏門人 93/5627
張震
王曾師 2/111
張震（嗣之）
象山學侶 58/3313
張天祐
畏齋講友 87/5197
張雲
文山同調 88/5232
11 張珩
文山同調 88/5237
張彌學
王氏學侶別 3/6323
12 張延（世昌、節軒先生、節齋）
敬齋門人 ＊2/241
侍其門人 90/5385
薛氏門人別 3/6364
張廷璧（張穀、廷璧、古學）
耐久門人 82/4985
張飛一
達觀同調別 2/6290
張砥
附傳 98/5844
張璞
伯微門人 58/3321
13 張戩（天祺）
橫渠學侶 ＊18/1377
爭青苗變法者 96/5694
14 張珪（公瑞、澹庵、蔡國公）
劉氏門人 ＊88/5251
獻武家學 90/5441
張瑛
文山同調 88/5237
16 張理（仲純）
杜氏門人 ＊92/5593
邵學之餘 10/1087
朱學之餘 49/2906
張理（玉文）
張氏門人 ＊93/5632
王氏門人 67/3680

17 張翌
敬齋門人 2/241
張孟兼
凝熙門人 82/4945
張珣(見張峋)
張弼(舜元、葆光處士)
附傳 10/1073
張及
谷子同調 9/953
張子誠
張氏家學 44/2375
張子紆(公飭)
張氏門人 44/2404
張子惠(叔仁)
疊山門人 84/5065
張子厚(子厚)
行齋先緒 90/5361
張子覺(錫道)
方舟師承 99/6043
張子善
杜氏門人 66/3620
張君立
武夷續傳 34/2053
張邵(才彥)
張氏學侶 41/2272
張翼(思學齋)
白雲門人 82/4911
18 張致遠(子猷)
忠簡同調 44/2351
20 張舜民(芸叟、浮休居士、矴齋)
橫渠門人 * 31/1904
廬陵門人 4/541
張千載(張一鶚、毅甫、千載)
文山講友 88/5229
張季忠
象山門人 77/4428
21 張翌(達善、導江先生)
魯齋門人 * 82/4803
馬學之餘 8/886
平舟門人 12/1178
雙峯門人 83/5003
張衍(頤齋、頤庵)
張氏先緒 82/4871
張仁近(如心、拙齋)
貝氏學侶 52/3078
張仁叟
晦翁門人 69/3938
張行己
象山門人 77/4426
張行成(溫饒、觀物先生)
百源續傳 * 78/4459
涑水私淑 8/870
張肯(繼孟、寄夢、夢庵)
宋氏門人 82/4980
張虙(子宓、壽張、文靖)
晦翁私淑 * 74/2851

德深家學 8/875

慈湖講友 74/4273

張須(季友)

彭氏師承 1/60

張衎(季悅)

象山門人 77/4428

張師禹(虞佐)

達觀同調別 2/6289

張師德(尚賢)

張氏先緒 9/951

張師魯(叔興)

宛陵續傳 4/594

張師愚(仲愚)

汪氏門人 95/5667

張師曾(叔興)

朱學之餘 49/2903

張師曾

汪氏門人 95/5667

張師錫

康節講友 10/1021

張繻

王宿附 96/5725

張紓(公飾)

忠宣私淑 3/432

22 張鼎(正之)

泰山門人 2/159

張巖(肖翁、閱靜老人)

附攻慶元道學者 97/5751

張幾

張邵父 41/2272

張山甫

橫渠講友 18/1377

張繼祖(繼之)

張道生父 82/4945

24 張先(子野)

廬陵講友 4/490

張先(子野、張三影)

東坡同調 99/5995

張僅(幾道)

荆公門人 98/5874

張德亨(陳德亨、伯通)

鄭氏門人 65/3602

張德從

張氏續傳 18/1381

張德運(白石先生)

張氏先緒 69/3745

張德直(伯直)

庸齋講友 90/5358

張德輝(輝卿)

敬齋同調 2/235

張勳(希聖)

南軒家學 50/2965

張特立(張永、文舉、中庸先生)

程學之餘 16/1314

張紘(希白先生)

張咸父 44/2345

張續(禹功)
徂徠門人 2/177
25 張仲偉
張彥博子 4/566
張仲遠(子敦)
王氏門人 44/2435
張仲原
張鼎子 2/159
張仲隆
涑文私淑 8/870
張紳
張起源子 82/4929
張純仁
張氏家學 84/5072
張純仁
清容門人 85/5127
26 張粵
黄氏門人 6/737
張伯文
達觀同調別 2/6280
張伯麟(慶符、姑孰先生)
澹庵講友 34/2027
張伯强
象山門人 77/4426
張伯虎(見張持)
張伯厚
横浦家學 * 40/2236
謝氏門人 40/2246
張伯常
絜齋門人 75/4354
張和孫(哲齋、绿漪堂)
文山同調 88/5240
張繹(思叔)
伊川門人 30/1836
27 張歸魯
徂徠門人 2/178
張豹
徂徠門人 2/177
張奐(魯庵)
朱學之餘 49/2904
張岣(張珣、子堅)
百源門人 33/1963
張嵋
百源门人 33/1963
張綱(彦正、文定、章簡)
從新學者 98/5896
張叔溫
鐵崖門人 25/3074
張叔椿
附攻慶元道學者 97/5752
張叔振(振之)
木氏師承 32/1947
張紹祖(子讓)
陳氏門人別 3/6370
28 張復(古心)
明道之餘 14/1230

張復

玉峯門人 66/3626

張復

黄氏門人 70/4072

張復禮(禮庭)

張飛一孫別 2/6290

張以仁

陳氏家學別 3/6383

張以寧(志道、翠屏)

中村門人 64/3575

30 張宣(藻仲)

武夷續傳 34/2055

張汰(朝宗、次山)

履齋門人 77/4446

文山同調 88/5232

張淳(忠甫)

艮齋同調 52/3044

張淳(子素)

朱學之餘 * 49/2905

許氏講友別 3/6348

張肩吾

蔡積中門人 62/3490

張永(見張特立)

張進(見張由益)

張進卿

黄華門人 100/6124

張適(子宜)

陳氏家學別 3/6382

張憲

鐵崖門人 52/3067

張守中

鐵崖門人 52/3071

張宇

滎公門人 19/1481

張安國

倪用宣師 52/3054

張宏(子廣)

強恕門人 79/4556

張宏

趙勵師 90/5382

張宏略(仲傑、忠毅)

陵川門人 90/5427

張宏範(仲疇、武略、忠武、獻武、齊國公、淮陽王)

陵川門人 90/5428

張良裔(景先)

伊川私淑 16/1295

張良臣

魏氏門人 25/1713

張宗説(巖夫、玉峯逸老)

晦翁門人 69/3793

張宗湜(持甫)

高平續傳 3/435

張宗賢

張氏家學 19/1402

張宗範

濂溪講友 12/1155
張宋卿(恭父)
澹庵同調＊34/2029
紫嚴同調 44/2364
張窠
横浦家學 40/2236
31 張沔(楚望)
文肥門人 6/677
張馮(子翼)
宋氏門人 82/4978
張潛(仲升、古人、張古人)
高氏門人 10/1089
張潛
劉氏門人 91/5471
張濬
朱暉門人 78/4499
張源
魯齋門人 90/5411
32 張澄(仲經、之純、行齋)
敬之門人 90/5421
33 張必達(邦彦)
王氏門人 44/2448
張泳(潛夫、墨莊先生)
晦翁私淑＊49/2849
濂溪續傳 12/1171
伊川續傳 16/1306
横渠續傳 18/1379
張溥(寬夫)
涪翁門人 19/1488
張浚(德遠、紫巖、忠獻、和國公、魏國公)
天授門人＊44/2353
長民私淑 2/190
34 張斗南(張楠(南叔)
許淩門人 35/2116
張漢(德深)
涑水私淑 8/871
張汝霖
鐵崖門人 52/3070
張汝士(堯夫)
廬陵講友 4/489
張汝明(祖舜、舜文)
元祐之學 19/1452
張洪(伯大)
潛庵私淑 64/3567
張逵
谷子同调 9/954
張達
草廬門人 92/5549
35 張清子(希厭、中溪)
朱學之餘 49/2915
張迪
横渠先緒 17/1323
36 張溫(希澤)
張擇交父 99/6041
張渭(渭叔)

慈湖門人 74/4301
37 張洞(仲通)
晏氏學侶 3/343
張湖南(見張栻)
張潤之(伯誠、思誠子)
北山門人 82/4774
張淑堅(正卿)
宋儒博考別 2/6228
張汲(正父)
彭氏師承 1/60
張次房(漢英)
王氏門人 44/2435
張祖說(文孺)
王氏門人 44/2433
張祖順(和卿)
沈氏門人 30/1860
張祖傳(存靖齋)
壽張續傳 74/4325
38 張洽(元德、文憲、主一齋、文先生)
晦翁門人 *69/3748
節齋講友 62/3480
文修講友 65/3589
張裕(好問)
徑畈師承 84/5043
張遨(景通先生)
清獻講友 12/1159
張道生
凝熙門人 82/4945
張道洽(澤民、實齋)
經畈同調 84/5050
張道益
劉本立師 59/3358
40 張九成(子韶、橫浦居士、無垢居士、文忠、崇國公)
龜山門人 *40/2211
濂溪私淑 12/1165
忠簡同調 44/2350
沮和議者 96/5735
張九思(子有、忠獻、魯國公)
文正門人 78/4487
張大亨
南豐門人 4/568
張大亨(嘉父)
東坡門人 99/6027
張大方
晁氏門人 99/6045
張大訓(學古)
邵學別派 78/4466
張大任
宋儒博考別 2/6230
張大同(淡齋)
宋儒博考別 2/6223
張大節(信之)
王特起師 100/6109
張友直(清卿、益之)

文懿家學 6/724
張士元(宏道)
許氏講友別 3/6342
張士遜(順之、文懿、郢國公、鄧國公)
張氏門人 6/687
張垓(伯廣)
水心門人 * 55/3192
東萊門人 51/3017
張堯(張蕘)
高懌附 9/930
張堯封(景思、清河郡王)
泰山门人 * 2/158
學士門人 3/405
張在(文在)
文恭門人 * 14/1239
滋溪講友 91/5484
張克讓(允恭)
王氏學侶別 3/6335
張布(伯夷)
宋儒博考別 2/6229
張希文(質夫、書巢先生)
陳氏門人別 3/6376
張希季(平仲)
西山學侶 81/4657
張希明(肯堂)
張德從子 18/1381
張有(謙中)
徐氏私淑 2/189
張存中(伯庸、德庸)
雲峯門人 89/5303
張志行(公澤、沖素處士)
倉部講友 * 36/2135
陳氏家學別 1/6202
張志道(潛夫)
忠靖講友 70/3966
張燾(子公、忠定)
吳園家學 * 25/1689
沮和議者 96/5735
張杰(孟遠)
東萊講友 51/3010
張古人(見張潛)
張雄飛(宏甫、明善先生)
朱學續傳 * 49/2868
達觀同調別 2/6285
張去華
張師德父 9/951
張賁
張持附 4/567
41 張樞(子長)
白雲學侶 82/4865
張槢
晦翁學侶 49/2830
42 張彬甫
張飛一子別 2/6290
張樸

吴園家學 25/1689
43 張載(子厚、横渠、明、獻、郿伯)
高平門人 * 17/1323
濂溪私淑 12/1164
張載(子厚)
王氏門人 44/2436
張栻(敬夫、樂齋、南軒、宣、華陽伯、張湖南)
王峯門人 * 50/2941
百源續傳 10/1083
濂溪續傳 12/1167
明道續傳 14/1215
伊川續傳 16/1300
龜山續傳 25/1708
止齋講友 53/3109
龍川講友 56/3227
復齋講友 57/3277
張棫
五峯門人 42/2303
44 張夢臣(林泉民)
陳氏家學别 3/6379
張蕘(見張堯)
張荷
种氏門人 9/435
張勸
公南門人 5/633
張翥(仲舉、仲揚、蛻庵)
倏庵門人 * 93/5625
仇氏門人 93/5626
張蒙
東萊門人 73/4224
張葆舒(虚緣)
附傳 89/5263
張恭叔
李貫道師 82/4961
張孝伯
張氏家學 41/2279
張孝祥(安國、于湖居士、于湖先生)
張氏家學 * 41/2279
紫巖同調 44/2364
張蒴(聖民)
王氏學侶别 1/6168
張英
張一清附 84/5047
張華
張大任子别 2/6230
張革(從道)
徂徠門人 21/176
張著(仲明、濛溪)
麻氏門人 78/4481
張楠(見張斗南)
張楧(仲賓、菊存書室、君子軒)
陵陽門人 80/4619
46 張覯(張正覯、思政、思正、文孝)

王氏學侶別 1/6159
張覿光(直夫、用賓、屏巖先生)
張氏先緒 82/4817
張恕
洛學之先 6/668
張恕(如心)
朱學之餘 49/2915
張恕(忠甫、厚之)
餘官 *96/5717
文定家學 3/415
張如石
張起巖弟 4/592
張相
吴園家學 25/1689
47 張垌(景林)
晦翁門人 69/3920
張縠(見張廷璧)
張起巖(夢臣、華峯、文穆)
廬陵之餘 *4/592
陳氏門人別 3/6338
張起源(古邨、古邨先生)
孟氏門人 82/4929
張杓(見張构)
張构(張杓、定叟)
張氏家學 44/2375
張根(知常、吴園)
梁溪師承 25/1646
48 張翰(雲卿、坎翁)
□□□□45/2494
張敬修
張大同子別 2/6223
張敬之
楊氏門人 44/2452
50 張丰應
晦翁門人 69/3926
張中行
李彤師別 1/6176
張聿修
張大同從子別 2/6223
張擴(子微、彥實)
沮和議者 96/5736
張忠恕(行父、拙齋先生)
南軒家學 *50/2964
安定續傳 1/78
張由益(張進、由益、淑西)
陳氏家學別 3/6388
張貴謨(子智)
附攻慶元道學者 97/5752
張耒(文潛)
東坡門人 *99/6012
涑水門人 8/859
52 張撝(彥謙、病叟、象山先生、養拙齋)
羅氏門人別 3/6390
張揆(貫之)
宋氏同調 6/692

張挺之
應彌正師別 2/6283
張晢(堯卿)
籍溪門人 43/2325
53 張成招
東萊門人 73/4221
張咸(君悅)
張氏先緒 44/2345
張甫(見柴厓)
54 張持(張白虎、久中)
南豐門人 4/567
56 張揚卿(清叟)
晦翁門人 69/3908
張擇交
文氏門人 99/6041
57 張邦彥
唐氏家學別 1/6199
59 張掞(文裕)
仲方門人 ＊6/725
李氏門人 2/185
60 張唯
宋氏門人 ＊82/4979
桂氏門人 93/5629
張昉
戚氏講友 3/263
張易
邵學續傳 78/4473
張思敬
張著子 78/4481
張吴
程氏门人 94/5643
張昇(杲卿、康節)
潞公講友 2/162
張昌基
白雲門人 28/1801
張曇
滕氏門人 91/5478
張杲(暘叔)
伊川門人 30/1857
張景(晦之)
柳氏門人 9/955
張景仁
陳氏家學別 3/6389
張景伯(元伯)
康節講友 10/1028
張景憲(定國、正國)
康節講友 ＊10/1027
尹氏門人 4/553
張景觀(臨之)
百源門人 33/1967
61 張顯(立道、雙澗)
程董講友 69/3943
張顯忠
張氏家學 84/5072
張顯父(敬之)
晦翁門人 69/3866

63 張默(成父)
武夷再傳 *34/2044
張氏家學 44/2375
南軒家學 50/2964
64 張時可
錢興祖師 25/1722
67 張明仲
景迂講友 22/1575
68 張晦
張宇子 19/1481
70 張璧(叔獻)
洺川門人 100/6130
71 張厚(處道、安常子、安素居士)
呂氏門人 99/6040
張匡敬(主一)
白雪門人 82/4908
72 張所
彪氏同調 34/2029
74 張騏(深父)
景迂續傳 22/1584
張塈
滎陽學侶 23/1595
張覺民(草堂先生)
又不在碑目者 96/5726
張履翁
附傳 88/5242
張腴(味道)
行齋先緒 90/5361
張居
餘官 96/5716
張閎中
伊川門人 30/1855
張問(道卿)
高平門人 3/381
張問(昌言)
曾任待制以上者 96/5701
張學暨
鐵崖門人 52/3068
張闡(大猷、忠簡)
紫巖同調 *44/2363
沮和議者 96/5735
張即之(溫夫)
參政家學 41/2282
張卿弼(希契)
楊氏師承 84/5057
張巽(子文、錦溪先生)
南軒門人 *71/4113
叔光學侶 69/3499
80 張鎬
張宗湜從父 3/435
張俞(少愚、白雲先生)
陳氏家學別 1/6177
張夔
宋儒博考別 2/6225
張義倫
張氏續傳 50/2974

張善(清河郡侯)

□□□□95/5665

張會

張震子 58/3313

張谷

廬陵講友 4/489

張公謂

古靈門人 5/623

張公秀(仲實)

水心門人 55/3196

張公爵

張氏家學 95/5672

張公裕(益孺)

陳氏家學別 1/6169

張養浩(希孟、文忠、濱國公)

陳氏同調別 3/6351

81 張鎮孫(鼎卿、粵溪)

朱学續傳 49/2875

84 張鑄

荊公師承 98/5784

張鑛(以洪)

張雄飛子別 2/6285

86 張鍚

陳氏家學別 1/6170

張知白(用晦、晦之、文節)

魯氏同調 3/330

87 張鈞(子和)

月舟門人＊72/4181

孫氏門人 50/2971

張翔泰(南仲)

張鎮孫父 49/2875

88 張簡(行可、就庵居士)

小楊門人 79/4546

張簡之

馮善主師 90/5407

張範

張起巖父 4/592

89 張鏜(見張唐)

90 張少石

象山門人 77/4426

91 張恒

草廬門人 92/5548

張炳

南軒家學 50/2964

張炳(仲文)

張雄飛子別 2/6285

97 張耀卿

白恪師 14/1237

張鄰甫

張飛一子別 2/6290

張郯(張剡、知彥)

張氏學侶 41/2274

張煥

南軒家學 50/2964

叩張□

于湖家學 41/2280

張□

復齋門人 57/3279

張□

柳氏門人 82/4921

張□□

張一清附 84/5047

1162_0矴

00 矴齋(見張舜民)

1168_6碩

21 碩儒(見林膚)

53 碩甫(見杜俣)

77 碩卿(見陳繼周)

1180_1冀

30 冀寧王(見鐵木兒塔識)

60 冀國公(見李從益)

冀國公(見郝天挺)

冀國公(見陳顥)

冀國公(見歐陽龍生)

1210_8登

00 登庸(見程時登)

32 登洲(見區適子)

登洲先生(見區適子)

1212_7瑞

00 瑞庵(見王珍)

44 瑞萱堂(見柴望)

53 瑞甫(見程元鳳)

80 瑞父(見林概)

1223_0水

10 水西翁(見呂汲)

11 水北(見楊顯民)

30 水窗先生(見劉友益)

33 水心(見葉適)

40 水南(見金道源)

44 水村(見林光世)

50 水東先生(見史泳)

88 水簷(見朱元昇)

叩水□

待制講友 3/322

1223_0弘

57 弘擬(見洪擬)

1240_1延

10 延平先生(見李侗)

25 延仲(見章永)

30 延之(見潘興嗣)

延之(見尤袤)

32 延溪(見丁黼)
37 延祖(見范世京)
80 延美(見方廷實)
延年(見賈昌齡)

1240_1 廷

10 廷玉(見白珽)
廷玉(見周琦)
11 廷碩(見郭植)
廷碩(見崔貢)
12 廷瑞(見卓琮)
20 廷秀(見楊萬里)
22 廷制(見蔣誼)
24 廷佐(見宋之才)
25 廷傑(見蔡和)
28 廷儀(見蘇竦)
33 廷心(見余闕)
48 廷幹(見安松)
66 廷器(見金礎)
70 廷璧(見張廷璧)
80 廷美(見黃元實)

1241_0 孔

00 孔文(見戴師愈)
孔文振
劉秉德門人 91/5447
孔文仲(經父)
孔氏家學 12/1161
孔章(見王伋)
10 孔元(見孔延之)
孔平仲(義父、義甫)
孔氏家學 * 12/1162
濂溪門人 12/1160
孔晉(見孔進)
11 孔碩(見陳元大)
孔碩(見陳孔碩)
12 孔延魯(見孔道輔)
孔延之(長源、孔元)
濂溪講友 12/1152
孔延世(茂先、文宣公)
孔宜子 3/287
13 孔武仲(常父)
孔子家學 12/1162
20 孔維(為則)
陳氏師承別 1/6147
22 孔山(見喬行簡)
25 孔傳(孔若古、世文、杉溪)
孔氏家學 3/409
28 孔從龍
南軒私淑 50/2970
30 孔宜(不疑、文宣公)
孔氏先緒 3/287
孔進(孔晉)
陵川門人 90/5429
孔宗翰
孔氏家學 3/408

33 孔治(世安、衍聖公)
鹿庵門人＊78/4494
潛齋門人 90/5424
損齋門人 90/5436
34 孔濤(世平、存齋)
牧庵門人＊90/5430
盧氏門人 99/6087
38 孔道輔(孔延魯、原魯)
晏氏學侶＊3/341
孫氏門人 2/136
40 孔克堅(璟夫、衍聖公)
孔氏家學 82/4932
陳氏家學別 3/6387
44 孔英(見陳杲)
孔若古(見孔傳)
54 孔拱(執謙)
易氏家學別 2/6256
60 孔思誨(明道、文肅、衍聖公、魯郡公)
張氏門人 82/4880
64 孔勛
孔氏先緒 3/288
66 孔暘(見解夢斗)
67 孔明(見鄭昭祖)
孔昭孫(明遠)
深寧門人 85/5112
68 孔畋(寧極)
象之講友 10/1036
76 孔陽(見解夢斗)

1241_3 飛

26 飛伯(見王鬱)
77 飛卿(見宋九嘉)
飛卿(見朱飛卿)
飛卿(見蔣明龍)

1249_3 孫

00 孫立節(介夫)
盱江門人 3/416
孫彥及
竹洲師承 71/4102
孫應求(伯起)
孫氏家學 35/2120
孫應時(季和、燭湖先生)
象山門人＊77/4413
孫氏家學 49/2842
東萊門人 51/3016
邱氏門人 79/4542
劉氏門人 79/4543
孫應符(仲潛)
孫氏家學 35/2120
孫康祖
燭湖門人 77/4436
孫庚(居純、雪磯)
桂王師承 93/5611
孫唐卿(見張唐卿)

孫奕(景山)
古靈同調 5/611
03 孫誼(子方)
慈峯門人 74/4307
06 孫諤(元忠、正臣)
餘官 96/5703
07 孫調(和卿、龍坡先生)
晦翁門人 69/3807
10 孫元齡(唐英)
王氏門人 44/2435
孫元禮
孫氏家學 74/4318
孫元蒙(正甫)
定宇門人＊70/4082
魯氏門人 70/4083
杜洲私淑 74/4324
孫震
胡氏門人 75/4359
孫可庵(見孫□)
14 孫璹(壽朋)
孫氏家學 70/4021
17 孫琛
孫冕子 6/617
孫子秀(元實)
實齋門人＊74/4152
劉氏門人 81/4691
18 孫瑜
孫奭子 2/114
20 孫雋
孫成象父別 1/6150
孫孚器
孫氏學侶 74/4310
21 孫何(漢公)
王氏門人 3/286
孫衍孫
鄉貢門人 35/2124
孫處(見孫侔)
孫㮚(實甫)
文山同調 88/5231
22 孫嵩(元京、艮山)
山屋同調 89/5273
孫巖(次皋)
孫嵩弟 89/5273
23 孫侔(孫處、少述、正之)
荆公講友 98/5838
24 孫僅(鄰幾)
孫何弟 3/286
孫德之(孫道子、道子、東白山人)
孫氏家學＊60/3391
東萊私淑 51/3018
孫偉(奇甫)
武夷學侶＊34/2000
沮和議者 96/5735
孫勉孫
鄉貢門人 35/2124
孫升(君孚)

曾任侍制以上者 96/5700
26 孫自任(仁甫)
晦翁門人 69/3866
孫自修(敬甫)
晦翁門人 69/3866
孫伯温(南叟)
慈湖門人 *74/4304
子直門人 70/3988
28 孫份
百源續傳 10/1082
孫復(明復、富春先生、泰山先生)
高平講友 *2/125
廬陵講友 4/480
文定門人 9/959
30 孫宣子
止齋門人 53/3134
孫之宏(偉夫)
水心門人 55/3189
孫之翰(文舉)
易氏家學別 2/6256
孫適
荆公門人 98/5875
31 孫福翁(叔和、香醉山人)
濂溪續傳 12/1177
32 孫适
欒安門人 6/743
33 孫溥(德廣)
王氏門人 44/2446
35 孫洙(巨源)
古靈同調 5/610
36 孫邈
孫適弟 98/5875
37 孫礿(居敬、畸庵)
杏溪講友 60/3390
孫逢吉(從之、靜閱居士、獻簡、賢侍從)
曾任待制以上者 *97/5746
誠齋同調 44/2413
孫逢辰(會之)
高平私淑 *3/428
誠齋同調 44/2413
孫逢年(正之、定齋居士)
誠齋同調 44/2413
38 孫道子(見孫德之)
40 孫大年(見孫昭遠)
孫奭(宗古、宣)
文正同調 2/114
孫友仁
積齋講友 87/5199
孫杭(見孫抗)
42 孫壎
孫鈞子 45/2493
44 孫堪(仲卿)
孫鈞子 45/2493
孫夢觀(守叔)

文清所舉 64/3542
孫蒙正(正孺)
南軒講友 50/2963
孫懋(見孫貫)
孫謦(叔靜)
東坡同調 99/5998
孫枝(吉甫)
晦翁門人 *69/3835
龍川門人 56/3234
定川門人 76/4385
45 孫椿年(永叔)
孫氏先緒 *55/3171
高平私淑 3/427
涑水私淑 8/869
46 孫覿(仲益)
樂安門人 6/743
48 孫松壽(巖老、牧齋)
晞顏師承 50/2964
50 孫抗(孫杭、和叔)
孫適父 98/5875
53 孫甫(之翰)
徂徠講友 2/160
孫成象(乾曜)
陳氏師承別 1/6150
57 孫邦仁(育伯、富亭)
晦翁講友 49/2795
58 孫轍(履常、澹軒)
陳氏師承 93/5614
60 孫曼慶
李鳳師 16/1317
孫冕
劉氏續傳 6/675
孫因
孫夢觀兄 64/3542
孫昌齡
論新法者 96/5696
孫固(和父、溫靖)
涑水同調 8/850
64 孫時(季中、樂安)
□□□□6/717
67 孫明子
止齋門人 53/3134
孫明仲
慈湖門人 74/4302
孫昭子
止齋門人 53/3134
孫昭遠(孫大年、顯叔、忠愍)
張氏門人 31/1909
孫路
古靈同調 5/612
71 孫頎(景修、拙翁)
孫成象子別 1/6150
72 孫質
馮元附 2/134
74 孫馳
俞氏門人 49/2885

77 孫隆

張氏門人 64/3578

孫覺(莘老)

安定門人 *1/34

廬陵門人 4/543

爭青苗變法者 96/5694

孫貫(孫懋、沖季)

龍川門人 56/3233

78 孫覧(傳師、傅師)

孫氏學侶 1/58

80 孫鉉(見孫鋐)

孫介(不朋、雪齋)

胡氏門人 *35/2016

涑水私淑 8/871

孫翁孫

鄉貢門人 35/2124

孫羲(伯隆)

濂溪續傳 12/1168

83 孫鋐(孫鉉)

孫逢辰子 3/428

87 孫鈞

羅氏私淑 1/98

孫鈞

師氏門人 45/2493

88 孫鑰

孫逢辰子 3/428

90 孫惟中(伯庸)

朱學之餘 49/2922

孫炎(伯融、丹陽縣男)

丁氏門人 55/3208

91 孫炳炎(起晦)

孫氏家學 71/4160

叩孫□(可庵)

程□附 25/1712

1264_0砥

38 砥道(見周堅)

1266_9磻

32 磻洲先生(見周澤之)

77 磻叟(見郭周田)

1310_0恥

00 恥庵(見季應期)

恥齋(見趙時煥)

90 恥堂(見高斯得)

1314_0武

00 武庫(見鄭汝諧)

武襄(見狄青)

10 武震

□□□□95/5654

武平(見胡宿)

17 武子(見施宿)

武子(見司馬通國)

武子(見楊桓)

武子(見劉翰)
25 武仲(見趙范)
28 武從善
晉臣門人 14/1226
30 武憲(見姚雄)
32 武溪(見余靖)
50 武夷先生(見胡安國)
53 武威郡公(見賈文備)
57 武抑(見季德基)
63 武戢
武震子 95/5654
67 武略(見張宏範)
74 武陵先生(見龍昌期)
77 武賢(見吴龍翰)
武賢(見呂龍翰)
97 武恪(伯威)
草廬同調 92/5521
叩武□
王氏講友別 3/6391

1364_7 酸

00 酸齋(見貫小雲石海涯)

1412_7 功

53 功甫(見許勳)
功甫(見詹何)
功甫(見翁敏之)
80 功父(見吴幼敏)
功父(見汪蒙)

1412_7 勁

88 勁節先生(見曾穎瑞)

1413_1 聽

10 聽雨軒(見林彖)
聽雨堂(見黄子游)
54 聽蛙(見方審權)

1420_0 耐

27 耐久道人(見陶凱)
80 耐翁(見汪敏中)

1510_6 翀

53 翀甫(見程一飛)

1523_6 融

00 融齋(見羅士友)
90 融堂先生(見錢時)

1540_4 建

20 建信(見段元愷)
30 建寧伯(見胡安國)
35 建連(見樓璉)
60 建國公(見蔡沈)
80 建翁(見劉起晦)

1561_{8}醴

74 醴陵先生(見汪皋會)

1610_{4}聖

10 聖可(見吴可孫)

12 聖瑞(見姚雲)

14 聖功(見葛敏修)

聖功(見吕蒙正)

聖功(見劉蒙正)

17 聖予(見龔開)

聖予(見周元卿)

22 聖任(見龔相)

25 聖傳(見李心道)

26 聖泉先生(見盛象翁)

27 聖修(見陸府)

31 聖源(見王沿)

37 聖咨(見石牧之)

38 聖涂(見范遵道)

40 聖嘉(見陳志同)

43 聖求(見鄧潤甫)

56 聖揚(見施舜顯)

64 聖時(見方鞏)

聖時(見王伯起)

77 聖民(見張蓊)

聖與(見施師點)

聖與(見王夢應)

聖與(見項聖與)

聖與(見江致堯)

聖與(見朱權)

聖與(見朱同善)

聖與(見吴點)

聖與(見都潔)

80 聖俞(見王仲舉)

聖俞(見梅堯臣)

86 聖錫(見汪應辰)

聖錫(見厲文翁)

1611_{4}理

26 理得(見王易簡)

72 理所先生(見儲國秀)

90 理常(見陳華祖)

1613_{0}聰

22 聰山老(見毛憲)

50 聰書記(見劉秉忠)

1613_{2}環

32 環溪(見周□)

環溪先生(見吴沆)

環溪先生(見章元崇)

50 環中居士(見胡埜)

環中堂(見洪淵)

80 環翁(見劉環翁)

環谷廬(見汪暭)

環谷先生(見汪克寬)

環谷野人(見鄭倫)

1619_6璟

50 璟夫(見孔克堅)

1623_6强

10 强至(幾聖)
忠獻講友 3/323
32 强淵明(隱季)
附攻元祐之學者 96/5731
46 强恕齋(見柴元裕)
强恕先生(見柴元裕)
80 强父(見林武)

1660_1碧

22 碧巖居士(見董南美)
碧山(見湯彌昌)
碧山先生(見汪垚)
26 碧泉(見朱應祥)
32 碧溪(見魏杞)
44 碧落子(見石汝礪)

1661_0硯

11 硯彌堅(硯堅、伯固、隕城)
江漢同調 90/5381
77 硯堅(見硯彌堅)

1661_4醒

00 醒庵居士(見王卿月)

1662_7碣

10 碣石先生(見王□)

1710_7孟

00 孟雍(見李穆)
孟章(見朱倬)
孟文龍(震翁)
孟氏續傳 55/3205
孟言(見李訷)
02 孟端(見高本)
20 孟季成
鐵崖門人 52/3069
21 孟仁
孟祺父 2/238
孟行古
東萊門人 73/4225
22 孟豳(見李稷)
25 孟傳(見史守道)
26 孟和(見熊原)
30 孟淳
石澗講友 49/2883
孟容(見劉宬)
孟宗獻(友之)
洺川門人 100/6130
34 孟祺(德卿、文襄、魯郡公)
野齋同調 2/238
孟遠(見王經)

孟遠（見張杰）
孟達（見徐元震）
43 孟博（見馮施叔）
44 孟藻（見陳棁）
孟夢恂（長文、森碧、康靖）
仁山門人 82/4863
孟芳（見林叢桂）
孟攀鱗（駕之、文定、平原郡公）
庸齋學侶 90/5360
48 孟敬（見梁寅）
50 孟申（見范酉新）
53 孟輔（見黃棐）
55 孟扶
涪翁門人 19/1487
56 孟揚
涪翁門人 19/1487
孟揚（見王偁）
58 孟敷（見程榮秀）
71 孟厚（敦夫）
伊川門人 30/1846
76 孟陽（見吳霞舉）
77 孟堅（見徐筠）
孟學（見唐林）
孟開（見李琪）
孟卿（見商挺）
83 孟猷（良甫）
水心門人 55/3191
叩孟□
陸秀夫師 49/2870

1712_7耶

25 耶律九齡
湛然家學 8/892
耶律有尚（伯強、文正）
魯齋門人 90/5389
耶律希亮（明甫、忠嘉、漆水郡公）
湛然家學 8/892
耶律楚材（晉卿、湛然居士、文正廣寧王）
耶律家學 8/888
耶律履（履道、忘言居士、文獻）
馬學之餘 8/882
耶律鑄（成仲、文忠、懿寧王）
湛然家學 8/892
耶律惟重
魯齋門人 90/5411

1712_7鄧

00 鄧立（公儀）
盱江講友 3/388
鄧文原（善之、匪石、文肅）
學正門人 ＊82/4888
季氏門人 12/1186
朱學之餘 49/2898
牧庵門人 90/5431

高氏門人 90/5437
10 鄧至(二江先生)
忠文講友 19/1419
鄧璋(德甫)
忠宣講友 3/356
14 鄧珙
鄧氏家學 6/718
17 鄧弼亮
元城講友 * 20/1510
道鄉講友 35/2088
鄧琛
鄧至父 19/1419
24 鄧佑甫
盱江門人 3/420
25 鄧仲甫(和靖先生)
盱江門人 3/420
鄧傳之(師孟、求齋)
水心門人 * 55/3192
鄧氏家學 77/74434
27 鄧約禮(文範、直齋先生)
水心學侶 55/3168
鄧絅(衛老)
晦翁門人 69/3911
28 鄧牧(牧心、文行先生、超然館)
皋羽同調 56/3245
30 鄧淳翁
邵學之餘 10/1087
33 鄧泳(德栽、巽坡、巽波)
象山門人 * 58/3317
鄧氏家學 77/4434
鄧溥
鄧洵侯子 45/2483
36 鄧溫伯(見鄧潤甫)
37 鄧洵武
附攻元祐之學者 96/5731
鄧洵侯(元直)
鄧氏學侶 45/2483
鄧洵美(子充)
蕭氏同調 45/2483
鄧潤甫(溫伯、聖求、安惠)
盱江門人 3/420
38 鄧啓(元廸)
韋齋講友 39/2197
40 鄧友龍
別附 71/4135
44 鄧考甫(鄧孝甫、成之)
餘官 96/5709
鄧孝甫(見鄧考甫)
鄧桂賢(國望)
許氏講友別 3/6344
50 鄧肅(志宏)
韋齋講友 39/2195
鄧忠臣(謹思、王池先生)
餘官 96/5714
53 鄧咸
湖湘之先 6/676

60 鄧國公(見張士遜)
70 鄧雅(信言)
梁氏門人 49/2934
71 鄧驥(德稱)
易氏家學別 2/6254
90 鄧光薦(鄧剡、中父、中乂、中義、中甫、光薦、中齋)
巽齋門人 88/5227
92 鄧剡(見鄧光薦)
叩鄧□
道園門人 92/5582

1714_7 瓊

44 瓊芳(見馮泰卿)

1720_2 予

80 予善(見樓錫)

1720_7 了

00 了齋先生(見陳瓘)
17 了了老人(見周尚忠)
80 了翁(見何時)
了翁(見陳瓘)

1721_4 翟

18 翟瑜
崔憲附 100/6099
23 翟允學
玩齋門人 92/5585
25 翟傑
豫章講友 * 39/2187
龜山私淑 25/1678
34 翟汝文(公巽、忠惠)
南豐門人 * 4/567
涪翁門人 19/1488
東坡門人 99/6034
37 翟逢亨(翟夫子)
東坡同調 99/5997
50 翟夫子(見翟逢亨)
80 翟龕
梅外同調 12/1180

1722_7 乃

80 乃翁(見劉仍祖)
乃翁(見劉似祖)

1722_7 務

30 務實(見尹穀)
46 務觀(見陸游)
90 務光(見曾巖卿)

1722_7 胥

02 胥訓(必先)
象山門人 77/4424
10 胥元衡(平叔)
胥氏家學 4/495

21 胥偃(安道)

盧陵師承 4/452

1722_7 酈

10 酈元興(坡軒居士)

王磵附 100/6114

1723_2 承

17 承君(見田晝)

30 承之(見高繼忠)

承之(見司馬裔)

承之(見崔晛)

承之(見李格)

承之(見葉季韶)

承夫(見鮑祖武)

1723_2 聚

00 聚齋(見余聚齋)

24 聚德堂(見吴偕)

34 聚遠樓(見鄭申之)

1723_2 豫

00 豫章郡公(見李大性)

豫章郡公(見揭傒斯)

豫章先生(見黄庭堅)

豫章先生(見羅從彦)

60 豫國公(見程顥)

1724_7 及

30 及之(見克烈士希)

及之(見陳汲)

34 及遠(見林取仁)

53 及甫(見詹至)

及甫(見汪伋)

1733_1 忌

00 忌言居士(見耶律履)

1740_0 子

00 子立(見譚知禮)

子立(見唐復)

子立(見王賓)

子立(見王適)

子立(見司馬植)

子充(見王褘)

子充(見鄧洵美)

子充(見汪義端)

子充(見周必大)

子齊(見詹長民)

子方(見唐諫)

子方(見唐介)

子方(見孫誼)

子方(見朱隱老)

子方(見徐琰)

子方(見林枅)

子方(見曹輔)
子方(見曹輔)
子方(見陸文圭)
子高(見方山京)
子高(見陳克)
子高(見錢彥遠)
子應(見彭樓)
子廢(見吳如愚)
子廣(見張宏)
子文(見王埜)
子文(見張巽)
子文(見邵伯溫)
子文(見黎獻)
子文(見徐邦憲)
子文(見潘閔)
子文(見池從周)
子文(見李渤)
子文(見樓郁)
子文(見都郁)
子章(見郭奎)
子章(見李巖)
子章(見陳璋)
子言(見錢聞詩)
子讓(見張紹祖)
子諒(見周愷)
子襄(見王贊)
子京(見宋祁)
子京(見李丕)
子京(見陳庾)
子京(見滕宗諒)
01 子龍(見彭進)
子龍(見曾躍鱗)
02 子端(見王庭筠)
子端(見滕庾)
子彰(見唐子彰)
07 子望(見張嵱)
子望(見劉顏)
子翊(見曾宰)
子韶(見張九成)
子韶(見虞剛簡)
08 子敦(見張仲遠)
子敦(見顧臨)
子謙(見王受益)
子謙(見姜柄)
子施(見周孝友)
10 子正(見方宙)
子正(見唐異)
子正(見游仲鴻)
子正(見邱世良)
子正(見舒雅)
子正(見常同)
子玉(見江萬頃)
子玉(見林振)
子玉(見俞仲溫)
子至(見劉克)
子元(見王元節)

子元(見戴亨)
子正(見王粹)
子正(見陳高)
子平(見章衡)
子平(見宋準)
子平(見沈銖)
子西(見唐庚)
子西(見李長庚)
子西(見華岳)
子西(見晁公遡)
子醇(見潘殖)
子雲(見王縉)
子雲(見吳從龍)
子雲(見韓元龍)
子雲(見時澐)
11 子彊(見董必)
子彊(見陸九思)
子張(見姚闢)
子斐(見洪簡)
子裴(見洪簡)
12 子發(見朱震)
子發(見駱士宏)
子發(見姜愚)
子廷(見蘇元老)
子飛(見宋翔)
13 子武(見林夔孫)
子武(見段昌武)
14 子功(見范百祿)
子功(見翁蒙之)
15 子融(見徐昭然)
17 子羽(見馮翼翁)
子羽(見李觀)
子羽(見黃翔鳳)
子翬(見孛朮魯翀)
子翼(見張馮)
18 子瑜(見許瑾)
子瑜(見完顏璹)
子政(見范正民)
子政(見楊大雅)
子政(見晁仲熙)
20 子重(見石憝)
子喬(見夏竦)
子孚(見應恂)
21 子順(見陳德豫)
子上(見章綜)
子上(見鄭可學)
子止(見晁公武)
子能(見李亢宗)
子虛(見黃策)
子行(見吾衍)
子卓(見唐徹)
子師(見杜興)
子貞(見宇文公諒)
子貞(見曹元用)
子經(見陳桱)
子經(見鄭杓)

22 子山(見康里巎巎)
子山(見林静)
23 子允(見劉允)
子我(見江端友)
24 子先(見李春叟)
子先(見令狐揆)
子德(見周天驥)
子升(見錢木之)
子勉(見王復)
子勉(見劉懋)
26 子白(見曾堅)
子伯(見楊長孺)
子泉(見林以辨)
子和(見應鏞)
子和(見郭雍)
子和(見張鈞)
子和(見焦悦)
子和(見劉靖之)
子和(見江端禮)
子和(見舒泌)
27 子修(見劉克永)
子將(見馮奬翁)
子翺(見應翔孫)
子約(見李撰)
子約(見黄宏)
子約(見吕祖儉)
子約(見馬純)
28 子微(見張擴)
子微(見李微)
子微(見陳深)
子微(見陳著)
子徽(見韓璩)
子復(見熊克)
子復(見彭仲剛)
子儀(見唐子儀)
子儀(見徐鳳)
子儀(見彭鳳)
子儀(見劉筠)
子從(見郭叔雲)
子從(見劉淮)
子從(見陳畦)
子齡(見路康)
30 子宣(見周之翰)
子宣(見曾布)
子宣(見劉炎)
子宜(見張適)
子宜(見徐誼)
子宜(見楊復義)
子宜(見錢義方)
子濟(見滕康)
子濟(見錢宏)
子寧(見蘇志道)
子永(見趙偕)
子之(見江端本)
子宓(見張處)
子安(見王用亨)

子安(見楊畏)
子安(見狄遵禮)
子宏(見何宏中)
子容(見蘇頌)
子容(見葛宏)
子良(見任粕)
子良(見趙善珍)
子定(見危安)
子實(見邵士英)
子實(見魏掞之)
子實(見曾元一)
31 子潛(見金文剛)
子涇(見祝泌)
子澐(見時澐)
子潛(見陳剛)
子濬(見曾汲古)
子源(見劉本立)
32 子澄(見劉清之)
子淵(見康里回回)
子淵(見傅夢泉)
子淵(見宋若水)
子淵(見李若谷)
子淵(見趙宗道)
子淵(見劉嶠)
子漸(見尹源)
子漸(見馬磐)
34 子浩(見陳剛)
子洪(見黄士毅)
子祺(見李祺)
子遠(見江萬里)
子遠(見胡晉臣)
子遠(見羅椅)
35 子清(見默勒吉庫庫)
子禮(見許忻)
子禮(見莊夏)
子迪(見申屠駉)
37 子潤(見王璧)
子潤(見葉東)
子瀾(見時瀾)
子深(見史通)
子深(見周濬)
子深(見周源)
子通(見方惟深)
子通(見吴芾)
子通(見陸律)
38 子祥(見鄒夢遇)
40 子大(見林行知)
子奭(見陳塏)
子友(見何文季)
子直(見王向)
子直(見吴伸)
子直(見楊方)
子直(見趙汝愚)
子直(見鄭光弼)
子才(見李杞)
子才(見董南美)

子才（見喻樗）
子才（見馬存）
子才（見劉蕃卿）
子有（見張九思）
子有（見劉鎵）
子南（見牟若畯）
子南（見詹阜民）
子嘉（見劉元亨）
子難（見蔡□）
子古（見蘇轍）
子奇（見高頔）
子奇（見郭磊卿）
子奇（見梁椅）
子奇（見凌策）
子奇（見楊偉）
子壽（見鮑壽孫）
子壽（見彭龜年）
子壽（見趙樗年）
子壽（見陸九齡）
子壽（見陳仁）
子真（見王佺期）
子真（見崔憲）
子真（見林同）
子木（見黄輅）
42 子荆（見蕭楚）
43 子博（見汪紹）
44 子莊（見高勉）
子蘭（見謝辰芳）
子蒙（見游開）
子蒙（見黄景）
子恭（見何基）
子恭（見趙敬）
子英（見王元杰）
子英（見王瑛）
子英（見徐昪）
子英（見趙宏偉）
子華（見李嘉會）
子華（見韓絳）
子華（見曹璪）
子華（見陳韡）
子若（見徐琦）
子若（見韓駒）
子蒼（見羅璧）
子材（見徐木）
子材（見徐桐）
子材（見李杞）
子權（見楊與立）
子植（見丁本）
47 子聲（見竇默）
子期（見傅修）
48 子敬（見龔璛）
子敬（見熊恪）
子敬（見黄師雍）
子敬（見林式之）
子敬（見史克恭）
子敬（見鄭寅）

子敬(見鄭欽)
50 子中(見黄岦)
子中(見吕源)
子中(見時觀)
子中(見劉常)
子中(見陳中)
子夷(見范正平)
子肅(見謝深甫)
子肅(見王雍)
子肅(見黄清老)
子惠(見陳安民)
子由(見朱祖義)
子由(見蘇轍)
子由(見黄由)
子春(見舒鋭)
子素(見張淳)
子東(見卞圜)
子東(見闗注)
子東(見鄭大惠)
51 子振(見鄭德璋)
52 子静(見陸九淵)
子静(見周端朝)
子静(見閻復)
53 子威(見李巀)
55 子耕(見黄畬)
56 子揚(見周孝顯)
子暢(見謝敷經)
60 子見(見程復心)
子見(見楊齊賢)
子晟(見陳晟)
子思(見譚必)
子思(見王當)
子思(見汪齊)
子思(見李舜臣)
子思(見蔡齊)
子愚(見徐晞顔)
子固(見祿堅復)
子固(見楊維翰)
子固(見趙鞏)
子固(見劉厚南)
子固(見曾鞏)
子昂(見葉顒)
子昂(見趙孟頫)
子是(見錢時)
62 子昕(見杜杲)
子則(見周孝思)
63 子踐(見方樗)
子默(見方阜鳴)
子默(見黄談)
子賤(見潘良貴)
64 子時(見劉欽)
66 子暘(見黄夢炎)
67 子明(見王旦)
子明(見賈昌朝)
子明(見徐融)
子明(見范純誠)

子明(見趙子明)
子瞻(見蘇軾)
子昭(見郭子昭)
子昭(見陸九皋)
子野(見王質)
子野(見仲先)
子野(見吴復古)
子野(見劉真)
68 子晦(見廖德明)
子晦(見蔣元)
71 子歷(見蔡樞)
子厚(見康植)
子厚(見章惇)
子厚(見王淳)
子厚(見張子厚)
子厚(見張載)
子厚(見張載)
子厚(見張榚)
子厚(見朱垚)
子厚(見汪垚)
子厚(見黄銖)
子長(見譙椿)
子長(見張樞)
子長(見徐端卿)
子長(見葉昌齡)
子長(見杜漸)
子長(見晁仲衍)
72 子劉子(見劉林宗)
73 子駿(見傅崧卿)
子駿(見馮延登)
子駿(見韓于侁)
74 子陵(見王奕)
子陵(見邱崇)
76 子颺(見陳賡)
子陽(見郝震)
子陽(見吕皓)
77 子堅(見顔□)
子堅(見張峋)
子服(見邱膺)
子駒(見劉芮)
子丹(見童金)
子開(見曾肇)
子舉(見倪驤)
子問(見杜裕)
子卿(見汪廷佑)
子卿(見馬定國)
子卿(見劉荀)
子與(見徐幾)
子與(見陳希點)
子賢(見李東)
80 子益(見朱有聞)
子俞(見周堯卿)
子夔(見鄭倫)
子美(見程良)
子美(見蘇舜欽)
子美(見陸九韶)

子美(見曾士倬)
子美(見鄭玉)
子合(見高松)
子合(見王遇)
子善(見張慶之)
子善(見吴思齊)
子善(見吴中)
子善(見潘時舉)
子善(見游應祥)
子公(見張燾)
83 子猷(見張志遠)
子猷(見邵彌遠)
86 子智(見張貴謨)
87 子欽(見譚惟寅)
子欽(見趙彦肅)
88 子敏(見王遹)
子敏(見張疾遷)
子節(見楊驤)
子餘(見石洪慶)
子餘(見周堯卿)
90 子尚(見王庶)
子尚(見莊安常)
子常(見林合)
子常(見趙汸)
子常(見曾誼)
93 子怡(見劉士偲)
99 子瑩(見許潤)

1740_0 又

30 又之(見陳一新)
80 又善(見汪九成)

1740_8 翠

44 翠林逸民(見程檮)
77 翠屏(見張以寧)

1742_7 邢

08 邢敦(君雅、邢夫子)
陳氏師承别 1/6150
25 邢純(叔端)
和靖門人 27/1755
44 邢世材(邦用)
東萊門人 73/4203
46 邢恕(和叔)
二程門人 * 30/1835
南豐門人 4/568
涑水門人 8/859
康節門人 10/1070
50 邢夫子(見邢敦)
60 邢昺(叔明)
孫氏學侶 2/117
邢昂
林氏學侶 9/939
77 邢居實(惇夫)
莘老門人 * 1/67

李氏門人 19/1465

1750_6 鞏

00 鞏庭芝(德秀、山堂)

元城門人 20/1517

20 鞏信

文山同调 88/5233

22 鞏豐(仲至、栗齋)

東萊門人＊73/4207

韋氏家學 20/1524

晦翁門人 49/2840

26 鞏峴

韋氏家學 20/1524

29 鞏嶸(仲問、仲同、厚齋)

韋氏家學 20/1524

30 鞏瀍

韋氏家學 20/1524

1750_7 尹

08 尹謙孫(希呂、虚心)

張學續傳 20/2972

27 尹叔(見楊仕訓)

28 尹復孫

尹謙孫弟 50/2972

31 尹源(子漸、河内)

穆氏門人＊9/942

伊洙兄 4/480

32 尹沂(臺山書院)

易氏家學别 2/6257

35 尹洙(師魯、河南先生)

廬陵講友＊4/480

高平講友 3/308

穆氏門人 9/944

43 尹朴(處厚)

韓氏門人＊3/394

尹氏家學 4/553

44 尹材(處初)

涑水門人＊8/859

尹氏家學 10/1031

45 尹構(嗣復)

尹氏家學 4/553

47 尹起莘(耕道)

晦翁門人 49/2858

尹起莘

陳氏門人别 3/6369

尹穀(耕叟、務實)

李氏同調 80/4615

90 尹焞(彦明、德充、和靖處士、肅公、和靖先生)

伊川門人＊27/1743

尹氏家學 10/1031

沮和議者 96/5734

1760_2 召

40 召南(見曾棠)

77 召叟(見蘇洞)

1760_2習

00 習庵(見陳塤)

習庵先生(見曾逮)

習齋(見陳增)

習齋先生(見鄭奕夫)

30 習之(見王悅)

習之(見黄學皋)

習之(見曹説)

習之(見劉學箕)

習之(見陳説)

38 君啓(見謝鑰)

40 習吉翁

楊氏門人 59/3353

52 習靜先生(見劉彌邵)

53 習甫(見劉漢傳)

72 習隱(見王居仁)

1760_7君

00 君序(見李大訓)

君度(見聞人宏)

04 君謨(見吴祕)

君謨(見黄誥)

君謨(見蔡襄)

10 君一(見王致)

君玉(見方逢振)

君玉(見王君玉)

君玉(見劉元瑜)

君璋(見趙珪)

15 君聘(見蔣世珍)

17 君子軒(見張楧)

君子堂(見王義山)

君子堂(見馬光祖)

20 君重(見馮皐)

君孚(見孫升)

君采(君陳樵)

21 君行(見李潛)

君衡(見陳允平)

22 君山(見蔡高)

24 君倚(見錢公輔)

26 君保(見湯璹)

君保(見陳作哲)

君和(見謝枋得)

君和(見宋和)

28 君復(見林逋)

君復(見陳友仁)

君儀(見王昇)

君從(見陳廷言)

30 君濟(見蔡元康)

君定(見王模)

君寶(見湯璹)

君實(見王守誠)

君實(見司馬光)

君實(見董珪)

君實(見陸秀夫)

33 君黻(見許宬)

38 君祥(見唐廷瑞)
君祥(見姚天福)
40 君友(見嚴侶)
君直(見謝枋得)
君賁(見陳文龍)
43 君式(見劉元振)
君載(見吴亶子)
君載(見袁采)
44 君協(見馮善主)
君華(見吴元扆)
君若(見吴适)
53 君成(見賈鑄)
君成(見晁端友)
64 君疇(見洪天錫)
66 君貺(見王拱辰)
67 君明(見吴辰子)
70 君璧(見常珙)
君雅(見邢敦)
77 君舉(見謝鈞)
君舉(見陳傅良)
80 君益(見唐義問)
君俞(見姚獻可)
君美(見朱煒)
君美(見徐韶)
君美(見韓居仁)
君美(見楊天德)
君善(見趙琳)
君善(見敖繼公)
君會(見方逢嘉)
83 君猷(見莊徽)
86 君錫(見方逢辰)
君錫(見連庶)
君錫(見湯師中)
君錫(見李中師)
君錫(見趙希錧)
君錫(見劉子玠)
88 君範(見單庚金)
98 君悦(見張咸)

1762_0 司

71 司馬亮(信之)
司馬京弟 8/857
司馬齊(居德)
司馬京弟 8/857
司馬方(思之)
司馬京弟 8/857
司馬育(穌之)
司馬京弟 8/857
司馬裔(承之)
司馬京弟 8/857
司馬康(公休)
涑水同調 8/855
司馬章(晦之)
司馬京弟 8/857
司馬奕(襲美)
司馬京弟 8/857

司馬袞(補之)
司馬京弟 8/857
司馬稟(從之)
司馬京弟 8/857
司馬京(亢宗)
涑水家學 8/857
司馬元(茂善)
司馬京弟 8/857
司馬子已
司馬續傳 * 8/876
邵學之餘 10/1084
司馬伋(季思)
司馬續傳 * 8/875
檢詳門人 8/875
司馬富(希道)
司馬京弟 8/857
司馬宏
涑水家學 * 8/856
忠宣門人 3/413
司馬良(希祖)
司馬京弟 8/857
司馬述(尊古)
燭湖門人 * 77/4436
司馬續傳 8/876
司馬池(和中)
涑水先緒 7/771
司馬通國(武子)
涑水家學 8/858
司馬爽(成德)
司馬京弟 8/857
司馬朴(文季、忠潔)
涑水家學 8/858
司馬夢求
司馬續傳 8/876
司馬植(子立)
子文門人 * 10/1075
伊川門人 16/1295
司馬旦(伯康)
涑水先緒 7/772
司馬光(君實、文正、溫國公、先儒司馬子、涑水)
古靈同調 * 7/775
安定學侶 1/30
宋氏同調 6/694
康節講友 10/1021

1762_0磵

80 磵谷(見羅椅)

1762_7邵

00 邵庵(見虞集)
邵康(侶之)
東萊門人 73/4220
邵雍(堯夫、安樂先生、康節、新安伯、先儒邵子)
李氏門人 9/964

10 邵天驥
邵彌遠父 10/1093
11 邵彌遠(子猷、雪溪)
邵氏續傳 10/1093
邵棐(叔承)
錢氏門人 1/66
17 邵子振
貝氏學侶 52/3078
22 邵繼賢
陳氏講友別 2/6295
24 邵德新
邵古父 9/949
邵德隆
邵彌遠曾祖 10/1093
26 邵伯溫(子文)
百源家學 * 10/1037
忠宣門人 3/412
文忠門人 3/414
涑水門人 8/859
百源家學 10/1037
陳氏門人 10/1070
正獻門人 19/1454
韓氏門人 19/1469
滎陽講友 23/1595
又不在碑目者 96/5724
33 邵必(不疑)
康節講友 * 10/1024
蔣氏門人 99/5962
34 邵浩(見郭浩)
35 邵清(彥明、八行先生)
橫渠門人 31/1904
37 邵運達
鶴山門人 80/4604
40 邵大椿(春叟、顧齋)
邵氏家學 74/4319
邵士英(子實、介隱先生)
程氏門人別 2/6267
邵古(天叟、伊川丈人)
康節先緒 * 9/949
濂溪講友 12/1150
42 邵彬
邵棐兄 1/66
邵機
高氏門人 77/4443
43 邵博(公濟)
百源家學 * 10/1068
景迂門人 22/1581
仲虎學侶 99/6043
44 邵桂子(德芳、雪舟軒)
別附別 2/6276
46 邵樫
邵棐兄 1/66
50 邵中孚
象山門人 77/4428
58 邵整(宋舉、蒙谷遺老)
邵氏家學 * 31/1909

合沙門人 6/758
60 邵囦(萬宗、今是堂)
南軒私淑 50/2966
邵囦(叔魯)
達觀同調別 2/6279
邵思聰
邵彌遠祖 10/1093
邵甲
慈湖門人 74/4303
邵景之(季山、秀山)
籍溪門人 43/2323
64 邵睦
百源家學 10/1037
71 邵驥(德稱)
涑水續傳 8/877
85 邵餗(沖素處士)
王氏學侶別 1/6169
88 邵篔谷
邵子振父 52/3078
90 邵光祖(宏道、九經師)
馬學之餘 * 8/887
邵氏續傳 10/1093

1768_0歌

88 歌竹山人(見秦仲)

1771_0乙

38 乙道(見王南美)

1771_7己

00 己齋(見黃宏)
己齋(見滕處厚)

1780_1翼

25 翼仲(見莫轅)
30 翼之(見傅巽)
翼之(見沈昜)
翼之(見胡瑗)
翼之(見錢良右)
38 翼道(見王鴻)

1790_4柔

67 柔明(見史松)

1813_7玲

11 玲瓏山(見朱彤)

1814_0攻

46 攻媿主人(見樓鑰)

1814_0政

10 政平(見劉伯文)

1814_0致

10 致一(見楊天倪)
21 致能(見范成大)

致虚（見謝濳）
致虚（見曾集）
25 致仲（見焦位）
26 致和（見程可紹）
致和（見韓本中）
34 致遠（見王驥）
致遠（見葉濤）
致遠（見馬寅）
致遠（見歐陽致遠）
致遠（見鄭轂）
38 致道（見王思誠）
致道（見程俱）
致道（見趙師夏）
40 致真（見朱本）
44 致其（見朱本）
50 致中（見徐璣）
致中（見劉勉之）
55 致曲老人（見俞浙）
致曲老人（見俞浙）
67 致明（見柳卣）
致明（見劉繼寬）
77 致用（見韓諤）
90 致堂（見趙時勉）
致堂先生（見胡寅）

1872_0改

30 改之（見鍾過）

1918_0耿

40 耿南仲（希道）
從新學者 98/5894

2010_4垂

28 垂綸亭主人（見宋本）

2011_1乖

22 乖崖（見張泳）

2021_7禿

27 禿忽魯（見康里禿忽魯）

2021_8位

00 位辛（見熊禾）

2022_7秀

12 秀發（見葉時）
21 秀穎（見滕茂實）
22 秀巖先生（見李心傳）
秀峯（見曾鳳）
秀山（見邵景之）
26 秀伯（見陳堯英）
27 秀叔（見李彥穎）
30 秀實（見高茂華）
秀實（見李發）
秀實（見胡芳）

秀實(見陳禾)
53 秀成(見陳秠)
77 秀卿(見翁森)

2022_7 爲

00 爲高(見邱稅)
62 爲則(見孔維)

2022_7 喬

05 喬竦
孫氏師承 1/30
21 喬行簡(壽朋、孔山、文惠、魯國公)
東萊門人 * 73/4196
馬氏門人 71/4151
24 喬幼聞(擇善、見山)
喬氏家學 * 73/4233
蛟峯續傳 82/4875
44 喬夢符(世用)
東萊門人 73/4199
54 喬拱(德瞻)
東萊講友 51/3010
80 喬年(見朱松)
喬年(見萬松)
喬年(見林松孫)
吅喬□
王氏講友別 3/6321

2023_6 億

80 億年(見萬楠)

2024_7 愛

35 愛禮先生(見劉宗道)
48 愛敬齋(見吳攀龍)
60 愛日齋(見汪清卿)

2025_2 舜

00 舜文(見張汝明)
舜文(見徐鱅)
舜文(見范濬)
10 舜玉(見葉李)
舜元(見張弼)
舜元(見史肅)
17 舜弼(見王元)
舜弼(見周謨)
18 舜弢(見周謨)
24 舜佐(見謝皋朋)
舜徒(見姚孳)
舜徒(見呂好問)
27 舜侯(見舒嶽祥)
28 舜儀(見李鳳)
舜從(見呂切問)
30 舜良(見王益)
37 舜咨(見陶岳)
71 舜臣(見梅時舉)

77 舜舉（見吴皋）
舜舉（見畢士安）
舜舉（見鄭汝諧）
舜卿（見高永）
舜卿（見董士選）
舜民（見虞舜臣）
80 舜俞（見程龍）
舜俞（見洪咨夔）

2026_1 信

00 信庵（見趙葵）
信齋（見周九鼎）
信齋先生（見楊復）
10 信王（見謝深甫）
信天巢（見高翥）
26 信伯（見王蘋）
27 信叔（見程逢午）
30 信之（見麻革）
信之（見張大節）
信之（見司馬亮）
信安郡王（見趙希錧）
信安郡公（見趙希錧）
34 信遠（見羅善同）
38 信道（見馮正符）
信道（見周孚）
信道（見曾信道）
信道（見舒亶）
40 信士達
秋澗門人 78/4499
44 信世昌（雲父）
文山私淑 88/5249
60 信國公（見文天祥）
信國公（見朱熹）
77 信叟（見吴秉信）
信叟（見劉敦信）
信卿（見高永）
信卿（見鮑完澤）
信民（見汪革）
80 信翁（見袁任）

2033_1 焦

12 焦瑗（焦援、公路）
伊川門人 30/1845
20 焦位（致仲）
草廬門人 92/5550
焦千之（伯强、焦館）
草廬門人 4/499
22 焦邕（世和）
柳氏門人 9/957
24 焦德義
焦悦父 91/5465
50 焦夫子（見焦□）
52 焦援（見焦瑗）
80 焦養直（無咎、文靖）
敬齋門人 2/240
83 焦館（見焦千之）

98 焦悅(子和、兌齋)

恕齋講友 91/5465

吅焦□(焦夫子)

陳氏師承別 1/6146

2040_0千

20 千乘先生(見倪天隱)

30 千之(見鄭之)

40 千奇(見鄭鳳)

43 千載(見張千載)

60 千里(見劉德智)

2040_4委

17 委羽居士(見左緯)

21 委順夫(見唐光祖)

2040_7孚

40 孚吉(見許熊)

44 孚若(見方信孺)

2040_7受

00 受齋(見游九功)

受言(見杜圯)

30 受之(見朱塾)

受之(見徐天祐)

受之(見汪益謙)

80 受益(見李謙)

2040_7季

00 季立道(成甫)

見山門人＊12/1180

許氏講友別 3/6344

季亨(見董鼎)

季齊(見唐輻)

季高(見蔣允升)

季高(見杜旟)

季高(見劉岑)

季高(見陳自中)

季庸(見湯中)

季應旂(見季應期)

季應期(季應旂、均饒、恥庵、菵翁)

高氏門人 70/4088

季度(見滕宬)

季文(見許文薦)

季文(見房彪)

季文(見沈炳)

季文(見凌景夏)

季文(見劉黻)

季章(見徐昭文)

季章(見李壁)

季章(見劉黼)

季辨(見李過)

08 季詮(仲言)

王氏門人 44/2444

10 季一(見晁貫之)
季正(見雷觀)
季正(見彭方)
季玉(見陳時可)
季元(見李德)
季可(見徐大受)
11 季碩(見廖俁)
12 季孫(見劉祖漢)
13 季珹(見胡瑜)
17 季子(見楊汪中)
18 季致平
別附別 2/6276
20 季稚(見王幼孫)
21 季仁(見方季仁)
季仁(見吴方)
季仁壽(山甫、春谷處士)
鄭氏門人 52/3084
季能(見羅愚)
季衍
王萬附 49/2852
22 季岑(見黄彦平)
季山(見邵景之)
24 季德基(武抑)
季復初孫別 3/6332
季德巽
季仁壽父 52/3084
26 季皋(見胡襄)
季和(見王鉛)
季和(見孫應時)
季和(見李孝光)
27 季彝(見汪灝)
季魯(見傅子雲)
28 季復(希賢)
謝氏師承＊23/1596
高平私淑 3/426
忠獻私淑 3/428
季復之
季光弼子 40/2244
季復初(月泉、篔簹書舍)
王氏學侶別 3/6332
季齡(見劉庭老)
30 季永(見吴昌裔)
季永(見胡詠)
季汶(彦文)
木訥門人 82/4965
季房(見劉昂霄)
季安(見黄定子)
31 季源(見袁洪)
32 季淵(見俞浙)
33 季冶(見劉鑄)
季梁(見萬孝傑)
35 季清(見俞潔己)
36 季澤(見謝雩)
季溫(見王友直)
37 季通(見解子玉)
季通(見蔡元定)

40 季友(見張須)
季士宏(宏老)
王氏門人 44/2423
季髯(見陳章)
季直(見喻良弼)
季克(見呂勝己)
季南(見吳翼)
季嘉(見王時會)
季雄(見王幼孫)
季真(見董真卿)
季真(見鄭若沖)
44 季莊(見蔣璯)
季莊(見錢敬直)
季慕(見江端禮)
季恭(見江端禮)
季蒙之
季光弼子 40/2244
季蕃(見丁之翰)
50 季中(見孫時)
季中(見毛叔度)
季中(見徐孝恭)
季泰之
季光弼子 40/2244
季本(見樂良)
53 季甫先生(見陳烈)
58 季敷(見史芳卿)
60 季思(見司馬伋)
季思(見洪夢炎)
63 季默(見雷淵)
64 季時(見胡祖義)
67 季明(見吳熙)
季明(見蘇昞)
季昭(見時銘)
季照(見時銘)
71 季長(見彭思永)
74 季隨(見胡大時)
77 季隆(見高棟)
季隆(見熊東)
季履(見胡大壯)
季與(見程公許)
季興(見董煟)
季賢(見劉君舉)
80 季全(見黃補)
季益(季徐友聞)
季羔(見王端朝)
季慈(見陳烈)
87 季欽(見魯訔)
88 季簡(見李用庚)
季節(見徐庭筠)
90 季懷(見胡□)
季光度
季光弼兄 40/2244
季光弼(覿國)
于郎同调 40/2244
季常(見薛疑之)
季常(見賀成大)

季常(見郝庸)

季常(見陳愷)

98 季悅(見張衎)

叩季□

8/866

2040_7 雙

22 雙巖先生(見王蒙)

雙峯(見車若綰)

雙峯(見饒魯)

26 雙泉(見呂熒)

32 雙溪(見王炎)

雙溪(見蘇大璋)

37 雙湖先生(見胡一桂)

雙澗(見張顯)

44 雙桂(見馮翼翁)

雙楠軒(見慕容暉)

雙楠居士(見慕容暉)

2042_7 禹

10 禹玉(見王珪)

禹平(見蕭舜咨)

14 禹功(見張續)

60 禹昌(見劉立言)

2043_0 奚

40 奚士達(必達)

定川講友 76/4378

2060_9 香

10 香醉山人(見孫福翁)

22 香巖居士(見關注)

香山(見喻良能)

32 香溪先生(見范浚)

2071_4 毛

00 毛應龍(介石)

歐陽續傳 70/4048

21 毛順(見毛憲)

27 毛叔度(季中)

章貢學侶 19/1475

毛叔度

沮和議者 96/5738

28 毛徹(知微)

陳氏家學別 1/6204

30 毛宣

毛徹子別 1/6204

毛憲(毛順、吉父、聰山老)

漢卿學侶 90/5366

毛宏(叔度)

毛徹子別 1/6204

35 毛冲霄

毛憲父 90/5366

37 毛通彥

毛徹父別 1/6204

40 毛友誠(伯明、竹簡先生)

康氏門人 24/1616
毛壽朋
西山門人 62/3482
57 毛邦翰
楊甲附 79/4520
60 毛晃
宋儒博考別 2/6230
72 毛剛伯(必彊)
象山門人 77/4427
77 毛居正(義甫、誼父、柯山)
毛氏家學別 2/6260
叩毛□
夷白門人 70/4087

2090_4集

00 集齋(見彭應龍)

2090_7秉

00 秉文(見藍奎)
20 秉信(見蔣存誠)
27 秉彝(見郭好德)
秉彝(見宋天則)
秉彝(見董復禮)
33 秉心(見郭公葵)
60 秉國(見徐鈞)
76 秉陽(見溫仲舒)

2091_4稚

00 稚章(見劉似)
40 稚圭(見韓琦)

2091_4維

27 維魯(見曾守約)
41 維楨(見皮棨)
67 維明(見完顏承暉)

2108_6順

00 順齋(見邵大椿)
順齋(見蒲道源)
順齋處士(見王夢松)
26 順伯(見王厚之)
30 順寧(見劉芮)
順之(見許升)
順之(見張士遜)
順之(見安常)
順之(見董琦)
順之(見林豫)
順之(見申屠義)
80 順父(見黃梓)

2110_0上

30 上官謐(安國)
晦翁門人 69/3831
上官必克(復之)
上官續傳 19/1496
上官損(益之)
上官續傳 19/1496

上官粹中(德厚)

上官續傳 19/1496

34 上達(見王勳)

44 上蔡先生(見謝良佐)

90 上黨郡公(見尚野)

2110_0止

00 止齋(見王至善)

止齋先生(見徐珦)

止齋先生(見陳傅良)

12 止水亭(見江萬里)

21 止止齋(見王良)

止止先生(見宇文之邵)

80 止翁(見饒延年)

止善(見王良)

止善(見朱明善)

止善堂(見廉希憲)

止善堂(見蕭舜咨)

90 止堂(見彭龜年)

止堂(見黄□)

2110_3衍

38 衍道(見胡衍)

2111_0此

00 此庵(見羅點)

22 此山(見朱知常)

此山居士(見范成大)

2121_0仁

04 仁熟(見周穜)

13 仁武(見呂翀中)

22 仁山先生(見金履祥)

25 仁仲(見應恕)

仁仲(見袁公壽)

仁仲(見董壽昌)

仁仲(見蘇壽元)

仁仲(見杜知仁)

仁仲(見胡宏)

仁仲(見趙不息)

仁仲(見陸垕)

26 仁伯(見吴梅)

仁伯(見徐元杰)

27 仁叔(見董拱壽)

仁叔(見毋廷瑞)

40 仁壽郡公(見虞集)

50 仁夫(見真志道)

仁夫(見呂廣問)

53 仁甫(見孫自任)

仁甫(見江克明)

仁甫(見李燾)

仁甫(見趙復)

仁甫(見羅榮祖)

77 仁叟(見鄔一唯)

仁叟(見邊友誠)

仁叟(見畢士安)

仁卿（見項璣）

仁卿（見李治）

仁卿（見黄東）

80 仁父（見程其元）

仁父（見徐容）

2121_1 征

20 征集

荆公講友 98/5841

2121_1 徑

61 徑畈（見徐霖）

2121_1 能

08 能謙（見曹逢己）

52 能靜（見劉有定）

2121_7 伍

20 伍維寅（清之）

蒙齋講友 75/4352

2121_7 虛

00 虛齋（見趙以夫）

10 虛一子（見代淵）

26 虛白（見虛白皡）

虛白皡（虛白）

別附 70/4074

27 虛緣（見張葆舒）

33 虛心（見尹謙孫）

50 虛中（見王日休）

77 虛間居士（見常同）

80 虛谷（見方回）

虛谷先生（見黄翔鳳）

2121_7 盧

00 盧彦文

鄭元秉門人別 3/6374

02 盧端叔

別附別 2/6273

10 盧元亮

達觀同調別 2/6288

12 盧烈

蕭氏門人 95/5659

14 盧琦（希韓）

陳氏師承 47/2627

21 盧熊（公武）

鐵崖門人 25/3073

31 盧禎（叔微）

陳氏師承別 1/6152

37 盧祖皋（申之）

樓氏門人 79/4548

42 盧彭祖（長嬰）

盧熊子 52/3073

44 盧孝孫（虞孝孫、新之、玉溪先生）

西山門人＊81/4672

梭山講友 57/3276
盧摯(虞摯、疏齋)
江村私淑 99/6086
46 盧觀(彥達、夷孝先生)
盧熊父 52/3073
61 盧點(師予)
王氏門人别 2/6310
71 盧原質(希魯)
方氏門人 49/2931

2122_0何

00 何應祈(見何夢桂)
何文季(子友)
文溪門人 79/4562
08 何謙(光叔、我軒)
抑齋門人 55/3202
10 何三捷(見何之捷)
何琉(見何兌)
何元同
許氏講友别 3/6342
何天聲(德載、竹洲先生)
何氏家學 88/5252
14 何瑋(仲韞、文正、梁國公)
靜修同調 91/5464
17 何子舉
胡震師 83/5003
21 何衢亨
何源子 79/4541
24 何先覺(民師)
王氏門人别 2/6298
何德之
□□□□95/5655
30 何之捷(何三捷)
李占師 99/6070
何適
何逮弟 * 73/4221
邵氏門人 73/4239
何安子(定夫、志軒)
朱學之餘 49/2891
何宏中(子宏)
秋堂學侶别 2/6272
何宗文
白雲門人 82/4913
31 何涉(濟川)
高平同調 3/317
何源(清卿)
□□□□79/4541
33 何述
何逮弟 * 73/4220
邵氏門人 73/4239
34 何逵(惠國公)
涑水續傳 * 8/878
何氏家學 79/4556
何造
何逮弟 * 73/4220
邵氏門人 73/4238

35 何逮(思順)
東萊門人 73/4220
36 何遇
何逮弟＊73/4220
邵氏門人 73/4239
37 何逢原(文瀾)
朱學續傳 49/2875
何逢原(希深)
宋儒博考別 2/6227
39 何淡(履常)
涑水續傳＊8/878
何氏家學 79/4556
40 何大章
何敏子 10/1034
何大正
劉韓門人別 1/6193
何大溥
陸氏門人 80/4627
何大臨(才叔)
何敏子 10/1034
何克明
壽翁門人 50/2976
41 何頡(斯舉、樗叟)
東坡門人＊99/6029
陳氏門人 4/581
涪翁門人 19/1482
44 何基(子恭、文定、北山先生)
勉齋門人＊82/4716
濂溪續傳 12/1176
何夢然
何氏家學＊8/880
何夢中弟 68/3729
何夢桂(何應祈、申甫、巖叟、潛齋先生)
蛟峯講友 82/4820
何夢中
呂氏門人 68/3729
何夢申
何氏家學 8/880
何執中(伯通、正獻、榮國公、清源郡王)
梁氏門人 6/742
何執中
朱雪師別 3/6375
何芸孫
魏氏門人 82/4925
46 何坦(少平、一叟、文定、西疇)
陸氏同調 79/4535
48 何翰(伯翰)
鐵崖門人 52/3070
何松
何逮父 73/4220
50 何中
谷子講友 9/953
何中(太虛、養正)
孫氏同調＊93/5615

草廬學侶 92/5515
何本道
宋氏門人＊82/4976
何氏續傳 82/4970
55 何耕(通夫)
張氏門人 78/4462
60 何昇
玩齋門人 92/5585
何異(同述、月湖)
曾任待制以上者 97/5746
何異孫
稼村門人 88/5254
何景文(俊翁)
何氏學侶 82/4822
64 何時(了翁、堅白道人)
文山同調 88/5235
71 何巨源
陸氏門人 80/4627
72 何劉發(竹隱居士)
何巨源父 80/4627
75 何體仁(德元、滋川佚逸、空谷齋)
許氏講友別 3/6341
77 何堅
龍川門人 56/3234
80 何鎬(叔京、臺溪先生)
晦翁講友 49/2796
何兌(何琓、太和、龜津)
馬氏門人 30/1858
何普(德厚)
鶴山師承 80/4574
86 何鐸(汝文)
王氏門人 44/2443
87 何鏐(相墨堂)
黃氏門人 72/4183
何欽
北山家學 82/4731
88 何敏(希顏)
何氏家學 10/1034
何敏中(元功)
梅氏學侶 35/2095
90 何光寵
何源子 79/4541
94 何恢
何愘兄 56/3231
97 何愘(茂恭)
二喻同調 56/3231
何煥文(伯章、柳溪先生)
何芸孫父 82/4925
99 何榮祖(繼先、文憲、忠肅、趙國公)
邵學續傳 78/4476
叩何□
劉氏門人＊91/5472
何氏家學 91/5479

2122_1行

00 行齋(見張澄)
10 行正(見陸正)
行可(見夏達才)
行可(見張簡)
行可(見吳直方)
24 行先(見陽孝本)
30 行之(見鄒輗)
行之(見鄭聞)
行之(見鄭性之)
行之(見蔡幼學)
行之(見趙與旹)
40 行直(見趙秉溫)
50 行夫(見蔡懋)
行素(見黄奇孫)
60 行易齋(見翁埜翁)
77 行卿(見王幼學)
80 行父(見王敉)
行父(見張忠恕)
行父(見程其恕)
行父(見劉强學)
88 行簡(見童居易)
行簡(見倪居敬)
行簡(見李廉)
行簡(見蔣敬)
行簡(見劉一止)

2122_1衍

16 衍聖公(見孔治)
衍聖公(見孔思誨)

2122_7儒

40 儒志先生(見王開祖)

2122_7肯

00 肯齋(見李芾)
肯齋(見曾槐)
90 肯堂(見王構)
肯堂(見張希明)
肯堂(見余嶸)

2122_7膚

25 膚仲(見陳孔碩)

2122_7臚

00 臚齋(見林希逸)

2123_4虞

11 虞珏(虞圭)
華陽門人 72/4181
12 虞登
道園家學 92/5574
20 虞舜臣(舜民)
疊山門人 84/5063

虞集（伯生、邵庵、道園、仁壽郡公）
草廬門人＊92/5525
范黄門人 72/4186
疊山私淑 84/5072
22 虞豐
道園家學 92/5574
23 虞允文（彬父、忠肅、雍國公）
紫巖同調 44/2362
24 虞𬊈（虞玆、退夫、義夫）
鶴山門人 80/4601
虞佐（見張師禹）
虞稹（叔微）
徐氏門人 2/143
25 虞仲（見江少虞）
虞仲（見陸韶之）
虞仲琳
和靖門人 27/1752
虞仲海
虞迪父 64/3574
虞仲威
林耕道師 85/5113
27 虞槃（仲常）
草廬門人＊92/5541
江氏同調 1/97
虞氏家學 92/5564
35 虞迪（彥忱）
勿軒門人 64/3574
37 虞淑
徂徠門人 2/177
虞汲（井齋）
草廬門人 92/5515
40 虞太熙
古靈同調 5/611
虞圭（見虞珪）
41 虞樞
水心門人 55/3196
44 虞孝孫（見盧孝孫）
虞摯（處道）
高氏同調＊70/4074
牧庵同調 90/5416
虞摯（見盧摯）
虞玆（見虞𬊈）
47 虞栩
虞氏續傳 80/4625
72 虞剛簡
南軒私淑＊72/4172
百源續傳 10/1083
漢上私淑 37/2171
虞氏家學 44/2427
華陽門人 72/4181
鶴山講友 80/4590
77 虞卿（見林叔舉）
虞卿（見陳之奇）
80 虞公亮
虞氏家學 44/2427

90 虞光祖(善繼)

勿軒門人＊64/3574

淵穎講友 56/3255

虞炫(明之)

虞栩子 80/4625

2124_0虔

50 虔中(見江測)

2124_1處

00 處度(見秦湛)

08 處謙(見劉大有)

10 處一(見王萬)

26 處和(見劉克剛)

28 處微(見汪晫)

37 處初(見尹材)

38 處道(見張厚)

處道(見虞摯)

52 處靜(見薛觀)

71 處厚(見家愿)

處厚(見尹朴)

80 處善(見龔應之)

2128_6須

32 須溪(見劉辰翁)

2128_6潁

22 潁川郡公(見韓元吉)

33 潁濱遺老(見蘇轍)

2133_1熊

00 熊應胄(夢渭、竹谷)

西山门人 81/4670

20 熊禾(熊鉌、去非、退齋、位辛、勿軒先生)

劉氏門人＊64/3562

熊氏家學 81/4682

熊采

王氏門人别 2/6297

24 熊升

朱學之餘 49/2899

28 熊以寧

晦翁門人 69/3896

熊復(庶可、西雨先生)

草廬同調 92/5521

32 熊兆(世卿、拙逸子)

晦翁門人 69/3906

40 熊克(子復)

籍溪門人＊43/2324

熊氏家學 98/5933

44 熊蕃(叔茂、獨善先生、獨善堂)

荆公私淑 98/5922

熊桂

文山同調 88/5238

45 熊棟(見熊東)

47 熊朝

疊山門人 84/5068

50 熊本(萬卿、萬初)

草廬門人 92/5541

熊東(熊棟、季隆)

熊氏家學 83/5022

71 熊原(孟和、端學先生)

熊東門人 83/5022

72 熊剛大(古溪先生)

節齋門人 * 62/3488

勉齋門人 63/3514

覺軒門人 67/3669

熊氏同調 69/3944

77 熊朋來(與可、天慵先生)

朱學續傳 49/2875

82 熊鉌(見熊禾)

88 熊節(端操)

晦翁門人 69/3897

97 熊恪(子敬、謹節先生)

晦翁門人 69/3891

2140_6 卓

13 卓琮(廷瑞)

北溪門人 68/3719

24 卓先(進之)

艾軒門人 47/2588

26 卓得慶(善夫、樂山)

横渠續傳 18/1380

40 卓克(伯仁)

卓氏家學 68/3728

卓存(叔義)

卓氏家學 68/3728

48 卓敬(惟恭、忠貞)

周學之餘 * 12/1184

邵學之餘 1/1089

56 卓規權

卓得慶子 18/1380

2143_0 衡

00 衡齋(見周焱)

2150_6 衛

08 衛謙(山甫、有山)

陳氏門人別 3/6367

10 衛王(見史彌堅)

31 衛涇(清叔、後樂居士、文節、秦國公、後樂堂)

晦翁同調 79/4518

36 衛湜(正叔、櫟齋先生)

衛氏家學 79/4544

38 衛道(見吴郛)

衛道(見胡衛)

40 衛培

郭翼師別 3/6361

44 衛老(見鄧絅)

53 衛甫(見許文蔚)

60 衛國公(見齊諾)

衛國公(見李夔)

衛國公(見韓琦)

衛國公(見蔡松年)

衛國公(見留正)

衛國公(見鄭清之)

2160_0 占

30 占之(見余偶)

2160_1 衜

77 衜卿(見李沖)

2160_8 睿

34 睿達(見沈遼)

2171_0 比

10 比玉(見黄玭)

2172_7 師

00 師亮(見張齊賢)

師文(見馬之純)

師言(見朱賡)

師言(見湯彌昌)

10 師天麟(勝瑞、尊經閣)

王氏學侶别 3/6334

師正(見王建中)

師晉

柳氏門人 82/4920

16 師聖(見侯仲良)

師聖(見陳樫)

17 師孟(見鄧傳之)

師予(見盧點)

師尹(見歐陽衡)

師柔(見張謂)

20 師維藩

高氏學侶 25/1675

22 師川(見徐俯)

師巖起(進齋)

師天麟祖別 3/6334

師山(見鄭玉)

24 師升

柳氏門人 82/4290

師德(見王伯廣)

師德(見陳定)

26 師和(見李夔)

27 師魯(見尹洙)

師魯(見林師魯)

師魯(見胡方平)

師魯(見饒魯)

28 師復(見謝景回)

師復(見陳宓)

30 師宰(見謝景平)

師憲(見黄公度)

37 師祖敬

鶴山門人 80/4603

38 師道(見陳宿)

師道（見陳洙）
40 師直（見謝景溫）
師古（彦立、義學先生）
□□□□45/2487
師古林（見方恬）
師雄（見杜默）
師索羅
柳氏門人 82/4920
42 師樸（見韓忠彦）
43 師朴（見韓忠彦）
60 師回（見范杲）
71 師厚（見謝景初）
80 師父（見馬之純）
師善（見胡存道）
師善（見胡善）
師曾（見李貫道）
88 師範（見彭蠡）

2180_1 眞

23 眞我（見解子元）
24 眞德秀（景元、希元、景希、文忠、福國公、浦城伯、西山先生）
詹氏門人 *81/4635
濂溪續傳 12/1170
武夷續傳 34/2045
文節學侶 40/2252
南軒私淑 50/2968
曾氏門人 55/3201
節齋同調 62/3481
雲莊門人 70/3976
正節學侶 73/4228
樓氏門人 79/4548
30 眞定（見徐中行）
39 眞淡翁（見唐既）
40 眞志道（仁夫、實之）
西山家學 *81/4659
敏道門人 77/4442
72 眞隱先生（見史浩）
77 眞卿（見蕭貢）
80 眞翁（見徐清叟）
眞翁（見凌浩）
90 眞常（見吴道）
吅眞□
西山家學 81/4660

2180_6 貞

00 貞文（見吴萊）
貞文處士（見黄鎮成）
23 貞獻（見趙宏偉）
26 貞白子（見蔡蒙叟）
貞白先生（見吾衍）
貞白先生（見鄭千齡）
40 貞木（見俞貞木）
44 貞孝處士（見周天祐）
貞孝處士（見鄭淵）
貞孝先生（見莫轅）

50 貞惠(見伯行)
53 貞成先生(見郭樌)
60 貞固(見華悰韡)
68 貞晦先生(見貢性之)
77 貞居(見張雨)
貞卿(見賀伯顏)
80 貞義處士(見鄭洧)
88 貞敏(見蕭㪺)
貞節先生(見蔣元)

2190_3紫

22 紫巖(見于石)
紫巖(見張浚)
紫巖先生(見周潤祖)
紫山(見胡祇遹)
28 紫微先生(見周潤祖)
44 紫芝(見趙師秀)
紫芝(見時紫之)
紫桂堂(見廖君玉)
46 紫帽山人(見方信孺)
76 紫陽(見朱熹)
紫陽(見楊奐)
紫陽先生(見楊奐)

2190_4柴

02 柴端義
益深家學 25/1721
07 柴望(仲山、秋堂、瑞萱堂)
程氏門人別 2/6268
10 柴一桂(靜德)
潛心續傳 25/1725
柴元亨(吉甫)
秋堂學侶別 2/6271
柴元彪(炳中、澤臞居士)
秋堂學侶別 2/6271
17 柴翼(鴻舉)
宋儒博考別 2/6247
21 柴衛(元忠、潛心)
逸平門人 25/1710
30 柴實翁
雙峯再傳 83/5015
31 柴禎
文康門人 99/6085
32 柴淵(益深)
逸平門人 * 25/1710
東萊門人 73/4224
紫微門人 36/2149
33 柴必勝
復齋門人 57/3279
50 柴中行(與之、獻肅、南溪先生)
晦翁私淑 79/4529
71 柴厓(張甫、梅庵)
魏氏門人 25/1714
74 柴隨亨(剛中、瞻岵居士)
秋堂學侶別 2/6270
95 柴性初(道存)

柴一桂子 25/1725

2191$_1$經

10 經一(見潘墀)
21 經行先生(見丁昌期)
　經師(見陳澔)
24 經德(見吴伯厚)
25 經仲(見胡權)
27 經歸先生(見陳澔)
30 經之(見潘墀)
71 經臣(見左綽)
　經臣(見車若綰)
80 經父(見孔文中)

2194$_6$綽

50 綽中(見謝譽)

2196$_0$緬

30 緬之(見王勉)

2196$_1$縉

10 縉雲郡公(見梁汝嘉)
　縉雲先生(見馮時行)
　縉雲伯(見胡深)
27 縉叔(見呂夏卿)

2198$_6$潁

00 潁齋(見周天驥)
25 潁仲(見祖世英)
27 潁叔(見高禾)
　潁叔(見王遂)
　潁叔(見蔣之奇)

2210$_8$豈

28 豈獻(見林磻)

2210$_8$豐

03 豐誼(叔賈、宜之)
　　象山學侶 58/3308
26 豐稷(相之、清敏)
　　王樓門人 19/1448
28 豐稌
　　豐氏續傳 58/3326
33 豐治
　　豐氏家學 19/1469
40 豐存芳(公茂)
　　豐氏續傳 19/1499
60 豐昌傳
　　豐稌子 58/3326
　豐國公(見忠鼎)

2220$_7$岑

22 岑嵓起
　　韓氏門人 19/1469
　岑山人(見岑安卿)
28 岑徵士(見岑安卿)

30 岑安卿(靜能、栲栳山人、岑山人、岑徵士)
庸庵講友 52/3076
岑良卿
戇庵門人 86/5182
87 岑翔龍(雲起)
岑氏先緒 86/5179

2221_2彪

50 彪夫子(見彪居正)
77 彪居正(德美、彪夫子)
五峯門人 42/2301

2221_4任

00 任亨祚
賈氏門人 91/5480
任序(本立)
環谷門人 * 83/5031
趙氏門人 92/5599
任唐徵
柳氏門人 9/958
任意
公默門人 4/571
任文薦(遠流)
王氏同調 8/872
14 任瑾
任氏門人 64/3573
17 任君謨
完顏璹師 8/881
18 任玠(溫如)
馮□師 * 10/1034
宋惟亮門人別 1/6155
22 任鼎
任原父 83/5030
25 任續(似之)
王氏門人別 2/6307
26 任伯(見謝克念)
任伯雨(德翁、忠敏)
任氏家學 99/6004
27 任象先
林氏講友 35/2100
30 任之(見謝與能)
任宗誼(仲宜)
忠肅門人 2/188
35 任清
葉氏門人 18/1384
任清叟
元受家學 99/6070
38 任道(見黃莘)
40 任士林(叔實)
莊節學侶 * 64/3560
朱學續傳 49/2879
任氏續傳 70/4037
任直翁
易氏家學別 2/6260
任希夷(伯起、宣獻、斯庵)

晦翁門人 69/3775
50 任申先
林氏講友 35/2100
任盡言(元受)
司戶家學 99/6052
任忠厚(正甫)
晦翁門人 69/3919
53 任甫(見李知仁)
57 任耜(子良)
任氏家學 64/3572
71 任原(本初)
環谷門人 * 83/5030
趙氏門人 92/5599
94 任慥
何耕師 78/4462
□任□
康節師承 9/951

2221$_4$崔

00 崔立(本之、葆光子)
柳氏門人 9/956
08 崔敦詩(大雅)
崔敦禮弟 40/2245
崔敦禮
忠定同調 40/2245
崔謙禮
王氏學侶別 1/6165
10 崔貢(廷碩、八行先生)
史氏同調 6/731
17 崔子方(崔子房、彥直、伯直、西疇居士)
東坡學侶 * 99/5985
涪翁學侶 19/1466
崔子房(見崔子方)
崔翼之(鵬舉)
朱學之餘 49/2899
18 崔璲
崔氏家學 79/4550
27 崔偓佺
崔頤正弟 2/138
30 崔憲
崔遵度叔父 3/267
崔憲(子真)
□□□□100/6099
38 崔遵度(堅白)
韋氏講友 3/267
44 崔若雨
澹庵門人 34/2038
崔若礪(公治)
崔若舟兄 34/2038
崔若舟
澹庵門人 34/2038
57 崔邦憲
陳規師 14/1228
60 崔昌符
武臣 96/5720

崔杲(晉之)
陵川門人 90/5429
66 崔貺(承之)
徂徠門人 2/175
71 崔陟(浚明)
又不在碑目者 96/5728
崔頤正
馮氏講友＊2/138
77 崔與之(正之、正子、菊坡、清獻、南海郡公)
攻媿講友＊79/4532
簡氏門人 71/4144
滄江學侶 72/4175
崔閑(玉澗道人)
東坡門人 99/6034
崔鶡(德符、婆娑)
又不在碑目者 96/5724
80 崔公孺(象之)
崔氏家學 10/1035
81 崔頌
宋儒博考別 1/6143
88 崔敏
柳氏門人 82/4920
叩崔□
敬齋門人 2/241
崔□
牧庵門人 90/5432

2222_1 鼎

12 鼎瑞(見黄雲)
22 鼎峯(見趙良鈞)
鼎山先生(見蔣康國)
71 鼎臣(見王鼎)
鼎臣(見敬鉉)
鼎臣(見劉遇)
77 鼎卿(見張鎮孫)
鼎卿(見楊甲)
80 鼎翁(見王炎午)

2222_7 嵩

22 嵩山景迂生(見晁説之)

2223_4 嶽

44 嶽英(見蕭許)

2224_7 後

22 後山先生(見陳師道)
後樂居士(見衛涇)
後樂堂(見衛涇)
26 後峴先生(見洪勛)
32 後溪(見劉光祖)
37 後湖(見蘇庠)
44 後村(見劉克莊)

2224_8 巖

25 巖仲(見方之泰)

44 巖老(見孫松壽)
47 巖起(見林拱辰)
巖起(見余良弼)
50 巖夫(見張宗説)
巖夫民伯(見李建中)
巖夫(見李建中)
71 鼎臣(見徐鉉)
72 巖隱(見方逢嘉)
77 巖叟(見何夢桂)
巖叟(見劉傅)

2225_3 幾

16 幾聖(見强至)
24 幾先(見黄預)
28 幾復(見黄介)
38 幾道(見張僅)
幾道(見潘思孟)
幾道(見胡瀟)
幾道(見趙師淵)
44 幾老(見林晞顔)
77 幾叟(見陳淵)

2226_4 循

60 循國公(見趙承慶)

2227_0 仙

77 仙居(見王柖)

2244_1 艇

00 艇齋(見曾季貍)

2260_1 峕

51 峕軒(見李心道)

2266_6 嵓

40 嵓南先生(見方鳳)

2277_0 山

00 山齋(見易祓)
26 山泉亭(見汪儀鳳)
山泉先生(見解蒙)
山泉先生(見汪儀鳳)
30 山房(見周南)
山房先生(見方逢振)
40 山南先生(見劉應龜)
44 山村(見仇遠)
53 山甫(見季仁壽)
山甫(見衛謙)
山甫(見秦仲)
山甫(見呂仁)
山甫(見劉漢儀)
77 山屋先生(見許月卿)
山民(見徐照)
80 山谷道人(見黄庭堅)
90 山堂(見鞏庭芝)

山堂先生（見章如愚）
山堂先生（見王介）
山堂先生（見陸煥之）

2277_0 幽

45 幽棲亭（見朱昂）

2279_3 繇

25 繇仲（見黄宙）

2290_0 利

20 利往（見嵇適）

2290_1 崇

08 崇謙（見袁喬）
12 崇烈（見李韍）
30 崇安伯（見蔡沈）
35 崇禮（見胡撙）
53 崇甫（見徐僑）
60 崇國公（見張九成）
崇國公（見李舜臣）
崇國公（見范成大）
崇國公（見趙不息）
崇國公（見歐陽觀）
80 崇公（見歐陽觀）
88 崇節廟（見泰不華）

2290_4 巢

47 巢穀（見巢谷）
50 巢中
巢谷父 99/5983
巢夫（見賈壤）
80 巢谷（巢穀、元修）
東坡講友 99/5983

2290_4 欒

00 欒齋（見張栻）
07 欒韶（成之、賡敬）
唐氏門人 73/4239
10 欒雷發（聲遠、雪磯）
毛氏家學別 2/6265
21 欒行先生（見楊祖識）
22 欒山（見卓得慶）
欒山樓（見馬光祖）
30 欒安（見孫時）
欒良（仲本、季本）
畏齋門人 ＊87/5200
陸學之餘 58/3328
34 欒洪（德秀、曲肱先生）
武夷門人 ＊34/2021
五峯門人 42/2303
38 欒道（見王莘）
欒道（見趙安仁）
44 欒菴先生（見李衡）
欒材（元修）
方舟門人 99/6073
50 欒忠恕

樂氏家學 34/2042
51 樂軒(見陳藻)
52 樂靜先生(見李昭玘)
樂靜堂(見李昭玘)
60 樂圃先生(見朱長文)
樂思忠(仲恕、祝融居士)
宋儒博考別 27/6247
80 樂全居士(見張方平)
樂翁(見王朝)
樂善先生(見郭絳)

2291_3 繼

10 繼可(見許嗣)
17 繼孟(見張肯)
24 繼先(見何榮祖)
繼先(見郝天挺)
繼先(見郝思直)
繼先(見劉述)
30 繼之(見張繼祖)
38 繼道(見黃祖舜)
繼道先生(見葉葵)
40 繼志(見王士點)
61 繼顯(見朱申)
71 繼臣(見陳堯龍)
77 繼學(見王士熙)
80 繼善(見李孝述)

2291_4 種

24 種德堂(見王□)
50 種春子(見劉學箕)

2293_8 崧

44 崧老(見許翰)

2299_4 綵

00 綵衣翁(見周洙)

2300_0 卜

02 卜端本
卜彊本弟 98/5906
11 卜彊本
陸氏門人 98/5906
28 卜復本
卜彊本弟 98/5906
99 卜憐吉台(見孛憐吉觧)

2320_2 參

25 參仲(見李繒)

2321_0 允

00 允文(見胡一中)
24 允升(見許驤)
允升(見朱升)
允升(見周奭)
37 允淑(見徐應龍)
允初(見陳宇)
40 允大(見胡一中)

允南(見馮山)
44 允恭(見張克讓)
50 允中(見夏煜)
允中(見羅惟一)
允夫(見程洵)
53 允成(見繆烈)

2323_4俟

00 俟庵先生(見李存)

2323_4獻

00 獻(見張載)
05 獻靖(見朱松)
10 獻可(見李賓)
獻可(見呂晦)
獻可(見鄭稑)
13 獻武(見張宏範)
30 獻之(見牟巘)
獻之(見曾穜)
50 獻肅(見王藺)
獻肅(見王思誠)
獻肅(見柴中行)
獻肅(見韓絳)
獻肅(見陳良翰)
獻夫(見鮑祖文)
53 獻甫(見牟巘)
88 獻簡(見孫逢吉)
獻簡(見傅堯俞)

2324_0代

32 代淵(仲顔、藴之、虚一子)
李氏門人＊10/1033
張氏門人 10/1034

2324_2傅

00 傅壅(仲珍)
傅氏家學 70/3977
傅立(權甫、文懿、初庵先生)
祝氏續傳 78/4491
傅立(伯禮)
傅氏先緒 7/775
傅亨
黄氏門人 70/4071
03 傅誠(至叔)
晦翁門人 69/3831
10 傅瑭
傅修子 69/3886
傅雱
梁溪同調 25/1687
傅霖
張氏講友 9/923
11 傅珏(寳臣)
傅氏先緒 7/774
14 傅瑾(公寳)
儀同師承 6/681
17 傅豫(見傅常)

傅子雲(季魯、琴山)
象山門人 77/4408
傅子淵
邵學之餘 10/1085
傅子野
曾潭家學 77/4434
傅翼(翼之、甘圃)
盱江門人 3/417
18 傅致柔(守剛)
淵疑門人 56/3265
20 傅維清
吴士亨師 51/3022
21 傅師(見孫覺)
傅貞
黄氏門人 70/4071
22 傅嵩
傅疑遠父別 1/6200
傅巖(見王□)
傅崧之(宗山、平齋先生)
達觀同調別 2/6287
傅崧卿(子駿)
陳氏家學別 1/6202
23 傅代言
盱江講友 3/388
26 傅自得(安道)
文肅門人＊1/89
傅氏家學 8/862
傅伯壽(景仁)
晦翁門人＊69/3938
傅氏家學 1/92
傅伯成(景初、竹隱居士、忠簡)
晦翁門人＊69/3772
傅氏家學 1/92
傅伯原
鐵崖門人 52/3076
傅和父
曾潭家學 77/4434
27 傅修(子期)
晦翁門人 69/3885
28 傅似
白雲門人＊82/4911
傅氏續傳 60/3392
30 傅淳(伯厚、退密先生、退密室)
傅時子 12/1184
傅定(敬子)
杏溪家學 60/3390
傅定保(見傅古直)
傅寅(同叔、杏溪先生、杏村先生)
說齋門人 60/3388
傅實之(莊父、南齋先生)
毛氏家學別 2/6262
傅察(公時、忠肅)
傅氏家學 8/862
32 傅澄
尤彬門人 69/3942

37 傅凝
傅珏祖 7/774
傅凝遠(凝遠)
唐氏家學別 1/6200
40 傅大原
杏溪家學 60/3390
傅才孺
明道所傳 14/1213
傅堯俞(欽之、獻簡)
涑水同調 8/850
傅志行
陳雅言師 49/2921
傅古直(定保、古直先生)
陳氏師承 92/5554
42 傅斯正
琴山續傳 *77/4451
淵穎講友 56/3255
44 傅芷(升可)
杏溪門人 60/3391
傅藻(伯長)
黄氏門人 70/4069
傅夢泉(子淵、若水、曾潭先生)
象山門人 *77/4407
止齋講友 53/3109
傅夢得
傅修子 69/3885
傅夢與
傅修子 69/3885
傅蒙(景初)
艾軒門人 47/2588
傅耆(伯成/伯壽)
濂溪講友 *12/1151
又不在碑目者 96/5724
傅若金
文白門人 59/3356
傅世隆
傅珏父 7/774
46 傅如川
東萊門人 73/4220
傅如松
東萊門人 73/4220
傅恕(如心)
春草同調 93/5620
傅楫(元通)
古靈門人 5/624
60 傅思進
傅珏曾祖 7/774
64 傅時(傅時偕)
周學之餘 12/1184
傅時偕(見傅時)
67 傅野(亨甫)
盱江門人 3/417
76 傅陽鳳(陽鳳)
吴辰之師 83/5022
77 傅朋(見王肖翁)
80 傅公弼(夢良)

晦翁門人 69/3925
88 傅箕(拱辰)
包氏門人 92/5590
90 傅光(用之)
傅氏續傳 12/1166
傅肖説(商佐)
文貞師承 70/4009
傅常(傅豫、明孺)
陸氏講友 98/5897
叩傅□
傅氏續傳 70/4004

2324_7俊

24 俊德(見汪自明)
25 俊仲(見戴厚)
26 俊伯(見游子賢)
44 俊華(見王俊華)
67 俊明(見李昴英)
77 俊卿(見童偉)
俊卿(見章如愚)
俊卿(見王德明)
80 俊翁(見何景文)

2325_0臧

12 臧廷鳳(梧岡先生)
周學之餘 12/1183
44 臧夢解(魯山大夫、魯山先生)
王氏學侶別 3/6326
47 臧格(正子)
壽張學侶 74/4284

2325_0戲

22 戲綵堂(見趙屼)

2333_3然

38 然道(見趙師雍)

2344_0弁

76 弁陽老人(見周密)
弁陽嘯翁(見周密)

2350_0牟

00 牟應龍(成父、隆山、伯成、伯成父)
陵陽家學 80/4617
03 牟誠甫(伯愚)
陵陽家學 80/4617
10 牟天與
牟大昌從子 88/5240
13 牟瓛(見牟巘)
17 牟子才(存叟、存叟、節叟、存齋、清忠、靖惠)
鶴山門人 * 80/4596
牟氏門人 72/4182
虞氏門人 72/4182
浩齋門人 72/4182

23 牟献(見牟巘)
牟巘(牟瓛、牟獻、獻甫、獻之、陵陽先生)
存齋家學 80/4611
30 牟完(元亮、惺惺主人)
牟氏家學 82/4952
39 牟濴(叔清)
明道之餘 14/1229
40 牟大昌(逢明、北藜)
文山同調 88/5240
41 牟楷(仲裴、九溪、靜正先生)
魯齋續傳 * 82/4892
謝氏續傳 67/3677
44 牟若畯(子南、南軒)
己齋門人 * 82/4930
牟氏家學 82/4952
牟桂
文節門人 30/1879
92 牟忻(伯廣)
牟桂父 30/1879
97 牟灼
李占門人 99/6070
吅牟□
孫氏門人 70/4093
牟□
孫氏門人 70/4093

2355_0 我

51 我軒(見何謙)

2360_0 台

88 台符(見商琥)

2393_2 稼

44 稼村(見王義山)
稼村先生(見王義山)
51 稼軒(見辛棄疾)

2396_1 縮

00 縮齋(見高稼)
51 縮軒(見陳規)

2397_2 嵇

13 嵇琬(大珪)3/
嵇氏續傳 * 3/432
21 嵇穎(公實)
嵇氏家學 3/335
30 嵇適(利往)
戚氏門人 3/281

2420_0 斛

22 斛峯(見李伯玉)

2421_0 化

01 化龍齋(見徐子鄧)

2421_0 仕

52 仕挺(見翁挺)

2421_0壯

21 壯行(見薛魁祥)
77 壯輿(見劉羲仲)
88 壯節(見韓性)

2421_1先

17 先已(見孔治)
21 先儒司馬子(見司馬光)
先儒陸子(見陸九淵)
先儒邵子(見邵雍)
先儒朱子(見朱熹)
先儒程子(見程顥)
先儒程子(見程頤)
先儒范子(見范仲淹)
先儒胡子(見胡瑗)
先儒周子(見周敦頤)
先儒歐陽子(見歐陽修)
30 先之(見吴之巽)
先之(見李朴)
先之(見萬庚)
先之(見黄卓)
先之(見劉牧)

2421_1佐

77 佐卿(見趙善佐)

2421_7仇

34 仇遠(近仁、山村)
張氏師承 93/5612

2422_7備

44 備萬(見朱善)

2423_1德

00 德充(見尹焞)
德充(見杜廣心)
德亮(見趙采)
德齋(見伯行)
德方(見李直方)
德庸(見張存中)
德應(見陳櫜)
德廣(見趙善譽)
德文(見舒棫)
德章(見滕珙)
德言(見林峕)
德言(見鄭佋)
德廣(見孫溥)
02 德彰(見舒揚)
德新(見趙雋)
德新(見余芑舒)
03 德誼(見郭欽止)
08 德謙(見宋德謙)
09 德麟(見趙令畤)
10 德正(見江友直)
德元(見郭友仁)
德元(見何體仁)

德元(見呂稽中)
德平(見袁裒)
德霖(見劉滂)
11 德孺(見范純粹)
德孺(見歐陽懋)
14 德功(江默)
18 德瑜(見蕭洵)
德珍(見馬道貫)
20 德秀(見鞏庭芝)
德秀(見樂洪)
德秀(見李僑)
21 德順(方德順)
德仁(見吴瑛)
德行(見趙與旹)
22 德稱(見鄧驥)
德稱(見邵驥)
德稱(見杜希中)
德稱(見劉嘉譽)
23 德俊(見林仁澤)
24 德先(見陳炳)
25 德仲(見汪之林)
27 德修(見王時敏)
德修(見甄克敏)
德修(見劉光祖)
德修(見陳天瑞)
德久(見鄒柄)
德久(見潘檉)
德久(見林至)
30 德濟(見宇文師獻)
德進(見趙俊)
德進(見趙晙)
德之(見徐大正)
德之(見蒲道源)
德容(見黄大受)
德容(見陳績)
德良(見王公穀)
31 德源(見劉涓)
德源(見鄭清之)
32 德淵(見楊溥)
德淵(見趙與篙)
34 德遠(見張浚)
德遠(見吴沆)
德遠(見李浩)
德遠(見木天駿)
德遠(見黄績)
37 德潤(見方大琮)
德潤(見王樫)
德祖(見林慮)
德初(見施元之)
德深(見張漢)
41 德炳(見黄謙)
42 德機(見范梈)
德機(見聞人樞)
43 德栽(見鄧泳)
德載(見何天聲)
44 德基(見郭陛)

德基(見吴履)
德基(見王構)
德藻(見黄瑀)
德莊(見趙彦端)
德芳(見邱桂子)
德茂(見郭樌)
德老(見薛徽言)
德萬(見劉人傑)
德華(見游掞)
德華(見柯大春)
德華(見劉元迪)
德英(見項充)
德林(見胡埜)
46 德覿(見舒黻)
47 德穀(見吴瑴)
50 德夫(見王璘)
德夫(見魏新之)
德夫(見吴獵)
德夫(見徐鹿卿)
德夫(見求仲弓)
德夫(見楊忱中)
德夫(見胡一桂)
德中(見倪中孚)
德申(見黄惟直)
德惠(見林叔豹)
德素(見李亮工)
53 德輔(見汪克寬)
德威(見湯德威)
德甫(見王象祖)
德甫(見鄧璋)
德甫(見宋自達)
德甫(見戴日宣)
德甫(見蘇思恭)
德甫(見陸震發)
德甫(見陳萬里)
56 德操(見徐定)
德操(見饒節)
60 德昌(見戴順)
德昂(見章元崇)
61 德顯(見鄒雯)
67 德明(見唐人鑑)
德明(見元德明)
德明(見朱暉)
德明(見吕炎)
德明(見陳顯)
德明(見歐陽澈)
德明(見舒黼)
德暉(見王朝)
德瞻(見喬拱)
德昭(見侯晉升)
德昭(見吕燾)
德昭(見周珩)
71 德厚(見上官粹中)
德厚(見何普)
德厚莊(見婁建)
德臣(見徐中行)

72 德剛(見婁南良)

76 德陽(見林德暘)

77 德用(見韓思恭)

德卿(見孟祺)

德卿(見趙世崇)

德卿(見秦玉)

德卿(見周昂)

80 德翁(見任伯雨)

德父(見洪民師)

德父(見趙景緯)

德美(見彪居正)

德美(見黃卓)

德普(見吳浚)

81 德頌(見林駉)

88 德符(見崔鶠)

90 德常(見薛恒)

德粹(見滕璘)

97 德鄰(見黃里)

德輝(見顧潤)

德輝(見胡珵)

德輝(見景星)

2424_1 侍

44 侍其沔(國紀)

陳氏家學別 1/6175

55 侍其軸

附傳 90/5318

2424_1 待

77 待問(見蘇總龜)

2425_6 偉

50 偉夫(見孫之宏)

67 偉明(見劉弇)

71 偉長(見杜杞)

2426_0 佑

10 佑元(見徐淮)

2426_0 儲

21 儲能謙(有大、樗巢室)

王氏學侶別 3/6328

60 儲國秀(材文、理所先生)

毛氏家學別 2/6265

90 儲惟仁

儲能謙子別 3/6328

儲惟德

儲能謙子別 3/6328

儲惟志

儲能謙子別 3/6328

儲惟賢

儲能謙子別 3/6328

2426_1 牆

50 牆東先生(見陸文圭)

2426_5僖

88 僖簡(見許宬)
　僖簡(見莊徽)

2428_1徒

66 徒單按出(見徒單鎰)
　徒單公履(雲甫、顒軒)
　　莊靖講友 78/4485
　徒單鎰(徒單按出、廣平郡王)
　　元儒博考別 3/6320

2429_0休

00 休亭(見蕭公餉)
　休齋居士(見陳知柔)

2440_0升

10 升可(見傅芷)
26 升伯(見湯千)
　升伯(見劉黻)
30 升之(見龍崇)
　升之(賈士彥)
　升之(見史詔)
47 升朝(見朱明善)

2441_2勉

00 勉齋(見黄榦)
　勉齋(見陳潤)
25 勉仲(見李從禮)
　勉仲(見黄裳)
30 勉之(見游九功)
50 勉夫(見王楙)

2454_1特

00 特立(見鄭松)

2471_4巏

22 巏山先生(見陳煥)

2472_7幼

00 幼度(見許儉)
　幼度(見曾丰)
04 幼謨(見趙昌言)
10 幼元(見范成大)
27 幼槃(見謝薖)
30 幼安(見辛棄疾)
　幼安(見夏友蘭)
35 幼清(見吴澄)
38 幼海(見汪瀚)
40 幼才(見郭叔誼)
46 幼觀(見王過)
77 幼學(見徐必茂)
90 幼光(見唐如晦)

2472_7帥

37 帥初(見戴表元)

2474_7岐

00 岐亭(見陳慥)
60 岐國公(見王珪)

2492_1綺

22 綺川(見倪稱)
26 綺伯(見林簡)

2492_7納

00 納齋(見陳樫)
51 納軒(見姚應鳳)

2498_6續

40 續古(見吴似孫)
續古(見翁卷)

2500_0牛

00 牛諒(士良、尚友堂)
鮑氏講友 92/5554
60 牛思純
牛氏家學＊10/1076
濂溪私淑 12/1164

2510_0生

50 生春(見解谷)

2520_6仲

00 仲方(見吴琮)
仲方(見劉濬)
仲高(見杜旟)
仲高(見劉嶠)
仲高(見劉述)
仲庸(見黄中)
仲文(見張炳)
仲文(見朱質)
仲文(見吴彬)
仲文(見韓綜)
仲章(見貢奎)
仲章(見薛紱)
仲章(見楊芾)
仲章(見陳元龍)
仲辨(見鄭濟)
仲言(見王明清)
仲言(見季銓)
仲言(見戚綸)
01 仲顔(見代淵)
02 仲端(見朱垕)
03 仲誠(見彭鉉)
仲誠(見姚愨)
04 仲訥(樸翁)
王氏學侶別 1/6165
仲謨(見梁汝嘉)
仲詩(見吴誠若)
仲詩(見吴厚若)
仲謀(見梁汝嘉)
仲謀(見葉大顯)

仲謀(見王嘉言)
仲謀(見王惲)
07 仲詢(見李諮)
08 仲謙(見張文謙)
仲謙(見劉撝)
10 仲一(見沈體仁)
仲正(見解蒙)
仲正(見黃叔雅)
仲正(見羅文節)
仲玉(見黃振龍)
仲至(見鞏豐)
仲至(見留正)
仲元(見王遵古)
仲元(見程斗)
仲元(見劉元)
仲元(見饒魯)
仲平(見許衡)
仲平(見种世衡)
仲平(見李嘉量)
仲平(見蔡權)
仲更(見劉羲叟)
仲石(見晁公慶)
仲石(見陳巖)
仲雲(見俞漢)
11 仲玭(見吴玭)
仲珩(見宋璲)
仲碩(見潘安固)
仲裴(見牟楷)
13 仲武(賈文備)
16 仲理(見趙密)
17 仲羽(見李翼)
仲承(見李槃)
18 仲珍(見傅壅)
仲珍(見馬瑩)
20 仲信(見王廉清)
仲信(見李垕)
仲孚(見鮑恂)
仲孚(見陳志崇)
仲秉(見李儒用)
21 仲止(見韓淲)
仲仁(見高榮)
仲能(見程徐)
仲能(見湯巾)
仲能(見陳增)
仲偃(見劉韐)
仲虎(見蘇符)
仲虎(見胡炳文)
仲熊(見丁錟)
仲衡(見宋璲)
仲貞(見董鎮)
仲經(見張澄)
仲縉(見王紳)
22 仲制(見章節夫)
仲幾(見鄭深)
仲山(見許安仁)
仲山(見賈林)

仲山(見柴望)
仲山(見朱仙)
仲山(見林岊)
23 仲俊(見歐陽應求)
24 仲先(見郭用孚)
仲先(見魏野)
仲先(見蘇序)
仲德(見趙琬)
仲德(見鄭濂)
仲升(見張潛)
仲勉(見余安行)
25 仲純(見張理)
仲純(見歐陽奕)
仲傑(見張宏略)
仲積(見戴士垚)
26 仲和(見張元禮)
仲和(見范鍾)
27 仲修(見趙孝孫)
仲修(見呂汲)
仲修(見劉永之)
仲躬(見曾逮)
仲象(見李育)
仲阜(見余宗旦)
仲彝(見樓序)
仲魯(見汪仲魯)
仲紀(見李綱)
28 仲倫(見李序)
仲復(見滕塛)
仲儀(見王應鳳)
仲儀(見王素)
仲齡(見楚椿)
30 仲宜(見任宗誼)
仲濂(見石光霽)
仲寬(見劉容)
仲永(見李椿年)
仲宏(見倪士毅)
仲宏(見江寓)
仲宏(見李唐)
仲宏(見楊載)
仲宏(見國之綱)
仲容(見祝嶠)
仲容(見丁復)
仲容(見汪度)
仲容(見汪澥)
仲容(見李公凱)
仲良(見傅康)
仲賓(見歐陽觀)
仲實(見唐仲實)
仲實(見張模)
仲實(見張公秀)
仲實(見宗誠)
仲實(見李彥華)
仲實(見李德輝)
仲實(見李夢登)
仲實(見呂思誠)
仲實(見曾穎茂)

仲實(見鄭鼎新)
仲宗(見張元幹)
仲宗(見鄭洧)
31 仲迂(見吴迂)
仲潛(見王煔)
仲潛(見孫應符)
仲潛(見宋剛仲)
仲潛(見鄭泳)
32 仲淵(見胡深)
33 仲梁(見杜仁傑)
34 仲遠(見高得全)
仲遠(見蔣猷)
仲遠(見楊敦仁)
仲遠(見義太初)
仲達(見王逵)
仲達(見戴侗)
仲達(見董穎)
35 仲清(黄得一)
仲清(見劉渭)
仲禮(見滕安上)
仲禮(見鄭仲禮)
仲連(見胡嶧)
36 仲溫(見高珉)
仲暹(見唐光祖)
仲澤(見馬潤)
37 仲涵(見鄭淵)
仲深(見倪淵)
仲通(見郭逵)
仲通(見賈蕃)
仲通(見張洞)
仲通(見李敏之)
仲通(見古革)
仲通(見劉航)
仲退(見方恬)
仲邃父(見劉敞)
38 仲塗(見柳開)
仲滋(見蘇籀)
仲祥(見徐天麟)
仲祥(見劉祥)
仲裕(見汪克寬)
仲裕(見吕公綽)
40 仲圭(見齊琦)
仲圭(見葉采)
仲直(見謝枋得)
仲培(見戴埴)
仲才(見周馳)
仲友(見單仲友)
仲嘉(見汪大猷)
仲古(見周淳中)
44 仲莊(見沈倜)
仲芳(見王桂)
仲芳(見程植)
仲蒙(見李育)
仲蒙(見芮煜)
仲慕(見黄梓)
仲恭(見吴謙)

仲恭(見彭欽)
仲恭(見林文珙)
仲華(見姚君實)
仲權(見李巽)
仲權(見申屠衡)
46 仲恕(見樂思忠)
仲韞(見何瑋)
48 仲敬(見梁臨)
仲敬(見彭欽)
仲敬(見趙思恭)
仲敬(見申屠澂)
50 仲申(見胡翰)
仲車(見徐積)
仲本(見樂良)
仲本(見程植)
仲本(見戚維)
仲素(見羅從彦)
53 仲咸(見戚崇僧)
仲甫(見譙仲午)
54 仲持(見鄭湜)
56 仲規(見唐輪)
仲揚(見張翥)
仲操(見陳耿)
60 仲易(見虞剛簡)
仲思(見楊道夫)
仲愚(見張師愚)
仲愚(見劉希賢)
仲昂(見陳昂)
62 仲則(見劉槃)
63 仲默(見蔡沈)
64 仲疇(見張宏範)
67 仲明(見許炳)
仲明(見賈居貞)
仲明(見張著)
仲明(見李覺)
仲明(見陳顥)
仲明(見金永)
仲暉(見樓炤)
仲昭(見麋弇)
仲昭(見黄宿)
68 仲晦(見郭忠孝)
仲晦(見藍光)
仲晦(見朱熹)
仲晦(見劉秉忠)
70 仲璧(見程珙)
71 仲長(見袁泰)
72 仲質(見郭份)
77 仲堅(見梁固)
仲覺(見蔡模)
仲同(見鞏嶸)
仲舉(見張翥)
仲舉(見李伯鈞)
仲問(見鞏嶸)
仲卿(見孫堪)
仲卿(見曾槐)
仲巽(見曾翰)

仲興（見蒲遠猶）
仲賢（見王荀龍）
仲賢（見梁適）
仲賢（見鄭文寶）
80 仲益（見孫覿）
仲父（見李維正）
仲父（見陳次公）
仲并（彌性）
□□□□44/2372
仲谷（見吴定翁）
仲公（見李存）
83 仲猷（見楊徽之）
87 仲舒（見鄭濤）
88 仲簡（畏之）
文公門人 6/680
仲符（見王仲符）
仲敏（見宋訥）
仲節（見蔡杭）
90 仲常（見高憲）
仲常（見王思廉）
仲常（見王恒）
仲常（見虞槃）
仲常（見柯述）
仲常（見郝彝）
仲常（見曾忞）
91 仲恒（見周鼎）

2520_6 伸

38 伸遵（見蔡紳）

2522_7 佛

30 佛家奴
武氏門人 92/5573

2522_7 倩

10 倩玉（見劉瑜）

2523_0 佚

44 佚老園（見梁彦通）

2524_3 傳

00 傳齋（見史守道）
10 傳正（見吴安詩）
傳正（見舒琬）
21 傳師（見張誨）
傳師（見孫覽）
30 傳之（見程先）
傳之（見劉學裘）
38 傳道（見章傳）
傳道（見韓宗師）
傳道（見曾貫）
63 傳貽先生（見輔廣）

2529_3 傺

30 傺室（見諸葛説）

2560_1 眚

80 眚翁（見蘇庠）

2590_0朱

00 朱彥

朱氏家學 4/581

朱應五(雪澗)

朱隱老伯父 49/2928

朱應元(見則)

朱氏家學 75/4359

朱應祥(碧泉)

朱隱老伯父 49/2928

朱應辰(文奎)

鐵崖門人 52/3073

朱應岳(洞雲處士)

朱隱老父 49/2928

朱應焱(月澗)

朱隱老伯父 49/2928

朱廉(朱世濂、朱濂)

黄氏門人 * 70/4068

鹿皮門人 70/4084

時甫門人 70/4088

胡氏門人 70/4089

朱氏家學 82/4960

朱賡(師言、少裴)

艾軒門人 47/2588

朱文(悅道)

華川門人 70/4086

朱文霆(原道、葵山先生)

朱學之餘 49/2916

朱褒

朱氏家學 4/582

朱襄

朱氏家學 4/582

朱京

朱氏家學 4/582

02 朱端章

錢聞詩附 49/2851

04 朱塾(受之)

晦翁家學 * 49/2833

歐陽門人 43/2332

持齋門人 70/3991

克齋門人 70/3999

潘氏門人 73/4235

朱誥(少揚)

程氏門人别 2/6267

08 朱敦孺(希真)

莊簡同調 20/1519

朱說(見范仲淹)

10 朱雪(元白、清脩先生、孝思巖)

陳氏門人别 3/6375

朱元龍(景雲、冠之、厲志先生、勵志先生)

徐氏門人 70/3970

朱元瑜(朱虎、忠甫、伯虎)

象山門人 77/4425

朱元德(東堂、適意亭)

徐氏門人 70/3972

朱元夫
朱氏學侶 78/4478
朱元昇(日華、水簷)
邵學之餘＊78/4463
長民續傳 2/206
朱氏家學 53/3140
朱震(子發、文定、漢上先生)
上蔡門人＊37/2161
百源私淑 10/1076
侯氏所傳 30/1858
忠簡同調 44/2349
朱震亨(彥修、丹溪先生)
白雲門人 82/4900
朱夏(元會、好謙)
草廬門人 92/5537
朱可傳
朱氏家學 83/5016
12 朱飛卿(飛卿)
晦翁門人 69/3883
13 朱戩
陸氏門人 98/5905
17 朱翌(新仲、省事老人、灊山)
景迂門人 98/5904
朱氏家學 99/6047
20 朱季牟
綱山門人＊47/2594
朱氏家學 47/2601
朱維嘉
明所門人 83/5027
21 朱仁卿
道園門人 92/5578
朱虎(見朱元瑜)
朱處仁(表臣)
蘇氏門人 10/1031
朱倬(孟章)
朱學之餘 49/2911
朱師服
別附 96/5708
22 朱仙(仲山)
方氏門人 56/3254
23 朱弁(少章)
景迂門人 22/1580
24 朱升(允升、楓林)
定宇門人＊70/4079
資中門人 92/5573
朱幼學
厲志家學 70/4011
25 朱仲秬
綱山門人＊47/2594
朱氏家學 47/2601
朱仲桓
華川門人 70/4085
26 朱伯清(見朱清)
朱伯樞
綱山門人＊47/2594
朱氏家學 47/2600

27 朱魯叔
靜春門人＊59/3346
晦翁門人 49/2841
朱約齋(見朱□)
朱叔櫶
綱山門人＊47/2594
朱氏家學 47/2601
朱叔騏(遯山)
東堂家學＊70/4012
澹齋門人 70/4010
28 朱復亨
朱氏家學 92/5587
朱從道
高平門人 3/38
30 朱滱
晦翁門人 69/3936
朱濂(見朱廉)
朱準
綱山門人 47/2595
朱定
陳氏門人 2/168
朱定
伊川門人 30/1856
朱寀
王氏學侶別 1/6165
朱寀
高平門人 3/384
31 朱沅(叔元)
晦翁門人 69/3930
朱溉
晦翁門人 69/3930
32 朱沂(泳道)
晦翁家學 49/2838
朱近禮
朱學之餘 49/2915
33 朱浚(深源)
晦翁家學 49/2838
朱黼(文昭)
止齋門人 53/3132
35 朱清(朱伯清、元之、東山先生)
施氏門人 70/4036
朱禮悌
道園門人 92/5579
36 朱涓
晦翁門人 69/3930
37 朱洞
湖湘之先 6/675
朱渙(約齋、約山)
文山師承 88/5213
朱祖義(子由)
九峯續傳 67/3677
40 朱垚(子厚)
陳氏家學別 3/6379
朱在(敬之、叔敬、泰兒)
晦翁家學＊49/2836
歐陽門人 43/2332

大愚門人 51/3018
持齋門人 70/3991
克齋門人 70/3999
朱克家
象山門人 77/4424
朱有聞(子益)
東萊同調 51/3011
朱熹(元晦、仲晦、晦翁、晦庵、雲谷老人、遯翁、文、信國公、徽國公、齊國公、先儒朱子、考亭、紫陽、滄洲病叟)
延平門人 * 48/2633
廬陵續傳 4/587
古靈續傳 5/636
涑水私淑 8/870
百源續傳 10/1083
濂溪續傳 12/1167
明道續傳 14/1215
伊川續傳 16/1300
横渠續傳 18/1378
上蔡續傳 24/1615
沙隨學侶 25/1701
龜山續傳 25/1708
五峯私淑 42/2303
楊氏門人 43/2330
誠齋同調 44/2410
夾漈同調 46/2548
艮齋講友 52/3044
止齋講友 53/3109
水心講友 55/3165
龍川講友 56/3227
梭山講友 57/3276
復齋講友 57/3277
象山講友 58/3306
靜春講友 59/3338
朱右(伯賢、序賢、白雲)
陳氏門人 * 82/4947
九峯續傳 67/3677
李氏門人 82/4950
朱森
朱氏先緒 39/2187
41 朱柯(拱之)
朱氏續傳 49/2924
42 朱彬
朱氏續傳 49/2924
43 朱載上
東坡門人 99/6034
涪翁門人 19/1482
44 朱協
朱昂弟別 1/6145
朱埜(文之)
晦翁家學 * 49/2836
歐陽門人 43/2332
持齋門人 70/3991
克齋門人 70/3999
朱芹

溪堂門人 23/1601
朱芾
鐵崖門人 52/3068
朱蒙正
白雲門人 82/4913
朱茂遠
蔣氏門人 82/4962
朱萬齡(壽之)
莊靖講友 78/4486
朱世濂(見朱廉)
朱世沅
朱氏家學 82/4961
朱權(聖與)
宋儒博考別 2/6241
朱模
余氏門人 64/3577
朱林
朱氏續傳 49/2924
45 朱椿
朱氏續傳 49/2923
46 朱坦
可堂門人 * 83/5013
教授門人 83/5017
登庸門人 89/5297
朱棹
朱森子 39/2187
48 朱松(喬年、獻靖、清獻、韋齋先生)
羅氏門人 * 39/2192
文肅門人 1/89
明道私淑 14/1213
景迂私淑 22/1582
沮和議者 96/5736
50 朱中
濂溪續傳 12/1177
朱申(南伯)
陸氏同調 3/439
朱申(周翰、繼顯、魯齋)
晦翁私淑 49/2857
朱本(致真)
周學之餘 12/1181
朱本(致其)
邵學之餘 10/1088
51 朱振
陳氏家學別 1/6211
53 朱軾(器之)
南豐門人 4/566
56 朱擇善
絜齋門人 75/4355
60 朱昻(舉之、退叟、靜裕先生、正裕、小萬卷、知止亭、幽棲亭)
宋儒博考別 1/6145
朱晏(平仲)
倪氏門人 70/4091
61 朱顯道
瑞庵門人 90/5442

67 朱明普(升朝、止善)
朱坦大父 83/5013
朱暉(德明)
緣督門人 78/4499
朱嗣壽(得仁、鞠隱、鞠隱先生、東園)
紫巖講友 82/4929
71 朱巨觀
完顔璹師 8/881
朱長文(伯原、樂圃先生)
泰山門人 *2/154
安定門人 1/53
明道同調 14/1211
72 朱屋(仲端)
朱氏續傳 49/2924
朱彤(玲瓏山)
朱氏家學 1/71
朱隱老(子方、灊山先生、灊峯、潛山)
涂氏門人 *49/2928
邵學之餘 10/1088
横渠之餘 18/1382
江村門人 99/6085
朱質(仲文)
東萊門人 *73/4200
葉氏門人 73/4229
77 朱同(大同)
朱氏家學 70/4091
朱同善(聖與)
白雲門人 *82/4906
東堂家學 70/4013
朱巽亨
白雲門人 82/4913
78 朱臨(正夫)
安定門人 1/51
80 朱善(朱善繼、備萬、一齋、文恪)
朱氏家學 49/2934
朱善繼(見朱善)
朱公遷(克升、明所先生、高明之所)
朱氏家學 *83/5015
準軒門人 83/5008
81 朱鉅
晦翁家學 *49/2838
勉齋門人 63/3515
86 朱知常(久道、此山)
87 朱鈞
晦翁家學 *49/2838
勉齋門人 63/3516
88 朱鑑(子明)
晦翁家學 *49/2837
綱齋門人 70/3988
朱鐩
玩齋門人 92/5585
90 朱少雲(吉作)
王氏門人 44/2445

朱光庭(公遠)
二程門人 30/1833
91 朱炳
徐鹿卿師 40/2254
94 朱煒(君美)
朱氏續傳 49/2924
98 朱恮
薛氏門人 2/184
□朱□
晦翁家學 49/2833
朱□
徐氏門人 70/3972
朱□(約齋)
宋氏先緒 82/4886
朱□(充履)
朱氏家學 83/5016

2590_6种

04 种詁(种古)
种世衡子 9/928
08 种放(明逸、雲溪)
陳氏門人 9/906
21 种師道(种師極、彝叔、忠憲、老种)
横渠門人＊31/1901
种氏家學 9/930
餘官 96/5714
种師極(見种師道)
40 种古(見种詁)
44 种世衡(仲平)
种氏家學 9/928

2591_7純

24 純德先生(見郭隍)
25 純仲(見舒銑)
30 純之(見范機)
純宗(見黄丙炎)
40 純古先生(見羅善同)
44 純菴(見周可象)
純孝先生(見范祖幹)
純老(見曹粹中)
53 純甫(見應純之)
純甫(見李純甫)
純甫(見李伯玉)
純甫(見暢師文)
純甫(見鄭壚)
80 純父(見程其孚)
純公(見程顥)
純父(見劉涇)
88 純節先生(見宇文公諒)
純節先生(見胡長孺)

2598_6績

00 積齋(見程端學)
30 績之(見宋之源)
50 績中(見何英)

2599_6綀

28 綀繪（質夫）
二程門人＊30/1835
明道門人 14/1212
32 綀溪先生（見李儒用）
40 綀塘（見洪興祖）
綀來（見綀耒）
50 綀耒（綀來、彥本）
陳氏講友別 2/6294

2600_0白

00 白鹿生（見楊恒）
白齋先生（見胡安之）
10 白天祿（頤樂先生、頤樂堂）
白氏先緒 90/5346
白石（見蔡和）
白石（見錢文子）
白石先生（見張德運）
白石先生（見劉養浩）
白石先生（見錢文子）
白雲（見朱右）
白雲子（見楊作）
白雲先生（見唐仲實）
白雲先生（見郭雍）
白雲先生（見許謙）
白雲先生（見張俞）
白雲先生（見吳淵）
白雲先生（見陳摶）
白雲先生（見金安道）
白雲漫士（見陶煜）
12 白珽（廷玉、湛淵、棲霞山人）
鄧氏同調 82/4891
白水（見劉勉之）
25 白牛居士（見陳舜俞）
白牛鎮（見陳舜俞）
32 白淵別
白賁孫別 3/6323
40 白賁（決壽老）
王氏學侶別 3/6323
45 白楝（彥隆）
魯齋門人 90/5392
47 白欄居士（見王士元）
60 白景亮（明甫）
張氏講友別 3/6355
97 白恪（敬甫、竹梧）
遺山門人 14/1237
吅白□
程思廉師別 3/6330

2600_0自

00 自亨（見史泳）
自齋（見史彌忠）
02 自新（見陳盤）
08 自謙（見劉光）
自謙（見舒慕）

23 自然(見夏希賢)
自然先生(見夏希賢)
26 自得(見應傃)
27 自修(見李治)
自修(見陳枅)
46 自觀先生(見王幼孫)
67 自明(見杜炤)
自明(見鄭鑑)
自明軒(見方敏中)
自昭(見涂濳生)

2610_4皇

53 皇甫斌(文仲)
武臣 97/5747
皇甫瓌
方舟門人 99/6075
皇甫壬仲
方舟門人 99/6076
皇甫壬叔
方舟門人 99/6076
皇甫仲卿
方舟門人 99/6076
皇甫泌
長民所傳 2/179
皇甫巽
劉氏門人 91/5470

2620_0伯

00 伯充(見呂或)
伯高(見李棟)
伯高(見韓鏞)
伯高(見劉崧)
伯高(見陳垚)
伯庸(見王堯臣)
伯庸(見王格)
伯庸(見張存中)
伯庸(見孫惟中)
伯庸(見黄疇若)
伯庸(見權秉忠)
伯庸(見馬祖常)
伯康(見司馬旦)
伯康(見蔣大同)
伯文(見程樗)
伯度(見唐轅)
伯度(見戴機)
伯廣(見張垓)
伯廣(見牟忻)
伯章(見何煥文)
伯章(見吳程)
伯章(見陸煥之)
伯言(見鄧雅)
01 伯龍(見郭友直)
伯龍(見潘慈明)
伯顏(見賀伯顏)
03 伯誠(見張潤之)
伯誠(見潘榮)
04 伯謨(見陳貽範)

05 伯諫(見李宗思)
10 伯正(見姬平叔)
伯玉(見唐璘)
伯玉(見程振)
伯玉(見李縝)
伯玉(見黄縝)
伯玉(見劉珪)
伯玉(見劉□)
伯玉(見曾成叔)
伯玉(見鄭如圭)
伯至(見蔡格)
伯元(見向浯)
伯雨(見王文澤)
伯雨(見張雨)
伯于(見劉定國)
伯可(見李宗之)
伯可(見吕午)
伯醇(見劉垕)
伯雲(見黄從龍)
11 伯珩(見宋璲)
13 伯武(見王偁)
15 伯融(見孫炎)
16 伯强(見耶律有尚)
伯强(見焦千之)
伯强(見喻南强)
17 伯羽(見晁載之)
伯卬(見葉顒)
伯雨(見李習)
伯承(見吴銓)
伯子(見楊長孺)
伯勇(見李明復)
18 伯政(見陸煥之)
20 伯秀(見吴化龍)
伯秀(見余宋傑)
伯秀(見余潔)
伯愛(見陳字)
21 伯仁(見王正己)
伯仁(見卓克)
伯仁(見侯均)
伯虎(見朱元瑜)
伯行(德齋、貞惠)
深寧同調 85/5100
伯虞(見曾機)
伯衡(見胡世佐)
伯比(見陳琦)
伯貞(見俞鎮)
伯經(見喻偘)
22 伯豐(吴必大)
伯巖(見胡巖起)
伯幾(見江凱)
伯循(見韓信同)
伯鸞(見蘇壽元)
伯崇(見范念德)
23 伯允(見桂子恭)
伯俊(見王佪)
伯俊(見簡世傑)

24 伯備(見陳師錫)
伯升(見李堂)
25 伯生(見虞集)
伯傳(見鄒曾)
伯純(見范雍)
26 伯和(見孛朮魯翀)
伯和(見李大性)
伯和(見林鼐)
伯和(見周塤)
伯和(見歐陽發)
27 伯修(見蘇天爵)
伯修(見陳師錫)
伯嚮(見陳葵)
伯祿(見程鑄)
伯魯(見宰沂)
伯紀(見鍾律)
伯紀(見湯漢)
28 伯以父(見晁説之)
伯倫(見王時敘)
伯微(見陸持之)
伯齡(見管壽昌)
30 伯宣(見黄暄)
伯宣(見劉宣)
伯濟(見周楫)
伯淳(見程顥)
伯淳(見楊景隆)
伯永(見饒延年)
伯寓(見程瑀)
伯良(見賈良)
伯宗(見吴伯宗)
伯宗(見李之紹)
伯宗(見李本)
31 伯源(見向浯)
32 伯業(見蘇簡)
34 伯達(見范如圭)
伯達(見蘇邁)
伯逵(見范如圭)
35 伯清(見郭澄)
伯清(見吴澄)
伯清(見朱廉)
伯清(見胡揚)
伯清(見金瀟)
伯禮(見王伯庠)
伯禮(見傅立)
伯禮(見留恭)
伯禮(見舒琮)
36 伯溫(見程珦)
伯溫(見劉基)
伯溫(見周伯琦)
伯溫(見周恭先)
37 伯深(見劉汲)
伯通(見張德亨)
伯通(見何執中)
伯逢(見胡大原)
38 伯海(見王瀚)
40 伯大(見張洪)

伯大（見楊長孺）
伯大（見梅寬夫）
伯大（見陳師可）
伯圭（見程琰）
伯直（見張德直）
伯直（見崔子方）
伯克（見蘇遲）
伯壽（見傅耆）
伯壽（見喻良倚）
伯壽（見劉几）
伯壽（見周椿）
伯壽（見鄭璹）
伯壽（見鄭伯壽）
43 伯始（見林起宗）
44 伯恭（見向子諲）
伯恭（見徐文鳳）
伯恭（見林溫）
伯恭（見呂祖謙）
伯聲（見劉震）
伯英（見吴雄）
伯英（見陳漢公）
伯華（見宋文仲）
伯謩（見方士繇）
伯耆（見黃艾）
伯模（見陳貽範）
47 伯起（見孫應求）
伯起（見任希夷）
伯起（見蘇振文）
伯起（見趙良震）
伯起（見常豫）
48 伯翰（見何翰）
伯敬（見王奕）
50 伯中（見王舉正）
伯中（見解觀）
伯忠（見馬友直）
伯素（見林絢）
51 伯振（見李充庭）
52 伯靜（見雷復始）
伯靜（見蔡淵）
53 伯盛（見邊昌）
伯成（見傅耆）
伯成（見牟應龍）
伯成父（見牟應龍）
伯成（見江凱）
伯威（見雷瑄）
伯威（見武恪）
伯甹（見張布）
58 伯敷（見陳繹曾）
60 伯量（見胡詠）
伯愚（見牟誠甫）
伯昌（見程蕃）
伯昌（見楊子謨）
伯固（見硯彌堅）
伯固（見吴處厚）
伯固（見蘇堅）
伯圜（見胡獬）

64 伯時(見李公麟)
66 伯器(見趙璉)
67 伯明(見毛友誠)
伯明(見楊簹)
伯明(見陳邦衡)
伯明(見金若愚)
伯昭(見許晉孫)
伯照(見王普)
68 伯晦(見王爚)
伯晦(見尤焴)
70 伯防(見揭汯)
71 伯厚(見王應麟)
伯厚(見傅淳)
伯厚(見黄萬頃)
伯厚(見鄭克寬)
伯原(見朱長文)
伯原(見杜本)
伯驥(見徐驥)
伯長(見傅藻)
伯長(見穆修)
伯長(見袁桷)
72 伯剛(見程公説)
76 伯陽(見姬文龍)
伯陽(見杜抑止)
77 伯堅(見蔡松年)
伯堅(見周穎)
伯隆(見孫羲)
伯岡(見吴玉林)
伯學(見楊壯行)
伯興(見饒魯)
伯賢(見朱右)
80 伯全(見錢璧)
伯益(見王謙)
伯益(見王執謙)
84 伯鎮(見秦玠)
伯鎮(見劉鼎孫)
87 伯翔(見梁集)
88 伯敏(見汪昌壽)
90 伯尚(見吴當)
伯常(見王經)
伯常(見郝經)
91 伯恒(見齊履謙)
94 伯忱(見周孚先)
97 伯恂(見宋孝忱)

2620_7粵

32 粵溪(見張鎮孫)

2623_2泉

22 泉山先生(見劉光)
32 泉溪(見戴良齊)
泉溪(見劉淮)

2624_1得

00 得庵(見楊炟)
得齋(見江克明)

10 得一（見馮孝揚）
21 得仁（見朱嗣壽）
30 得之（見王獵）
得之（見大食瞻思）
得之（見李純德）
得之（見薛良孺）
得之（見曾鞏）
50 得中（見李建中）
52 得靜齋（見許嗣）
得靜山人（見許嗣）
60 得昌（見馬煦）
80 得全（見趙鼎）

2624_8 儼

00 儼齋（見田若思）
44 儼若思齋（見陳士貞）

2629_4 保

30 保之（見趙世昌）
80 保八（寶巴、公孟、普庵）
程學之餘 16/1316

2633_0 息

00 息齋（見余芑舒）
息庵（見湯中）
息庵（見葉武子）
息齋（見高閌）
息齋先生（見李嘉謨）

2640_3 皋

17 皋羽（見謝翱）

2641_3 魏

00 魏應仲（應仲）
魏氏家學 * 43/2330
晦翁門人 49/2839
魏文璉
民齋先緒 * 43/2309
陳氏家學別 1/6210
魏文翁（嘉父、果齋）
鶴山家學 80/4597
魏京（魏夫子）
王氏學侶別 1/6159
02 魏新之（德夫、石川）
蛟峯門人 * 82/4873
濂溪續傳 12/1178
伊川續傳 16/1311
橫渠續傳 18/1381
朱學續傳 49/2875
08 魏謙光（見魏益之）
10 魏丙
晦翁門人 69/3925
魏天應（梅野）
疊山門人 84/5064
11 魏矼（邦達）
忠簡同調 * 44/2351

沮和議者 96/5735
12 魏璠(靖肅)
魏氏先緒＊14/1227
敬齋同調 2/236
17 魏了翁(華父、鶴山、文靖、秦國公)
朱張私淑＊80/4575
濂溪續傳 12/1170
滄江學侶 72/4175
薛氏所傳 72/4182
魏子開
晦翁私淑 49/2859
魏郡王(見韓琦)
魏郡王(見鄭清之)
魏郡公(見暢師文)
魏郡公(見馬祖常)
21 魏衎(昌世、曲肱居士、曲肱軒)
陳氏門人 4/580
魏穎
艮齋先緒＊43/2309
魏文璉子別 1/6210
24 魏德剛
鐵崖門人 52/3069
魏升平
文忠講友 3/386
30 魏宜
魏升平子 3/386
魏良
畢良史門人別 2/6300
37 魏初(太初)
遺山門人 14/1235
45 魏椿(元壽)
晦翁門人 69/3924
47 魏起
魏氏續傳 80/4617
魏杞(南夫、碧溪、文節)
趙氏門人＊25/1693
汝直門人 6/760
50 魏夫子(見魏京)
52 魏挺
魏可與子 25/1711
魏挺之(見魏掞之)
59 魏掞之(挺之、子實、元履、艮齋、艮齋先生)
籍溪門人 43/2322
60 魏國公(見許衡)
魏國公(見王旦)
魏國公(見賈昌朝)
魏國公(見張文謙)
魏國公(見張浚)
魏國公(見竇默)
魏國公(見李孟)
魏國公(見李夔)
魏國公(見蓋苗)
魏國公(見韓琦)
魏國公(見蔡京)

魏國公(見杜瑛)
魏國公(見趙孟頫)
魏國公(見趙葵)
魏國公(見史浩)
魏國公(見陳俊卿)
魏國公(見留正)
67 魏野(仲先、草堂居士)
張氏講友 9/936
77 魏閑(雲夫、清逸處士)
魏氏家學 9/961
80 魏益之(魏謙光、益之)
陳氏師承 61/3395
魏公(見泰不華)
81 魏渠
慈湖門人 74/4302
97 魏恪(元作)
晦翁門人 69/3907

2690_0和

05 和靖(見林逋)
和靖處世(見尹焞)
和靖先生(見尹焞)
和靖先生(見鄧仲甫)
15 和建(見彭乘)
21 和旨(見史彌林)
24 和巘(顯仁)
和峴弟別 1/6146
25 和仲(見沈與求)
和仲(見胡寧)
和仲(見趙順孫)
和仲(見陳塤)
和仲(見陳景肅)
和仲(見舒鈃)
26 和伯(見許怡)
和峴(晦仁)
陳氏師承別 1/6146
27 和叔(見王栴)
和叔(見孫抗)
和叔(見邢恕)
和叔(見袁燮)
和叔(見黃育)
和叔(見林大中)
和叔(見呂大鈞)
和叔(見陳繹)
和叔(見滕鉦)
和叔(見滕鉛)
30 和寧王(見康里脫脫)
和之(見完顏孟陽)
和之(見游倪)
和之(見郝思溫)
50 和中(見司馬池)
和中(見吴雉)
和中(見蔡仁)
53 和甫(見王安禮)
和甫(見祝穆)
60 和國公(見張浚)

77 和卿(見張祖順)
和卿(見孫調)
和卿(見向子韶)
和卿(見李謙)
和卿(見閻鼎吉)
79 和勝(見梅執禮)
80 和父(見孫固)
和父(見蘇在鎔)

2691_4程

00 程文(以文、黟南生)
師山同調 94/5638
程文海(見程鉅夫)
01 程龍(舜俞、荀軒、不不翁)
程學之餘 16/1316
02 程端升
農卿家學 2/205
程端禮(敬叔、畏齋先生)
史氏門人＊87/5189
潛庵私淑 64/3567
程端蒙(正思、蒙齋)
晦翁門人 69/3781
程端懿
明道家學 14/1211
程端愨(程邵公)
明道家學 14/1211
程端本
程氏家學 70/3981
程端學(時叔、積齋)
史氏門人＊87/5195
程學之餘 16/1317
程端臨
程氏家學 70/3980
程新恩(玉塘)
邵學別派 78/4467
10 程一飛(翀甫)
許氏講友別 3/6345
程正則(古山)
槃澗門人 89/5262
程元
籍溪學侶 43/2319
程元鳳(瑞甫、申甫、訥齋、文清、吉國公)
毛氏家学別 2//6263
程震(威仰)
王氏學侶別 3/6326
程覃(會元)
文簡家學 2/204
程天
朱氏門人 70/4092
程可紹(致和、孝則居士、孝則堂)
雲峯門人＊89/5302
程氏家學 49/2928
師山門人 94/5641
12 程瑀(伯寓、愚翁、飽山閣、澄懷

閣、漫吾亭）
練塘講友＊1/84
莊簡講友 20/1517
13 程珌（懷古、洺水、玉堂洺水公）
黄氏門人＊71/4155
絜齋門人 75/4353
14 程璹
朱學續傳 49/2903
程珙（仲璧、柳湖）
晦翁門人 69/3786
17 程珦（伯溫）
濂溪講友 12/1149
程邵公（見程端慤）
19 程琰（伯圭、蛟塘子）
雲峯講友 89/5298
21 程卓（從元、正惠）
文簡家學 2/205
程師夔
方舟門人＊99/6075
程氏家學 99/6076
程穎
伊川家學 16/1294
22 程鼎（復亨、韓溪翁）
朱氏門人 39/2198
程鼎
程震兄别 3/6326
23 程俊
老泉續傳 99/6051
24 程先（傳之）
晦翁學侶 49/2829
25 程仲文
雲峯門人 89/5302
程仲熊
程絢子 25/1715
程傑（世英）
程與權父 92/5592
27 程倜
董琦師 39/2205
程俱（致道、北山）
少卿門人 6/753
程舟
董琦師 39/2205
程郇（晉輔）
程氏續傳 72/4185
程絢
沙隨家學 25/1715
程紹開（曹紹開、月巖）
古爲同調 84/5059
28 程徹
程洙子别 2/6267
程復心（子見、林隱）
潛庵私淑＊64/3565
朱學之餘 49/2902
勉齋私淑 63/3518
程徐（仲能）
積齋家學 87/5201

30 程汴(慶源)
洛水家學 71/4161
程永奇(次卿、格齋先生)
晦翁門人＊69/3849
藍田私淑 31/1911
程之才
王宿附 96/5725
程安之
鶴山門人 80/4604
程宏
程汝能父 69/3745
程良(子美)
王氏講友 99/6069
程實之(士華)
晦翁門人 69/3961
31 程源
程氏續傳 16/1297
32 程沂(詠之)
伊川家學 16/1294
程沂
程揆大父 99/6058
34 程斗(仲元、龍麓子)
江氏門人 82/4963
程漢(澄源)
洛水家學 71/4160
程汝能(公才)
程氏先緒 69/3745
程汝器(程昆、汝器)
趙氏門人 92/5599
程沐
蒙齋門人 75/4358
程逵(彥通、儿龍先生)
□□□□45/2486
程邁
程振子 35/2088
35 程洙(正源)
洛水家學 71/4161
程洙
程氏門人別 2/6267
36 程渭(養源)
洛水家學 71/4160
37 程渥(長源)
洛水家學 71/4161
程洵(欽國、允夫)
晦翁門人＊69/3764
鍾山門人 27/1760
程氏家學 39/2205
程洵
東坡續傳 99/6061
程深夫(程深父)
晦翁門人 69/3875
程深父(見程深夫)
程迥(可久、沙隨)
喻氏門人＊25/1696
百源續傳 10/1083
文毅門人 25/1705

程逢午(信叔)
勿齋同調 83/5004
38 程海(程若水、宗源)
洺水家學 71/4160
40 程大昌(泰之、文簡)
長民私淑 *2/190
玉山同調 46/2518
潁濱私淑 99/6051
程士龍(應辰)
王氏門人 74/4312
程直方(道大、前村、觀易堂)
傅氏門人 *78/4497
朱學之餘 49/2907
山屋門人 89/5296
程垚
黄氏門人 49/2926
程克俊(元籲、章靖)
程氏家學 45/2491
程南金
程安之父 80/4604
41 程樗(伯文、翠林逸民)
晦翁門人 *69/3911
南軒講友 50/2960
程櫄之(見程鉅夫)
44 程萬里
程與權曾祖 92/5592
程若庸(逢原、勿齋、徽庵先生)
雙峯門人 *83/5000
程氏私淑 70/4004
程若水(見程海)
程若中(寶石)
晦翁門人 69/3910
程蕃(伯昌)
陳亮再傳 92/5587
程其元(程其仁、仁父)
洺水家學 71/4162
程其孚(純父)
洺水家學 71/4161
程其仁(見程其元)
程其清(立父)
洺水家學 71/4162
程其深(長父)
洺水家學 71/4162
程其恕(行父)
洺水家學 71/4161
程其㞳(容父)
洺水家學 71/4162
程楚翁
疊山門人 84/5066
程植(仲芳、仲本)
定宇門人 70/4081
51 程振(伯玉)
陳鄴講友 35/2088
52 程揆(端卿)
方舟講友 99/6058
53 程成甫

程氏續傳 16/1296
60 程思廉(介甫)
王氏學侶別 3/6330
程昆(見程汝器)
61 程顯道(松谷)
草窗門人 70/4047
程顥(伯淳、純公、河南伯、豫國公、明道先生、先儒程子、大程子)
濂溪門人 * 13/1190
宇文學侶 6/716
爭青苗變法者 96/5693
64 程時登(登庸)
古山門人 89/5275
67 程明善(見程□)
70 程驤
方舟門人 99/6075
71 程頤(正叔、養正、正公、伊川伯、伊陽伯、洛國公、伊川先生、廣平先生、先儒程子、小程子)
胡周門人 * 15/1245
宇文學侶 6/716
77 程與權
周氏門人 92/5592
80 程益(光道)
陸氏門人 80/4627
程公說(伯剛、克齋)
宇文門人 * 72/4177
武夷續傳 34/2046
程公說
伊川續傳 16/1309
程公許(季與、希穎、滄洲、忠文)
宇文門人 * 72/4178
伊川續傳 16/1309
劉氏門人 79/4544
81 程鉅夫(程櫶之、程文海、鉅夫、周翰、文憲、楚國公、雪樓先生、雪樓、遠齋、遠齋先生)
徽庵門人 83/5009
程鎖(安卿)
程良子 99/6069
84 程鑄(伯祿)
程良子 99/6069
87 程翔(鵬舉)
許氏講友別 3/6348
90 程惟善
程斗門人 82/4963
程掌(叔運)
鶴山門人 * 80/4599
涑水續傳 8/879
橫渠續傳 18/1379
99 程榮秀(孟敷)
山屋門人 * 89/5295
方氏門人 81/4692

叩程□(明善)
逸平門人＊25/1712
拙齋門人 70/3981

2692_2穆

17 穆璵
方舟門人 99/6075
25 穆仲(見胡之純)
27 穆修(伯長)
陳氏門人＊9/909
种氏門人 9/930
37 穆深之
穆璵父 99/6075
80 穆父(見錢勰)

2694_1繹

90 繹堂(見周□)

2710_7盤

32 盤洲叟(見徐寓)
盤溪先生(見李孟傳)
67 盤野居士(見黃由)
72 盤隱(見林湜)
80 盤谷(見胡大時)

2711_7龜

22 龜峯室(見馮崋)
龜山先生(見楊時)
龜巢老人(見謝應芳)
28 龜齡(見王十朋)
35 龜津(見何兊)
80 龜父(見洪朋)

2712_7歸

10 歸正先生(見梁觀國)
31 歸潛堂(見劉祁)
40 歸來子(見晁補之)
歸來之廬(見黃震)
60 歸愚子(見羅泌)
歸愚翁(見鄭伯英)
77 歸叟(見王直方)

2713_2黎

00 黎立言
黎氏學侶 28/1811
黎立武(以常、元中子、寄翁、所寄先生)
疊山講友 84/5056
郭氏續傳 28/1809
黎應物
楊伯允門人 59/3352
01 黎顔叔
許氏講友別 3/6342
05 黎靖德
朱學續傳 49/2869
20 黎季成

晦翁門人 69/3924
23 黎獻（子文、拙翁先生）
朱學之餘 49/2903
30 黎淳（黎錞、希聲）
韓氏門人＊3/392
廬陵講友 4/489
37 黎洵
黎淳兄 3/392
80 黎錞（見黎淳）
88 黎敏
師山門人 94/5641
㗊黎□
衡麓門人＊41/2278
黎氏家學 34/2041

2716_1 澹

51 澹軒（見史肅）

2720_7 多

10 多爾濟巴勒（惟中）
危氏同調 93/5624
31 多福（見時戩）

2721_0 徂

24 徂徠先生（見石介）

2721_2 危

08 危㧑（於㦲）
危氏家學 93/5630
21 危行翁（見李祁）
24 危科（見危稹）
危稹（危科、逢吉、驪塘先生）
象山門人＊77/4422
容齋門人 28/1809
26 危和（應祥、閒靜居士、蟾塘、蟾堂）
驪塘學侶 77/4433
30 危安（子定）
曾氏門人別 3/6390
44 危孝先
蔡積中門人 62/3490
50 危素（太樸、雲林）
蕃遠門人＊93/5622
太白門人 59/3356
吴氏门人 82/4923
趙氏門人 83/5029
黄氏門人 93/5628
㗊危□
吴氏門人 55/3205

2721_7 倪

10 倪天隱（茅岡、千乘先生）
安定門人＊1/52
濂溪門人 12/1160
22 倪稱（倪偁、文舉、綺川）
芮氏學侶 44/2371
倪偁（見倪稱）

23 倪允文
倪氏家學 53/3140
26 倪伯珍(俞高室)
象山門人 77/4426
32 倪淵(仲深、文靜先生)
敖氏門人 52/3053
37 倪祖義
文節家學 40/2253
倪祖常
文節家學 40/2253
40 倪大猷(嘉謨)
陸氏同調 49/2882
倪士毅(仲宏、道川先生)
定宇門人 70/4078
倪奎
倪氏家學 53/3140
42 倪樸(文卿、石陵先生)
龍川學侶 56/3228
50 倪中孚(德中)
鐵崖門人 52/3073
60 倪思(正甫、齊齋、文節)
倪氏家學 * 40/2247
平園門人 35/2121
晦翁私淑 49/2846
70 倪驤(子舉)
倪氏家學 52/3054
77 倪用宣(鈍齋)
倪氏家學 52/3054
倪居敬(行簡)
道園門人 92/5579

2721_7 鼂

26 鼂繹處士(見顏太初)

2722_0 勿

00 勿庵先生(見范筌)
勿齋(見程若庸)
勿齋(見胡大時)
51 勿軒先生(見熊禾)

2722_0 仰

00 仰高堂(見曾三異)
仰文蔚(國華)
王氏師承 44/2360
92 仰忻(天貺)
陳氏家學別 1/6189

2722_0 向

01 向語(見向浯)
17 向子忞(向子恖、寅卿)
武夷門人 * 34/2022
衡麓講友 41/2270
向子諲(伯恭、薌林)
元城門人 * 20/1515
梁溪同調 25/1688
向子韶(和卿、忠毅)

武夷講友＊34/2000
大劉講友 32/1936
向子愢(見向子忞)
30 向涪
武夷門人＊34/2021
向氏家學 20/1523
31 向浯(向語、伯源、伯元)
五峯門人＊42/2302
向氏家學 20/1523
34 向沈(深之)
了翁門人 35/2098
99 向滎
陳氏師承別 1/6154

2722_2 修

00 修齋(見王爚)
修齋(見全整)
27 修叔(見宋林)
40 修士(見曹彛)

2722_7 仍

25 仍仲(見胡之綱)

2722_7 脩

00 脩齋(見王惟寅)
88 脩竹(見王英孫)

2722_7 躬

67 躬明(見方有開)

2722_7 嚮

76 嚮陽堂(見李昴英)

2723_1 儵

32 儵溪居士(見楊炳)

2723_2 象

16 象環(見劉淵)
22 象山先生(見張撝)
象山先生(見陸九淵)
象山翁(見陸九淵)
24 象先(見薛叔似)
30 象之(見崔公孺)
50 象夫(見蔣傳)
51 象軒先生(見梁樞)

2723_4 侯

10 侯晉升(德昭)
二蘇講友 99/5982
侯可(無可、華陰先生)
關學之先 6/713
25 侯仲良(師聖、希聖、荆門先生)
二程門人 30/1832
27 侯紹曾(孝傑)
百源門人 33/1965
30 侯宣
宋儒博考別 2/6226

侯安國

蔡蒙吉師 88/5242

40 侯克中(正卿)

朱學之餘 * 49/2896

□□□□95/5664

44 侯蒙(元功)

涪翁學侶 19/1466

侯世昭

平園門人 * 35/2122

楊氏門人 44/2453

侯世與

侯氏家學 6/741

47 侯均(伯仁)

勤齋同調 95/5653

吅侯□

張在師 14/1239

2724_2將

22 將樂伯(見楊時)

2724_7假

00 假庵(見趙汝滄)

2724_7殷

40 殷奎(孝章、孝伯、木齋、文懿先生)

鐵崖门人 * 52/3067

陳氏家學別 3/6386

余氏門人 52/3081

52 殷挺(見商挺)

70 殷壁(孝連)

殷奎弟 52/3067

88 殷箕(孝揚)

殷奎弟 52/3067

2725_2解

00 解齊賢

靜春門人 59/3345

解應申(浩軒)

莊山家學 59/3354

解應辰(辰叟、辰峯先生)

莊山家學 59/3354

01 解龍翔(寶章)

解氏家學 * 59/3349

東山門人 44/2458

10 解元章

解琛弟 92/5589

17 解琛(元琛)

觀我家學 * 92/5589

山泉家學 92/5591

解子玉(成我、泰、季通、鑑湖老樗、淵靜)

莊山續傳 59/3356

解子元(真我、竹梧)

莊山續傳 59/3357

解子尚(見解觀)

21 解縉(大紳、春雨先生)
解氏家學＊82/4983
歐陽門人 82/4984
平仲門人 82/4984
28 解綸(大經、滄江先生)
解氏家學 82/4982
44 解夢斗(昭子、孔陽、星瑞、孔暘、莊山先生)
解氏續傳＊59/3351
巽齋門人 88/5528
解蒙(求我、仲正、來我、山泉先生)
草廬門人＊92/5543
莊山續傳 59/3356
46 解觀(解子尚、解觀生、觀我、伯中)
草廬門人＊92/5538
莊山續傳 59/3356
仲元門人 88/5255
解觀生(見解觀)
66 解器之
申屠義附 100/6124
77 解闔(恭先)
竹梧家學 59/3358
解開(開先、筠澗先生)
歐陽門人＊82/4955
申齋門人 4/594
鄰初門人 49/2925
竹梧家學 59/3357
竹西門人 67/3679
黄氏门人 70/4072
揭氏门人 83/5028
80 解谷(生春)
解氏家學＊59/3349
東山門人 44/2457

2725_7 伊

22 伊川先生(見程頤)
伊川伯(見程頤)
伊川丈人(見邵古)
76 伊陽伯(見程頤)

2726_1 詹

00 詹庭堅(見詹廷堅)
03 詹誼
詹抃父 98/5903
10 詹至(及甫)
紫巖同調 44/2366
詹天游
雷氏門人 83/5014
12 詹廷堅(詹庭堅、朝弼、靜勝)
伊川續傳＊16/1301
高平續傳 3/435
17 詹孟舉
危氏門人 93/5631
詹君履(无咎)

勿軒講友 64/3565
21 詹何(宗楚、功甫)
西山門人 81/4675
22 詹崇朴(叔厚)
草廬學侶 92/5515
25 章仲美
江氏門人 70/4003
26 詹自立
詹廷堅子 16/1301
詹自任
詹廷堅子 16/1301
27 詹阜民(子南、默信)
象山門人 * 77/4409
慈湖講友 74/4273
28 詹儀之(體仁)
東萊門人 * 73/4202
濂溪續傳 12/1170
詹氏家學 44/2427
30 詹淳
晦翁門人 69/3938
32 詹淵(景憲)
晦翁門人 69/3869
35 詹清子
四如門人 70/4038
38 詹道子
石湖同調 25/1707
詹道傳
魯齋續傳 82/4893
41 詹樞(敬齋)
輅院家學 * 70/4000
節齋門人 62/3489
九峯門人 67/3668
西山門人 81/4673
46 詹覿(尚賓)
晦翁門人 69/3907
50 詹抃(成老、友陶軒)
補之門人 * 98/5903
平甫門人 98/5899
56 詹揚
詹抃兄 98/5903
60 詹景陽
竹洲門人 71/4147
71 詹長民(子齊)
東萊門人 73/4221
75 詹體仁(元善)
晦翁門人 * 69/3769
詹氏家學 42/2303
東萊門人 51/3016
80 詹介(敬父、玉澗先生)
晦翁門人 69/3907
88 詹範(器之)
東坡同調 99/5997
91 詹烜
東山學侶 92/5573
94 詹慥(應之)
五峯講友 42/2299

2727_7侣

30 侣之（見邵康）

2730_1逸

77 逸民（見吴迂）

2730_4逢

40 逢吉（見危稹）

2731_2鮑

10 鮑雲龍（景翔、魯齋）
朱學續傳 49/2872
21 鮑仁濟（原宏、恕庵）
石門門人 93/5631
22 鮑彪（文虎）
王氏門人別 2/6301
23 鮑俊德（日新、明叔）
李氏門人 6/765
24 鮑德賢（性善）
陳氏門人別 3/6368
鮑德光
李氏門人 6/765
27 鮑魯卿（景曾）
師山講友 94/5637
30 鮑完澤（信卿）
張氏講友別 3/6354
35 鮑潚（清卿）
止齋講友 53/3110
37 鮑祖文（獻夫）
宋儒博考別 2/6224
鮑祖武（承夫）
宋儒博考別 2/6224
40 鮑壽孫（子壽、雲松）
曹氏學侶 89/5265
44 鮑若雨（商霖、敬亭先生）
伊川门人 32/1929
91 鮑慎由（欽止）
東坡門人 ＊99/6028
荆公門人 98/5873
97 鮑恂（仲孚、西溪先生）
草廬門人 92/5535

2732_7烏

35 烏冲（叔備、存齋）
劉氏門人 91/5467
40 烏古孫良楨（幹卿、約齋）
靜修續傳 91/5484
60 烏蜀山人（見柳貫）

2732_7鄔

10 鄔一唯（仁叟）
王氏門人 44/2447
20 鄔信（中孚）
陳氏家學別 3/6386
34 鄔逵（達卿）

草廬門人 92/5552

2732_7 鴛

12 鴛水翁(見郭榮)

2733_2 忽

27 忽魯出孫(見許扆)

2740_0 身

30 身之(見胡三省)

2742_7 鄒

00 鄒應博

廖氏門人 70/3968

10 鄒雯(德顯、南野居士)

鄒氏先緒 74/4289

11 鄒棐(克恭)

劉氏門人 ＊1/71

龜山門人 25/1668

20 鄒季友(晉昭)

九峯續傳 67/3676

30 鄒安道

伊川續傳 16/1306

鄒宗謩(次魏)

鴻慶門人 ＊6/760

侍御家學 35/2105

33 鄒補之(公衮)

東萊門人 73/4201

34 鄒浩(志完、道鄉、忠)

龔氏門人 ＊35/2082

正獻門人 19/1454

鄒浩

晦翁門人 69/3919

36 鄒袒

艮齋講友 28/1803

37 鄒渢(鳳叔)

文山同調 88/5230

鄒次陳(周弼、悅道、遺安室)

陳氏講友別 2/6291

40 鄒志道

草廬門人 92/5549

41 鄒柄

道鄉家學 ＊35/2103

伊川門人 16/1295

44 鄒夢遇(子祥、元祥、艮齋)

慈湖門人 74/4301

57 鄒輗(行之)

晦翁門人 69/3902

70 鄒陔(志南)

侍御家學 35/2105

77 鄒陶(志新)

侍御家學 35/2104

80 鄒夔(堯叟)

劉氏門人 ＊1/70

龜山講友 25/1646

鄒曾(伯傳)

艮齋門人 74/4318
88 鄒餘
陳鄒同調 35/2089

2744_9 彝

12 彝孫(見余範)
27 彝叔(見种士道)
77 彝叟(見范純禮)
彝叟(見鄭與言)
彝卿(見黃倫)
80 彝父(見徐範)

2746_1 船

22 船山先生(見楊與立)

2760_0 名

77 名卿(見施良臣)

2760_1 磐

32 磐溪先生(見李孟傳)

2760_3 魯

00 魯庵(見張奐)
魯庵(見林起宗)
魯齋(見許衡)
魯齋(見王柏)
魯齋(見朱申)
魯齋(見鮑雲龍)
魯齋(見彭絲)
魯齋先生(見許衡)
10 魯可幾
晦翁門人 69/3936
17 魯子(見顏度)
魯君明
又不在碑目者 96/5728
魯郡公(見孔思誨)
魯郡公(見孟祺)
魯郡公(見曹伯啓)
21 魯眞(起元)
青陽同調 92/5563
22 魯訔(季欽、泠齋子、吟齋)
王氏門人別 2/6299
魯山先生(見臧夢解)
魯山大夫(見臧夢解)
24 魯仕能(見魯士能)
26 魯伯(見包希魯)
27 魯脩
俟庵門人 93/5626
魯訾(如晦、通隱、遂隱)
魯訔兄別 2/6299
魯叔(見彭絲)
30 魯宗道(貫之、肅簡)
仲言門人 3/329
40 魯士能(仕能、時舉、竇潭)

雙峯門人 83/5000
魯直(見黄庭堅)
魯有開(元翰)
魯氏家學 3/402
60 魯國公(見商挺)
魯國公(見康里不忽木)
魯國公(見謝深甫)
魯國公(見王構)
魯國公(見張九思)
魯國公(見喬行簡)
魯國公(見范質)
魯國公(見樊執經)
魯國公(見蔡京)
魯國公(見敬儼)
魯國公(見趙葵)
魯國公(見陳思謙)
魯國公(見留正)
魯國公(見鄭若沖)
67 魯瞻(見齊魯瞻)
77 魯月卿
孫氏師承 70/4049
魯卿(見葛勝仲)

2762_0 句

01 句龍立夫
方舟門人 99/6074
句龍傳(明甫)
宋儒博考別 2/6234
句龍德方
方舟門人 99/6074
句龍復成
方舟門人 99/6074
句龍惠夫
方舟門人 99/6074
50 句中正(坦然)
徐氏講友 2/123
55 句曲外史(見張雨)
77 句居體
陳氏家學別 1/6179

2762_7 部

22 部鼎(叔鎮)
王氏門人 44/2436

2771_2 包

12 包廷藻(文叔、南澗)
宋氏師承 82/4885
17 包子謙
東萊門人 73/4220
27 包約(詳道)
象山門人 77/4420
30 包宏(用夫、訥居)
包氏家學 92/5590
包定(定之)

晦翁門人 69/3903
32 包遜(敏道)
象山門人 77/4421
40 包希魯(魯伯、文忠)
草廬門人 92/5541
50 包泰亨
包整子別 2/6264
包泰有
包整子別 2/6264
包泰明
包整子別 2/6264
56 包揚(顯道、克堂)
象山門人 * 77/4420
節齋學侶 62/3481
58 包整(南堂居士、萬卷堂)
毛氏家學別 2/6264
77 包履常(適可)
宋儒博考別 2/6243
94 包恢(宏父、文肅、宏齋)
包氏家學 77/4440

2774_7 岷

72 岷隱(見戴溪)

2780_0 久

10 久可(見曹漢炎)
38 久道(見朱知常)
50 久中(見張持)
51 久軒(見蔡杭)

2790_4 槃

37 槃澗先生(見董銖)

2791_7 絕

77 絕學先生(見史彬)

2792_0 約

00 約齋(見烏古孫良楨)
約齋(見江克明)
約齋(見朱渙)
22 約山(見朱渙)
35 約禮齋(見蔣毅)

2792_0 綱

00 綱齋(見李閎祖)

2792_0 網

22 網山山人(見林亦之)
網山先生(見林亦之)

2792_2 繆

00 繆主一(天隱、天德)
西山門人 65/3594
10 繆正字(見繆烈)
12 繆烈(允成、繆正字)
謝氏師承 56/3236

16 繆醜（見秦檜）
40 繆克己（□夫）
王氏門人 44/2446
47 繆朝宗
文山門人 88/5247
60 繆景仁
夏僎附 36/2157

2792_7 移

10 移可（見郭忠順）

2793_2 緣

27 緣督（見趙敬）
緣督先生（見趙敬）

2793_2 緑

34 緑漪堂（見張和孫）

2793_4 緱

22 緱山先生（見陳天祥）

2794_0 叔

00 叔方（見陳植）
叔方（見鄭琮）
叔高（見杜斿）
叔膺（見李肖龍）
叔度（見章憲）
叔度（見毛宏）
叔度（見潘景憲）
叔度（見林萬頃）
叔度（見劉式）
叔度（見鄭楷）
叔廣（見林溥）
叔文（見尤彬）
叔文（見江塡）
叔文（見李友仁）
叔文（見劉鐸）
叔章（見李芾）
叔章（見胡楚材）
叔言（見黃子游）
叔訪（見石盡問）
叔京（見何鎬）
02 叔端（見邢純）
叔端（見鄭柏）
04 叔謹（見周介）
07 叔贛父（見劉攽）
10 叔正（見賈蒙）
叔正（見李繹）
叔正（見楊叔正）
叔正（見楊泰之）
叔玉（見林璹）
叔靈（見趙湘）
叔元（見朱沅）
叔夏（見吳昶）
叔夏（見韓璜）

叔夏(見陳德永)
叔平(見袁章)
叔平(見趙槩)
叔賈(見豐誼)
叔霖(見吴雲龍)
11 叔張(見黄維之)
叔張(見鄭嘉正)
17 叔弼(見王克勤)
叔弼(見陳舜咨)
叔弼(見歐陽棐)
叔承(見邵棐)
叔子(見宋沆)
20 叔重(見王任)
叔重(見董銖)
21 叔仁(見張子惠)
叔能(見戴良)
叔行(見方輗)
22 叔幾(見陳研)
23 叔允(見潘武)
叔獻(見張璧)
叔獻(見馮璧)
叔獻(見胡穎)
叔獻(見舒□)
24 叔備(見烏沖)
叔備(見翁合)
26 叔和(見孫福翁)
叔和(見林熹)
叔和(見趙希懌)
27 叔向(見葉棻)
叔向(見陳棻)
叔彝(見陳貽序)
叔魯(見邵囦)
叔魯(見范筌)
28 叔微(見盧禎)
叔微(見虞積)
30 叔濟(見余克濟)
叔永(見吴泳)
叔永(見湯泳)
叔之(見梁克家)
叔安(見蔣龔)
叔安(見劉鎮)
叔容(見薛璩)
叔良(見涂穎)
叔實(見任士林)
叔寶(見王珏)
31 叔源(見范灌)
32 叔澄(見張彦清)
33 叔冶(見劉鎔)
34 叔達(見劉文通)
35 叔清(見牟濚)
37 叔運(見程掌)
叔通(見劉淮)
叔通(見鄭檝)
40 叔直(見唐轂)
叔大(見游應梅)
叔才(見丁應桂)

叔有（見吳誠若）
叔有（見吳厚若）
叔友（見鄭厚）
叔志（見汪澤民）
叔嘉（見汪大猷）
叔嘉（見林穎）
叔奇（見喻良能）
43 叔載（見王厚孫）
44 叔茂（見熊蕃）
叔茂（見曾肇）
叔慕（見陳恪）
叔恭（見王文煥）
叔恭（見林立之）
叔恭（見林恪）
叔恭（見段思溫）
47 叔聲（見劉鏞）
叔起（見鄭震）
48 叔敬（見朱在）
50 叔中（見楊叔中）
叔惠（見吳恭之）
52 叔靜（見孫礬）
53 叔成（見余臆）
55 叔耕（見汪莘）
60 叔思（見顧棠）
叔愚（見姚元哲）
叔因（見錢廓）
叔昌（見潘景愈）
叔異（見李經）
64 叔疇（見林田）
66 叔暘（見黄昶）
叔器（見姚璉）
叔器（見胡安之）
叔器（見俞金）
67 叔明（見邢昺）
叔明（見汪德馨）
叔明（見李明善）
叔瞻（見吳明揚）
叔昭（見胡余潛）
68 叔晦（見沈煥）
叔晦（見戴汝明）
70 叔雅（見王崱）
71 叔厚（見詹崇朴）
72 叔剛（見高植）
叔剛（見范之柔）
77 叔用（見晁沖之）
叔履（見宋聞禮）
叔問（見趙子盡）
叔興（見張師曾）
叔輿（見張師魯）
78 叔臨（見康淵）
80 叔美（見鄭棠）
叔義（見卓存）
叔善（見王餘慶）
84 叔鎮（見郜鼎）
88 叔範（見徐畸）
90 叔黨（見蘇過）

2795_1 穉

77 穉卿（見黄牧之）

2796_2 紹

00 紹庭（見宋希祖）

10 紹元（見柳開）

77 紹聞（見胡祇遹）

2810_0 以

00 以立（見周文孫）

以亨（見皮濛）

以齋（見陽恪）

以文（見程文）

10 以元（見汪貞保）

21 以仁（見鄭閎）

以行（見鍾恕）

25 以純（見鄭閎）

34 以洪（見張鐄）

37 以通（見羅履泰）

38 以道（見林存）

以道（見晁説之）

以道（見鄭覺民）

40 以大（見歐陽佺）

47 以聲（見周鏜）

48 以敬（見汪汝懋）

50 以忠（見檀固）

90 以常（見黎立武）

2820_0 似

30 似之（見石起宗）

似之（見任續）

似之（見李彌遜）

似之（見楊興宗）

81 似矩（見李彌大）

92 似剡老人（見李燧）

2821_1 作

10 作霖（見蕭雷龍）

24 作德（見賈炳）

40 作乂（見李知剛）

50 作肅（見馮允中）

2822_0 价

77 价卿（見羅維藩）

2822_7 倫

77 倫卿（見夏天祐）

2824_0 微

25 微仲（見吕大防）

30 微之（見李心傳）

微之（見薛立）

52 微靜（見陳深）

2824_0徽

00 徽庵先生（見程若庸）
60 徽國公（見朱熹）

2824_0徹

10 徹爾克齊
脫烈海牙父別 3/6333

2824_0儆

00 儆齋（見黃義明）
儆齋（見楊友直）

2824_7復

00 復亨（見程鼎）
復庵（見馮誠之）
復庵先生（見李直方）
復齋（見王秬）
復齋（見王厚之）
復齋（見李次魚）
復齋（見董琮）
復齋（見黃仲本）
復齋（見黃𤼵）
復齋（見趙彥肅）
復齋（見趙□）
復齋（見陳宓）
復齋（見陳源長）
復齋（見陳大猷）
復齋先生（見董琮）
復齋先生（見趙彥肅）
復齋先生（見陸九齡）
復齋居士（見蔡沆）
25 復仲（見符初）
30 復之（見王默）
復之（見丁克）
復之（見張泳）
復之（見上官必克）
復之（見吳克己）
復之（見徐復）
復之（見彭復初）
復之（見蔡沆）
復之（見林遜）
復之（見劉朔）
復之（見陳侁）
復之（見陳源長）
復之（見段克己）
37 復初（見文奕）
復初（見元明善）
復初（見彭復初）
復初（見鄭原善）
40 復古（見李迪）
復古堂（見馮彥章）
51 復軒先生（見章憲）
80 復翁（見楊明復）
復善（見韓補）

2825_3儀

10 儀可（見吳德鴻）

儀可（見趙文）
26 儀伯（見王結）
27 儀叔（見金南美）
30 儀之（見馮椅）
50 儀夫（見杜範）
60 儀國公（見梁克家）
儀國公（見韓琦）
儀國公（見韓忠彥）
80 儀父（見方儀）
儀父（見周師鋭）

2828_1從

01 從龍（見周雲）
10 從元（見程卓）
25 從仲（見李大同）
30 從之（見王若虛）
從之（見孫逢吉）
從之（見司馬稟）
從之（見胡革）
從之（見周與可）
38 從道（見張革）
51 從軒先生（見章節夫）
53 從甫（見胡仲雲）
77 從周（見胡鎬）
從周（見柯維翰）
從周（見劉文郁）
80 從善（見韓擇）

2829_4徐

00 徐鹿卿（德夫）
橫浦續傳 40/2254
徐彥伯（長儒）
西澗門人 1/77
徐方舟（滄江書舍）
徐膺父 70/4086
徐膺
華川門人 70/4086
徐應龍（允淑、文肅）
慈湖同調 *74/4285
絜齋同調 75/4343
徐應鑣（巨翁、正節先生）
徐氏續傳 25/1724
徐應虎（文蔚先生）
陳氏門人別 3/6367
徐庭筠（季節、志節、溫節）
八行家學 1/69
徐章
鐵崖門人 52/3074
徐度（惇立）
和靖門人 *27/1752
魏氏門人 4/590
徐文鳳（伯恭）
別附別 2/6278
徐文卿（斯遠）
晦翁門人 69/3927

02 徐端卿(子長)
元受門人 99/6070
03 徐誼(子宜、宏父、忠文)
陳陸同調 ＊61/3395
廣平講友 76/4371
07 徐韶(君美)
王氏門人 82/4877
10 徐一夔(大章、始豐)
林氏門人 83/5030
徐正夫
和靖門人 27/1756
徐元震(孟達)
徐緬父 70/4086
徐元聘(芸齋)
晦翁學侶 49/2814
徐元得(耕道)
忠愍家學 81/4681
徐元杰(仁伯、棋埜、忠愍)
西山門人 81/4665
徐天麟
季立道師 12/1180
徐天麟(仲祥)
徐氏家學 53/3139
徐天祐(受之)
莊節師承 64/3547
徐霖(景說、徑畈)
晦靜門人 84/5047
12 徐璣(致中、靈淵)
水心門人 55/3198
14 徐琦(子若)
徑畈門人 84/5056
徐琦崧
徐應鑣子 25/1724
徐琳(元明)
晦翁門人 69/3918
徐勔(見徐緬)
15 徐臻(徐榛)
文山同調 88/5234
徐融(子明)
章氏學侶 5/626
17 徐珦(溫甫、止齋先生)
王氏門人別 2/6305
徐尋
安定門人 1/56
徐子鄧(志禹、化龍齋、雨軒)
余氏門人 89/5278
徐子寅(協恭)
三山門人 79/4531
徐子奇
章氏門人 82/4873
徐子耕
解氏門人 82/4983
徐子卿(奇仲、東山翁、思賢亭)
東澗講友 ＊84/5047
徑畈講友 84/5049
19 徐琰(子方、文貞)

野齋同調 2/238
20 徐俯(師川)
龜山門人＊25/1664
了翁私淑 35/2100
徐舜輯
徐□子 88/5251
徐季泰
徐應虎子別 3/6367
21 徐仁榮
剡源門人 85/5124
徐師顔(見徐晞顔)
徐緬(徐勉、徐勔、公遠)
夷白門人 70/4086
徐穎
程氏門人 94/5643
徐穎(見涂穎)
22 徐僑(崇甫、毅齋、文清)
晦翁門人 69/3759
徐巖
游應梅師 58/3325
徐幾(子與、進齋)
西山門人 81/4671
24 徐德郊
涪翁門人 19/1488
徐偉
陳氏講友別 2/6294
徐勉(見徐緬)
徐勉之
慈湖續傳 74/4325
25 徐仲堅
荊公講友 98/5840
徐績(仲車、節孝)
安定門人 1/31
26 徐伯琛(通夫)
張氏門人 70/3967
徐得之(思述、西園先生)
徐氏先緒 53/3129
27 徐紹先(心齋)
徐昇子 1/96
28 徐復(希顔、復之、沖晦處士)
高平同調 3/320
徐復
陳雅言師 49/2921
徐似道(淵子、竹隱)
戴氏師承 27/1759
29 徐嶸(見余嶸)
30 徐淮(佑元)
紫巖同調 44/2366
徐之綱(漢臣)
伊川續傳 16/1310
徐之祥(騏父、方塘)
漢上續傳 37/2173
徐安叟
節孝家學 1/63
徐寓(徐寓、居父、盤洲叟)
晦翁門人＊69/3846

蕃叟門人 53/3138
徐寓(見徐寓)
徐容(仁父)
晦翁門人 69/3875
徐定(德操)
易氏家學別 2/6254
徐宗仁(求心)
疊山同調 84/5058
徐宗實(徐亶、宗實、靜齋)
史氏門人 65/3606
32 徐淵
陳剛師 93/5621
徐澄(卿伯、韋齋)
徐氏同調 69/3941
33 徐必茂(幼學)
徐氏家學 88/5253
徐黼(舜文)
胡氏門人 70/4089
34 徐洪
古靈門人 5/625
35 徐沖
止齋門人 53/3135
徐清叟(直翁、真翁、忠簡)
徐氏家學 74/4313
37 徐次鐸
宋儒博考別 2/6246
38 徐道泰(芹西)
長民續傳 2/206
40 徐大亨(顯仲)
王氏門人 44/2449
徐大正(德之、北山學士、間軒)
東坡學侶 99/5987
徐大受(季可、竹溪)
晦翁學侶 49/2828
徐友聞(季益)
宋氏門人 82/4980
徐直方(立大、古為先生)
徑畈門人 84/5054
徐存(誠叟、南塘、逸平先生)
蕭氏門人 25/1690
徐木(子材)
龍川講友 *56/3228
晦翁學侶 49/2830
徐森(宗茂)
史氏門人 65/3606
44 徐夢莘(商老)
徐氏先緒 53/3129
徐孝寧
徐孝恭兄別 2/6232
徐孝友
徐孝恭兄別 2/6232
徐孝恭(季中)
宋儒博考別 2/6232
徐世英
黄牧之師別 2/6225
徐世隆(威卿)

野齋同調 2/237
45 徐榛(見徐臻)
徐椿年(壽卿)
南軒門人 71/4133
47 徐歡(中和)
黄氏門人 70/4073
徐桐(子材)
宋儒博考別 2/6245
50 徐中行(德臣、八行先生、真定)
安定門人 *1/45
了翁講友 35/2080
徐本中
黄氏門人 70/4071
54 徐拱(拱辰)
蒙齋門人 *75/4357
濂溪續傳 12/1175
徐氏家學 74/4314
徐勣(元功)
曾任待制以上者 96/5706
56 徐操
木訥門人 82/4966
57 徐邦憲(子文、文肅)
止齋門人 53/3134
60 徐昇(子英、方石)
徐氏續傳 1/96
徐景巖
劉氏門人 91/5470
63 徐暄
東萊門人 73/4224
64 徐畸(南夫、叔範、天民先生)
漢上門人 37/2168
徐晞顏(徐師顏、子愚)
安定之餘 1/94
67 徐昭文(季章)
莊節門人 64/3570
徐昭然(子融)
晦翁門人 69/3854
徐照(道暉、山民)
水心門人 55/3197
70 徐驤(伯驥)
程氏門人 78/4499
72 徐屋(見徐宗實)
77 徐覺(則仁)
祝氏續傳 78/4492
徐鳳(子儀)
慈湖門人 *74/4301
西山學侶 81/4657
徐卿孫((騏仲、麟仲)
文山同調 88/5240
80 徐鉉(鼎臣)
附傳 2/118
徐無黨
廬陵門人 4/541
徐孳
唐氏門人 82/4954
81 徐鍇(楚金)

徐鉉附 2/118
83 徐銾
徐氏家學 70/3969
徐鏄
徐氏家學 70/3969
85 徐鉠
尚質門人 70/4000
86 徐鐸(振甫)
正獻同調 19/1430
87 徐鈞
徐氏家學 70/3969
徐鈞(秉國、見心)
仁山講友 82/4816
88 徐鑑
徐必茂子 88/5253
徐筠(孟堅、國堅)
止齋門人 * 53/3133
徐氏家學 53/3138
徐範(彝父)
士人 97/5749
90 徐常(彥和)
古靈講友 * 5/608
又不在碑目者 96/5726
東坡講友 99/5983
91 徐恒
鹿庵門人 78/4495
97 徐翙
張彥師 25/1719
99 徐榮叟(茂翁、文靖)
徐氏家學 74/4312
叩徐□
藍田門人 31/1908
徐□
晦翁私淑 49/2863
徐□
說齋門人 60/3389
徐□
吴氏門人 82/4924
徐□
鄧氏門人 88/5251

2835_1鮮

10 鮮于綽(大受)
餘官 96/5712
鮮于侁(子俊)
曾任待制以上者 96/5698

2845_3犧

80 犧翁(見陳取青)

2854_0牧

00 牧庵(見姚燧)
牧庵居士(見曹盅)
牧齋(見孫松壽)
30 牧之(見胡謙)
牧之(見趙師宰)

33 牧心(見鄧牧)
44 牧荞(見王偁)
90 牧堂老人(見蔡發)

2891_6 稅

77 稅與權(巽甫)
鶴山門人＊80/4600
邵學之餘 10/1084

2891_7 紇

10 紇石烈希元
清容同調 85/5125
柳氏同調 82/4872

2892_7 綸

00 綸亭主人(見宋本)

2898_1 縱

30 縱之(見萬適)

2921_2 倦

80 倦翁(見岳珂)

2925_0 伴

88 伴竹先生(見陳盤)

2998_0 秋

22 秋崖(見方岳)
秋崖(見惠希孟)
秋巖(見韓秋巖)
31 秋潭(見薛延年)
37 秋澗(見王惲)
90 秋堂(見柴望)

3010_1 空

00 空齋(見林同)
19 空雲處士(見許文昌)
22 空山雷道士(見雷思齊)
空山先生(雷思齊)
77 空同外史(見王溥)
80 空谷齋(見何體仁)

3010_6 宣

00 宣(見張栻)
宣(見孫奭)
23 宣獻(見任希夷)
宣獻(見宋綬)
宣獻(見黃度)
宣獻(見樓鑰)
27 宣叔(見廖鐸)
47 宣懿(見楊察)
60 宣國公(見呂大防)
77 宣卿(見蔣燦)
宣卿(見華直溫)
宣岊(彥昭)
淵穎門人 56/3266

88 宣簡（見趙不息）
宣簡（見田況）

3010_7 宜

00 宜齋（見胡祖義）
27 宜叔（見雷宜仲）
30 宜之（見豐誼）
宜之（見吴南）
宜之（見楊由義）
宜之（見趙元）
44 宜老（見彭汝方）
宜桂可（可山）
陳氏門人別 3/6375

3011_4 淮

38 淮海（見秦觀）
76 淮陽王（見張宏範）

3012_3 濟

10 濟可（見翁仲通）
11 濟北（見晁補之）
22 濟川（見王楫）
濟川（見何涉）
濟鼎（見胡次焱）
30 濟之（見謝濤）
38 濟道（見龔楫）
40 濟南（見李廌）
53 濟甫（見康燊）
濟甫（見單振）
67 濟明（見錢世雄）
濟明（見謝應辰）
77 濟卿（見汪文龍）
80 濟父（見蕭公餉）
濟美（見范濟美）

3013_2 濠

33 濠梁郡公（見董槐）
35 濟甫（見趙滋）

3013_7 濂

32 濂溪先生（見周敦頤）

3014_7 淳

26 淳得（見范祖禹）
50 淳夫（見汪大經）
淳夫（見范祖禹）
53 淳甫（見范祖禹）
77 淳叟（見劉堯夫）
淳叟（見周應合）

3016_1 涪

22 涪皤（見黄庭堅）
74 涪陵居士（見譙定）
80 涪翁（見黄庭堅）

3020_1 寧

25 寧仲（見薛高）

30 寧之(見李康)
41 寧極(見孔畋)
寧極(見陳深)
寧極先生(見陳深)

3021_1 完

01 完顏璹(子瑜、樗軒老人、樗軒如庵)
馬學之餘 8/881
完顏孟陽(和之)
莊靖講友 78/4485
完顏承暉(維明、廣平郡王)
馬學之餘 8/881
44 完者不花
武氏門人 92/5573
50 完夫(見胡宗愈)

3021_3 寬

30 寬之(見楊恕)
50 寬夫(見文彥博)
寬夫(見章公量)
寬夫(見張溥)
53 寬甫(見同恕)

3021_4 寇

05 寇靖(唐臣、松溪翁)
王氏學侶別 3/6328
10 寇平(均輔)
蔡氏門人 2/166
60 寇國寶(國寶)
陳氏門人 4/581
叩寇□
鮑完澤門人別 3/6354

3022_7 房

11 房孺(見汪喬年)
22 房彪(季文)
楊氏門人 4/574
房山(見劉伯熙)
30 房審權
荆公同調＊98/5843
房昭庶子別 1/6169
67 房昭庶
王氏學侶別 1/6169

3022_7 肩

07 肩望(見王樵)
10 肩吾(見李從周)
肩吾(見蔡迨)

3022_7 甯

31 甯源
陳庚門人 90/5356
40 甯九齡
柳氏門人 82/4921
64 甯時鳳

正節同調 73/4228

86 甯智先

王氏師承 19/1405

3022_7 寥

00 寥玄(見陳植)

3023_2 永

00 永康(見閻復)

18 永政先生(見劉淵)

27 永叔(見孫椿年)

永叔(見默勒吉堅童)

永叔(見歐陽修)

永叔(見翁泳)

37 永退居士(見李申之)

60 永國公(見蔡沈)

永國公(見閻復)

77 永卿(見馬大年)

80 永年(見萬梗)

永年(見羅椿)

永年(見陳彭年)

3023_2 家

24 家德基

王宿附 96/5725

30 家寧

王宿附 96/5725

家定國(退翁)

二蘇講友 99/5982

40 家大酉(文節)

又未入案者 97/5750

42 家彬

退翁家學 99/6039

48 家幹

王宿附 96/5725

71 家愿(處厚)

王宿附 96/5725

家頤(養正)

宋儒博考別 2/6247

80 家鉉翁

朱學之餘 49/2920

家鉉翁(則堂)

象山續傳 58/3322

3026_1 宿

10 宿西(見林蒙亨)

44 宿藝(見薛奎)

3030_1 進

00 進齋(見師巖起)

進齋(見徐幾)

03 進誠(見李友諒)

26 進伯(見呂大忠)

30 進之(見卓先)

進之(見杜時昇)

進之(見韓循仁)

進之(見劉沖)
進之(見劉愈)
38 進道(見唐閱)
進道(見姚述堯)

3030_2 適

00 適庵(見李惠)
適齋(見謝俊民)
適齋(見汪大猷)
適意亭(見朱元德)
10 適可(見包履常)
38 適道(見李修)
51 適軒(見黃自信)
77 適用(見陳汝器)

3030_3 寒

00 寒齋(見林公遇)

3030_7 之

25 之純(見張澄)
之純(見李純甫)
38 之道(見應𦳝)
之道(見晁詠之)
40 之才(見王仲傑)
之壽(見呂椿)
48 之翰(見孫甫)
53 之甫(見李純甫)
60 之昂(見劉昂)
80 之美(見楊雲翼)
95 之性(見方性仲)

3033_6 憲

30 憲之(見周武仲)
40 憲古(見邱程)
53 憲成(見李諮)
71 憲臣(見潘及甫)
88 憲敏(見高閌)
憲敏(見沈樞)

3034_2 守

00 守庸(見戴仔)
10 守一(見林守道)
守正堂(見方疇)
20 守信(見蔡諒)
25 守純(見李時亨)
27 守約(見沈該)
守約(見李閎祖)
守約齋(見曾鞏)
守約先生(見曾魯)
守叔(見孫夢觀)
38 守道(見石介)
72 守剛(見傅致柔)

3040_1 宇

00 宇文子貞
周天祐師別 3/6384

宇文師獻（德濟）
　　李氏門人 44/2454
宇文紹節（挺臣、忠惠、顧齋）
　　南軒門人 72/4169
宇文之邵（宇文之紹、公南、止止先生）
　　蜀學之先 6/714
宇文之紹（見宇文之邵）
宇文公諒（子貞、純節先生）
　　□□□□95/5664
宇文□
　　拙齋門人 36/2155

3040_1 宰

32 宰沂（伯魯）
　　庸齋學侶 90/5361

3040_1 準

00 準齋（見吴如愚）
51 準軒（見吴中）

3040_4 安

10 安正（見夏希賢）
21 安仁（見石延年）
安仁（見華鎮）
安行（見陳居仁）
安師（見李攄）
22 安樂先生（見邵雍）
23 安然（見翁定）
30 安之（見諸葛泰）
安之（見王尚恭）
安之（見林居實）
安定郡伯（見胡景崧）
安定先生（見胡瑗）
32 安滔（石峯）
　　安松父 91/5464
37 安逸處士（見韓退）
38 安道（見張方平）
安道（見胥偃）
安道（見傅自得）
安道（見吴遵路）
安道（見祝洙）
安道（見姚宏中）
安道（見楊適）
安道（見余靖）
安道（見錢顗）
44 安老（見呂祉）
48 安松（廷幹、恕齋）
　　安氏先緒 91/5464
50 安中（見江惇提）
安中（見黃履）
安惠（見鄧潤甫）
安素處士（見高懌）
安素處士（見張厚）
53 安成（見劉鼎安）
57 安邦（見李常寧）

60 安國(見張孝祥)
安國(見上官謚)
安國(見陳輔)
67 安昭祖(光遠、通村老子)
魏氏門人 25/1714
安晚(見鄭清之)
72 安劉(東山)
三江門人 76/4391
77 安熙(敬仲、滹川學者、黙庵)
靜修私淑 *91/5472
朱學之餘 49/2899
安卿(見程鎭)
安卿(見林學履)
安卿(見趙謚)
安卿(見陳淳)
80 安父(見林子恭)
安普大
鐵崖門人 52/3075
88 安簡(見王舉正)
安簡(見李光)
安節(見鄭震)
90 安常(順之)
党氏門人 100/6132
安常子(見張厚)

3040_7字

32 字溪(見陽枋)

3043_2宏

00 宏齋(見包恢)
宏齋(見李燔)
宏齋(見曹涇)
宏齋(見鄭集)
30 宏宗(見劉揚祖)
38 宏道(見應復)
宏道(見張士元)
宏道(見邵光祖)
44 宏老(見季士宏)
53 宏甫(見張雄飛)
80 宏父(見包恢)
宏父(見徐誼)

3060_6富

00 富亭(見孫邦仁)
富言
文穆門人 19/1401
17 富弼(富皋、彦國、文忠、鄭國公、韓國公)
高平門人 *3/357
王氏私淑 2/168
晏氏門人 3/408
富氏家學 19/1430
20 富季申
景迂講友 22/1575
22 富山先生(見方一夔)

26 富皋(見富弼)
27 富紹庭
文忠家學 3/413
39 富沙(見邱程)
40 富直柔
文忠家學 3/413
50 富春先生(見孫復)
80 富善(見黃癰)

3060_8 容

00 容齋(見唐廷瑞)
容齋(見劉元剛)
容齋(見劉聞)
20 容季(見王冏)
24 容德齋(見邱以道)
30 容之(見宋之汪)
32 容溪(見王□)
40 容直(見袁轂)
43 容城郡公(見劉因)
80 容父(見程其垕)
容父(見葛洪)
90 容堂先生(見馬洪)

3060_9 審

00 審齋居士(見沈棐)
審言(見李復圭)
審言(見葉審言)
審言(見呂機)
25 審律(見吴儀)
審律先生(見吴儀)
32 審淵(見劉希深)
77 審賢(見楊寘)

3062_1 寄

44 寄夢(見張肯)
80 寄翁(見黎立武)

3071_4 宅

30 宅之(見陳堂)
宅之(見曾祖道)
38 宅道(見龐安仁)

3073_2 良

24 良佐(見王宗岳)
良佐(見李直方)
良佐(見楊邦弼)
良佐(見劉應時)
良佐(見陳彝)
25 良仲(見李杞)
良仲(見杜煜)
27 良叔(見史彌忠)
30 良定(見李端懿)
43 良載(見周垕)
50 良貴(見吴貴)
良貴(見蔣重珍)
良貴(見劉維思)

53 良甫(見孟猷)
良輔(見潘弼)
90 良堂(見婁建)

3077_2 密

00 密庵(見謝肅)

3080_1 定

00 定庵(見胡升)
定齋(見謝諤)
定齋(見汪一龍)
定齋先生(見汪一龍)
定齋居士(見孫逢年)
定齋居士(見李獻卿)
22 定川(見沈煥)
30 定宇(見陳櫟)
34 定遠(見曾熠)
44 定菴(見王瀚)
50 定夫(見何安子)
定夫(見吳應賢)
定夫(見游酢)
定夫(見李大猷)
定夫(見蕭佐)
定夫(見蔡戡)
定夫(見陳應龍)
定夫(見饒應子)
51 定軒(見張疾遷)
定軒(見楊□)
60 定國(見王鞏)
定國(見張景憲)
定國公(見文恂)
定國公(見趙秉溫)
77 定叟(見王霆)
定叟(見張杓)
80 定翁(見黃閱)

3080_6 寅

27 寅叔(見王子清)
77 寅卿(見向子忞)

3080_6 賓

10 賓王(見方誼)
27 賓叔(見王惟寅)
30 賓之(見馮寅)
賓之(見劉夙)
77 賓卿(見梁觀國)

3080_6 實

00 實齋(見王遂)
實齋(見張道洽)
30 實之(見龔茂良)
實之(見王邁)
實之(見真志道)
實之(見胡革)
50 實夫(見黃櫄)
實夫(見林宗臣)

實夫(見馬光祖)

53 實甫(見孫桌)

77 實卿(見陳光)

3080_6竇

22 竇偁(日彰)

竇儀弟別 1/6144

24 竇僖

竇儀弟別 1/6144

25 竇傑(見竇默)

26 竇侃

竇儀弟別 1/6144

竇儼(望之)

竇儀弟別 * 1/6144

28 竇儀(可象)

宋儒博考別 1/6144

竇從周(文卿)

晦翁門人 69/3790

63 竇默(竇傑、子聲、漢卿、文正、魏國公)

魯齋講友 90/5343

77 竇履

漢卿家學 90/5419

3080_6寶

00 寶章(見解龍翔)

10 寶石(見程若中)

21 寶仁(見趙璧)

22 寶峯先生(見趙偕)

寶山(見劉厚南)

30 寶之(見李如圭)

寶之(見姚鉉)

寶之(見陸琮)

31 寶潭(見魯士能)

71 寶臣(見傅珏)

寶臣(見呂公弼)

77 寶巴(見保八)

80 寶善堂(見薛勉)

3090_1宗

00 宗文(見劉彬)

宗文(見鄭綺)

02 宗端修

王氏學侶別 3/6324

03 宗誠(仲實)

白雲門人 82/4910

04 宗謨(見陳舜申)

10 宗一先生(見鍾震)

宗元(見蕭夢得)

宗元(見胡堯卿)

宗平(見劉均)

宗平叔(見姬平叔)

13 宗武(見康震)

宗武(見晏防)

16 宗聖(見幹道沖)

宗强(見趙必健)

17 宗翼

戚氏講友 3/262

20 宗禹(見李君錫)

21 宗仁(見鄭樸翁)

宗儒(見高志寧)

宗儒(見葉士寧)

22 宗山(見傅崧之)

25 宗仲亨

湛然門人 8/893

26 宗白(見趙時賞)

宗魏(見韓億)

27 宗彝(見楊錡)

宗魯(見楊昭述)

宗約(見羅博文)

30 宗汴(見薛京)

宗之(見文元)

宗實(見徐宗實)

31 宗源(見程海)

33 宗溥(見王溥)

35 宗禮(見羅博文)

36 宗澤(汝霖、忠簡)

梁溪同調 25/1684

38 宗道(見薛塾)

宗道(見哈剌魯伯顔)

宗道(見劉宗道)

40 宗古(見孫奭)

宗吉(見瞿佑)

44 宗茂(見徐森)

宗茂(見李汶)

宗華(見趙時棣)

宗楚(見詹何)

50 宗夷(見周景略)

宗泰(見李洙)

宗肅(見陳文龍)

宗表(見李曄)

51 宗振(見周震)

53 宗盛(見梁百揆)

宗甫(見王弈)

60 宗思睿

宋氏門人 82/4980

71 宗驥(見陽枋)

77 宗卿(見石範)

宗卿(見卿密)

99 宗榮(見劉鍔)

3090_4 宋

00 宋方山

宋氏家學 92/5600

宋庠(宋郊、公序、元獻、元憲、莒國公、鄭國公)

忠文學侶 19/1419

宋文仲(伯華)

宋氏續傳 19/1498

宋文昭(宋朝、文霆、蓉峯處士)

宋氏先緒 82/4884

02 宋端平

陳希亮門人別 1/6160
03 宋斌(文叔)
晦翁門人 69/3776
04 宋訥(仲敏)
陳氏門人 92/5600
07 宋郊(見宋庠)
08 宋敦樸
宋氏家學 32/1942
10 宋正父(宋正甫)
南軒私淑 50/2968
宋元僖
鐵崖門人 52/3062
宋元與
趙安仁附 3/277
宋天則(秉彝)
東萊門人 * 73/4217
吴氏門人 25/1703
南軒門人 50/2965
11 宋班(粹父)
涪翁講友 * 19/1465
文安續傳 6/723
12 宋瑞(見文天祥)
18 宋璲(仲珩、伯珩、仲衡)
宋氏家學 82/4971
19 宋聚(顯夫、文清、范陽郡侯)
宋氏家學 95/5669
20 宋億
宋氏家學 3/421
宋秉孫
宋慈子 81/4673
宋維翰(見宋惟幹)
22 宋綬(公垂、宣獻)
楊氏門人 * 6/661
晁氏門人 3/339
24 宋德謙(德謙)
陳氏家學別 1/6204
宋德潤(體仁)
道園門人 92/5582
宋偉
林仁實從子 69/3887
25 宋甡(茂叔、西園)
南軒門人 71/4120
宋仲錫
濂溪續傳 12/1176
松傑(見丁南一)
26 宋白(大素、文憲、文安)
楊氏同調 6/652
宋自適(亦佳、吉甫)
宋氏家學 71/4149
宋自遜(謙父、查山)
宋氏家學 71/4149
宋自述
宋氏家學 71/4149
宋自達
宋氏家學 71/4149
宋自逢(宋恭、愿父)

宋氏家學 71/4149
宋自道(正甫)
宋氏家學＊71/4149
伯微同調 58/3316
宋皋
宋綬父 6/661
宋保國
荆公學侶 98/5841
宋和(君和、文康、燕寧郡公)
宋德謙曾孫別 1/6204
28 宋復
象山門人 77/4428
30 宋沆(叔子)
宋氏先緒 71/4102
宋完(志父)
涪翁門人 19/1486
宋濂(景濂、潛溪、文憲、太史公)
凝熙門人＊82/4933
張吴私淑 82/4925
朱氏門人 82/4957
方氏門人 82/4963
環谷私淑 83/5031
靜修續傳 91/5485
宋宏
徂徠門人＊2/176
泰山門人 2/160
宋之珍(國寶)
浮沚同調＊32/1937
又不在碑目者 96/5726
宋之汪(容之)
晦翁門人＊69/3840
宋氏家學 49/2845
宋之源(積之、深之)
靜春門人＊59/3343
宋氏家學 49/2845
宋之潤(澤之)
晦翁門人＊69/3840
宋氏家學 49/2845
宋之才(廷佐、雲海居士、文簡、平陽縣伯)
龜山門人 25/1665
宋守之
陳氏家學別 1/6188
宋準(子平)
陳氏師承別 1/6147
34 宋洪
宋德謙子別 1/6204
宋祐(見俞靖)
宋禧(敬敏)
宋德謙孫別 1/6204
宋遠遜
王襲師 99/6073
37 宋祁(子京、景文)
忠文學侶＊19/1421
晏氏门人 3/408

38 宋道隆
尚書門人 19/1468
40 宋九嘉(飛卿)
屏山門人 100/6120
宋大發
宋氏續傳 51/3024
宋大□
宋慈子 81/4673
宋士(見許月卿)
宋士嘉
夏達才師 89/5299
宋克信(見宋本)
宋希祖(紹庭)
鶴山所出 80/4573
宋去非
東萊講友 51/3011
44 宋藻(去華)
王氏門人別 2/6308
宋恭(見宋自逢)
宋孝忱(伯恂)
王氏門人 44/2446
宋若水(子淵)
晦翁同調 49/2831
宋蘊(元發)
鶴山所出 80/4573
宋林(修叔)
伯微門人 58/3321
47 宋朝(見宋文昭)
48 宋梅洞(梅洞)
何體仁師別 3/6341
50 宋申甫
履齋門人 77/4449
宋本(宋克信、誠夫、江漢羈傖、垂綸亭主人、正獻、綸亭主人)
王氏門人 95/5662
53 宋輔
蘇渙附 99/5951
宋咸(貫之)
盱江同調 3/389
60 宋國寶
宋慈子 81/4673
66 宋巖
柳氏門人 9/958
72 宋剛仲(仲潛)
宋氏續傳 19/1498
宋剛叔
宋氏家學 6/685
77 宋眉年(壽道)
林氏門人別 2/6296
宋駒(廄父)
水心門人 * 55/3192
宋氏家學 6/685
宋聞禮(叔履)
晦翁門人 69/3930
宋舉(見邵整)

宋貫之
陳孚師別 2/6283
80 宋慈(惠父)
西山門人 * 81/4673
節齋門人 62/3489
勉齋門人 63/3514
九峯門人 67/3668
果齋門人 70/3969
子直門人 70/3988
和中門人 70/4033
87 宋翔(子飛、梅谷)
張氏門人 44/2405
88 宋敏修
宋氏家學 6/685
宋敏求(次道)
宋氏家學 6/682
90 宋惟亮(無為先生)
陳氏師承別 1/6155
宋惟幹(宋維翰、小宋)
田氏門人 6/689
宋堂
王氏學侶別 1/6163
96 宋懌
宋璲子 82/4971

3094_7寂

37 寂通居士(見陳時可)
63 寂默居士(見晁端稟)

3111_0江

00 江立
江氏家學 6/739
江文卿
晦翁門人 69/3888
02 江端禮(子和、季恭、季慕)
節孝門人 * 1/64
江氏續傳 4/576
涪翁門人 19/1482
東坡門人 99/6033
江端友(子我)
江氏家學 1/78
江端本(子之)
江氏家學 1/78
10 江雲端
壽翁門人 50/2977
江元益
晦翁門人 69/3937
江震
西莊家學 25/1721
江夏郡公(見黃湣)
14 江琦(江錡、全叔)
武夷門人 * 34/2002
江氏家學 6/739
17 江予之
景迂講友 22/1575
18 江致堯(聖俞)

邱氏同調 79/4514
20 江孚先
晦翁門人 69/3917
21 江衎
古靈門人 5/625
22 江側(見江測)
24 江休復(鄰幾)
廬陵講友 4/487
江升
西莊家學 25/1721
江緯(彥文、文中虎、七賢堂)
附傳 6/732
27 江凱(江愷、伯幾、伯成、雪矼、雪江先生)
山屋門人＊89/5295
孫氏門人 89/5297
30 江寓(仲宏)
劉氏門人 35/2103
32 江測(江側、虔中)
古靈同調 6/711
33 江泳(元適、西莊)
逸平門人 25/1709
34 江漢(朝宗)
少卿家學 6/749
江漢羈傖(見宋本)
江漢先生(見趙復)
江汝舟
古靈同調 6/711
江濤
曾氏學侶 24/1613
37 江湖長翁(見陳造)
40 江友直(德正、餓殺塚)
陳氏講友別 2/6293
江克明(仁甫、得齋、約齋)
象山續傳＊58/3321
朱學續傳 49/2867
江南先生(見顧近仁)
江南書布袋(見王俊華)
42 江樸(文叔)
荆公同調 98/5842
44 江蒙
西莊家學 25/1721
江孝伯(孝伯)
江文卿父 69/3888
江萬頃(子玉、古崖)
江氏家學 70/4002
江萬里(子遠、文忠、南康郡公、益國公、古心、止水亭)
林氏門人 70/3976
江革
西莊家學 25/1721
江村(見姚雲)
江村(見姚江村)
江村先生(見錢良右)
江村民人(見錢良右)
江萊甫(芳卿、草窗先生)

邵學之餘 10/1089
46 江塡(叔文)
西山門人 81/4663
50 江史(夢良)
木氏門人 32/1957
江泰
劉氏門人 79/4544
60 江躋(元壽)
少卿家學 6/749
63 江默(德功)
晦翁門人 69/3848
64 江疇
晦翁門人 69/3926
67 江明(清卿)
江氏家學 34/2032
江嗣
江氏家學 34/2032
77 江與權
白石門人 68/3721
80 江介(邦直、玉汝)
逸平門人 25/1709
江公望(民表)
餘官 96/5713
84 江錡(見江琦)
86 江鐸
江萬頃子 70/4002
90 江惇提(安中)
浮溪講友 6/756
江少齊
少卿家學 6/749
江少虞(虞仲)
少卿家學 6/749
91 江炳
江樸子 98/5842
92 江愷(見江凱)
叩江□
江氏家學 70/3995

3111_1涇

53 涇甫(見祝泌)
76 涇陽王(見賀伯顏)

3111_4汪

00 汪齊(子思)
不附新法者 96/5696
汪應辰(汪師閔、汪洋、聖錫、孝伯、文定、玉山先生)
呂張門人 * 46/2512
焦氏門人 30/1859
紫巖同調 44/2363
東坡私淑 99/6050
汪度(仲容)
魏氏門人 25/1714
汪文龍(濟卿)
張氏講友別 3/6356
汪文子

慈湖門人 74/4309
汪文炳(炳叔)
汪氏門人 95/5667
汪奕(公偉)
汪襄兄 98/5898
汪襄(公弼)
汪氏同調 98/5898
汪衮
汪士遜孫 50/2975
01 汪龍友
止齋門人 53/3135
汪龍友
絜齋門人 75/4353
10 汪一龍(遠翔、定齋、定齋先生)
朱學之餘＊49/2889
靖齋門人 80/4610
汪元春(景新)
王氏門人 64/3547
12 汪廷佑(子卿)
晦翁學侶＊49/2825
廣平講友 76/4371
20 汪喬年(房孺)
伯修門人 35/2105
汪維崇(賢甫)
汪維岳兄別 2/6278
汪維岳
別附別 2/6278
21 汪師閔(見汪應辰)
汪貞保(以元)
師山門人＊94/5641
唐氏門人 94/5642
樗庵門人 94/5643
24 汪侁(見汪洗)
汪德馨(叔明)
吴氏門人 70/4093
汪德輔(長儒)
晦翁門人 69/3918
25 汪積善
汪氏家學 94/5643
汪仲和
汪洗曾孫 92/5603
汪仲魯(汪轁、仲魯)
余氏門人 92/5595
26 汪自明(俊德)
師山門人 94/5640
汪得清
龜山門人 25/1669
汪皋會(元贊)
王氏門人別 2/6302
27 汪伋(及甫)
定川門人＊76/4385
慈湖門人 74/4307
汪轁(見汪仲魯)
汪紹(子博)
汪存父 27/1758
28 汪儀鳳(祥甫)

程氏門人別 2/6266

30 汪注(東之)

別附別 2/6275

汪沆

王澈兄 3/426

汪之林(德仲)

樓氏門人 79/4548

汪安仁

紹熙爭過宫者 97/5743

汪安甫

汪士遜子 50/2975

汪安節

汪邦光子 49/2813

31 汪河

余氏门人 92/5596

汪灝(季彝)

汪懋卿子 * 76/4395

汪懋卿子別 2/6293

海陰門人 76/4397

34 汪洗(汪侁、彥暉)

汪氏門人 * 92/5603

朱氏門人 70/4092

趙氏門人 92/5598

汪汝懋(以敬、遯齋)

吴氏門人 * 74/4326

朱學之餘 49/2908

汪汝賢

汪伋父 76/4385

35 汪清卿(湛仲、敬齋、愛日齋)

晦翁學侶 49/2826

汪神鶩

汪洗玄孫 92/5603

36 汪涓(養源)

玉山學侶 46/2516

汪澤民(叔志、文節、譙郡公)

姚氏門人 95/5660

37 汪澥(仲容)

荆公門人 * 98/5866

汪深(所性)

玉齋講友 89/5271

38 汪瀚(幼海)

汪懋卿子 * 76/4395

汪懋卿子別 2/6293

汪澈(明遠、莊敏)

高平私淑 3/426

汪洋(見汪應辰)

40 汪九成(又善)

朱學之餘 49/2898

汪大度(時法、獨齋、西山先生)

大愚講友 51/3015

汪大發(敷之、騰波先生)

鶴山門人 80/4604

汪大經(淳夫)

汪氏家學 23/1600

汪大猷(仲嘉、叔嘉、適齋、莊靖)

趙氏門人 25/1694
汪士遜(宗禮)
張學之餘 50/2975
汪垚(子厚、碧山先生)
師山學侶 94/5638
汪克寬(德輔、仲裕、環谷先生)
汪氏再傳 * 83/5022
武夷續傳 34/2055
吴氏門人 74/4327
俞氏續傳 77/4454
雲峯門人 89/5304
道園門人 92/5578
師山講友 94/5637
汪存
仁甫門人 27/1758
汪存心
倪氏門人 70/4091
汪志道
倪氏門人 70/4090
汪森卿
汪懋卿弟 * 76/4395
汪懋卿弟别 2/6293
汪雄圖(思遠、李坡先生)
宋儒博考别 2/6244
41 汪標(國表)
厚齋續傳 70/4050
44 汪藻(彦章、浮溪、龍溪)
少卿門人 * 6/750
吴園門人 25/1690
師川門人 25/1701
程氏門人 35/2104
汪氏門人 98/5907
吴氏門人 98/5911
汪蔭
趙氏門人 92/5598
汪蒙(功父)
北山門人 82/4814
汪懋卿
海陰同調 * 76/4395
陳氏講友别 2/6293
汪莘(叔耕、柳塘居士、方壺居士)
晦翁學侶 49/2821
汪華(榮夫、東山)
雙峯門人 83/5001
汪革(信民、青溪先生、清溪先生)
滎陽門人 * 23/1598
張氏講友 31/1908
汪世賢
環谷門人 83/5031
汪楚材(太初、南老)
晦翁學侶 49/2829
47 汪嶅
汪氏續傳 46/2559
汪杞

黄氏門人＊70/4073
白雲門人 82/4915
汪杞(堅老)
唐氏家學别 1/6200
50 汪泰初
汪志道父 70/4090
汪泰初(希賢)
陳氏門人别 3/6372
汪胄文
汪注子别 2/6275
53 汪輔之
張厚師 99/6040
57 汪邦光
晦翁學侣 49/2813
60 汪國用
克升講友 83/5016
汪思齊
汪氏家學 6/747
汪思溫(汝直、有恭堂)
汪氏家學 6/746
汪昌壽(伯敏)
汪注從子别 2/6275
61 汪晫(處微、康範先生、環谷廬)
易氏家學别 2/6253
77 汪堅老
象山門人 77/4429
汪開之(元思)
北山門人 82/4774
80 汪益謙(受之)
以元家學 94/5644
汪義端(子充、充之)
附攻媿元道學者＊97/5751
竹洲門人 71/4148
88 汪敏中(耐翁)
絜齋門人 75/4355
汪箕
汪邦光孫 49/2813
90 汪惟賢
汪注從孫别 2/6275
汪炎昶(懋遠、古逸)
孫氏門人＊89/5296
山屋門人 89/5295
叩汪□
玉山家學 46/2553
汪□
汪氏續傳 73/4244

3111_4 溉

30 溉之(見李溉之)

3111_7 瀘

32 瀘溪先生(見王庭珪)

3112_0 河

35 河神(見李瀆)
40 河内(見尹源)

河南王（見孛憐吉䚟）
河南郡公（見陳祐）
河南先生（見尹洙）
河南伯（見程顥）

3112_7 馮

00 馮彥章（復古堂）
朱學之餘 49/2906
馮彥玠（嘉中廬）
陳氏講友別 2/6291
馮彥中（慎齋）
朱學之餘 49/2905
馮方
又論事者 96/5738
馮應之
又不在碑目者 96/5729
馮京（當世文簡）
文忠門人＊3/413
懿敏門人 3/402
鄭氏門人 6/719
03 馮誠（擇善）
宋氏門人 82/4978
馮誠之
晦翁門人 69/3924
馮誠之（明仲、復庵）
方舟門人 99/6073
07 馮翊（原輔）
白雲門人 82/4910
08 馮施叔（孟博）
思豫門人 32/1948
10 馮正符（信道）
何氏門人 2/185
馮亞（希顏）
魏氏門人 9/962
馮元（道宗、章靖）
孫氏門人 2/134
馮元正
靜軒講友 67/3667
馮元質
象山門人 77/4427
12 馮延登（子駿、橫溪翁）
滏水門人 100/6124
14 馮琳
止齋門人＊53/3135
馮氏家學 32/1956
17 馮子振（海粟）
陳氏同調別 3/6351
馮翼翁（子羽、雙桂）
許氏講友別 3/6341
18 馮瑜
止齋門人＊53/3135
馮氏家學 32/1956
21 馮處晦
馮□子 10/1034
22 馮制（公初）
楊王同調 6/705

馮皐(見馮皐)
馮皐(馮皐、君重、龜峯室)
見齋家學 70/3993
馮山(允南、鴻碩先生)
馮氏先緒 45/2483
23 馮参
浮沚師承 32/1917
馮允中(作肅、見齋)
晦翁門人 69/3833
24 馮倚
晦翁門人 69/3926
馮休
盱江同調 3/389
26 馮伯震
見齋家學 70/3993
27 馮奬翁(子將)
許氏講友別 3/6341
馮魯山
馮翼翁父別 3/6341
28 馮復(振文、東陸先生)
許氏講友別 3/6348
30 馮寧
余氏門人 39/2206
馮安國(彥修)
陳氏家學別 1/6205
馮寅(賓之)
唐氏家學別 1/6195
34 馮汝舟
馮誠之祖 99/6073
38 馮洽(深之)
晦翁門人 * 69/3917
厚齋門人 70/4002
40 馮去疾
晦翁私淑 49/2856
馮去非(可遷、深居)
厚齋家學 70/4001
44 馮夢得(初心)
龜山之餘 25/1723
馮孝揚(得一、孝揚)
吴氏師承 83/5005
馮棐
馮氏續傳 45/2505
馮桂芳
皋羽門人 56/3257
馮椅(儀之、厚齋)
晦翁門人 69/3891
46 馮恕
方舟門人 99/6076
馮如晦
馮□子 10/1034
47 馮桐西(桐西)
楊維翰師 52/3060
50 馮泰卿(梅窗、瓊芳)
琴山門人 77/4435
60 馮思温
匪石門人 82/4951

馮甲
馮氏家學 99/6081
64 馮時行(馮當可、當可、縉雲先生)
譙氏門人 30/1859
馮時行(見馮時中)
馮時中(馮時行)
沮和議者 96/5738
67 馮鄂
余氏門人 39/2206
68 馮晦(文顯)
馮寅族子別 1/6195
70 馮璧(叔獻、天粹)
王氏講友別 3/6321
77 馮用晦
馮□子 10/1034
馮興宗(振甫)
慈湖門人 74/4290
馮巽亨
趙秉溫師 91/5466
80 馮善主(君協)
魯齋門人 90/5407
86 馮知微
馮恕父 99/6076
90 馮惟說
馮伯震從弟 70/3993
馮惟尹
馮伯震從弟 70/3993
馮當可(見馮時行)
叩馮□
李氏門人 10/1034
馮□(損之)
陳氏家學別 1/6175

3112_7 灊

22 灊山(見朱翌)

3114_9 滹

22 滹川學者(見安熙)
40 滹南遺老(見王若虛)

3116_1 潛

00 潛亨(見唐既)
潛庵(見輔廣)
潛齋(見王埜)
潛齋(見楊庯)
潛齋先生(見何夢桂)
潛齋先生(見陳剛)
22 潛山叟(見黃孝綽)
30 潛室先生(見陳埴)
潛窩室(見陳規)
32 潛淵(見王龍澤)
潛溪(見宋濂)
33 潛心(見柴衛)
38 潛道(見暢大隱)
50 潛夫(見張泳)

濳夫（見張志道）
濳夫（見洪焱祖）
濳夫（見胡升）
濳夫（見劉克莊）
濳夫（見劉炎）
77 濳叟（見段沖）
濳學先生（見陳剛）

3116_8 濬

00 濬文（見李希明）
25 濬仲（見吴沈）

3119_6 源

38 源澈（見楊匯）

3126_6 福

10 福王（見趙汝愚）
35 福清先生（見王蘋）
60 福國公（見真德秀）

3128_6 顧

00 顧齋（見宇文紹節）
顧齋（見嚴師夔）
顧應春
顧潤祖別 3/6379
顧文英
庸齋門人＊49/2865
夾漈私淑 46/2560
17 顧君立
陳氏門人＊70/3980
瓜山門人 70/3985
顧君度
陳氏門人＊70/3980
瓜山門人 70/3985
22 顧嵩之
杜洲私淑 74/4323
24 顧德玉（潤之）
陳氏門人別 3/6377
27 顧叔川（學海）
顧潤父別 3/6379
32 顧近仁（力行、江南先生）
薛魁祥附 88/5239
34 顧達卿
顧權父 89/5304
37 顧潤（德輝）
陳氏家學別 3/6379
38 顧道（恭叔）
竇峯門人 93/5619
44 顧權（用衡、靖夷先生）
雲峯私淑＊89/5304
達觀同調別 2/6289
47 顧慤（存誠）
顧道子 93/5619
78 顧臨（子敦）
安定門人＊1/43
古靈學侶 5/608

90 顧棠(叔思)

荆公門人 98/5874

3130_3 遯

00 遯庵先生(見翟龕)

遯庵先生(見段克己)

遯齋(見許文奎)

遯齋(見汪汝懋)

遯齋老人(見王元節)

22 遯山(見朱叔騏)

80 遯翁(見朱熹)

遯翁(見羅無競)

3130_4 迂

00 迂齋(見李樗)

迂齋(見樓昉)

迂齋(見周馳)

25 迂仲(見李樗)

51 迂軒(見李迂軒)

60 迂愚翁(見方暈)

80 迂父(見歐陽守道)

3130_6 迺

26 迺穆泰

玩齋門人 92/5585

3210_0 洌

26 洌泉(見趙洌泉)

3210_0 淵

10 淵天(見許洞)

17 淵子(見徐似道)

21 淵穎先生(見吳萊)

26 淵伯(見劉沐)

44 淵孝先生(見杜瓊)

52 淵靜(見解子玉)

淵靜(見黄仁)

63 淵默(見佘日强)

77 淵卿(見杜濬)

3211_8 澄

00 澄齋(見吳翌)

31 澄源(見程漢)

71 澄原(見楊澄原)

77 澄叟(見葉頃)

90 澄懷閣(見程瑀)

3212_1 沂

60 沂國公(見王曾)

沂國公(見趙汝愚)

3212_7 湍

10 湍石(見喻樗)

3212_7 端

44 端蒙(見佘童)

3213_0 冰

40 冰壺(見李長庚)

冰壺(見趙濟)
冰壺散人(見劉欽)
44 冰華先生(見錢世雄)

3213_4 溪

00 溪齋(見滕璘)
10 溪西先生(見鄭樵)
21 溪上翁(見郭霖)
50 溪東先生(見鄭厚)
60 溪園(見周應合)
90 溪堂(見林公遇)
溪堂先生(見謝逸)
溪堂先生(見滕愷)

3213_4 濮

25 濮仲溫
鐵崖門人 52/3074
60 濮園(見趙善湘)

3214_7 浮

10 浮雲先生(見劉鶚)
浮雲道院(見劉鶚)
24 浮休居士(見張舜民)
31 浮沚先生(見周行己)
32 浮溪(見汪藻)
77 浮邱先生(見陳紹叔)

3214_7 叢

44 叢桂堂(見段昌武)

3215_7 淨

86 淨智先生(見洪擬)

3216_9 潘

00 潘文饒(明則)
濂溪私淑 12/1165
潘文饒
伊川私淑 16/1296
11 潘預(晉卿)
宋儒博考別 2/6233
13 潘武(叔允)
北溪學侶 68/3715
14 潘殖(子醇、浩然子)
劉胡同調 43/2320
17 潘琛
和靖門人 27/1756
潘弼(良輔)
呂學之餘 51/3023
潘及甫(憲臣)
安定門人 1/53
潘翼(雄飛)
王氏師承 44/2360
18 潘孜(元善)
王氏門人 44/2441
21 潘鯁(昌言)
公劚門人 5/628
潘鯁

澄南門人 82/4970
25 潘傑
少南門人 44/2428
26 潘伯修(省中)
西山門人＊82/4952
南村講友 82/4931
潘自牧
潘氏家學 73/4235
潘自晦(顯甫)
潘氏家學 73/4235
27 潘約(簡夫)
焦氏門人 4/555
28 潘從善(擇可)
南村講友 82/4931
30 潘淳
涪翁門人＊19/1487
潘氏家學 12/1163
潘安固(仲碩)
同許講友 32/1936
潘良能
潘氏學侶 25/1670
潘良貴(義榮、子賤、默成)
龜山門人＊25/1654
權氏門人 19/1495
忠簡同調 44/2351
35 潘迪
王氏學侶別 3/6335
36 潘澤(澤民)
魯齋門人 90/5411
37 潘冠英
合沙門人 6/758
38 潘滋
拙齋門人＊36/2154
李氏門人 36/2155
40 潘大臨(邠老)
潘氏家學 5/633
潘友文(文叔)
象山門人＊77/4421
晦翁門人 49/2841
南軒門人 50/2965
潘友端(端叔)
南軒門人 71/4121
潘友恭(恭叔)
晦翁門人 69/3840
潘希聖
潘氏家學 32/1958
潘燾(無愧)
濂溪續傳＊12/1169
晦翁同調 49/2831
41 潘柄(謙之、瓜山先生)
晦翁門人＊69/3800
潘氏家學 36/2157
節齋學侶 62/3480
勉齋門人 63/3511
44 潘著(澤民)
吴氏門人＊74/4327

安定之餘 1/95
潘植(立之)
晦翁門人＊69/3799
拙齋門人 36/2154
李氏門人 36/2156
潘氏家學 36/2157
46 潘樫(德久)
潘文饒從子 12/1165
47 潘墀(經一、經之、介巖、芥軒、大潘君)
魯齋學侶＊28/4815
朱學續傳 49/2880
呂學之餘 51/3023
潘朝卿(春卿)
少南門人 44/2428
60 潘思孟(幾道)
伯模講友 5/627
潘景之
季立道師 12/1180
潘景憲(叔度)
艮齋門人＊52/3047
東萊門人 73/4201
晦翁門人 49/2840
潘景良
東萊門人＊73/4211
晦翁門人 49/2841
潘景愈(叔昌)
潘氏家學 73/4235
64 潘時舉(子善)
晦翁門人＊69/3855
勝之門人 49/2864
67 潘明之
白雲講友 82/4864
71 潘頤養(正卿)
劉氏講友別 3/6362
77 潘履孫
晦翁門人 69/3927
潘閔(子文)
伊川門人 32/1930
潘興嗣(延之、清逸)
濂溪講友 12/1153
80 潘慈明(伯龍)
濂溪私淑 12/1165
99 潘榮(伯誠、節齋先生)
馬學之餘 8/886
吅潘□
潘氏續傳 12/1167

3230_2 近

21 近仁(見仇遠)
60 近思(見王力行)

3300_0 心

00 心齋(見徐紹先)
34 心遠(見俞皋)
心遠先生(見聶□)

38 心道(見饒宗魯)
46 心如(見劉翼)

3300_0 必

10 必正(見陳慕)
11 必彊(見毛剛伯)
16 必强(見李守柔)
24 必先(見胥訓)
必先(見沈與求)
必先(見黄開)
30 必之(見洪裕)
34 必達(見奚士達)
67 必明(見劉愚)

3311_1 浣

32 浣溪(見黄開)

3312_7 浦

43 浦城先生(見楊明復)
浦城伯(見真德秀)

3313_2 泳

00 詠齋(見洪詠齋)
泳齋(見楊伯嵒)
詠齋翁(見洪淵)
30 泳之(見甘泳)
38 泳道(見朱沂)

3314_2 溥

30 溥之(見鄭湜)

3314_7 浚

67 浚明(見崔陟)
90 浚常(見鄭深)

3316_0 治

24 治先(見呂大器)
50 治表(見王公乂)

3318_6 濱

44 濱老(見李呂)
60 濱國公(見張養浩)

3319_1 淙

22 淙山(見方實孫)

3322_7 補

00 補亡(見柳開)
30 補之(見王無咎)
補之(見司馬袞)
補之(見士袞)
補之(見鄭湜)

3330_9 述

30 述之(見唐季乙)

述之（見姚勉）
40 述古（見陳襄）

3390_4梁

00 梁彦通（貫之、平野莊、佚老園）
梁氏家學 3/345
梁應龍
程氏門人別 2/6258
10 梁至剛子（浩然、南溪老人）
靜修講友 91/5463
梁五經（見梁寅）
梁百揆（宗盛、端懿先生）
梁氏家學 81/4682
15 梁建中
程學之餘 16/1318
17 梁琢（文叔）
晦翁門人 69/3833
20 梁季珌（飾父）
慈湖同調 74/4285
21 梁師安
劉氏門人 91/5471
梁師恭
劉氏門人 91/5471
24 梁佐
□□□□6/717
25 梁仲欽
西山同調 81/4658
26 梁和叔
文山同調 88/5236
30 梁適（仲賢、莊肅）
梁氏家學 3/344
梁寅（孟敬、梁五經、五經）
朱學之餘＊49/2917
九峯續傳 67/3677
32 梁溪（見李綱）
34 梁汝嘉（仲謀、仲謨、縉雲郡公）
梁氏家學＊6/759
沮和議者 96/5735
35 梁遘
附傳 2/165
40 梁克家（叔之、文靖、儀國公）
知州門人 44/2429
梁希然
申屠義附 100/6124
梁燾（況之）
姜氏門人 2/183
41 梁樞（象軒先生、觀象軒）
江漢門人 90/5382
44 梁椅（子奇）
晦翁私淑 49/2858
46 梁觀國（賓卿、歸正先生）
衡麓學侶 41/2269
50 梁泰
梁至剛子＊91/5463
劉氏門人 91/5472
56 梁揚祖

權氏門人 19/496
60 梁國公(見何瑋)
梁固(仲堅)
梁顥子 3/286
梁固(達夫)
何氏門人 ＊6/759
梁氏家學 6/758
61 梁顥(太素)
王氏門人 3/284
77 梁周翰(元褒)
柳氏講友 9/924
梁印孫
許氏講友別 3/6342
78 梁臨(仲敬)
附傳 67/3680
80 梁益(友直、庸齋)
朱學之餘 49/2901

3400_0 斗

11 斗瓚(見姚樞)
22 斗山(見王庭槐)
40 斗南(見吴仁傑)
斗南(見胡箕)
51 斗軒(見丁南一)

3411_2 沈

00 沈該(守約、元約)
漢上同調 37/2167
沈度(公雅)
默堂門人 38/2179
02 沈新民
宋氏門人 82/4980
10 沈元
陸氏門人 80/4628
11 沈棐(沈同父、沈長卿、文伯、文約、審齋居士)
宋儒博考別 2/6245
20 沈千
餘官 96/5715
沈季長
荆公門人 98/5877
21 沈師程
慈湖續傳 74/4324
22 沈僑
王氏學侶別 1/6158
25 沈仲固
附晚宋詆詈諸儒者 97/5768
27 沈僩(仲莊)
晦翁門人 ＊69/3792
節齋學侶 62/3481
沈躬行(彬老、石經先生)
程呂門人 32/1928
28 沈作喆
王氏門人別 2/6309
31 沈憑
陸氏門人 98/5907

33 沈必達

沈師尹父 76/4386

34 沈遼(睿達、雲巢室)

司勳門人 6/745

41 沈樞(持要、憲敏)

涑水私淑 8/865

44 沈翥

履齋門人 77/4449

50 沈貴珤(誠叔、毅齋先生、敬齋)

介軒門人 89/5270

沈東岡

邵箕谷師 52/3078

52 沈括(存中)

陳氏家學別 1/6171

60 沈唯曾

李師尹師 * 76/4386

季文家學 76/4386

沈易(易之、翼之、蔬食野人)

程學之餘 16/1318

71 沈長卿((見沈棐)

75 沈體仁(仲一)

止齋門人 53/3133

77 沈同父(見沈棐)

沈與求(必先、和仲、忠敏)

苕溪師承 35/2081

85 沈銖(子平)

荆公門人 98/5875

90 沈省曾(智甫)

定川家學 76/4384

91 沈炳(季文)

定川學侶 76/4376

97 沈煥(叔晦、定川、端憲)

廣平講友 * 76/4372

晦翁門人 49/2841

東萊講友 51/3011

三山門人 79/4531

□沈□

吴氏門人 * 82/4924

白雲門人 82/4915

3411_2池

28 池從周(子文)

晦翁門人 69/3890

3411_4灌

60 灌園(見呂南公)

3411_8湛

23 湛然(見吴表臣)

湛然居士(見耶律楚材)

25 湛仲(見汪清卿)

32 湛淵(見白珽)

40 湛存

公南門人 5/633

44 湛若

別附別 2/6276

3412_7 渤

38 渤海郡侯(見歐陽龍生)

3413_1 法

76 法颺(見高期誠)

3413_2 漆

12 漆水郡公(見耶律希亮)

3413_2 濛

32 濛溪(見張著)

3413_4 漢

00 漢章(見鄭剛中)
17 漢弼(見趙孟何)
21 漢上先生(見朱震)
25 漢傑(見陳次公)
44 漢英(見張次房)
漢老(見李邴)
56 漢規(見邱何)
71 漢臣(見謝士龍)
漢臣(見丁易東)
漢臣(見徐之綱)
漢臣(見狄青)
漢臣(見馬仲舒)
77 漢卿(見王襲)
漢卿(見竇默)
漢卿(見胡仲舒)
漢卿(見趙卯發)
漢卿(見輔廣)
80 漢公(孫何)
87 漢翔(見吴化龍)

3414_0 汝

00 汝文(見何鐸)
10 汝玉(見祝禹圭)
汝霖(見宗澤)
汝霖(見趙澤)
11 汝礪(見李丑父)
30 汝實(見邊恢)
37 汝資(見陳深)
40 汝大(見林應承)
汝直(見汪思溫)
汝南主客(見晁端民)
汝南伯(見周敦頤)
汝南公(見范仲淹)
44 汝芳(見呂枋)
46 汝楫(見高錠)
66 汝器(見程汝器)
67 汝明(見李鑑)
汝昭(見祝櫰)
77 汝堅(見王礪)
78 汝臨(見舒莊)
87 汝翔(見蔣羽)

3414_7 凌

12 凌登龍(顯夫)

趙氏同調 55/3199

21 凌師德

清源門人 85/5127

34 凌浩(真翁)

安定門人 1/56

40 凌堯輔

雙峯門人 83/5003

44 凌茂翁

陳氏家學別 3/6382

凌懋(彥德)

剡源門人 85/5123

60 凌景夏(季文)

橫浦門人 *40/2236

沮和議者 96/5737

80 凌愈(彥道)

剡源門人 85/5123

88 凌策(子奇)

文氏門人 3/289

3414_7 淩

10 淩雲先生(見饒子儀)

3416_1 浩

00 浩齋(見林略)

浩齋(見楊子謨)

浩齋(見劉廷直)

浩齋先生(見過源)

23 浩然(見吳成大)

浩然(見梁至剛)

浩然子(見潘殖)

51 浩軒(見解應申)

77 浩卿(見李季淵)

浩卿(見劉演)

3418_1 洪

00 洪褒然(見洪無競)

10 洪天驥(逸仲、東巖)

洪氏家學 47/2626

洪天錫(君疇、陽巖、文毅)

後村門人 47/2625

17 洪羽(鴻父)

餘官 *96/5709

龍雲門人 4/573

涪翁門人 19/490

洪氏家學 19/1491

20 洪采(元白)

師山門人 94/5641

27 洪芻(駒父)

餘官 *96/5717

龍雲門人 4/573

涪翁門人 19/1490

洪氏家學 19/1491

32 洪淵(泳齋翁、環中堂)

邵學之餘 10/1086
洪适（洪造、景伯、溫伯、文惠、艮齋、桂山）
白雲私淑 28/1803
33 洪泳齋（泳齋）
朱隱老師 49/2928
洪祕（必之）
盤洲家學 28/1808
34 洪汝懋
舒公平門人 99/6083
洪造（見洪适）
洪邁（景盧、文敏）
盤洲學侶 * 28/1805
涑水私淑 8/868
37 洪初（義初、野谷先生）
明所門人 83/5026
洪咨夔（舜俞、平齋、忠文）
崔氏門人 79/4550
38 洪遵（景嚴、文安）
盤洲學侶 28/1805
洪道（見周必大）
44 洪夢炎（季思、默齋）
慈湖門人 74/4296
57 洪擬（弘擬、成季、逸叟、文憲、淨智先生）
盛氏門人 1/72
58 洪擣（節夫、菊坡）
晦翁講友 49/2791
64 洪勛（恕齋、後峴先生）
平齋家學 79/4560
77 洪朋（龜父）
涪翁門人 * 19/1489
龍雲門人 4/573
洪氏家學 19/1491
洪卿（見姚穎）
洪民師（德父）
涪翁講友 19/1465
洪興祖（慶善、丹陽、練堂）
洪氏家學 1/83
80 洪無競（洪褎然、求伸）
東萊門人 73/4223
87 洪欽（元成）
陳氏家學別 3/6380
88 洪簡（子斐、子裴）
洪氏續傳 28/1811
90 洪炎（玉父）
涪翁門人 * 19/1489
龍雲門人 4/573
洪氏家學 19/1491
洪焱祖（潛夫）
鄂州私淑 39/2206

3418_1 淇

12 淇水（見李清臣）

3418_6 潢

22 潢山（見趙游夫）

3426_0 祐

30 祐之(見郭天祐)
祐之(見葉祐之)
祐之(見趙承慶)
祐之(見劉天祐)
祐之(見陳祥道)

3426_0 褚

17 褚承亮(茂先、玄真先生)
東坡學侶 99/5988
叩褚□(雪巘)
陳氏講友別 2/6292

3430_2 邁

80 邁公(見董養性)

3430_3 遠

00 遠庵(見方士繇)
遠庵(見趙師夏)
遠齋(見程鉅夫)
遠齋先生(見程鉅夫)
30 遠流(見任文薦)
38 遠遊(見吴復古)

3430_4 達

00 達齋(見楊輔世)
03 達識脫睦爾(九成)
康里家學別 3/6363
10 達可(見湯建)
達不花(見泰不華)
30 達之(見黄宜)
達之(見劉愈)
38 達道(見滕元發)
44 達材(見方季仁)
達材(見胡拱)
46 達觀(見王珏)
達觀(見楊準)
50 達夫(見王該)
達夫(見梁固)
達泰不華(見泰不華)
77 達卿(見鄔逵)
80 達父(見羅克開)
達善(見張翌)
87 遠翔(見汪一龍)

3440_4 婆

39 婆娑(見崔鷃)

3510_6 沖

10 沖霄(見高沖霄)
20 沖季(見孫貫)
21 沖虛居士(見錢朝彦)
30 沖寂居士(見郭汾)
34 沖遠(見劉鶚)
37 沖退處士(見章詧)

50 沖素處士(見張志行)
沖素處士(見邵餗)
沖素處士(見鄭綺)
68 沖晦處士(見郭雍)

3512_7清

07 清毅(見陳塏)
16 清碧先生(見杜本)
22 清巖老子(見李詞伯)
23 清獻(見王都中)
清獻(見崔與之)
清獻(見朱松)
清獻(見游似)
清獻(見董士珍)
清獻(見杜範)
清獻(見趙抃)
清獻(見趙挺之)
清獻先生(見陸正)
25 清純先生(見劉安世)
26 清伯(見徐澄)
27 清脩先生(見朱雪)
清叔(見王卿月)
清叔(見衛涇)
清叔(見吴梅卿)
清叔(見李蘩)
30 清之(見伍維寅)
清憲(見范之柔)
清憲(見趙挺之)
清容先生(見查深)
清容居士(見袁桷)
31 清河郡王(見張堯封)
清河郡侯(見張善)
清河郡公(見元明善)
清源(見林泉生)
清源郡王(見何執中)
32 清溪(見桂彦良)
清溪先生(見汪革)
34 清遠(見黄景昌)
37 清潤(見周壽伯)
清逸(見潘興嗣)
清逸處士(見魏閑)
清逸處士(見鄭柏)
50 清忠(見牟子才)
53 清甫(見曹涇)
68 沖晦處士(見徐復)
71 清臣(見趙善湘)
清臣(見車若水)
72 清隱(見宋正父)
清隱(見陳準)
74 清陂(見陳龍復)
77 清風先生(見楊學可)
清叟(見張揚卿)
清叟(見周清叟)
清卿(見王仲元)
清卿(見張友直)
清卿(見何源)

清卿(見鮑濂)
清卿(見江明)
清卿(見萬澄)
80 清全齋(見陳深)
清父(見楊汲)
清父(見胡醇父)
88 清敏(見豐稷)
清敏(見范應鈴)
清敏(見趙與懽)
清節先生(見蕭楚)
清節先生(見周霆震)

3513_0 決

40 決壽老(見白賁)

3519_6 涑

12 涑水(見司馬光)

3520_6 神

00 神童(見饒□)
22 神川遯士(見劉祁)
77 神與(見蔡發)

3521_8 禮

00 禮庭(見張復禮)
77 禮卿(見楊宗伯)

3530_0 連

00 連庶(君錫)
宋氏學侶 19/1426
連庠(元禮)
宋氏學侶 19/1427
10 連雲先生(見方暹)
20 連舜賓(輔之)
連庶父 19/1426
22 連嵩卿
晦翁門人 69/3895
30 連憲(民式)
王氏門人 44/2442
40 連士表(少華)
連世瑜子 * 44/2407
王氏門人 44/2434
連士則
連世瑜子 44/2407
44 連世瑜
梅溪同調 44/2407

3530_6 迪

52 迪哲(見劉桓)
53 迪甫(見王次傳)

3530_8 遺

00 遺立子(見萬適)
22 遺山(見元好問)
30 遺安(見蔣誼)
遺安先生(見王磵)
遺安室(見鄒次陳)

3610_0 湘

26 湘泉先生(見趙綱)

27 湘鄉先生(見鄭厚)

3611_0 況

30 況之(見梁燾)

34 況逵

王氏門人別 3/6359

3611_7 温

05 温靖(見孫固)

25 溫仲舒(秉陽)

文穆講友 19/1399

26 温伯(見鄧潤甫)

温伯(見洪适)

温伯(見朮虎邃)

44 温若春

崔氏同調 79/4535

46 温如(見任介)

温如(見楊居)

温如(見盛璲)

50 温夫(見張即之)

温夫(見劉敦詩)

53 温甫(見徐珦)

温甫(見韓玉)

60 温國公(見司馬光)

温國公(見李燾)

88 温節(見徐庭筠)

3612_7 湯

10 湯露

陳氏門人 70/3980

湯干(見湯千)

11 湯彌昌(師言、碧山)

王氏學侶別 3/6331

14 湯璹(君保、君寶)

晦翁同調 79/4519

15 湯建(達可、藝堂先生)

慈湖講友 * 74/4273

止齋門人 53/3137

18 湯致

郭氏學侶 51/3012

20 湯千(湯干、升伯、隨適居士、存齋、大湯)

柴眞門人 84/5039

21 湯師中

劉氏學侶 71/4137

湯師中(君錫)

东澗先緒 84/5043

24 湯德成

湯德威兄 84/5039

湯德威(德威、臨齋)

湯氏先緒 84/5039

31 湯潛

素軒門人 62/3489

33 湯泳（叔永、靜一先生）
晦翁門人 69/3791
34 湯漢（伯紀、東澗、文清）
晦靜家學＊84/5044
東萊續傳 51/3022
西山門人 81/4672
深寧講友 85/5099
40 湯巾（仲能、晦靜）
柴眞門人 84/5042
湯志真
陳氏家學別 3/6385
50 湯中（季庸、息庵、抑齋、小湯）
柴眞門人 84/5042
57 湯邦彥
百源續傳 78/4461
67 湯暉老
湯彌昌父別 3/6331
71 湯臣（見王中立）

3612_7 渭

22 渭川居士（見呂勝己）
27 渭叔（見張渭）
47 渭起（見林應辰）
80 渭父（見李畋）

3614_1 澤

10 澤雲（見陳應潤）
22 澤山行館（見黃震）
30 澤之（見宋之潤）
澤之（見胡淵）
34 澤遠（見楊寓）
53 澤甫（見蔣沐）
77 澤臞居士（柴元彪）
澤民（見張道洽）
澤民（見潘澤）
澤民（見潘著）
澤民（見陳大澤）
澤民（見陳潤）
80 澤父（見呂凝之）

3614_7 漫

10 漫吾亭（見程瑀）
33 漫浪先生（見劉羲仲）
漫浪翁（見劉羲仲）
40 漫塘（見劉宰）
77 漫叟（見羅良弼）
80 漫翁（見薛瑀）
90 漫堂（見劉宰）

3618_1 湜

32 湜溪先生（見郭正表）

3621_0 祝

00 祝奕（彥思）
太保門人 1/76
10 祝丙（祝癸）

晦翁門人 69/3885
12 祝癸(見祝丙)
15 祝融居士(見樂思忠)
20 祝禹圭(汝玉)
晦翁門人 ＊69/3907
横渠續傳 18/1379
誠齋同調 44/2413
21 祝卣
祝奕子 1/76
22 祝僑(仲容)
朱氏門人 39/2204
26 祝穆(和甫、文修、樟隱先生)
晦翁門人 69/3885
33 祝泌(子涇、涇甫、觀物老人)
邵學之餘 78/4462
35 祝洙(安道)
祝氏家學 70/4000
40 祝士表(矩堂)
西山學侶 81/4657
祝才叔(規齋)
象山門人 72/4426
祝櫰(汝昭)
晦翁學侶 ＊49/2820
诚齋同調 44/2411
南軒講友 50/2960
東萊講友 51/3010
44 祝蕃(蕃遠)
靜明門人 ＊93/5611
玉峯門人 66/3626
祝林宗(有道)
涪翁門人 19/1484
94 祝煒
素軒門人 62/3490

3630_2 邊

40 邊友誠(仁叟、應叟)
邊氏先緒 77/4406
60 邊昌(伯盛)
朱學之餘 49/2922
94 邊恢(汝實)
象山門人 ＊77/4424
涑水續傳 8/877
舒氏門人 30/1864

3711_0 汎

80 汎翁(見劉因)

3712_0 洵

84 洵饒(見黄寬)

3712_0 洞

00 洞齋(見李遇)
10 洞雲處士(見朱應岳)
31 洞源先生(見胡詠)

3712_0 湖

22 湖山居士(見吴芾)

78 湖陰居士(見韋許)

3712_0 潤

30 潤之(見顧德玉)
潤之(見劉滋)
53 潤甫(見姜澤)

3712_0 澗

10 澗西(見黄崇義)
26 澗泉(見韓淲)
27 澗壑居士(見黄談)
80 澗谷(見羅□)

3712_7 鴻

11 鴻碩先生(見馮山)
32 鴻漸(見史漸)
鴻漸(見陳漸)
34 鴻遠(見李聲)
53 鴻甫(見曾漸)
77 鴻舉(見柴翼)
80 鴻父(見段羽)

3712_7 潏

12 潏水先生(見李復)

3713_6 漁

25 漁仲(見鄭樵)
32 漁灣(見李志道)

3714_0 淑

10 淑西(見張由益)

3714_7 汲

17 汲郡公(見呂大防)
25 汲仲(見胡長孺)
40 汲古堂(見陳宗説)

3715_6 渾

77 渾尺居士(見王介)

3716_0 洺

12 洺水(見程珌)
22 洺川(見王磵)

3716_1 澹

00 澹庵(見張珪)
澹庵(見胡銓)
澹齋(見李流謙)
澹齋(見彭欽)
澹齋(見黄夢炎)
30 澹室(見陳居仁)
51 澹軒(見康曄)
澹軒(見孫轍)
澹軒(見艾謙)
澹軒(見陳庚)
澹軒先生(見李呂)

澮軒先生(見艾謙)
77 澮居處士(見馬大同)

3716_4 洛

60 洛國公(見王磐)
洛國公(見程頤)

3716_4 潞

60 潞國公(見文彦博)
潞國公(見王利用)

3718_1 凝

25 凝績(見石熙載)
30 凝之(見劉涣)
34 凝遠(見傅凝遠)
77 凝熙先生(見聞人夢吉)

3718_1 溟

34 溟涬生(見廖應淮)

3718_2 次

00 次文(見楊作)
次辛(見馬壬仲)
10 次元(見周燾)
次雲(見方翥)
次賈(見陳策)
13 次琮(見李琥)
17 次尹(見許祖伊)
21 次儒(見吕南公)
22 次山(見張汴)
次山先生(見灝□)
次山(見黄彦平)
次山(見周甫)
24 次德(見韋不伐)
25 次律(見蔡相)
次仲(見郭孝友)
次仲(見林旦)
26 次魏(見鄒宗謩)
次皋(見孫巖)
38 次道(見宋敏求)
42 次姚(見邱崇)
55 次農(見金履祥)
60 次思(見楊伋)
61 次點(見王與之)
77 次卿(見程永奇)
80 次公(見楊偕)
次公(見楊傑)

3718_2 漱

44 漱芳(見吕恂)

3719_3 潔

00 潔齋先生(見袁燮)

3719_4 深

00 深褭山道人(見吴萊)

深褱先生(見吴萊)
22 深山(見董鼎)
30 深寧(見王應麟)
深之(見龔原)
深之(見向沈)
深之(見馮洽)
深之(見李處道)
深之(見李源)
深之(見宋之源)
31 深源(見朱浚)
38 深道(見韋許)
深道(見董思賢)
44 深林先生(見劉楚蘭)
52 深甫(見王回)
53 深甫(見陸濬)
甫(見曾子淵)
77 深居(見馮去非)
80 深父(見龔原)
深父(見王回)
深父(見張騏)

3721_0 祖

00 祖文(見李勝)
12 祖烈(見黄興孫)
20 祖舜(見張汝明)
祖舜(見陳少虞)
24 祖德(見楊景芬)
30 祖之(見齊唐)
44 祖世英(穎仲)
安定續傳 1/78
80 祖無擇(擇之)
泰山門人＊2/154
待制門人 3/396
穆氏門人 9/948

3721_4 冠

30 冠之(見章甫)
冠之(見朱元龍)

3722_0 初

00 初庵先生(見傅立)
初齋(見鄭原善)
30 初寮(見王安中)
33 初心(見馮夢得)
38 初遂(見周天錫)
67 初明(見馬熙)

3722_7 祁

30 祁寬(居之)
和靖門人 27/1750
60 祁國公(見杜衍)

3723_2 祿

77 祿堅復(子固)
易氏家學別 2/6255

3730_1 逸

00 逸齋（見范處義）
10 逸平先生（見徐存）
25 逸仲（見洪天驥）
30 逸賓（見王磵）
67 逸野堂（見王僖）
77 逸叟（見洪擬）
逸叟（見袁文）
逸民（見胡楚材）

3730_2 通

00 通齋先生（見葉由庚）
通齋先生（見羅履泰）
28 通微先生（見楊剛中）
30 通濟（見邱義）
34 通達（見劉載）
44 通老（見黃中）
通老（見楊楫）
通老（見周燾）
通村老子（見安昭祖）
50 通夫（見何耕）
通夫（見徐伯琛）
72 通隱（見魯訔）
77 通叟（見舒津）
通卿（見蔣吉相）
通卿（見林子沖）
88 通敏（見陳思謙）

3730_2 過

31 過源（道源、浩齋先生）
□□□□79/4541

3730_3 逯

30 逯宏
徐氏門人 83/5032

3730_3 邉

80 邉父（見劉敞）

3730_3 退

00 退庵（見林補）
退庵（見劉强學）
退齋（見熊禾）
退齋（見劉彌正）
退齋（見邱□）
退齋（見滕安上）
30 退之（見陳思謙）
退安處士（見劉易）
退密先生（見傅淳）
退密室（見傅淳）
50 退夫（見虞兟）
51 退軒（見郭熙）
77 退叟（見朱昂）
80 退翁（見王寂）
退翁（見柴瑾）

退翁（見家定國）
退翁（見劉彌正）
退翁（見俞汝尚）

3730_4 逢

16 逢聖（見林光世）
40 逢吉（見林表民）
50 逢春（見陳景茂）
67 逢明（見牟大昌）
71 逢原（見王令）
逢原（見程若庸）
逢原（見鄭濟甫）

3772_7 郎

88 郎簡
杜氏講友 3/400

3780_6 資

37 資深（見謝源）
資深（見王居安）
資深（見李定）
資深（見黃逢源）
資深（見歐陽浚）
38 資道（見王居安）
50 資中（見黃澤）

3810_4 塗

24 塗勉仲
塗森父 99/6074
40 塗森
方舟門人 99/6074
41 塗柄
方舟門人 99/6075
叩塗□
舒公平師 99/6083

3811_9 滏

12 滏水先生（見趙秉文）

3813_2 滋

22 滋川佚逸（見何體仁）
32 滋溪先生（見蘇天爵）
44 滋蘭（見劉叔向）

3813_7 冷

00 冷齋子（見魯訔）

3814_0 澈

32 澈溪居士（見彭醇）

3814_7 游

00 游應祥（子善）
游氏續傳 26/1740
游應梅（叔大、翁山翁）
象山續傳 58/3325
05 游靖

游氏家學 31/1908
12 游烈(晉老)
安定門人 1/51
17 游子賢(浚伯)
游應梅子 58/3325
18 游酢(定夫、文叔、廣平先生、廌山先生)
二程門人 * 26/1729
江氏門人 6/739
21 游師雄(景叔)
横渠門人 31/1900
25 游仲鴻(子正、忠)
慶元之學 79/4538
27 游倪(和之)
晦翁門人 69/3921
28 游似(景仁、克齋、清獻、南充國公)
劉氏門人 79/4543
30 游憲
鶴山門人 80/4604
40 游九言(游九思、誠之、默齋、文清、默齋先生)
南軒門人 * 71/4108
游氏續傳 26/1740
晦翁門人 49/2840
游九功(勉之、受齋、莊簡)
南軒門人 * 71/4110
游氏續傳 26/1740
游九思(見游九言)
42 游彬
劉學箕門人 43/2328
44 游桂(元發、畏齋)
樂行門人 4/583
50 游中
皇甫泌門人 2/179
游中孚(大信)
莊簡同調 20/1518
59 游掞(德華)
廌山家學 26/1736
77 游開(子蒙)
晦翁門人 * 69/3922
游氏續傳 26/1740
87 游欽(敬仲)
游應祥子 26/1740

3815_7 海

10 海粟(馮子振)
47 海鶴生(見貝瓊)
78 海陰先生(見陳鬐白)

3816_7 滄

31 滄江先生(見虞剛簡)
滄江先生(見解綸)
滄江書舍(見徐方舟)
32 滄州病叟(見朱熹)
滄洲(見程公許)

滄洲(見史彌堅)
33 滄浪(見吴伯海)
滄浪(見嚴滄浪)
38 滄海逸史(見曾堅)

3819_4涂

00 涂應雷(桂莊)
朱學之餘 49/2904
21 涂穎(徐穎、叔良)
水北門人 * 92/5597
玩齋門人 92/5585
余氏門人 92/5595
31 涂溍生(自昭)
朱學之餘 49/2907

3825_1祥

53 祥甫(見汪儀鳳)
60 祥國(見廖應瑞)

3826_8裕

00 裕齋(見史格)
30 裕之(見元好問)
51 裕軒先生(見朱同善)
80 裕父(見舒益)
90 裕堂(見梅寬夫)

3830_2逾

50 逾中(見韋襄)

3830_3遂

37 遂初(見尤袤)
遂初(見方德至)
遂初老人(見王厚孫)
72 遂隱(見魯詧)

3830_4遵

38 遵道(見李常)
遵道(見楊迪)

3830_6道

00 道章(見劉珣)
10 道可(見王濟淵)
17 道子(見孫德之)
道勇(見陳師凱)
20 道孚(見楊克)
22 道任(見石公揆)
道川先生(見倪士毅)
道山(見鄭棠)
24 道佐(見石公揆)
25 道傳(見柳貫)
道純(見劉格)
27 道鄉(見鄒浩)
28 道復(見李孟)
30 道濟(見西門楫)
道濟(見劉德淵)
道濟(見曾覺)

道宗(見馮元)
31 道江先生(見歐陽侁)
道源(見過源)
道源(見彭醇)
道源(見劉恕)
37 道潔(見袁溉)
道祖(見陸憲元)
40 道大(見程直方)
道存(見柴性初)
道真(見許古)
50 道夫(見黄樵仲)
道貴堂(見李道恒)
53 道威(見吴虎臣)
道甫(見王自中)
道甫(見貢師道)
60 道國公(見周敦頤)
道園(見虞集)
67 道暉(見徐照)
71 道原(見王端)
道原(見劉恕)
道長(見尚大伸)
77 道舉(見李忠輔)
道卿(見張問)
道輿(見婁文輔)

3834_3 導

31 導江先生(見張㮚)

3860_4 啓

26 啓伯(見樓鑰)

3912_0 沙

74 沙隨(見程迥)

3918_9 淡

00 淡庵老人(見胡銓)
淡齋(見張大同)
30 淡室(見胡銓)
51 淡軒(見葉士龍)
淡軒(見楊方)
淡軒先生(見陳紀)
80 淡翁(見唐既)

3930_2 逍

27 逍奥山人(見陶煜)
37 逍遙(見謝良佐)
逍遙(見郭邦逸)
逍遙公(見李椿年)

4001_7 九

01 九龍先生(見程逵)
10 九靈山人(見戴良)
21 九經師(見邵光祖)
22 九峯先生(見蔡沈)
九山居士(見李微)

28 九齡(見鐵木兒塔識)
32 九溪(儿牟楷)
44 九萬(見高翥)
53 九成(見達識脫睦爾)
九成(見陶宗儀)
60 九思(見鄭轂)

4002_7 力

21 力行(見顧近仁)
38 力道(見王肱)

4003_0 大

00 大章(見徐一夔)
大章(見楊芮)
10 大雷山民(見柯大春)
14 大珪(見嵇琬)
20 大信(見游中孚)
大受(見韓于綽)
大受(見晁端稟)
21 大卣(見楊震亨)
大經(見解綸)
25 大紳(見解縉)
26 大和(見杜嬰)
大程子(見程顥)
30 大寧先生(見敬鉉)
大之(見夏溥)
36 大湯(見湯千)
43 大戴先生(見戴述)
44 大蘇(見蘇符)
大老(見呂沖之)
46 大觀(見趙瞻)
50 大車(見余載)
大本堂(見黄岊)
大東萊(見呂本中)
60 大愚叟(見呂祖儉)
大田先生(見王象祖)
70 大雅(見崔敦詩)
大雅(見韓元善)
大防(見樓鑰)
大防(見呂防)
72 大劉先生(見劉安節)
大隱先生(見楊適)
76 大陽先生(見陽枋)
77 大用(見王汝梅)
大用(見蔑兒吉䚟脫脫)
大用(見申屠致遠)
大同(見朱同)
80 大年(見方椿)
大年(見萬椿)
大年(見杜椿)
大年(見楊億)
大年(見楊椿)
大年(見馬大年)
大食幹直
大食瞻思父 14/1239
大食瞻思(得之、文孝、恆山郡

侯）

文恭門人 14/1239

83 大猷（見張闡）

87 大鄭公（見鄭伯熊）

4003_0 太

21 太虚（見何中）

太虚（見秦觀）

26 太白（見葉李）

太和（見何兑）

太和（見婁志沖）

30 太空（見許月卿）

32 太淵（見林泳）

37 太初（見王泰來）

太初（見魏初）

太初（見汪楚材）

太初（見李沆）

太初（見董朴）

太初（見趙淇）

太初（見陸夢發）

太初子（見趙良本）

40 太希（見陳鏗翁）

太古（見王埜翁）

42 太樸（見危素）

50 太史公（見宋濂）

太素（見宋白）

太素（見梁顥）

70 太雅（見錢熙）

71 太原（見閻路）

太原郡公（見王天鐸）

太原郡公（見王結）

太原郡公（見王惲）

77 太學觀化齋生（見午炎午）

88 太簡（見雷簡夫）

太簡（見蘇易簡）

太簡（見韓丕）

4003_8 夾

32 夾漈先生（見鄭樵）

80 夾谷之奇（士常）

張氏門人＊82/4880

康氏門人 10/1090

4004_7 友

10 友璋（見阮珪）

友于堂（見劉榘）

13 友琮（見阮璧）

30 友之（見孟宗獻）

37 友初（見貢性之）

40 友直（見梁益）

44 友恭堂（見汪思溫）

46 友柏（見趙古經）

48 友松居士（見蔣昌道）

77 友陶軒（見詹抃）

87 友欽（見趙敬）

88 友竹（見吴德溥）

90 友堂(見吴昶)
友光(見雷光霆)

4010_0 士

00 士廉(見羅鍔)
士文(見席郁)
士衮(補之)
士氏家學 6/724
01 士龍(見薛季宣)
10 士元(見朮虎邃)
12 士弘(見曹毅)
15 士建中(熙道)
泰山同調 6/695
22 士鼎(見羅希揚)
24 士先(見曹肅)
30 士宣(見唐義問)
士宏(見曹毅)
士憲(見唐淑問)
士良(見牛諒)
33 士心(見葉志道)
44 士英(見李幼武)
士華(見程實之)
47 士都(見李昶)
50 士表(見文儀)
60 士冕(見葉黼)
62 士則(見李文)
67 士明(見林旦)
士瞻(見吕竦)
77 士開(見曹伯啓)
80 士美(見高嶷)
88 士敏(見張文選)
士敏(見高巽志)
90 士常(見夾谷之奇)
97 士輝(見馬充實)

4010_1 左

01 左龍卿
元通門人 34/2044
22 左繼樗(芳遠、隱齋)
邵學之餘 10/1086
24 左緯(經臣、委羽居士)
横塘講友 32/1935
60 左昌時
誠齋同調 44/2412
97 左煥
郝氏門人 95/5671

4010_4 圭

00 圭齋(見歐陽玄)
27 圭叔(見吕大圭)

4010_4 奎

01 奎龍(見陳章伯)
53 奎甫(見陳仲文)

4010_4 臺

00 臺亨

涑水學侶 8/847
22 臺山書院(見尹沂)
32 臺溪先生(見何鎬)
77 臺卿(見陳光朝)

4010_6查

08 查許國
陳氏家學別 1/6211
22 查山(見宋自遜)
37 查深(清容先生)
錢氏同調 1/58
38 查道
陳氏師承別 1/6154
52 查揆
查深孫 1/58
88 查籥
又論事者 96/5738

4010_7直

00 直齋(見陳振孫)
直齋先生(見鄧約禮)
11 直孺(見賈黯)
直孺(見劉祖向)
50 直夫(見張觀光)
直夫(見李浩)
51 直軒(見吳諒)
53 直甫(見方秉白)
77 直卿(見吳中)
直卿(見李次魚)
直卿(見黃榦)
直卿(見常詵孫)
80 直翁(見吳粢)
直翁(見徐清叟)
直翁(見黃寅)
直翁(見史浩)

4010_7壺

22 壺山(見黃士毅)
72 壺隱(見蔣誼)
壺隱(見黃得一)

4013_6螽

72 螽隱(見吳仁傑)

4016_7塘

27 塘奧先生(見林石)

4020_0才

00 才彥(見張邵)
25 才仲(見王佐)
27 才叔(見張庭堅)
才叔(見何大臨)
44 才老(見吳棫)
77 才用(見黃執矩)
才卿(見陳文蔚)
80 才翁(見王英孫)

才翁(見李龜朋)
才翁(見蘇舜元)

4021_1堯

00 堯章(見趙若煥)
23 堯允恭(克遜、觀物老人)
邵學續傳 78/4470
37 堯咨(見劉應登)
50 堯夫(見王俊儀)
堯夫(見張汝士)
堯夫(見邵雍)
堯夫(見范純仁)
堯夫(見周汝能)
53 堯輔(見余疇若)
71 堯臣(見蔣曉)
77 堯叟(見鄒夔)
堯舉(見劉應鳳)
堯卿(見張哲)
堯卿(見李唐咨)
堯民(見晁端仁)

4021_4在

12 在廷(見蘇元老)
22 在川(見荀在川)
37 在湖(見陳益新)

4021_6克

00 克齋(見石𡼖)
克齋(見吴真子)
克齋(見程公説)
克齋(見游似)
克齋(見董楷)
克齋(見楊泰之)
克齋(見陳琦)
克齋(見陳宿)
克齋先生(見陳文蔚)
12 克烈士希(勗實帶克烈、及之)
牧庵講友 90/5415
克烈慕顔鐵(見慕顔鐵木)
24 克升(見朱公遷)
28 克復堂(見康敏)
32 克遜(見堯允恭)
44 克勤(見趙時煥)
克恭(見鄒棐)
53 克甫(見史堯輔)
克甫(見陳紹叔)
67 克明(見楊譓)
克明(見曹鑑)
72 克剛(見鄭柔)
77 克舉(見劉應鳳)
90 克堂(見包揚)

4022_7布

68 布哈
許氏講友別 3/6343
布哈(見董士元)

4022_7 希

00 希文(見戴希文)
希文(見范仲淹)
01 希顔(見雷淵)
希顔(見何敏)
希顔(見徐復)
希顔(見馮亞)
希顔(見林次淵)
希顔(見陳從古)
08 希説(見陳有霖)
10 希元(見張唐卿)
希元(見真德秀)
希元(見陳堯佐)
希元(見曾崇)
16 希聖(見王瀆)
希聖(見項天覺)
希聖(見張勳)
希聖(見侯仲良)
希聖(見周諝)
17 希孟(見郭浩)
希孟(見張養浩)
希尹(見滕洙)
21 希穎(見程公許)
25 希仲(見陳元佐)
希傳(見金朋説)
26 希白(見錢易)
希白先生(見張紘)
希得(見賈同)
27 希魯(見盧原質)
希魯(見蔣堂)
32 希遜(見歐陽謙之)
33 希泌(見劉應李)
36 希澤(見張溫)
37 希深(見謝絳)
希深(見何逢原)
希祖(見司馬良)
希逸(見孔伋)
38 希道(見司馬富)
希道(見耿南仲)
希道(見劉庠)
40 希古(見王宗望)
希古(見章才邵)
希真(見朱敦儒)
44 希蘧翁(見李祁)
希韓(見盧琦)
47 希聲(見黎淳)
希聲(見黄鏞)
希聲(見陳大震)
50 希夷先生(見陳摶)
57 希契(見張卿弼)
60 希呂(見郭津)
希呂(見尹謙孫)
希呂(見羅蒙正)
63 希謨(見鄭與叔)
71 希厭(見張清子)

72 希岳(見李詞伯)
77 希學(見方孝聞)
希賢(見王景賢)
希賢(見季復)
希賢(見汪泰初)
80 希全(見吴天常)
希曾(見郝伯魯)
90 希光(見趙昱)

4022_7有

00 有立(見俞貞木)
14 有功(見黄勳
20 有爲子(見陳光道)
22 有山(見衛謙)
38 有道(見祝林宗)
有道先生(見郭希朴)
40 有大(見儲能謙)
97 有鄰室(見鮑德賢)

4022_7南

00 南充國公(見游似)
南齋先生(見傅實之)
南方夫子(見蔣雝)
南康郡公(見江萬里)
16 南强(見劉元剛)
22 南豐先生(見曾鞏)
南峯居士(見龔郯)
南峯(見王所)
南峯山民(見杜文甫)
南山翁(見劉撝)
24 南漪堂(見葉杞)
南稜先生(見王炎澤)
25 南仲(見高鵬飛)
南仲(見張翔泰)
南仲(見趙葵)
南仲(見陳斗龍)
南仲(見周南)
南仲(見陶薰)
南仲(見翁升)
南仲(見曾炎)
南岫先生(見黄許)
26 南牕先生(見謝升孫)
南伯(見朱申)
南皋先生(見劉克)
27 南句先生(見李汲)
南紀(見趙希漢)
南叔(見高稼)
南叔(見張斗南)
南叔(見史彌鞏)
28 南谿先生(見李簡)
30 南窗先生(見劉準)
南窗居士(見陳守淳)
南賓(見王鴻舉)
32 南溪先生(見柴中行)
南溪老人(見梁至剛)
南溪居士(見楊芾)

37 南湖先生(見杜煜)
南澗(見包廷藻)
南澗先生(見王廷)
南澗先生(見韓元吉)
南澗先生(見秦噩)
南澗翁(見韓元吉)
38 南海郡公(見崔與之)
40 南塘(見徐存)
南塘(見趙汝談)
南塘(見趙汝騰)
南塘(見陳柏)
44 南坡(見何□)
南坡先生(見葉秀發)
南坡先生(見趙淦夫)
南英(見吴仁傑)
南老(見汪楚材)
南村(見陳天瑞)
南村(見陶宗儀)
50 南夫(見徐畸)
南夫(見劉元剛)
南夫(見滕愷)
南夫子(見林光朝)
51 南軒(見張栻)
南軒(見牟若畯)
53 南夫(見魏杞)
60 南田耕舍(見黄鎮成)
南園遯翁(及廖及)
南園遁翁(見廖及)
67 南野居士(見周雯)
南墅(見陳策)
76 南陽郡公(見孛朮魯翀)
南陽郡公(見韓維)
南陽郡公(見葉李)
南陽先生(見葉儀)
77 南叟(見孫伯溫)
南卿(見王阮)
80 南金(見蕭鎰)
南金(見陳庚)
南翁(見周應極)
90 南堂(見時瀾)
南堂居士(見包整)

4024_7存

00 存亭(見李洙)
存齋(見唐懷德)
存齋(見郭正子)
存齋(見許升)
存齋(見孔濤)
存齋(見牟子才)
存齋(見烏沖)
存齋(見湯千)
存齋(見胡□)
存齋(見呂應焱)
存齋(見呂勝己)
存齋(儿陸儿淵)
存齋先生(見黄鎮成)

03 存誠(見顧懋)

05 存靖齋(見張祖傳)

10 存吾(見劉晰孫)

21 存仁(見許元)

30 存之(見曾存)

存姿(見牟子才)

33 存心(見陳良祖)

存心老人(見陳師可)

35 存禮(見許亨)

38 存道(見楊從)

存道先生(見賈同)

50 存中(見沈括)

55 存耕(見趙與懽)

70 存雅(見方鳳)

77 存叟(見牟子才)

4024_7 皮

10 皮霖

皮濛子 92/5543

20 皮季賢

喻立師 92/5551

21 皮縉(見皮溍)

31 皮溍(皮縉、昭德)

草廬門人 92/5538

34 皮濛(以亨、時中、時中堂)

草廬門人 92/5543

38 皮棨(維楨)

皮氏家學 92/5588

4033_1 赤

43 赤城(見羅適)

4033_1 志

02 志新(見鄒陶)

10 志可(見陳應午)

17 志尹(見黄所志)

20 志禹(見徐子鄧)

21 志仁(見楊復)

志行(見楊剛中)

25 志仲(見陳敏學)

26 志伯(見許凌)

30 志完(見鄒浩)

志宏(見鄧肅)

34 志遠(見謝舉之)

志遠(見張彥先)

36 志澤(見雷德潤)

38 志道(見張以寧)

志道堂(見周孚先)

40 志南(見鄒陔)

51 志軒(見何安子)

77 志問(見陳廣勉)

80 志父(見宋完)

87 志舒(見田希呂)

88 志節(見徐庭筠)

4040_1 幸

00 幸庵(見趙善應)

4040_7 支

00 支離先生（見陸祐）
64 支時起（興道）
張子覺門人 99/6043
77 支興道（見支時起）

4040_7 李

00 李亨
道園門人 92/5581
李充庭（伯振）
象山門人 *77/4430
東萊門人 51/3016
李竟庭
南軒門人 50/2965
李亢宗（子能）
晦翁門人 69/3898
李亮工（李椉、德素）
東坡學侶 *99/5987
涪翁學侶 19/1467
李彥（見李世弼）
李彥章
白雲門人 82/4914
李彥章（見李彥華）
李彥穎（秀叔、忠文）
南軒同調 50/2963
李彥華（李彥章、仲實、藏修先生）
歐陽學侶 45/2477
李序（仲倫）
白雲門人 *82/4907
鹿皮講友 70/4054
李齊（公平）
莊節門人 64/2568
李育（仲蒙、仲象）
康節講友 10/1026
李方（見李開）
李方子（公晦、果齋）
晦翁門人 *69/3756
節齋學侶 62/3480
李廌（方叔、濟南）
东坡門人 99/6021
李應龍（玉林）
朱學續傳 49/2881
李庚（少白）
王氏門人 44/2440
李廉（行簡）
武夷續傳 34/2054
李唐（李公常、仲宏、靜學）
白雲門人 82/4905
李唐咨（堯卿）
晦翁門人 69/3819
李文（士則）
勿軒門人 64/3574
李文子（公謹、耘子）
晦翁門人 69/3759

李文仲
陳氏門人別 3/6371
李文炳
魯齋門人 *90/5393
劉趙門人 99/6077
02 李端方(靖之)
東坡私淑 99/6048
李端懿(元伯、良定)
李氏家學 6/722
李端愿(公謹)
李氏家學 6/722
李端臣
蕭許師 30/1863
李訓伯
三江家學 76/4388
李新(元應、跨鼇)
東城門人 *99/6034
餘官 96/5709
03 李謚(見李希明)
李誠(見李伯玉)
李誠之(茂欽、正節侯)
東萊門人 73/4197
李詒伯
三江家學 76/4388
04 李塾
李氏家學 *8/874
平園門人 35/2121
李詵伯
三江家學 76/4388
李訦(誠之)
方肅家學 1/88
李謨(茂嘉)
樂安門人 6/742
07 李毅稟
李占子 99/6070
李詷(孟言、樗散生、樗亭)
鐵崖門人 52/3071
李詞伯(李詢伯、希岳、清巖老子)
三江家學 76/4388
李詢伯(見李詞伯)
李韶(元善、竹湖)
濂溪續傳 *12/1172
筠溪續傳 4/591
李氏家學 34/2050
李諮(仲詢、憲成)
晁氏門人 *3/339
林氏私淑 9/964
08 李敦義
李中子 22/1581
李謙(受益、野齋先生)
尚書門人 2/237
李謙(和卿)
章貢家學 19/1492
10 李正稟(見李開)
李玉溪(玉溪)

蘇大初師別 3/6333
李至（言幾）
徐氏門人 2/139
李至剛
霽峯家學 76/4396
李至剛
杜氏門人 ＊92/5594
李氏家學 82/4950
李五峯（見李孝光）
李丕（李直卿、子京）
南豐講友 4/546
李元白（景平、三江）
廣平門人 ＊76/4378
慈湖門人 74/4308
絜齋門人 75/4353
李氏家學 77/4445
樓氏門人 79/4548
李元綱（國紀、百練真隱）
橫渠續傳 ＊18/1379
宋儒博考別 2/6233
李天祥（閏芳）
朱學之餘 49/2921
李天勇（養吾）
疊山門人 84/5064
李琉（粹之）
唐氏家學別 1/6195
李平
又不在碑目者 96/5727
李石（知幾、方舟子）
仲虎門人 99/6053
11 李琥（此琮）
李彥華子 45/2477
李琥（西美、知足老人）
伯時家學 99/6040
李彌遜（似之、筠溪先生）
李氏家學 ＊4/578
沮和議者 96/5735
李彌大（似矩）
李氏家學 4/578
李彌世
李心道父別 2/6288
李彌厚（彥深）
南句家學 76/4396
李彌光（彥謙）
南句家學 76/4397
12 李瑞（天祥）
莊靖門人 78/4496
李璠（草堂）
晦翁門人 69/3915
李發（秀實）
澹庵講友 34/2028
李廷
庸齋學侶 90/5360
李延孫（見李撰）
13 李武伯
勉斎门人 63/3510

14 李瑋

王逢门人 1/28

李珙(養素處士)

章貢家學 19/1491

李琪(孟開)

武夷續傳 34/2045

15 李建中(得中、巖夫、靜居、巖夫民伯)

石氏同調 *6/655

韋氏講友 3/267

17 李丑父(李鋼、艮齋、汝礪、亭山)

傅氏門人 70/3978

李孟(道復、文忠、秦國公、韓國公、魏國公)

許氏講友別 3/6349

李孟珍(文潛)

李氏家學 20/1521

李孟博(文約)

李氏家學 20/1520

李孟傳(文授、磐溪先生、盤溪先生)

李氏家學 *20/1521

司農門人 34/2048

李孟堅(文通)

李氏家學 20/1520

李孟閬

鹿庵門人 78/4495

李邴(漢老、雲龕、文敏、文肅)

李氏家學 1/79

李弼

李常寧子別 1/6187

李習(伯羽)

姚氏門人 95/5660

李君錫(宗禹)

別附別 2/6274

李翼(仲羽)

姚氏門人 *95/5661

淵穎講友 56/3255

20 李舜臣(子思、崇國公、蜀先生)

馮氏門人 30/1861

李信甫

李氏家學 39/2197

李季淵(浩卿)

李氏先緒 *92/5516

孫氏門人 93/5628

李維正(仲父)

宗正門人 *30/1878

小楊門人 79/4547

21 李仁深(聲伯、則齋)

胡氏門人 70/3986

李行簡(易從)

陳氏門人別 1/6155

李儒用(仲秉、練溪先生)

晦翁門人 69/3920

李處廉(廉仲)

伊川門人 30/1858
李處業
少卿門人 6/755
李處遯(嘉仲)
伊川門人 30/1854
李處道(深之)
宛邱師承 99/6002
李卓
俟庵家學 93/5624
李衡(彥平、樂菴先生)
仲修講友 32/1914
李衡(元成)
草廬私淑 92/5602
李占(知來、雲巢子)
方舟家學 99/6070
李師
畢良史門人別 2/6300
李師尹
季文門人 76/4386
李師道(月河李氏)
陳氏門人別 3/6372
李師藺
晁氏門人 99/6044
李師中(誠之)
古靈同調 *5/610
老泉同調 99/5961
李師愈(好古)
靜春門人 59/3345
李貞
劉氏門人 91/5472
李經(叔異)
李氏家學 25/1683
22 李僑(德秀、枕流居士、嘉志堂、節行里)
方舟門人 99/6071
李巖(子章)
李渤弟別 1/6170
李山甫(明叟、公晦、龍溪釣叟)
盱江家學 3/416
23 李參
伊川門人 30/1847
李參魯(孝孺)
盱江家學 3/416
李獻能(欽叔)
定齋學侶 90/5365
李獻甫(欽用)
遺山講友 *14/1226
定齋學侶 90/5365
李獻卿(欽止、定齋居士)
李氏同調 90/5365
李俊民(用章、鶴鳴先生、莊靖先生)
明道之餘 14/1230
李紱(明服、反求齋)
溪堂門人 23/1601
24 李犹

陳庾門人 90/5356
李佐
鐵崖門人 52/3076
李德(季元)
晦翁門人 69/3933
李德之
晦翁門人 69/3937
李德輝(仲實、忠宣)
牧庵師承 90/5346
李幼武(士英)
朱氏續傳 49/2866
李幼直(見李直方)
李幼節
文山同調 88/5241
李綺(元質)
李氏學侶 * 27/1757
盤洲講友 28/1806
李縝(伯玉、萬如居士)
文肅家學 1/88
25 李仲偃(晉卿)
梁氏門人 * 3/345
文定門人 3/327
李傑
陳氏家學別 1/6179
李純德(得之)
朝散家學 19/1478
李純甫(李之純、之純、之甫、純甫、屏山居士)
王蘇學派 * 100/6099
湘鄉同調 46/2565
李純父
蒙齋門人 75/4357
李繡
黄氏門人 49/2926
李積中
餘官 96/5709
26 李伯玉(李誠、純甫、恕堂、斛峯)
强怒門人 79/4555
李伯源
孫氏門人 93/5628
李伯湛(若水)
易氏家學別 2/6254
李伯賢
郭份門人 59/3338
李伯鈞(仲舉)
李源父 * 55/3167
景望講友 32/1947
艮齋講友 52/3044
李得朋
竹隱家學 12/1179
李穆(孟雍)
王氏門人 * 9/927
楊氏講友 6/651
李繹(叔正)
陸氏門人 80/4627

李稷（孟豳、文穆、齊國公）
夏氏門人別 3/6365
27 李龜朋（才翁、靜齋）
李氏續傳 31/1911
李侗（愿中、延平先生、文靖、越國公）
羅氏門人 39/2188
李修（適道）
姜氏門人 2/183
李修
勉齋門人 63/3516
李修己（思永）
南軒門人 ＊72/4170
晦翁門人 49/2840
又未入案者 97/5750
李彖（材叔）
達觀同調別 2/6283
李象賢（李家賢）
霽峯家學 76/4396
李彝稟
李占子 99/6070
李絢（公素）
李氏先緒 2/127
李綱（伯紀、梁溪、忠定）
李氏家學 ＊25/1678
吴園門人 25/1690
李叔獻
馮誠之師 99/6073
李叔寶（景齊）
宋儒博考別 2/6231
28 李作乂（彦從）
宋儒博考別 2/6243
李微（子微、九山居士）
湛然門人 ＊8/895
李氏同調 90/5364
李徵
李從華附 90/5347
李復（履中、潏水先生）
横渠門人 31/1902
李復圭（審言）
康節講友 ＊10/1023
李氏家學 19/1445
李從謙
李氏先緒 90/5347
李從禮（勉仲）
江文卿附 69/3888
李從華
李氏先緒 90/5347
李從周（肩吾）
鶴山講友 80/4591
李從益（端敏、冀國公）
李氏先緒 90/5347
李以制（景禮）
三江家學 76/4390
李以稱（景平）
三江家學 ＊76/4389

西山門人 81/4677
李以申（景厚）
三江家學 76/4391
李繒（參仲、鍾山先生）
節夫門人 ＊27/1757
程氏學侶 39/2205
30 李流謙（無變、澹齋）
李氏家學 44/2454
李沆（太初、文靖）
陳氏師承別 1/6148
李汶（宗茂）
李翼子 95/5661
李家賢（見李象賢）
李之傳
李作乂孫別 2/6243
李之儀（端叔、姑溪居士）
忠宣門人 ＊3/411
彭氏門人 1/87
潁濱門人 99/6038
李之儀
龔氏門人 98/5901
李之紹（果齋）
野齋門人 2/243
李之才（挺之）
穆氏門人 9/939
李憲
柳氏門人 9/957
李守柔（必強）
忠簡同調 44/2353
李守成
陳氏門人別 3/6367
李安國（梅山老人）
陳氏家學別 1/6179
李良臣
張氏門人 44/2404
李定（資深）
別附 98/5883
李寔（景真）
康節講友 10/1026
李賓（獻可）
橫浦門人 40/2243
李宗諒
李宗諤弟 6/558
李宗諤（昌武）
李氏家學 ＊6/668
文安門人 6/667
李宗之（伯可）
李丑父父 70/3978
李宗思（伯諫）
晦翁門人 69/3871
李宋輔
李氏續傳 19/1501
31 李漑
种氏學侶 9/915
李漑之（李泂、漑之、天心水面亭）

資中學侶＊92/5522
牧庵同調 90/5416
李源(深之)
水心學侶 55/3167
李迂軒(迂軒)
武震師 95/5654
33 李心傳(微之、秀巖先生)
宗正家學＊30/1864
二江學侶 72/4176
李心道(聖傳、疏嬾翁、旹軒)
達觀同調別 2/6288
李必達
李師尹父 76/4386
李溥
文肅門人 77/4451
李冶(仁卿、敬齋、文正)
李氏門人 2/233
李治(自修)
果齋家學 70/3968
李演
鄭氏門人 79/4559
李黼(子威、忠文、隴西郡公、崇烈)
李氏同調 64/3571
李黻(元明、默堂居士)
陳氏講友別 2/6294
34 李洧孫(甫山、霽峯先生)
通叟門人＊76/4393
李氏家學 79/4564
李渤(子文、李夫子)
陳氏家學別 1/6170
李浹(謙善)
李氏家學 50/2970
李浩(德遠、直夫、橘園)
象山學侶＊58/3306
又論事者 96/5738
李浩
李占子 99/6070
李瀆(河神、長源)
魏氏同調 9/937
李沐
附攻慶元道學者＊97/5751
李氏家學 50/2970
李祐之
曾氏門人 28/1808
李祺(子祺)
宋氏門人 82/4978
35 李沖(衜卿)
李氏家學 36/2155
李沖元(元中)
李氏同調 99/5989
李清臣(邦直、淇水)
濟北師承＊99/5999
別附 96/5698
李洙(思宣、存亭)
橫渠之餘 18/1382

李洙(宗泰)
李翼子 95/5661
李迪(復古、文定)
种氏門人＊9/931
泰山師承 2/113
柳氏門人 9/955
36 李昶(士都)
李氏家學 2/232
李遇(用之、洞齋)
西山門人＊81/4673
李氏家學 36/2155
37 李洞(見李溉之)
李洞(見李溉之)
李汲(南句先生)
李氏續傳 76/4394
李澥(公渡、六峯居士)
黄華門人 100/6123
李次魚(直卿、復齋)
晦翁學侶 49/2818
李冠(元伯)
贾氏门人 2/165
李祁(一初、希蘧翁、危行翁、望八老人、不二心老人)
申齋門人 4/595
李過(季辨、西溪)
鄭氏師承 68/3716
李粲(見李亮工)
38 李祥(元德、肅簡)
餘官 97/5747
李裕(公饒)
白雲門人＊82/4906
李氏續傳 73/4245
道園門人 92/5578
李遵勖(李勛、公武、文和)
文公門人 6/679
李道傳(貫之、文節、文惠、文靖)
宗正家學＊30/1876
和靖續傳 27/1760
二江學侶 72/4176
李道恆(道貴堂)
劉氏門人 91/5468
40 李大辯(若訥)
附傳 6/763
李大訓(君序)
晦翁私淑 49/2852
李大謙
李氏續傳 34/2049
李大理
誠齋同調 44/2413
李大鼎(鎮夫)
王氏門人 44/2436
李大有(謙仲)
東萊私淑 51/3017
李大東
李積中孫 96/5709

李大異
誠齋同調＊44/2413
李積中孫 96/5709
李大同(從仲、蝸室老人、文莊)
東萊門人 73/4204
李大臨
忠文學侶 19/1426
李大猷(定夫)
王氏門人 44/2445
李大性(伯和、文惠、豫章郡公)
誠齋同調＊44/2413
李積中孫 96/5709
李友諒(進誠)
師山門人 94/5641
李友仁(叔文)
孫氏門人 35/2121
李士允
李氏家學 73/4233
李士宏
李氏家學 73/4233
李士眞
陳氏師承别 1/6152
李直方(李幼直、德方、良佐、復庵先生)
陳氏同調 70/4035
李直卿(見李丕)
李堯輔(彦夫)
李公佐父 4/490
李布(公南)
李氏學侶 19/1431
李希明(李謐、濬文)
李氏家學 82/4960
李南仲
劉韓門人别 1/6192
李存(明遠、仲公、俟庵先生、竹莊堂)
靜明門人 93/5612
李燾(仁甫、巽巖先生、文簡、溫國公)
涑水私淑＊8/866
廬陵續傳 4/586
李志道(立翁、漁灣)
文溪家學 79/4561
李嘉謨(李嘉謀、息齋先生)
劉氏同調 79/4521
李嘉謀(見李嘉謨)
李嘉量(仲平)
李嘉謨弟 79/4521
李嘉會(子華)
易氏家學别 2/6255
李去智
衛涇師 79/4518
李賁
餘官 96/5710
41 李頍
李氏家學 90/5420

李樗(迂齋、三山先生)
紫微門人 * 36/2146
潁濱私淑 99/6051
李楨(李鄂爾綽勒、幹臣)
巖氏師承 90/5363
42 李彭(商老)
李氏家學 19/1455
43 李截之
李處道兄 99/6002
李朴(先之、章貢先生)
君行家學 * 19/1474
景迂講友 22/1574
44 李埜
晦翁門人 69/3927
李坡先生(見汪雄圖)
李夢登(仲賓、雲心、帶經)
深寧同調 85/5101
李芾(叔章、忠節、無暴棄齋、肯齋)
修齋門人 * 80/4614
和靖之餘 27/1761
李氏續傳 34/2049
李蒙
劉氏門人 91/5472
李蒙亨(彥通)
王氏門人 44/2448
李茂先
西山學侶 81/4657
李茂卿
魯齋門人 90/5414
李懋宣
陳仁子門 81/4683
李莘
李氏學侶 19/1431
李孝謙(李本、孝謙)
戴氏门人 * 82/4968
伯防門人 83/5032
李孝述(繼善)
晦翁門人 69/3872
李孝光(李五峯、季和、五峯)
朱氏師承 82/4886
李葵(襲服)
李氏先緒 36/2133
李若谷(子淵、康靖)
忠憲講友 19/1404
李世弼(李彥)
泰山續傳 2/231
李世英
陳氏門人別 3/6371
李虆(清叔、桃溪先生)
李文仲從父別 2/6302
李植(公立)
又不在碑目者 * 96/5726
涑水同調 8/852
李材
蕭氏門人 95/5658

45 李椿(壽翁)
武夷門人 34/2020
李椿年(仲永、逍遙公)
廬陵續傳 *4/586
澹庵講友 34/2025
李楝(伯高)
草廬門人 *92/5537
道園門人 92/5576
46 李恕(省中、省中先生)
朱學之餘 *49/2913
陳氏家學別 3/6381
李如雷(貝溪居士)
陳氏講友別 2/6291
李如圭(寶之)
晦翁門人 *69/3793
忠甫同調 52/3046
李相之
李端方兄 99/6048
47 李均
范杲附 9/926
李郁(光祖、西山先生)
龜山門人 25/1665
李聲(鴻遠)
鹿皮講友 70/4053
李朝佐(朝佐)
朱學之餘 49/2919
李好文(惟中)
李氏家學 *16/1319
西山續傳 81/4693
李起渭(肖望)
易氏家學別 2/6249
李杞(良仲、木川)
晦翁門人 69/3839
李杞(子材、子才、謙齋)
誠齋同調 44/2414
李杞(唐英)
王氏門人 44/2435
李格(承之)
君行家學 19/1475
李格非(文叔)
東坡門人 99/6024
48 李松叟
竹隱家學 12/1179
李梅亭
杜柳之師 88/5243
50 李中(不倚)
景迂門人 *22/1581
涪翁同調 19/1467
李中
東坡同調 99/5995
李中師(君錫)
康節講友 10/1022
李申之(永退居士)
唐氏家學別 1/6199
李夫子(見李渤)
李夷行(炳大)

餘官 96/5719
李擴
草廬門人 92/5540
李泰亨
李心道子別 2/6288
李肅(恭叔)
王氏門人 9/927
李本(伯宗)
草廬門人 * 92/5536
道園門人 92/5576
李本(見李孝謙)
李忠輔(道舉)
陶氏門人 6/718
李惠(公澤、適庵)
白雲講友 * 82/4864
鹿皮講友 70/4053
李由頤
王宿附 96/5725
李春叟(子先、梅外處士)
竹隱家學 * 12/1179
朱學續傳 49/2866
李貴蘭
季立道師 12/1180
李東(子賢)
李氏續傳 25/1720
51 李攄(安師)
涪翁講公 * 19/1465
李氏家學 19/1454
52 李揆(李延孫)
西山家學 25/1702
56 李揚伯(文仲)
李友仁父 35/2121
李覿(泰伯、盱江先生)
高平門人 3/365
57 李撰(子約)
南豐門人 4/562
李邦瑞(昌國)
湛然門人 8/893
李邦獻
陳氏家學別 1/6206
60 李旼
王宿附 96/5725
李日章
中父家學 80/4610
李日南
李作乂子別 2/6243
李昉(明遠、文正)
楊氏同調 6/653
李國維
庸齋講友 90/5359
李國鳳(景儀)
白雲門人 * 82/4895
凝熙門人 82/4946
李思齊(齊賢)
胡氏門人 70/4089
李思正(思正)

陳氏講友別 2/6293
李曼卿
陳持之師 53/3139
李呂(濱老、東萊、澹軒先生)
朝散家學＊19/1479
晦翁講友 49/2792
李昌國(見李邦瑞)
李昴英(俊明、文溪、忠簡、文遠、嚮陽堂)
崔氏門人 79/4550
李景文(東谷)
壽雲師承 82/4816
李景傳(古梅)
李景文弟 82/4816
李景儀
李宋輔從父 19/1501
李景道
王氏學侶別 3/6326
62 李則(康成)
伊川私淑 16/1296
64 李晞說(商霖、竹林先生)
李氏先緒 72/4169
李時亨(李時行、守純、泰山老人)
周馳師 100/6111
李時雍
李騭子 19/1468
李時行(見李時亨)
李時敏
李騭子 19/1468
李曄(宗表、草閣)
唐氏同調 82/4946
李勛(見李遵勖)
67 李明新(厚齋、三江先生)
李氏續傳 76/4394
李明復(李俞、伯勇)
鶴山同調＊80/4593
濂溪續傳 12/1170
伊川續傳 16/1306
横渠續傳 18/1379
李明通
江氏門人 70/4003
李明通
剡源講友 85/5113
李明善(叔明)
李氏續傳 76/4394
李明叟(見李山甫)
李鶚(雄飛)
絜齋門人＊75/4353
慈湖門人 74/4307
定川門人 76/4386
李昭玘(成季、樂靜先生、樂靜堂)
莘老門人＊1/68
東坡門人 99/6026
潁濱門人 99/6038

李路
草廬門人 92/5549
李嗣宗
方舟先緒 99/6043
李嗣榮(文昌、嘯雲軒)
朱學之餘 49/2919
李鄂爾綽勒(見李楨)
李照
王氏學侶別 1/6166
68 李畋(渭父、谷子)
忠定門人 * 9/952
忠文學侶 19/1426
70 李壁(李璧、季章、雁湖居士、文懿)
南軒門人 * 71/4119
靜春門人 59/3345
李璧(見李壁)
71 李陟(元昇)
張氏講友 3/331
李鷺
待制家學 19/1468
李厚之
東萊門人 73/4213
李長庚(子西、冰壺)
王氏門人別 2/6309
李槩(仲承)
李氏家學 49/2844
72 李劉
李彥華孫 45/2477
李劉(見梅亭)
李㞦(仲信)
李氏家學 * 8/873
平園門人 35/2121
李彤(周伯)
陳氏家學別 1/6176
李氏山房(見李常)
李岳
草廬門人 92/5549
77 李覺(仲明)
陳氏師承別 1/6149
李用(竹隱精舍)
濂溪續傳 * 12/1176
伊川續傳 16/1311
李用庚(季簡)
高平續傳 * 3/437
鶴山私淑 80/4617
李同父
李春叟子 12/1179
李陶(唐父)
待制家學 19/1468
李鳳(翔卿、舜儀)
程學之餘 16/1317
李熙載(李夫子)
陳氏家學別 1/6184
李學遜
李氏續傳 25/1726

李開（李正稟、李方、去非、小舟）

方舟家學 99/6071

李閎祖（守約、綱齋）

晦翁門人＊69/3808

節齋學侶 62/3481

李闢（子羽、伯源先生）

達觀同調別 2/6289

李巽（仲權）

王氏講友 3/271

李貫道（師曾、節孝先生）

公饒家學 82/4961

79 李勝（祖文）

平園學侶 35/2116

李隲

黄珪師 40/2211

80 李鑣

宏齋家學 70/4004

李俞（見李明復）

李兼

韓氏門人＊35/2124

古靈續傳 5/636

李夔（師和、衛國公、魏國公）

龜山講友 25/1645

李義山（伯高、後林）

李氏家學 72/4180

李善（元善）

竇峯門人 93/5618

李善甫

魯齋門人 90/5412

李公麟（伯時）

李氏同調 99/5989

李公瑾

晦翁門人 69/3927

李公弼

平甫門人＊98/5899

古靈門人 5/624

晁氏門人 5/630

李公佐

廬陵講友 4/490

李公凱（仲容）

吕學之餘＊51/3024

夏氏續傳 36/2159

李公恂

安定門人 1/58

李公常（見李唐）

83 李猷

陳東附 45/2475

86 李知柔

李知剛兄 98/5904

李知仁（李知幾、吉先、任甫）

燭湖門人 77/4436

李知幾（見李知仁）

李知剛（作乂）

陸氏門人 98/5904

87 李鋼（見李丑父）

88 李銓
魯齋門人 90/5414
李鑑(汝明)
勉齋門人 *63/3509
信齋門人 70/3989
李簡(蒙齋)
程學之餘 16/1315
李簡(南谿先生)
忠定同調 46/2518
李敏之(仲通)
文定家學 *9/959
明道講友 14/1210
李籲(端伯)
二程門人 *30/1831
李氏家學 10/1071
90 李惟簡
李氏家學 9/959
李堂(伯升)
徂徠門人 2/176
李光(泰發、讀易先生、莊簡、安簡)
元城門人 *20/1511
都事門人 5/635
李光遠
李氏續傳 73/4245
李光祖
李中孫 22/1581
李肖龍(叔膺)
菊坡續傳 79/4562
李常(公擇、李氏山房)
涑水同調 *19/1415
爭青苗變法者 96/5694
李常(遵道)
徂徠門人 2/177
李常寧(安邦)
陳氏家學別 1/6187
李炎子(雲幼)
果齋家學 *70/3969
斛峯門人 79/4563
徑畈門人 84/5055
91 李恒(晉仲)
楊氏門人 82/4931
92 李忻
李占子 99/6070
李燔(敬子、文定、宏齋)
晦翁門人 *69/3746
節齋學侶 62/3480
93 李怡堂
李貫道兄 82/4961
97 李恂
李氏門人 16/1298
李惲
王氏門人 9/928
李煇(晦叔)
晦翁門人 69/3838
98 李燧(與賢、似剡老人)

清純門人 99/6060
99 李畚稾
李占子 99/6070
吅李□(北海先生)
李氏家學 36/2155
李□
宋氏門人 82/4981
李□
楊時煦門人 95/5654

4040_7 孛

43 孛朮魯思溫(見孛朮魯翀)
孛朮魯翀(孛朮魯思溫、子翬、伯和、菊潭、文靖、南陽郡公)
蕭氏門人 95/5656
孛朮魯遠(明道)
菊潭家學 * 95/5666
道園門人 92/5580
99 孛憐吉艄(卜憐吉台、河南王)
魯齋門人 90/5394
孛憐□
倪氏門人 * 52/3060
河南家學 90/5433

4046_5 嘉

00 嘉言(見袁許)
04 嘉謨(見倪大猷)
嘉謨(見陳堯咨)
25 嘉仲(見李處遯)
40 嘉志堂(見李僑)
44 嘉材(見陸筠)
50 嘉忠廬(見馮彥玠)
53 嘉甫(見卞大亨)
60 嘉國公(見蔡京)
77 嘉叟(見王秬)
80 嘉父(見張大亨)
嘉父(見魏文翁)

4050_6 韋

00 韋齋(見徐澄)
韋齋先生(見朱松)
韋襄(逾中)
戚氏講友 3/262
08 韋許(深道、獨樂、湖陰居士獨樂堂)
李氏門人 3/430
10 韋不伐(次德)
韋氏家學 3/282
46 韋楫
壽岡門人 45/2494
51 韋軒先生(見丁中)
80 韋羌山人(見陳基)

4051_4 難

00 難齋(見趙蕃)
44 難老(見趙樗年)

4060_0古

10 古靈先生(見陳襄)

20 古爲先生(見徐直方)

22 古崖(見江萬頃)

古山(見程正則)

32 古溪先生(見廖剛)

古溪先生(見熊剛大)

33 古心(見張復)

古心(見江萬里)

35 古遺(見韓信同)

古遺先生(見韓信同)

37 古逸(見汪炎昶)

40 古直先生(見傅古直)

44 古革(仲通)

陳氏家學別 1/6191

48 古梅(見吴龍翰)

古梅(見李景傳)

古梅(見呂龍翰)

57 古郫(見張起源)

古郫先生(見張起源)

60 古愚(見胡助)

古愚(見陳仁子)

77 古學(見張廷璧)

古民(見謝直)

80 古人(見張潛)

90 古堂先生(見陳天瑞)

4060_1吉

24 吉先(見李知仁)

28 吉作(見朱少雲)

53 吉甫(見許熊)

吉甫(見聶□)

吉甫(見項復)

吉甫(見孫枝)

吉甫(見柴元亨)

吉甫(見宋自適)

吉甫(見甘節)

吉甫(見黃履翁)

吉甫(見呂惠卿)

吉甫(見陳天祥)

吉甫(見邱葵)

吉甫(見曾幾)

60 吉國公(見程元鳳)

80 吉父(見毛憲)

吉父(見金履祥)

4060_9杏

32 杏溪先生(見傅寅)

44 杏村先生(見傅寅)

4062_1奇

25 奇仲(見徐子卿)

53 奇甫(見孫偉)

77 奇卿(見林椅)

4064$_1$ 壽

10 壽玉(見林璹)
　壽雲(見黄超然)
11 壽張(見張虙)
30 壽之(見薛延年)
　壽之(見朱萬齡)
38 壽道(見于文傳)
　壽道(見宋眉年)
44 壽基(見王岡)
　壽老(見陳耆卿)
60 壽國公(見董文忠)
77 壽岡先生(見楊愿)
　壽朋(見孫璹)
　壽朋(見孫疇)
　壽朋(見喬行簡)
　壽卿(見徐椿年)
　壽卿(見林大年)
　壽卿(見趙椿齡)
　壽卿(見時鑄)
80 壽翁(見李椿)
　壽翁(見劉彌邵)
　壽翁(見劉彭壽)
　壽翁(見陳櫟)
　壽翁(見俞廷椿)
　壽翁(見饒延年)
　壽父(見方樗)

4071$_0$ 七

44 七者翁(見劉坪)
77 七賢堂(見江緯)

4071$_4$ 雄

12 雄飛(見高沖霄)
　雄飛(見潘翼)
　雄飛(見李鶚)

4073$_1$ 去

11 去非(見王遂)
　去非(見熊禾)
　去非(見李開)
　去非(見陳與義)
18 去矜(見方克勤)
22 去私(見錢衮)
　去私(見黄義勇)
44 去華(見宋藻)
　去華(見韓謹)
　去華(見劉質甫)
77 去邪(見劉獬)

4073$_2$ 袁

00 袁方(成之)
　　通守家學 * 6/766
　　沈氏門人 30/1861
　　三山門人 79/4531

袁商
繫齋家學 75/4351
袁裒(德平)
蒙齋續傳 75/4360
袁文(質甫、逸叟、臥雪齋)
袁氏家學＊6/761
李氏門人 6/764
袁章(叔平)
袁氏家學＊6/762
李氏門人 6/764
07 袁韶(彥淳、越國公)
繫齋門人＊75/4356
鄉貢門人 6/767
容齋門人 28/1809
08 袁說友(起巖)
元祐續傳 35/2117
袁許(嘉言)
晦翁私淑 49/2846
14 袁瓘(敏存)
清容家學 85/5126
15 袁聘儒(席之)
水心門人 55/3192
19 袁珖
清容家學 85/5127
20 袁雋翁(見袁俊翁)
袁喬(崇謙)
繫齋家學 75/4344
袁季皋
景迂講友 22/1574
袁采(君載)
誠齋同調 44/2415
22 袁任(信翁)
繫齋家學 75/4344
袁傒
馮氏門人 74/4314
23 袁俊翁(袁雋翁、敏齋)
朱學之餘 49/2894
31 袁溉(袁滋、道潔)
伊川門人 30/1845
32 袁漸
袁斗楠從父 74/4323
34 袁斗楠(則成)
蒙川門人 74/4323
袁濤(巨濟)
通守家學 6/766
袁洪(季源)
進士門人＊22/1586
越國續傳 75/4361
37 袁渙
道園門人 92/5582
38 袁滋(見袁溉)
袁洽
袁方子 6/766
40 袁太初
剡源門人 85/5124
袁士元(彥章、菊林學者)

袁氏家學 19/1501
41 袁樞(機仲)
誠齋同調 44/2410
袁櫄
大愚門人 51/3018
袁櫄(木叔)
默齋門人＊71/4143
通守家學 6/767
豐氏私淑 19/1499
絜齋家學 75/4344
47 袁垌(袁烱、卿遠)
袁氏家學 6/761
袁轂(容直、公濟)
樓氏門人＊6/730
東坡講友 99/5985
袁桷(伯長、清容居士、文清、陳留郡公)
剡源門人＊85/5115
王氏門人 2/246
邵學之餘 10/1087
袁氏家學 22/1586
呂學之餘 51/3023
劉氏學侶 55/3205
舒氏門人 55/3206
勉齋私淑 63/3518
潛庵私淑 64/3566
胡氏門人 85/5115
史氏門人 87/5197
50 袁中立
袁斗楠子 74/4323
袁申儒
止齋門人 53/3133
袁肅(晉齋)
絜齋家學＊75/4344
慈湖門人 74/4304
袁泰(仲長)
袁氏家學 82/4927
53 袁甫(廣微、蒙齋、正肅)
絜齋家學＊75/4345
涑水續傳 8/877
訥齋門人 70/3990
鶴山講友 80/4590
67 袁明善(誠夫、樓山)
草廬門人＊92/5535
袁氏家學 92/5565
77 袁覺
通守家學 6/766
80 袁鏞(天與)
通守同調 19/1500
袁公壽(仁仲)
袁氏先緒 92/5516
96 袁烱(見袁垌)
99 袁燮(和叔、正獻、絜齋先生、潔齋先生)
呂陸門人＊75/4335
通守家學 6/767

文節門人 40/2253
止齋講友 53/3109

4090_0木

00 木齋(見張主善)
木齋(見殷奎)
04 木訥(見王毅)
木訥子(見趙鵬飛)
10 木元思
木氏家學 50/2974
木天駿(德遠)
張學續傳 50/2971
木石(見尤熵)
木石子(見劉希賢)
木石先生(見劉希賢)
22 木川(見李杞)
24 木待問(蘊之、應之)
別附 32/1956
27 木叔(見王枏)
木叔(見袁櫄)
47 木榴子(見林幹)
60 木景方
朱氏門人 49/2933

4090_8來

23 來我(見解蒙)
28 來復(見唐復)

4091_6檀

60 檀固(以忠)
餘官 96/5712

4093_1樵

12 樵水先生(見黃清老)
30 樵寄幸民(見楊錡)
40 樵南(見曾震)
72 樵隱(見許熊)

4094_1梓

50 梓夫(見楊輈)

4094_6樟

72 樟隱先生(見祝穆)

4099_4森

16 森碧(見孟夢恂)

4122_7獅

22 獅山處士(見鄭玉)

4141_6姬

00 姬文龍(伯陽)
牧庵講友 90/5416
10 姬震龍
姬文龍弟 90/5416

姬平叔(宗平叔、伯正、正叔)
王氏同調 100/6097
24 姬德
姬文龍父 90/5416

4192_0柯

20 柯維翰(從周)
秋崖講友 77/4450
22 柯山(見夏僎)
柯山(見毛居正)
33 柯述(仲常)
陳氏家學別 1/6175
40 柯大春(德華、大雷山民)
水心學侶 55/3168
48 柯翰(國材、一經之堂、老丈)
晦翁學侶 49/2816

4192_7檮

00 檮亭(見李訶)
22 檮巢室(見儲能謙)
48 檮散生(見李訶)
51 檮軒(見完顏璹)
檮軒老人(見完顏璹)
60 檮園(見劉莊孫)
77 檮叟(見王至卿)
檮叟(見何頡)
檮叟(見歐陽應求)

4196_0栖

88 栖筠(見鄭□)

4196_0樧

32 樧溪居士(見劉才邵)

4196_1梧

77 梧岡先生(見臧廷鳳)

4212_1圻

80 圻父(見劉子寰)

4212_2彭

00 彭方(季正、文定)
晦翁門人 69/3899
彭應龍(集齋)
王氏講友 81/4693
09 彭談
彭進門人別 2/6257
10 彭一德
彭惟孝子 28/1807
彭一遵
彭惟孝子 28/1807
彭一愚
彭惟孝子 28/1807
彭一鳴
彭惟孝子 28/1807

彭元亨(文昌)
東萊續傳 51/3021
彭元永
崔若舟附 34/2038
彭元合
崔若舟附 34/2038
彭震龍(雷可)
文山同調 88/5231
彭醇(道源、澈溪居士)
伊川門人 * 30/1856
餘官 96/5719
17 彭尋(東園先生)
晦翁門人 69/3899
彭子復
紫巖講友 44/2359
彭子與
彭進門人別 2/6257
20 彭乘(和建)
王氏學侶別 1/6158
21 彭衛
彭思永子 13/1190
22 彭絲(魯叔、魯齋)
彭氏家學 81/4694
25 彭仲剛(子復)
東萊門人 * 73/4208
鄭氏續傳 5/636
27 彭龜年(子壽、止堂、忠肅)
南軒門人 * 71/4105
涑水續傳 8/877
彭蠡(師範、梅坡先生)
晦翁門人 69/3899
28 彭復之(見彭復初)
彭復初(彭復之、復之、復初)
朱學之餘 49/2895
30 彭淳
彭進門人別 2/6257
彭進(子龍)
易氏家學別 2/6257
彭宗茂(尚英)
易氏家學別 2/6249
32 彭沂
彭進門人別 2/6257
34 彭汝方(宜老、忠毅)
彭氏家學 1/86
彭汝礪(器資)
倪氏門人 1/73
37 彭逢達(元觀)
梅邊講友 88/5248
43 彭城郡公(見劉宣)
45 彭樓(子應)
晦翁門人 69/3928
54 彭拱辰
彭進門人別 2/6257
57 彭輅
馮氏門人 99/6082
60 彭思永(季長)

明道師承 13/1189
彭圖南(雲翔)
雙溪門人 71/4151
72 彭氏山房(見彭惟孝)
77 彭鳳(子儀)
晦翁門人 69/3928
彭與(帝錫)
王氏門人別 2/6305
彭興宗(世昌)
象山門人 *77/4409
晦翁私淑 49/2846
80 彭鉉(仲誠)
止堂家學 71/4138
87 彭欽(仲恭、仲敬、澹齋)
止堂家學 71/4138
88 彭銓
止堂家學 71/4139
90 彭惟孝(孝求、求志居士、玉峯老人、彭氏山房)
艮齋門人 *28/1807
平園門人 35/2122
楊氏門人 44/2453
97 彭恪(邦憲、文行先生)
蕭氏門人 *45/2491
鄧氏門人 45/2491
叩彭□
西山所傳 26/3484

4223_0 瓠

42 瓠山(見王構)

4240_0 荆

24 荆幼紀
敬齋門人 2/240
32 荆溪(見吴子良)
60 荆國公(見王安石)
77 荆門先生(見侯仲良)

4241_3 姚

00 姚應績
昭德門人 4/590
姚應鳳(時和、納軒)
清容門人 85/5128
09 姚麟
東坡同調 99/5996
10 姚元哲(叔愚)
姚氏家學 79/4549
姚天福(君祥、忠肅、平□郡公)
姚君實子 14/1238
姚雲(聖瑞、江村)
淮海續傳 99/6080
12 姚延用(見姚璉)
15 姚璉(姚廷用、叔器、鳳池先生)
雲峯門人 89/5303
17 姚子敬

高氏門人 90/5436
姚君實(仲華)
趙氏門人 14/1238
20 姚舜仁(會由)
陳氏家學別 1/6180
姚舜哲
姚舜仁兄別 1/6180
姚孚
姚氏先緒 79/4512
21 姚穎(洪卿)
三山門人 79/4530
23 姚獻可(君俞)
水心同調 55/3170
24 姚勉(述之、誠一)
樂雷發門人 * 別 2/6265
樂氏門人別 2/6272
26 姚和中(四清)
□□□□95/5655
27 姚紹宗(興祖)
王氏門人 44/2443
30 姚宏中(安道)
濂溪續傳 * 12/1171
象山私淑 58/3318
姚宋佐(輔之)
宋儒博考別 2/6228
31 姚江村(江村)
朱隱老師 49/2928
33 姚述堯(姚穀、進道)
橫浦講友 40/2235
40 姚奭(輔周)
康節講友 10/1027
姚雄(毅父、武憲)
武臣 96/5721
41 姚樞(公茂、雪齋、文獻)
魯齋講友 90/5342
姚樞(斗璿)
王氏學侶別 3/6330
47 姚獬孫(應獬)
蘇學之餘 99/6082
姚慤(仲誠、一庵)
潘氏講友 82/4953
姚穀(見姚述堯)
53 姚成德
姚雲子 99/6080
71 姚斅(東南遺老)
姚獬孫父 99/6082
77 姚隆(野庵)
迂齋私淑 * 36/2158
張學續傳 50/2973
姚鬪(子張)
廬陵講友 * 4/484
荆公講友 98/5840
老泉同調 99/5961
80 姚鉉(寶之)
韋氏講友 3/267
98 姚燧(端甫、牧庵、文)

魯齋門人＊90/5385
廬陵之餘 4/592

4257_7韜

25 韜仲(見劉炳)

4282_1斯

00 斯立(見劉立之)
斯立(見劉跂)
斯庵(見任希夷)
34 斯遠(見徐文卿)
40 斯士(見陳黼)
77 斯舉(見何頡)

4291_0札

27 札忽進義
王氏門人別 3/6358

4291_3桃

31 桃源先生(見王説)
32 桃溪先生(見李檗)

4291_8榿

00 榿齋(見謝端)

4292_2杉

32 杉溪(見孔傳)
90 杉堂(見喻良弼)

4292_2彬

44 彬老(見沈躬行)
80 彬父(見虞允文)

4292_7橋

00 橋齋道人(見史松)
72 橋隱齋(見黃子游)

4293_4樸

27 樸鄉(見呂大圭)
28 樸谿(見劉承)
47 樸楸翁(見馬純)
80 樸翁(見仲訥)

4295_3機

25 機仲(見袁樞)

4299_4櫟

00 櫟齋先生(見衛湜)

4301_0尤

00 尤袤(延之、遂初、文簡)
喻氏門人＊25/1699
紹熙爭過宮者 97/5743
42 尤彬(叔文)
復齋講友 69/3942
44 尤葵(揆父)

尤氏家學 55/3203
90 尤熉（伯晦、木石）
王氏門人 55/3200

4304_2博

40 博古之堂（見申屠駉）

4310_0式

30 式之（見戴式之）
77 式賢（見吳龍翰）

4313_2求

00 求齋（見鄧傳之）
求齋（見劉椝）
求齋（見鄭覺民）
21 求仁（見陳自修）
23 求我（見解蒙）
25 求仲弓（德夫）
荆公講友 98/5840
求仲（見洪無競）
31 求邇（見范啓）
33 求心（見徐宗仁）
40 求志居士（見彭惟孝）

4321_0朮

21 朮虎玹（見朮虎邃）
朮虎邃（朮虎玹、士元、溫伯）
敬之門人 90/5421

4346_0始

22 始豐（見徐一夔）

4355_0載

24 載德（見曹輔）
26 載伯（見鄭寀）

4373_2裘

80 裘父（見曾季貍）

4380_5越

10 越王（見史浩）
60 越國公（見李侗）
越國公（見袁韶）
越國公（見鄭清之）
80 越公（見史詔）

4385_0戴

00 戴彥季
剡源家學 85/2115
戴彥則
程斗門人 82/4963
戴亨（子元、蠢翁、蠢物）
木居門人 66/3625
戴辛
戴宇子 8/871
10 戴石玉

張氏講友別 3/6357
17 戴習(原學)
桂氏門人 * 93/5629
胡氏門人 93/5630
21 戴順(德昌)
草廬門人 92/5552
戴師愈(孔文、玉谿子)
附傳 10/1076
戴貞(固齋)
鐵崖門人 52/3072
25 戴仲弼
劉庭老師別 2/6232
27 戴侗(仲達)
戴氏家學 70/3997
戴仔(守庸)
戴氏家學 * 70/3995
江氏同調 1/97
28 戴復古(見戴式之)
30 戴宇
涑水私淑 8/871
戴良(方雲林、叔能、九靈山人、雲林先生、嚚嚚生)
柳氏門人 * 82/4916
淵穎門人 56/3262
朱氏門人 82/4959
余氏门人 92/5595
戴良齊(彥肅、泉溪)
玉峯同調 66/3625
32 戴溪(肖望、少望、岷隱、文端)
止齋同調 * 53/3116
安定續傳 1/78
東萊私淑 51/3017
33 戴述(明仲、大戴先生)
伊川門人 32/1929
34 戴汝明(叔晦)
戴宇孫 8/871
35 戴禮(耕學室)
貝氏門人 52/3083
戴禮
戴氏家學 82/4968
39 戴濼(默叟、拙逸居士)
戴宇曾孫 8/871
40 戴士先
王氏門人 6/726
戴士垚(仲積)
朱氏門人 82/4958
戴希文(戴昌、希文、野民)
陳氏門人 88/5255
戴杰
戴氏家學 8/875
42 戴機(伯度、藝堂先生)
特進門人 25/1702
43 戴式之(戴復古、式之、石屏)
林氏門人 * 27/1761
放翁門人 98/5933
44 戴埜(見戴蒙)

戴埴(仲培)
達觀同調別 2/6280
戴蘭(庭芳)
定宇門人 70/4081
戴蒙(戴埜、養伯)
晦翁門人 *69/3849
節齋學侶 62/3481
47 戴栩(文子、文于)
水心門人 55/3192
50 戴表元(帥初、曾伯、剡源先生、質野翁、充安老人、質野堂、充安閣)
深寧門人 *85/5104
戴氏續傳 8/892
方氏門人 81/4691
巽齋門人 88/5229
須溪門人 88/5250
60 戴日宣(德甫)
通守門人 *6/767
李氏門人 6/765
戴國忠
文懿學侶 6/688
戴思忠(見戴原禮)
戴昌(見戴希文)
戴景魏
別附別 2/6275
71 戴厚(俊仲、長文)
岷隱先緒 53/3091
戴原禮(戴思忠、原禮)
朱氏門人 82/4959
88 戴敏(敏才、東皋子)
戴氏先緒 27/1759
□戴□
柯氏門人 49/2844

4394_7 梭

22 梭山居士(見陸九韶)

4396_8 榕

40 榕臺先生(見林維屏)

4402_7 協

33 協恭(見徐子寅)

4410_0 封

77 封覺民
餘官 96/5710

4410_1 芷

32 芷洲(見劉仍祖)
芷洲(見劉似祖)

4410_4 董

00 董文進(養正)
侍其門人 90/5384
董文蔚(彥華、隴西郡伯)

侍其門人 90/5383
董文甫(國華、無事老人)
滏水同調 100/6111
董文忠(彥誠、忠貞、正獻、壽國公)
魯齋同調 90/5350
董文用(彥材、忠穆、趙國公)
侍其門人 90/5384
董文炳(彥明、忠獻)
侍其門人 90/5383
04 董詵
滕茂實附 1/69
08 董敦逸(夢授)
曾任待制以上者 96/5707
10 董元息
復齋門人 * 57/3279
象山門人 58/3317
董西莊(西莊)
石澗講友 49/2884
11 董甄
董氏家學 25/1722
13 董琮(玉振、復齋、復齋先生)
槃澗門人 89/5262
14 董珪(君實、靈山先生)
王氏學侶別 3/6335
董琦(順之)
程氏门人 39/2205
20 董爲良(景房)
逸平門人 25/1711
21 董處侯(見董鎮)
董眞卿(季眞)
深山家學 * 89/5299
定宇門人 70/4081
董穎(仲達)
師川門人 * 25/1701
浮溪門人 6/763
22 董鼎(季亨、深山)
介軒家學 * 89/5268
勉齋門人 63/3514
九峯私淑 67/3672
25 董仲可
淵穎講友 56/3255
27 董彝
方克勤師 49/2913
28 董復禮(秉彝)
魯氏門人 70/4083
30 董瀛(董源、巨源)
滹南門人 * 99/6077
莊靖講友 78/4485
董守慤
虞氏門人 * 92/5565
董氏家學 92/5592
董守忠
虞氏門人 * 92/5564
董氏家學 92/5591
董守思

虞氏門人＊92/5565
董氏家學 92/5592
董宗道
王儀伯師 91/5476
31 董源(見董瀛)
33 董必(子彊)
別附 98/5882
38 董道輔
于湖門人 41/2281
40 董士元(葛布哈、長卿、忠愍、節愍、趙郡公)
忠獻家學 90/5429
董士珍(周卿、清獻)
魯齋門人＊90/5414
正獻家學 90/5421
董士選(舜卿)
草廬門人＊92/5544
忠獻家學 90/5430
董布哈(見董士元)
董南美(子才、碧巖居士)
東坡學侶＊99/5987
涪翁學侶 19/1467
董壽昌(仁仲)
晦翁門人 69/3932
41 董楷(正翁、正叔、克齋)
潛室門人 65/3590
43 董城
董氏家學 25/1722
董朴(太初、龍岡先生)
道濟門人 90/5420
44 董夢程(萬里、介軒)
黄程門人 89/5262
46 董槐(庭植、榘堂、文清、濠梁郡公、許國公)
潛庵門人 64/3539
48 董敬庵(敬庵)
雙峯門人 83/5004
54 董拱壽(仁叔)
晦翁門人 69/3926
60 董思誠
董瀛父 99/6077
董思賢(深道)
青陽同調 92/5563
77 董覺齋(覺齋)
姜澤師 82/4835
80 董養性(邁公)
雙湖續傳 89/5305
81 董鎮(仲貞、董處侯)
白雲門人 82/4910
85 董銖(叔重、槃澗先生)
晦翁門人＊69/3783
董氏家學 39/2206
96 董熠(季興、尚隱先生)
沙隨門人＊25/1717
晦翁私淑 49/2846
叩董□

附傳 16/1293

董□

孫氏門人 70/4093

4410_7蓋

44 蓋苗(耘夫、文獻、魏國公)

高平續傳 3/438

4410_7藍

12 藍廷堅

劉興祖門人別 2/6230

21 藍仁(靜之)

杜氏門人 92/5594

40 藍奎(秉文、藍夫子)

陳氏家學別 1/6188

50 藍夫子(見藍奎)

60 藍田先生(見藍大臨)

86 藍智(明之)

杜氏門人 92/5594

4411_2范

00 范雍(伯純、忠獻)

龍氏同調 3/390

范育(巽之)

橫渠門人 31/1899

范應鈴(旂叟、西堂先生、清敏)

陳氏講友 77/4433

范文英(彥材)

范氏續傳 3/434

范文甫(范公甫)

伊川門人 30/1853

02 范端臣(元卿、蒙齋先生)

范氏家學＊45/2488

潘氏講友 25/1674

06 范諤昌

許氏門人＊9/1954

种氏門人 9/935

10 范一漢(明善)

草廬門人 92/5552

范正平(子夷)

忠宣家學 3/410

范正民(子政)

忠宣家學 3/411

范元裕

晦翁門人 69/3923

范百祿(子功、文簡)

范氏家學＊19/1452

鄧氏門人 19/1467

范西新(孟申、青山先生)

達觀同調別 2/6283

14 范瓚

仲虎學侶 99/6043

17 范子方

范氏續傳 3/434

范子該(范子垓、少約)

龍川講友 56/3227

范柔中(元翼)
餘官 96/5709
18 范致明
附攻元祐之學者 96/5731
21 范處義(逸齋)
蒙齋門人 45/2495
25 范仲彪(炳文)
范氏續傳 *21/1544
諫議門人 8/872
晦翁學侶 49/2814
范仲淹(朱説、希文、文正、楚國公、先儒范子、汝南公)
睢陽所傳 *3/289
崔氏門人 3/288
唐氏門人 3/289
中舍門人 3/335
晏氏學侶 3/341
杜氏講友 3/400
范仲黼(文叔、月舟先生、二江先生)
南軒門人 *72/4171
范氏續傳 19/1494
方舟門人 99/6072
范仲芸
范氏續傳 19/1495
范純誠(子明)
高平家學 3/356
范純仁(堯夫、忠宣)
高平家學 *3/346
論新法者 96/5695
范純佑(見范純祐)
范純祐(范純佑、天成)
高平家學 3/346
范純禮(彝叟、恭獻)
高平家學 3/352
范純粹(德孺)
高平家學 3/354
30 范濟美(濟美)
龜山門人 25/1666
范之柔(叔剛、清憲)
范氏續傳 3/434
范準(平仲)
朱氏門人 *70/4092
趙氏門人 92/5598
汪氏門人 92/5603
31 范澮(舜文)
澹庵同調 34/2028
范顧言
紫微門人 36/2150
范遷
黃氏門人 6/737
32 范灌(叔源)
范氏續傳 19/1494
范潨(隱翁)
涪翁門人 19/1485
33 范浚(茂明、香溪先生)

默成講友 45/2465
35 范沖(元長、益謙)
華陽家學 21/1542
37 范淑
和靖門人 27/1756
范祖禹(淳夫、淳甫、淳得、正獻、華陽先生)
涑水門人 *21/1529
文忠講友 3/386
正獻門人 19/1454
范祖述
華陽家學 21/1542
范祖幹(景先、柏軒、純孝先生)
白雲門人 82/4894
38 范遵道(聖涂)
姜氏門人 2/184
范啓(彌發、求邇、風月處士)
沈氏門人 89/5293
40 范大冶
范氏續傳 72/4184
范大性
范氏續傳 72/4184
范士衡(正平)
晦翁門人 *69/3904
劉氏門人 77/4445
范梈(亨父、德機、文白先生)
楊氏門人 59/3352
42 范機(純之)
范漴從孫 19/1485
44 范世京(延祖)
高平家學 3/356
46 范如圭(伯達、伯逵)
武夷門人 *34/2004
韋齋講友 39/2194
沮和議者 96/5736
53 范成績
石湖家學 25/1719
范成大(致能、幼元、此山居士、石湖居士、文穆、吳國公、崇國公)
文毅門人 *25/1705
盤洲講友 28/1806
范成□
石湖家學 25/1720
60 范杲(師回)
柳氏講友 9/926
64 范晞韓(義父)
虞氏門人 72/4182
72 范隱之
陳氏家學別 1/6181
范質(文素、蕭國公、魯國公)
宋儒博考別 1/6139
76 范陽郡侯(見宋駿)
77 范同(擇善)
忠簡同調 44/2349
80 范益之

范氏家學＊70/3994
晦翁門人 49/2841
宏齋門人 70/3966
范念德(伯崇)
晦翁門人 69/3844
范弇
陳氏家學别 1/6205
范公偁
范氏續傳 3/433
范公甫(見范文甫)
81 范鎮(景仁、忠文、蜀郡公、長嘯公)
涑水同調＊19/1405
廬陵講友 4/484
薛氏門人 19/1418
爭青苗變法者 96/5693
老泉同調 99/5961
82 范鍾(仲和、文肅)
清獻同調 66/3616
88 范筌(叔魯、勿庵先生、景言軒)
宋儒博考别 2/6242

4411_3 蔬

80 蔬食野人(見沈易)

4411_7 埶

77 埶風(見舒天民)

4412_7 蒲

34 蒲遠猶(仲輿)
王氏學侶别 1/6168
38 蒲道源(德之、順齋)
何氏門人＊95/5661
周學之餘 12/1183
程學之餘 16/1317

4412_7 勤

00 勤齋(見蕭㪺)
30 勤之(見譚世選)

4413_2 藜

51 藜軒(見吴藜軒)

4414_7 坡

51 坡軒居士(見鄺元興)

4414_9 萍

00 萍齋(見林象)

4415_3 莪

22 莪山先生(見韓度)

4419_4 藻

00 藻齋老人(見莊夏)
25 藻仲(見張宣)

4420_7夢

00 夢庵(見張肯)

17 夢弼(見樓肖)

24 夢升(見黄注)

25 夢傳(見蔡齊基)

26 夢得(見曹汝弼)

28 夢齡(見王壽朋)

30 夢良(見傅公弼)

夢良(見江史)

夢良(見曹逢時)

34 夢達(見俞聞中)

36 夢渭(見熊慶胄)

40 夢吉(見劉因)

44 夢協(見桂萬榮)

52 夢授(見董敦逸)

71 夢驥(見劉因)

夢臣(見張起源)

77 夢叟(見諸葛説)

86 夢錫(見蔣瑎)

90 夢堂(見曇噩)

4420_7考

00 考亭(見朱熹)

4421_4莊

05 莊靖(見王天鐸)

莊靖(見汪大猷)

莊靖先生(見李俊民)

10 莊夏(子禮、藻齋老人)

宋儒博考別 2/6244

13 莊武(見賈文備)

22 莊山先生(見解夢斗)

25 莊仲(見陳恭)

28 莊徽(君猷、僖簡)

附傳 98/5898

30 莊安常(子尚)

莊氏家學 98/5922

莊定(見黄祖舜)

50 莊肅(見梁適)

莊惠(見楊輔)

80 莊人(見嚴敬)

莊父(見傅實之)

88 莊簡(見游九功)

莊簡(見李光)

莊簡(見陸扆)

莊敏(見龔茂良)

莊敏(見汪澈)

莊敏(見韓縝)

莊敏(見馬光祖)

莊節先生(見韓性)

4421_7蘆

22 蘆山老人(見林季仲)

72 蘆隱(見喻偘)

4422_1 芹

10 芹西（見徐道泰）

32 芹溪小隱（見邱義）

4422_2 茅

53 茅甫生（周翰）

寶峯門人 93/5619

77 茅岡（見倪天隱）

86 茅知至

王氏學侶別 1/6164

90 茅堂先生（見胡寧）

4422_3 薺

90 薺堂先生（見馬定國）

4422_7 芮

96 芮煜（仲蒙、國器）

趙張同調 44/2368

97 芮煇（國瑞）

芮氏學侶 44/2370

4422_7 芳

26 芳伯（見劉傳）

32 芳洲（見蕭雷龍）

芳洲堂（見蕭雷龍）

34 芳遠（見左繼榑）

77 芳叟（見劉楚蘭）

芳卿（見江萊甫）

4422_7 帶

21 帶經（見李夢登）

32 帶溪（見杜抑之）

4422_7 蕭

00 蕭齋（見周密）

08 蕭許（嶽英）

蕭氏續傳 30/1863

09 蕭麟

蕭公餉子 19/1466

10 蕭正立

蕭溽子別 1/6198

蕭正章

蕭溽子別 1/6198

蕭正奇（端偉）

蕭溽子別 1/6198

蕭石（見蕭山）

蕭雷龍（作霖、芳洲、竹林精舍、芳洲堂）

勤齋學侶 95/5652

蕭貢（真卿、文簡）

元儒博考別 3/6320

11 蕭玕

蕭公餉子 19/1466

15 蕭建功（懋德）

了翁門人 35/2098

17 蕭珣(見蕭洵)
20 蕭舜咨(禹平、止善堂)
象山私淑 58/3319
22 蕭山(蕭石)
毛氏家學別 2/6264
24 蕭佐(定夫)
晦翁門人 49/2840
蕭德孫
周學之餘 12/1181
26 蕭泉
草廬門人 92/5545
蕭皡
蕭公餉子 19/1466
30 蕭濟美
蕭德孫子 12/1181
蕭之美
蕭氏家學 26/1739
蕭之敏(敏中、好學)
廌山私淑 ＊26/1737
涑水私淑 8/868
東坡私淑 99/6049
34 蕭漢中(景元)
邵學續傳 78/4475
37 蕭洵(蕭珣、德瑜)
申齋門人 ＊4/595
芳洲家學 95/5659
蕭潯
唐氏家學別 1/6198
蕭資
文山同調 88/5234
40 蕭克翁
菊潭師承 95/5653
蕭燾夫
文山門人 88/5247
44 蕭斢(惟斗、勤齋、貞敏)
晦翁緒傳 ＊95/5649
周學之餘 12/1181
程學之餘 16/1315
朱學之餘 49/2894
蕭夢得(宗元、元齋)
楊氏門人 92/5588
蕭世京(昌孺)
野民門人 98/5901
蕭楚(子荆、清節先生、三顧先生)
伊川門人 ＊45/2481
莘老門人 1/69
48 蕭敬夫
文山門人 88/5248
53 蕭彧
永嘉私淑 32/1958
60 蕭國公(見范質)
64 蕭曄
蕭公餉子 19/1466
67 蕭明哲(元甫)
文山同調 88/5233

71 蕭長夫

晦翁門人 69/3928

77 蕭服(昭甫)

伊川門人 30/1855

蕭巽

涪翁門人 19/1484

80 蕭公餉(濟父、休亭)

涪翁講友 19/1466

88 蕭鎰(南金)

朱學之餘 49/2899

95 蕭性敏

蕭雷龍族子 95/5652

□蕭□

黎氏門人 34/2041

蕭□

鮑完澤師別 3/6354

4422_7 藺

88 藺敏修(中□先生)

王氏門人別 2/6308

4422_7 蘭

12 蘭廷瑞(惠卿)

王氏門人別 2/6306

26 蘭皋(見吴錫疇)

蘭皋(見劉仍祖)

蘭皋(見劉似祖)

44 蘭坡(見應傃)

蘭林(見吴可孫)

63 蘭畹(見陳杞)

80 蘭谷(見葉季韶)

4422_7 薌

44 薌林(見向子諲)

4422_8 芥

51 芥軒(見潘墀)

芥軒(見陳鳳)

4423_2 蒙

00 蒙齋(見程端蒙)

蒙齋(見李簡)

蒙齋(見袁甫)

蒙齋(見蔡正孫)

蒙齋先生(見范端臣)

22 蒙川先生(見劉黻)

24 蒙幼(見方澄孫)

26 蒙伯(見曾悟)

40 蒙古太平(見賀太平)

80 蒙谷(見林夔孫)

蒙谷遺老(見邵整)

4423_7 蔗

00 蔗庵(見胡槻)

4424_7 蔣

00 蔣康祖

蔣瑎子 4/570
蔣康國(彥禮、鼎山先生)
晦翁門人 69/3902
蔣慶祖
蔣瑎祖 4/570
01 蔣龔(叔安)
文惠同調＊73/4226
鶴山門人 80/4606
03 蔣誼(廷制、壺隱、遺安)
古學講友 82/4985
07 蔣毅(約禮齋)
鐵崖門人 52/3070
10 蔣至
陳氏師承別 1/6156
蔣元(薛元、子晦、若晦、貞節先生)
白雲門人 82/4907
蔣元(亨之)
鐵崖門人 52/3068
蔣元中(元中)
同許講友 32/1933
蔣元夫
南軒門人 71/4114
11 蔣瑎(夢錫)
蔣氏家學 4/570
17 蔣羽(汝翔)
逸平門人 25/1711
蔣璨(宣卿、景坡)
蔣氏家學＊4/570
東坡私淑 99/6050
蔣及祖
蔣瑎子 4/570
蔣子中
邵質谷師 52/3078
18 蔣璯(季莊)
高氏講友 25/1675
20 蔣重珍(良貴、忠文)
鶴山門人＊80/4600
湯氏門人 79/4546
蔣雝(元肅、男方夫子)
艾軒同調 47/2581
21 蔣師文(思勉齋)
杜氏門人 92/5593
22 蔣巖
達觀同調別 2/6290
蔣嶠(景山)
王氏門人 44/2440
23 蔣浚明(彥昭)
清敏門人 35/2079
蔣允升(季高)
黃氏門人 70/4068
蔣傅(見蔣傳)
25 蔣仲武(放麑子)
國之綱門人 79/4511
蔣傳(蔣傅、象夫)
士人 97/5749

26 蔣伯康(見蔣大同)

蔣和中

蔣仲武子 * 79/4511

橫渠續傳 18/1379

27 蔣叔蒙

晦翁門人 69/3937

30 蔣寧祖

蔣瑎子 4/570

蔣之奇(穎叔、文穆)

別附 * 4/545

蔣氏家學 99/5962

蔣宗簡(敬之)

畏齋門人 87/5199

33 蔣浚明

清敏門人 35/2079

34 蔣湋(彥回)

道鄉門人 * 35/2104

涪翁同調 19/1467

蔣沐(澤甫)

蛟峯同調 82/4821

37 蔣迅雷(聲甫、老老堂)

白雲講友 82/4864

40 蔣九皋

蔣堂父 99/5949

蔣大同(伯康)

蔣氏家學 * 82/4962

呂學之餘 51/3024

蔣存誠(秉信)

慈湖講友 * 74/4272

蔣氏續傳 35/2123

蔣吉相(通卿)

蔣氏家學 82/4876

42 蔣櫄

晦翁門人 69/3923

44 蔣世珍(君聘)

潛室門人 65/3591

48 蔣敬(行簡)

孫氏門人 55/3208

50 蔣中行(謙仲)

王氏門人 44/2446

55 蔣捷(勝欲、竹山先生)

朱學之餘 49/2891

60 蔣國珍

蔣氏家學 82/4876

蔣國賓

蔣氏家學 82/4876

蔣國華

蔣氏家學 82/4876

蔣國光

蔣氏家學 82/4876

蔣昌道(亢宗、友松居士)

文惠同調 73/4226

64 蔣曉(堯臣)

蔣氏續傳 35/2123

67 蔣明龍(飛卿)

石氏門人 70/4030

71 蔣驥
景氏門人 49/2935
77 蔣學
桂氏門人 * 93/5629
宋氏門人 82/4980
蔣舉
唐諫附 96/5729
80 蔣益祖
蔣琣子 4/570
蔣公順(成父、一齋、一鶴)
鶴山門人 80/4599
蔣公皡
一齋家學 80/4614
83 蔣猷(仲遠)
唐氏家學别 1/6197
90 蔣堂(希魯)
蜀學之先 99/5949

4425_3茂

10 茂正(見葉窼)
21 茂行先生(見陳忠)
茂衡(見羅中彦)
23 茂獻(見章穎)
24 茂先(見甄昌祖)
茂先(見孔延世)
茂先(見褚承亮)
茂德(見聞人滋)
27 茂叔(見宋甡)
茂叔(見葉秀發)
茂叔(見周敦頤)
茂叔(見陶熾)
30 茂之(見王芷)
茂實(見樊光遠)
茂實(見趙汝安)
茂實(見趙汝騰)
37 茂深(見章沖)
40 茂才(見楊復)
茂嘉(見李謨)
44 茂恭(見何恪)
茂材(見馬泰之)
50 茂本(見佘熩)
51 茂振(見周麟之)
67 茂明(見范浚)
77 茂卿(見陳柏)
80 茂翁(見徐榮叟)
茂善(見司馬元)
87 茂欽(見李誠之)
99 茂榮(見吴漸)

4425_3蔑

77 蔑兒吉解脱脱(大用、鄭王)
學士門人 56/3258

4425_3藏

27 藏修先生(見李彦華)
44 藏英(見林祫)

50 藏春散人(見劉秉忠)
77 藏用(見林易)

4429_4 葆

90 葆光庵(見饒子儀)
葆光子(見崔立)
葆光處士(見張弼)

4430_3 蘧

23 蘧然子(見趙滋)
77 蘧覺先生(見陳大震)
80 蘧翁(見陳大震)

4430_4 蓮

22 蓮峯(見陳肅)
蓮峯先生(見周琯)
40 蓮塘(見夏淵)
77 蓮屋道人(見陳廷言)

4430_4 蓬

00 蓬廬居士(見史公挺)
22 蓬山居士(見胡鑄)
77 蓬門(見劉從益)

4430_7 芝

00 芝齋(見段沖)

4433_1 燕

30 燕寧郡公(見宋和)

4433_2 慕

01 慕顏鐵木
克烈士希子 90/5415
30 慕容暉(雙楠居士、雙楠軒)
東坡門人 99/6032

4433_3 蕙

44 蕙林堂(見周良)

4433_8 恭

17 恭翼(見薛叔似)
21 恭貞先生(見曾嚴卿)
23 恭獻(見范純禮)
24 恭先(見解闔)
恭先(見周承己)
27 恭叔(見潘友恭)
恭叔(見李肅)
恭叔(見周行己)
28 恭復(見顧道)
30 恭之(見林肅)
50 恭惠(見楊輔)
64 恭睦先生(見王□)
78 恭愍(見丁黼)
80 恭父(見張宋卿)
88 恭簡(見王巖叟)

4433_9 懋

22 懋山(見曹漢炎)

24 懋德(見蕭建功)

34 懋遠(見汪炎昶)

53 懋甫(見王端禮)

77 懋賢(見龐元英)

80 懋翁(見方儀)

4439_4蘇

00 蘇序(仲先)

蘇氏先緒 99/5949

蘇庠(養直、眚翁、後湖)

伯固家學 99/6039

蘇京(世美)

蘇氏家學 2/185

05 蘇竦(廷儀)

易氏家學別 2/6249

10 蘇元老(在廷、子廷)

東坡家學 * 99/6005

蘇天爵(伯修、滋溪先生)

安氏門人 * 91/5480

呂學之餘 51/3024

文懿門人 90/5433

草廬門人 92/5546

蘇雲卿(蘇翁)

紫巖講友 44/2358

11 蘇玭(訓直)

晦翁門人 * 69/3917

景迂續傳 22/1584

橫浦門人 40/2242

玉山門人 46/2554

17 蘇子禮

蘇氏家學 72/4184

20 蘇舜元(才翁)

穆氏門人 * 9/944

蘇氏家學 6/686

蘇舜欽(子美)

穆氏門人 * 9/944

杜氏門人 3/422

廬陵講友 4/485

蘇氏家學 6/686

蘇千鈞

王宿附 96/5725

22 蘇嵩翔(見蘇大初)

26 蘇伯衡(平仲)

蘇氏家學 * 82/4956

黃氏門人 70/4070

歐陽門人 82/4955

葛氏門人 93/5628

蘇伯益

橫浦門人 40/2243

蘇總龜(待問)

北溪同調 68/3717

27 蘇紹成(廉靜廬)

晦翁學侶 49/2830

30 蘇宜(蘇宜久)

晦翁門人 69/3926

蘇宜久(見蘇宜)

32 蘇适
王氏門人 99/6047
蘇遜
王氏門人 99/6047
33 蘇迨
王氏門人 99/6047
34 蘇邁(伯達)
王氏門人 99/6047
36 蘇澤
邵學之餘 *10/1085
濂溪續傳 12/1177
37 蘇洞(召叟)
放翁門人 *98/5933
蘇氏續傳 2/205
蘇洵(明允、老泉、文、老蘇、文安先生)
蘇氏家學 *99/5952
韓氏門人 3/392
文定門人 3/415
忠文學侶 19/426
蘇渙(公羣、文父)
蘇氏家學 99/5951
蘇遲(伯克)
王氏門人 99/6047
蘇過(叔黨、斜川居士、小坡)
東坡家學 *99/6004
王氏門人 99/6047
40 蘇大璋(顒之、雙溪)
蒙谷門人 31/1911
蘇大初(蘇嵩翔)
王氏學侶別 3/6333
蘇在鎔(和父)
月舟門人 72/4180
蘇志道(子寧)
蘇氏先緒 91/5477
蘇壽元(伯鸞、仁仲、北谿)
朱學之餘 49/2906
44 蘇茂
方舟門人 99/6075
蘇葵
方舟門人 99/6075
蘇耆(國志)
蘇氏家學 6/685
蘇權(元中)
南軒門人 71/4119
51 蘇振文(伯起)
鶴山講友 80/4592
53 蘇軾(子瞻、東坡居士、文忠)
老泉家學 *99/5963
韓氏門人 3/392
文忠門人 3/414
高平私淑 3/426
梅氏門人 4/553
爭青苗變法者 96/5694
58 蘇轍(子由、子古、穎濱遺老、文定)

老泉家學＊99/5974
梅氏門人 4/554
爭青苗變法者 96/5694
60 蘇易簡(太簡)
賈氏門人＊6/665
文定門人 6/667
蘇思恭(欽甫、德甫、省齋)
北溪門人 68/3718
61 蘇昞(季明)
張程門人 31/1898
77 蘇堅(伯固)
東坡講友 99/5984
80 蘇翁(見蘇雲卿)
81 蘇頌(子容)
楊氏門人＊2/169
古靈同調 5/609
聱隅學侶 6/713
88 蘇篘
潁濱家學 99/6037
蘇簡(伯業)
潁濱家學 99/6036
蘇符(仲虎、大蘇)
蘇氏續傳＊99/6042
沮和議者 96/5737
蘇籀(仲滋)
潁濱家學 99/6036
蘇籍(小蘇)
蘇氏續傳 99/6042
99 蘇榮祖(顯之、威如齋、威如先生)
蘇氏先緒 91/5476

4440_0 艾

08 艾謙(益之、澹軒、澹軒先生)
□□□□79/4539
10 艾元暉
周震師別 3/6372
51 艾軒先生(見林光朝)
72 艾隱(見林守道)

4440_1 莘

10 莘雲先生(見歐陽衡)
44 莘老(見孫覺)
莘老(見劉摯)
莘材(見劉民覺)
50 莘夫(見齊天覺)

4440_1 葺

44 葺芷(見應繇)

4440_6 草

00 草廬先生(見吳澄)
草廬先生(見林鼒)
30 草窗(見周密)
草窗先生(見江萊甫)
草窗先生(見金去僞)

77 草閣(見李曄)
88 草範先生(見林巽)
90 草堂(見方秉白)
草堂(見李璠)
草堂(見劉勉之)
草堂先生(見張覺民)
草堂先生(見林用中)
草堂居士(見魏野)

4440_7 孝

00 孝廉先生(見錢造父)
孝章(見殷奎)
08 孝謙(見李孝謙)
11 孝孺(見李參魯)
24 孝先(見王曾)
孝先(見劉興祖)
25 孝傑(見侯紹曾)
26 孝伯(見殷奎)
孝伯(見江孝伯)
孝伯(見汪應辰)
27 孝叔(見劉述)
35 孝連(見殷壁)
37 孝逸先生(見羅無競)
40 孝友先生(見秦玉)
孝友堂(見許儉)
43 孝求(見彭惟孝)
48 孝敬先生(見劉靖之)
56 孝揚(見馮孝揚)
孝揚(見殷箕)
60 孝思巖(見朱雪)
62 孝則居士(見程可紹)
孝則堂(見程可紹)
80 孝善先生(見胡斗元)
孝善先生(見俞洪)

4441_7 執

08 執謙(見孔拱)
50 執中(見劉彝)

4442_7 萬

00 萬序(明之)
王氏门人 44/2436
萬康(泰之)
王氏门人 44/2448
萬庚(先之)
梅溪學侶 44/2405
萬庠(申之)
王氏門人 44/2446
10 萬石(見王介)
21 萬頃(見吴淵)
22 萬鼎(鎮遠)
王氏門人 44/2436
萬稱
張景門人 9/955
30 萬適(縱之、遺立子)
洛學之先 *6/670

韋氏講友 3/267
萬宗(見邵囦)
32 萬澄(清卿)
王氏門人 44/2437
37 萬初(見熊本)
41 萬梗(永年)
王氏門人 44/2439
44 萬孝傑(季梁)
王氏門人 44/2441
萬菊(見滕鉛)
萬楠(億年)
王氏門人 44/2439
45 萬椿(大年)
王氏門人 44/2439
46 萬如居士(見李縝)
48 萬松(喬年)
王氏門人 44/2440
60 萬里(見方回)
萬里(見董夢程)
77 萬卿(見熊本)
80 萬人傑(正淳、正純)
晦翁門人 *69/3867
東萊門人 51/3016
節齋講友 62/3480
萬人英
晦翁門人 69/3876
88 萬竹先生(見高元之)
90 萬卷書堂(見方愨)
萬卷堂(見包整)

4443_0樊

44 樊執經(時中、魯國公)
康里家學別 3/6363
樊世顯
紫微門人 36/2150
90 樊光遠(茂實)
橫浦門人 *40/2237
沮和議者 96/5737

4443_0葵

22 葵山先生(見朱文霆)
37 葵初(見王希旦)

4443_0莫

12 莫砥(彦平)
莫氏家學 1/72
25 莫純甫
山泉門人 92/5591
26 莫伯熔(器之)
莫氏續傳 1/82
30 莫濟
莫氏續傳 1/82
莫漳
莫氏續傳 1/83
35 莫沖
莫氏續傳 1/82

37 莫汲(且河)

莫氏續傳 1/82

莫冠卿

袁章師 6/762

44 莫若

疊山門人 84/5068

46 莫如德

何源門人 79/4541

50 莫表深(智行、如如居士)

安定門人 1/53

54 莫轅(翼仲、貞孝先生)

張氏門人別 3/6389

90 莫惟賢(景行)

仇氏門人 93/5627

4445_6韓

00 韓度(百洪、蕺山先生)

靜春門人 59/3342

韓奕(公望)

韓氏續傳 3/440

韓奕

鐵崖門人 52/3070

02 南彰

白雲門人 28/1801

04 韓謹(去華)

陳氏家學別 1/6181

06 韓諤(致用、五雲先生)

蕺山續傳 59/3354

10 韓玉(溫甫)

黃華門人 100/6122

韓丕(太簡)

萬氏講友 6/672

韓元龍(子雲)

苕溪門人 35/2119

韓元吉(无咎、南澗翁、潁川郡公、南澗先生)

和靖門人 *27/1752

苕溪門人 35/2119

韓元善(大雅)

高平續傳 3/438

11 韓璩(子徽)

忠獻學侶 3/322

14 韓琦(稚圭、贛叟、忠獻、儀國公、衛國公、魏國公、魏郡王)

高平同調 *3/308

爭青苗變法者 96/5693

韓璜(叔夏)

武夷門人 34/2020

17 韓羽

陸氏門人 98/5905

韓豫

道園門人 92/5581

韓翼甫(恂齋、詢齋)

輔氏所傳 64/3547

20 韓億(宗魏、忠憲、忠獻)

韓氏先緒 *19/1402

文正門人 3/326
韓信同(韓基、伯循、中村、古遺、古遺先生)
陳氏門人 64/3572
韓禾
陳萬里師 84/5069
韓維(持國、南陽郡公)
明道同調 * 19/1434
康節講友 10/1021
21 韓師可
韓謣子 59/3354
22 韓循仁(進之、菊軒)
吴宋講友 82/4946
23 韓綜(仲文)
忠憲家學 19/1441
24 韓先生(見韓性)
韓縝(玉汝、莊敏)
忠憲家學 19/1444
25 韓仲龍
趙氏門人 46/2555
26 韓伯時
莊節家學 64/3568
27 韓絳(子華、獻肅、康國公)
忠憲家學 * 19/1442
石氏門人 3/400
29 韓秋巖(秋巖)
雙峯門人 83/5004
30 韓永(昭父、玉陽)
勉齋門人 63/3513
韓宗武
忠憲家學 19/1444
韓宗師(傳道)
忠憲家學 19/1444
韓宗厚
忠憲家學 * 19/1445
荆公門人 98/5873
31 韓淲(仲止、澗泉)
靜春門人 59/3343
32 韓溪翁(見程鼎)
33 韓治
韓氏家學 * 3/391
餘官 96/5714
韓補(復善)
晦翁私淑 49/2857
34 韓汝翼
東夔學侶 32/1939
35 韓禮仲
白雲門人 82/4911
37 韓冠卿(貫道)
靜春門人 59/3341
韓退(安逸處士)
种氏門人 9/933
38 韓祥(履善)
晦翁私淑 49/2857
44 韓基(見韓信同)
46 韓如璋(萊山先生)

韓仲龍子 46/2555
50 韓本中(致和)
莊節家學 64/3568
韓忠彥(師樸、師朴、文定、儀國公)
韓氏家學 3/391
56 韓擇(從善)
勤齋同調 95/5653
57 韓邦傑
魯齋門人 90/5409
60 韓國公(見富弼)
韓國公(見李孟)
韓思恭(德用、用軒先生)
韓仲龍孫 46/2555
63 韓跛
又不在碑目者 96/5727
77 韓居仁(君美)
小陽門人 70/4015
韓駒(子若)
潁濱門人 99/6038
80 韓鏞(伯高)
許氏講友別 3/6343
95 韓性(明善、莊節先生、韓先生、壯節)
恂齋家學 64/3549
韓性(可善、善庵)
浚常同調 56/3267
叩韓□
韓氏先緒 49/2833

4446_0姑

04 姑孰先生(見張伯麟)
32 姑溪居士(見李之儀)

4446_0茹

77 茹履
王氏門人 44/2432

4450_4華

22 華川(見王禕)
華峯(見張起源)
37 華初平
華鎮子 98/5921
40 華直清
魏公講友 2/171
華直溫(宣卿)
魏公講友 2/171
53 華甫(見許熹)
72 華岳(子西)
陳氏續傳 45/2500
76 華陽先生(見范祖禹)
華陽伯(見張栻)
77 華叟(見黃自信)
華卿(見瞿興嗣)
78 華陰先生(見侯可)
80 華翁(見董華翁)

華父（見魏了翁）
華父（見馬光祖）
華父（見鄭發）
81 華鎮（安仁、雲溪居士）
荆公私淑 98/5921
89 華鏜
宋儒博考別 2/6226
93 華悰韡（公愷、貞固）
朱學之餘 49/2920

4450_6 革

00 革齋（見文儀）

4453_0 英

00 英彦（見胡公武）
25 英仲（見陳士楚）
60 英國公（見夏竦）

4460_0 菌

80 菌翁（見季應期）

4460_1 耆

77 耆卿（見鄭千齡）

4460_2 苕

32 苕溪（見劉一止）

4460_3 苔

26 苔泉（見鄭□）

4460_4 若

04 若訥（見李大辯）
12 若水（見方壬）
若水（見傅夢泉）
若水（見李伯湛）
21 若虚（見陳充）
22 若川（見杜濬之）
44 若蒙（見余翯）
60 若思（見郭守敬）
64 若時（見林德遇）
68 若晦（見蔣元）
若晦（見黄仲炎）
若晦（見楊炳）
若晦（見陳紱）

4460_6 莒

60 莒國公（見宋庠）

4460_7 蒼

22 蒼巖（見周元龜）

4460_8 蓉

22 蓉峯處士（見宋文昭）

4460_9 蕃

34 蕃遠（見祝蕃）
77 蕃叟（見陳武）

4462_7苟

30 苟宗道(苟宗直、正甫)

陵川門人 *90/5426

靜直門人 14/1233

苟宗直(見苟宗道)

4462_7荀

40 荀在川(在川)

石澗講友 49/2884

51 荀軒(見程龍)

4471_1老

25 老种(見种師道)

26 老泉(見蘇洵)

44 老蘇(見蘇洵)

老老堂(見蔣迅雷)

46 老楊先生(見楊庭顯)

50 老丈(見柯翰)

75 老陳郎中(見陳傅良)

4471_2也

24 也先帖木兒

學士門人 56/3258

也先忽都(見賀均)

4471_7世

00 世文(見孔傳)

07 世望(見陳雲)

10 世平(見孔濤)

12 世孫(見楊祖識)

24 世佐(見戚舜臣)

世德(見陳光)

世德(見陳光祖)

25 世傑(見葉子奇)

世傑(見党懷英)

26 世和(見焦邕)

30 世安(見孔治)

世良(見晁宗慤)

33 世治(見林安上)

40 世南(見賈煥)

44 世恭(見晁沖恪)

世華(見夏伯文)

世英(見吴子美)

世英(見吴淳)

世英(見程傑)

60 世昌(見張廷)

世昌(見彭興宗)

世昌(見杜衍)

62 世則(雷度)

71 世臣(見劉安世)

77 世用(見喬夢符)

世卿(見熊兆)

80 世美(見蘇京)

4472_7葛

00 葛立方(常之)

葛氏家學 4/575

葛應龍

水心門人 55/3196

03 葛誠(葛信、誠夫、愚齋、好古齋)

葛氏家學＊82/4966

宋氏門人 82/4980

05 葛靖懿(見葛巖)

10 葛元喆(元哲、元喆、文貞先生)

陳氏師承 93/5615

12 葛延之

東坡門人 99/6035

20 葛信(見葛誠)

21 葛師心

□□□□79/4539

22 葛巖(普賢、靖懿)

白雲門人 82/4914

24 葛魁

慈湖續傳 74/4325

27 葛紹體(元城)

水心門人 55/3196

30 葛宏(子容)

章氏學侶＊6/712

魏公講友 2/171

34 葛洪(容父、蟠室、端獻、東陽郡公)

東萊門人 73/4195

36 葛涸(敏問)

陳氏門人別 3/6370

37 葛邲(楚輔、文定)

歸愚家學 4/585

77 葛聞孫(景先)

青陽同調 92/5562

79 葛勝仲(魯卿、少康)

廬陵私淑＊4/550

老泉同調 99/5962

88 葛敏修(聖功)

涪翁門人＊19/1483

又不在碑目者 96/5726

90 葛少良

象山門人 77/4425

91 葛炳奎(晦叔)

別附別 2/6274

4473_1 芸

00 芸齋(見徐元聘)

77 芸叟(見張舜民)

4473_1 藝

90 藝堂先生(見湯建)

藝堂先生(見戴機)

4474_1 薛

00 薛高(寧仲)

宋儒博考別 2/6248

薛京(宗汴)

陳氏門人 41/2283

薛立(薛玄、微之)

雪齋學侶 * 90/5357

邵學之餘 10/1086

薛玄(見薛立)

04 薛塾(宗道)

薛氏家學 19/1417

10 薛璡(漫翁)

薛與之子 64/3546

薛元(見蔣元)

薛天球(見薛良貴)

11 薛璩(薛據、叔容)

薛氏家學 * 74/4320

克齋門人 79/4560

12 薛璞

程氏門人別 2/6267

薛延年(壽之、秋潭)

朱學之餘 49/2907

20 薛舜俞(欽父)

宋儒博考別 2/6247

薛季宣(士龍、艮齋、文憲)

袁氏門人 * 52/3033

水心講友 55/3165

23 薛紱(仲章、符谿先生)

南軒私淑 72/4173

24 薛魁祥(壯行)

文山同調 88/5239

薛勉(文清、寶善堂)

張氏講友別 3/6356

27 薛疑之(薛凝之、季常、玉成)

慈湖門人 * 74/4303

伊川續傳 16/1301

薛叔似(象先、恭翼、文節)

晦翁私淑 49/2846

28 薛徽言(德老)

武夷門人 * 34/2005

沮和議者 96/5736

30 薛良孺(得之)

薛氏家學 19/1418

薛良貴(薛天球、貴全)

又不在碑目者 96/5728

薛良朋(貴益)

薛良貴兄 96/5728

33 薛溶

艮齋家學 52/3046

34 薛洪(持忠)

晦翁門人 69/3928

37 薛凝之(見薛疑之)

40 薛大觀

泰山私淑 2/164

薛大猷

朱學之餘 49/2899

薛友諒

庸齋家學 90/5422

薛奎(宿藝、簡肅)

范氏師承 19/1395

薛直孺(質夫)
薛氏家學 19/1418
46 薛觀(景荀、處靜)
張氏講友别 3/6357
51 薛據(見薛璩)
60 薛田
种氏門人 9/935
薛昂
别附 98/5884
71 薛長孺(元卿)
薛氏家學 19/1418
77 薛與之
余氏門人 64/3546
91 薛恒(德常)
敬齋門人 2/242
□薛□
范氏門人 25/1702
薛□
師氏門人 45/2493

4477_0 甘

33 甘泳(泳之、東溪先生)
吴氏師承 84/5057
60 甘圃(見傅翼)
88 甘節(吉甫)
晦公門人 69/3861

4477_7 舊

77 舊學堂(見史浩)

4480_1 共

80 共父(見趙師邺)
共父(見劉珙)

4480_1 楚

07 楚望(見張沔)
楚望(見黄澤)
35 楚清先生(見龔孟夔)
40 楚奇(見劉鶚)
44 楚華(見謝英)
楚材(見陳杞)
45 楚椿(仲齡)
廣平講友 76/4371
53 楚輔(見葛邲)
60 楚國公(見程鉅夫)
楚國公(見蔡京)
楚國公(見歐陽玄)
楚國公(見胡安國)
楚國公(見范仲淹)
77 楚邱先生(見戚舜賓)
80 楚金(見徐鍇)

4480_6 黄

00 黄亨

黃里弟 64/3575
黃充實
陳氏門人 4/581
黃廱(富善)
黃氏先緒 19/1434
黃彥
陸氏門人 98/5905
黃彥平(季岑、次山)
梁溪講友 25/1683
黃育(和叔)
黃茂宗子 19/1431
黃應春(西軒)
三江門人 76/4391
黃庶(亞夫)
黃氏先緒 19/1432
黃廉(夷仲)
黃氏先緒 19/1433
黃庭堅(魯直、山谷道人、涪翁、涪皤、黔安居士、八桂老仁、文節、豫章先生)
李氏門人 * 19/1455
莘老門人 1/68
西澗門人 1/77
今是門人 4/555
黃庭俞(堯俞)
義成家學 6/738
黃庭僉
義成家學 6/738
黃度(文叔、宣獻)
止齋學侶 * 53/3112
晦翁講友 49/2792
水心學侶 55/3167
紹熙爭過宫者 97/5743
黃庠(長善)
黃氏先緒 19/1434
黃章
鷹山門人 26/1736
黃六有
疊山講友 84/5057
01 黃顏榮(全仁、檗山先生)
林氏師承 25/1676
03 黃謐
平仲門人 82/4984
04 黃誥(君謨)
陳氏家學別 1/6179
08 黃謙(德柄)
東萊門人 73/4202
黃許(與可、南岫先生)
鄭氏講友 52/3079
09 黃談(子默、澗壑居士)
衡麓門人 41/2278
10 黃一鶚
東發先緒 86/5133
黃正孫(長孺、尚絅翁)
東發家學 86/5178
黃璋

黄氏門人 70/4072

黄元實(廷美)

王氏門人別 3/6360

黄元吉

朱學之餘 49/2915

黄丙炎(黄炳炎、純宗)

劉姚同調 90/5417

黄震(東發、杖錫山居士、文潔先生、文節、於越先生、澤山行館、歸來之廬)

二王門人＊86/5133

麋氏門人 3/440

東萊續傳 51/3022

孫氏門人 71/4160

櫟齋私淑 79/4563

葉氏門人 79/4564

修齋門人 80/4615

雙峯私淑 83/5005

黄石(圯老)

林呂同調 36/2152

黄石澗

王氏學侶別 3/6330

黄雲(鼎瑞、成齋)

宋儒博考別 2/6243

11 黄玭(比玉)

黄□從子 52/3062

黄琢(玉潤)

解氏講友 82/4956

黄預(幾先)

陳氏門人 4/579

黄棐(孟輔)

黄氏家學 52/3081

12 黄琇

黄珪弟 40/2211

黄瑀(德藻)

勉齋先緒 63/3495

黄瑞節(觀樂)

朱學之餘＊49/2891

西山私淑 62/3490

黄廷玉

嚴氏門人 65/3602

14 黄珪(元功)

横浦師承 40/2211

17 黄子麟(麒卿)

黄氏家學 70/3978

黄子衡

屏山門人 43/2329

黄子游(叔言、聽雨堂、橋隱齋)

歐陽同調＊45/2479

常博家學 6/723

20 黄維之(叔張)

晦翁學侶 49/2820

21 黄仁(淵靜)

宋氏門人 82/4979

黄仁靜

黄氏先緒 53/3091

黃何(景蕭)
竹洲門人＊71/4146
文簡門人 2/205
黃卓(先之、德美)
晦翁門人 69/3922
黃師雍(子敬)
勉齋門人＊63/3507
東萊私淑 51/3018
黃眞元(黃友仁)
高平續傳 3/438
22 黃嵩
楊氏同調 69/3943
黃巖孫(景傅)
西山私淑 81/4683
黃巖孫
王氏學侶別 3/6334
黃山(見趙渢)
黃崇義(澗西)
勉齋門人 63/3512
24 黃勳(有功)
王氏門人別 2/6303
黃勉
袁氏門人 92/5587
黃升卿
晦翁門人 69/3920
黃特
陸氏門人 98/5906
黃縝(伯玉)
後村講友 47/2620
25 黃仲元(黃淵、善甫、天叟、四如老人、韻鄉贅翁、彥安)
黃氏家學 70/4015
黃仲本(復齋)
晦翁學侶 49/2814
黃仲炎(若晦)
晦翁私淑 49/2855
黃績(德遠)
瓜山门人＊70/3984
後村講友 47/2621
26 黃自信(華叟、適軒)
樂軒門人 47/2608
黃自然
西山學侶＊81/4656
節齋同調 62/3482
黃伯思(長睿、雲林子)
李氏門人＊25/1688
吳園門人 25/1690
黃侃
黃氏家學 82/4879
黃得一(仲清、壺隱)
東發先緒 86/5133
黃得中
黃楠子別 2/6265
黃和中
黃楠子別 2/6265
27 黃叔豐(元吉)

象山門人＊77/4409
止齋講友 53/3109
黄叔英(彦實、戇庵先生)
東發家學 86/5178
黄叔雅(仲正)
東發家學 86/5177
28 黄以寧
趙時煥師 70/3977
黄倫(彝卿)
横浦續傳 40/2253
黄從龍(伯雲)
別附別 2/6274
黄牧之(穉卿)
宋儒博考別 2/6225
30 黄宜(達之)
濂溪續傳＊12/1168
伊川續傳 16/1300
黄注(夢升)
黄氏先緒 19/1432
黄宿(仲昭)
平仲門人＊82/4984
宋氏門人 82/4979
黄準(雲樵居士)
黄廱子 19/1434
黄宰
黄好謙子 6/723
黄宏(子約、已齋)
黄氏家學 82/4879
黄宙(繇仲)
達觀同調別 2/6283
黄定(泰之)
宋儒博考別 2/6229
黄定子(季安)
沙隨續傳 25/1726
黄寔(公是)
東坡講友 99/5984
黄寅(直翁)
晦翁門人 69/3832
31 黄溍(晉卿、文獻、江夏郡公、文貞先生)
石氏門人＊70/4025
劉王門人 70/4037
黄灝(商伯)、西坡先生)
晦翁門人＊69/3773
杏溪講友 60/3390
黄源
王九成師 99/6059
32 黄淵(見黄仲元)
33 黄必昌(景文、京父)
北溪門人 68/3718
黄沇(鹿谿生)
了翁門人＊35/2099
涪翁門人 19/1489
黄補(季全、吾軒)
少南門人 44/2428
34 黄汝翼

晁氏門人 99/6044
35 黃清老(子肅、樵水先生)
嚴氏門人 49/2888
黃迪
隱君家學＊56/3262
淵潁門人 56/3264
36 黃澤(楚望、資中)
草廬同調＊92/5518
程學之餘 16/1316
朱學之餘 49/2900
黃湜
黃氏先緒 19/1431
黃昶(王昶、叔暘)
宋氏門人＊82/4975
黃氏家學 70/4055
37 黃渙(巽翁)
黃氏家學 71/4155
黃祖舜(繼道、莊定)
葉氏門人＊34/2030
鄭氏私淑 98/5908
黃逢源(資深)
黃宿父 82/4984
38 黃瀚
黃棨父 61/3404
黃棨(肅甫)
黃氏家學 61/3404
黃棨
易氏家學別 2/6256
40 黃大受(德容、露香居士)
晦翁私淑 49/2858
黃友仁(見黃眞元)
黃士毅(子洪、壺山)
晦翁門人 69/3830
黃堯俞(見黃庭俞)
黃有開
晦翁門人 69/3919
黃奇孫(行素)
黃氏續傳 53/3142
黃去疾
龜山之餘 25/1723
黃梓(仲慕)
黃氏家學 70/4054
黃梓(順父)
黃□族子 81/4677
42 黃彬
黃植兄別 3/6367
黃櫄(黃榚、實夫)
三山學侶 36/2150
黃栝
黃氏家學＊70/3978
杏溪門人 60/3391
44 黃夢吳
屏山門人 53/3142
黃夢炎(子暘、桂隱堂、澹齋)
文貞先緒 70/3975
黃茂宗(昌裔)

黄氏先緒 19/1431
黄艾(伯耆)
晦翁同調 * 79/4519
水心所薦 55/3170
黄莘(任道)
黄孝綽子別 1/6163
黄孝綽(公裕、濳山叟)
王氏學侶別 1/6163
黄孝先
文公門人 6/680
黄執矩(才用)
南軒門人 * 71/4134
衡麓門人 41/2278
黄萬頃(伯厚)
王氏門人 44/2447
黄華
黄閲子 71/4155
黄華山主(見王庭筠)
黄植(國輔)
陳氏門人別 3/6367
黄桂
錢聞詩附 49/2851
黄楠
毛氏家學別 2/6265
黄樟
黄植兄別 3/6367
46 黄坦
哈剌魯伯顔師 49/2904
47 黄朝英
荆公門人 98/5876
黄好謙
常博家學 6/723
黄超然(立道、壽雲、康敏)
魯齋門人 * 82/4825
邵學之餘 10/1085
48 黄幹(尚質)
晦翁門人 69/3872
黄榦(直卿、勉齋、文肅)
朱劉門人 * 63/3495
廌山續傳 26/1739
拙齋門人 36/2154
李氏門人 36/2156
潘氏門人 36/2157
東萊門人 51/3016
節齋講友 62/3480
黄榚(見黄櫄)
50 黄中
黄氏家學 82/4878
黄中(仲庸)
徐氏門人 61/3401
黄中(通老、簡肅)
廌山門人 26/1736
黄中(見林栗)
黄中玉
黄氏家學 52/3081
黄中理

黃茂宗父 19/1431
黃中德(覲成、元白先生)
潘氏門人 82/4982
黃中輔
□□□□44/2372
黃晝
黃介父 98/5843
黃盅(子中、大本堂)
草廬門人 92/5540
黃由(子由、盤野居士)
曾任待制以上者 97/5746
黃東(仁卿)
拙齋門人＊36/2154
李氏門人 36/2156
潘氏門人 36/2157
51 黃振龍(仲玉)
勉齋門人＊63/3507
西山講友 81/4655
56 黃揚
陸氏門人 98/5906
57 黃輅(子木)
勉齋家學 63/3506
60 黃里(德鄰)
王氏門人 64/3575
黃思順
孫氏同調 93/5616
黃巽(節庵)
黃氏續傳 70/4037
黃杲
拙齋門人＊36/2154
李氏門人 36/2156
潘氏門人 36/2157
黃景(子蒙)
百源門人 33/1967
黃景昌(清遠、明遠、田居子)
全歸門人 56/3246
63 黃暄(伯宣)
黃氏家學 70/4055
64 黃晞(景微、聱隅子)
古靈同調＊6/706
古靈同調 5/609
范氏門人 10/1035
黃疇若(伯庸、竹坡)
黃氏續傳 19/1498
68 黃曦(耀卿)
盱江門人 3/419
72 黃所志(志尹)
勤齋同調 95/5654
77 黃閱(定翁)
黃氏家學 71/4155
黃履(安中)
別附 96/5705
黃履翁(吉甫)
易氏家學別 2/6258
黃熙
黃勳從弟別 2/6303

黃學皋(習之)
晦翁門人 69/3872
黃開(必先、浣溪)
王氏門人別 2/6308
黃問(公裕、義成逸士)
古靈同調 6/711
黃興孫(祖烈)
黃丙炎子 90/5417
80 黃鏞(希聲)
崔氏門人 79/4554
黃介(幾復)
附傳 98/5843
黃午山(午山、平山)
黃□兄 52/3062
黃義勇(去私)
晦翁門人 *69/3866
勉齋門人 63/3511
黃義明(景亮、儆齋)
勉齋門人 63/3512
黃義剛(毅然)
晦翁門人 69/3866
黃公度(師憲、知稼翁)
忠簡同調 44/2352
81 黃鎮成(元鎮、貞文處士、存齋先生、南田耕舍)
九峯續傳 *67/3673
張氏講友 92/5594
82 黃鍰(用和)
龜山門人 25/1664
85 黃銖(子厚、穀城)
屏山門人 43/2329
88 黃鑑(唐卿)
文公門人 6/679
黃敏求
滕氏同調 *3/282
王氏學侶別 1/6159
黃策(子虛、隨緣居士)
元城講友 *20/1509
陳鄒講友 35/2088
黃策
餘官 96/5711
90 黃惟直(德申)
宋儒博考別 2/6246
黃常
草廬門人 92/5545
黃裳(文叔、兼山、忠文)
平甫講友 *72/4173
紹熙爭過宫者 97/5743
黃裳(元佐)
高平續傳 3/438
黃裳(勉仲、冕仲)
陳氏家學別 1/6181
黃棠
傅氏門人 78/4497
91 黃炳文
黃氏續傳 86/5181

黃炳炎(見黃丙炎)
99 黃嵤(子耕、復齋)
晦翁門人＊69/3776
黃氏續傳 19/1498
白雲門人 28/1802
叩黃□
樂軒門人 47/2608
黃□
黃仲本父 49/2814
黃□(次山先生)
貝氏師承 52/3062
黃□
附傳 72/4185
黃□(止堂)
西山門人 81/4677
黃□
西山門人 81/4677
黃□
張士元師別 3/6342

4490_0材

00 材文(見儲國秀)
27 材叔(見李象)
材叔(見林梓)
71 材臣(見王子俊)

4490_0村

36 村邊(見鄭偘)

4490_0樹

77 樹屋傭(見申屠衡)

4490_1蔡

00 蔡齊(子思、忠肅、文忠)
賈氏講友 2/131
蔡齊基(夢傳)
趙氏同調 73/4229
蔡高(君山)
廬陵講友 4/489
蔡卞(元度、文正)
別附＊98/5880
蔡氏家學 5/630
蔡襄(君謨、忠惠)
周氏講友 5/620
蔡文淵
滕氏門人＊91/5479
汶南門人 90/5432
蔡諒(守信、首陽居士)
西山先緒 62/3409
蔡京(元長、嘉國公、魏國公、楚國公、魯國公)
別附＊98/5880
蔡氏家學 5/630
蔡稟
蔡元卿子 2/114
02 蔡端武(威仲)

王氏門人 44/2438

蔡彰

公南門人 5/633

10 蔡正孫(蒙齋)

疊山門人 84/5064

蔡元康(君濟)

周許學侶 32/1936

蔡元鼎

毛氏家學別 2/6263

蔡元定(季通、文節、西山先生)

晦翁門人 *62/3434

百源續傳 10/1083

蔡元嘉

蔡汝平子 32/1917

蔡元卿

文忠先緒 2/114

蔡天球(粹夫)

徂徠門人 2/175

12 蔡發(神與、牧堂老人)

西山先緒 62/3409

14 蔡珪(正甫)

蔡松年子 100/6098

17 蔡承禧(景繁)

廬陵門人 4/541

20 蔡季霖

同蔡續傳 70/4049

21 蔡仁(和中)

張祝同調 78/4467

24 蔡幼學(行之、文懿)

止齋門人 *53/3130

小鄭門人 32/1957

25 蔡紳(伸遵)

蔡佃弟 5/630

蔡積中

蔡氏續傳 62/3490

26 蔡白石(見蔡和)

蔡佃

蔡氏家學 5/630

蔡和(廷傑、蔡白石、白石)

復之學侶 68/3716

蔡細

蔡佃弟 5/630

28 蔡復初

廬氏門人 47/2629

30 蔡沆(蔡知方、復之、復齋居士)

西山家學 *62/3456

武夷續傳 34/2045

蔡適

胡仲雲師 49/2859

32 蔡淵(伯靜、節齋)

西山家學 *62/3449

濂溪續傳 12/1170

勉齋學侶 63/3506

潛庵學侶 64/3539

33 蔡沇

西山家學 62/3479

蔡追(肩吾)
和靖門人＊27/1755
蔡氏續傳 2/185
34 蔡沈(仲默、文正、榮國公、建國公、永國公、崇安伯、九峯先生)
晦翁門人 67/3631
蔡汝平
蔡氏先緒 32/1917
37 蔡凝(蔡希清、西巖)
靜軒續傳 67/3673
蔡逢甲(國賢、棄夫)
北溪門人 68/3719
40 蔡士仁
蔡季霖子 70/4049
蔡希清(見蔡凝)
蔡杭(仲節、久軒、文簡、文肅)
九峯家學＊67/3650
何王同調 82/4731
41 蔡桓
蔡相弟 19/1488
蔡樞(子歷)
蔡氏家學 5/631
蔡樞
常氏門人 19/1478
蔡柄
節齋家學 62/3487
43 蔡戡(定夫)
蔡氏續傳 5/635
44 蔡蒙吉
文山同調 88/5242
蔡蒙叟(貞白子)
陳氏師承別 1/6146
蔡權(仲平、靜軒先生)
九峯家學 67/3663
蔡權
蔡相弟 19/1488
蔡楠
復齋家學 62/3489
蔡模(仲覺、覺軒先生)
九峯家學＊67/3647
西山家學 62/3479
節齋家學 62/3487
45 蔡椿
蔡相弟 19/1488
46 蔡相(次律)
涪翁門人 19/1488
47 蔡桐
蔡相弟 19/1488
蔡欄
復齋家學 62/3489
蔡格(伯至、素軒、素軒先生)
節齋家學＊62/3484
西山家學 62/3479
蔡椐
蔡相兄 19/1488

48 蔡松年(伯堅、文簡、衛國公、吳國公)
黨氏師承 100/6098
60 蔡國公(見張珪)
蔡國公(見呂蒙正)
77 蔡懇(行夫)
晦翁門人 69/3919
80 蔡念誠(見蔡念成)
蔡念成(蔡念誠、元思)
晦翁門人 *69/3847
西山講友 81/4655
蔡公亮
久軒家學 67/3670
蔡公度
靜軒家學 67/3670
蔡公湛
覺軒家學 67/3667
蔡玆(光烈)
劉胡同調 43/2321
86 蔡知方(見蔡沆)
88 蔡節
朱學續傳 *49/2866
張學續傳 50/2972
叩蔡□(子難)
安定門人 1/57
蔡□
蔡元卿父 2/114

4490_4荼

22 荼山(見曾幾)

4490_4葉

00 葉應友
葉氏家學 79/4563
葉文炳(晦叔)
晦翁門人 69/3900
04 葉謹翁(見葉審言)
10 葉震
晦翁門人 69/3913
13 葉武子(成之、誠之、息庵)
晦翁門人 *69/3834
徐氏門人 52/3048
17 葉子儀
王復師 70/3974
葉子奇(世傑、靜齋)
木訥門人 82/4965
20 葉秀發(茂叔、南坡先生)
東萊門人 73/4200
葉季韶(承之、蘭谷)
東萊門人 73/4217
葉采(仲圭、平巖、平翁)
西山家學 *65/3593
節齋學侶 62/3481
21 葉頃(澄叟)

王氏門人 44/2447
葉眞
勉齋門人＊36/3510
葉氏家學 36/2157
葉經
石氏門人 5/629
22 葉任道
西山家學＊65/3592
晦翁門人 49/2839
24 葉先覺
横浦講友 40/2235
25 葉仲堪(思文)
楊甲附 79/4520
26 葉得象
毛氏家學別 2/6264
葉峴
鄭氏講友 52/3079
27 葉紹翁(嗣宋、嗣宗、靖逸)
水心門人＊55/3192
西山講友 81/4655
28 葉儀(景翰、南陽先生)
白雲門人 82/4896
30 葉適(正則、水心、忠定、文定)
鄭氏門人＊54/3184
著作門人 47/2599
正字門人 47/2600
晦翁講友 49/2791
東萊門人 51/3016
紹熙爭過宫者 97/5743
葉審言(葉謹翁、謹翁、審言、贇翁、曲全道人、四勿齋)
葉氏續傳 73/4244
葉定
南軒門人＊71/4133
吴氏門人 42/2304
葉窔(茂正)
王氏門人 44/2439
32 葉漸
浮沚門人 32/1939
葉遜(謙父)
葉恒父 92/5579
33 葉黼(士冕、拙訥)
退軒門人 70/4094
34 葉汝士
宋儒博考別 2/6229
葉濤(致遠)
曾任待制以上者＊96/5707
別附 98/5882
平甫門人 98/5899
葉祐之(葉元吉、元吉、祐之、同庵)
慈湖門人＊74/4301
葉氏家學 52/3048
37 葉祖洽(敦禮)
江氏門人＊6/739
古靈門人 5/626

別附 96/5708
葉冠
陳氏講友別 2/6292
40 葉大有(謙甫)
定宇門人 70/4080
葉大顯(仲謀)
艮齋門人＊52/3047
景望門人 32/1956
葉大同(會之)
必大家學 73/4235
葉士龍(雲叟、淡軒)
勉齋門人 63/3509
葉士寧(宗儒)
王氏門人 44/2432
葉志道(士心)
劉氏門人 91/5469
葉李(太白、舜玉、文簡、南陽郡公)
施氏門人 70/4036
44 葉夢鼎(鎮之、西澗)
趙氏門人＊79/4557
鄭氏門人 79/4559
葉夢得(是齋)
琴山門人＊77/4435
復齋私淑 57/3280
葉夢得(少蘊、石林)
元長門人 98/5911
葉夢鱻
陳氏講友別 2/6295
葉棻(叔向、雨泉、繼道先生)
橫渠之餘＊18/1382
周學之餘 12/1184
明道之餘 14/1231
葉蕃
葉蔡從弟 18/1382
46 葉賀新(見葉味道)
葉賀孫(見葉味道)
葉賀深(見葉味道)
47 葉起(振卿)
朱學之餘 49/2896
葉杞(南漪堂)
鐵崖門人 52/3074
50 葉由庚(成甫、通齋先生)
徐氏門人 70/3970
葉東(子潤、朝宗)
蒙齋門人 75/4358
60 葉見山(見山)
項昕附 64/3569
葉昌言
葉曙子 9/963
葉昌齡(子長)
附傳 3/390
葉昌齡
葉曙 9/963
61 葉顒(子昂、正簡)
葉氏門人 34/2030

葉顒(伯卬)
宇文學侶 95/5666
64 葉時(秀發、竹野、竹埜、文康)
晦翁講友 *49/280
節卿同調 32/1955
俞氏同調 77/4434
65 葉味道(葉賀孫、葉賀新、葉賀深、味道、知道、西山、文修)
晦翁門人 65/3587
66 葉曙(杲卿)
杜氏門人 9/963
67 葉野舟(野舟)
朱學續傳 49/2880
80 葉介
濂溪續傳 *12/1173
横渠續傳 18/1379
88 葉竹岡(竹岡)
潘著師 74/4327
葉符叔(敬齋)
晦翁學侶 49/2827
91 葉恒
道園門人 *92/5579
草廬門人 90/5552
99 葉榮發
葉氏家學 73/4229
叩葉□
拙齋門人 36/2155

4490_8萊

22 萊山先生(見韓如璋)

4491_0杜

00 杜唐卿
陳氏家學別 1/6183
杜廣心(德充)
劉氏門人 *79/4543
李氏門人 79/4547
鶴山門人 80/4604
杜文甫(南峯善民)
王氏門人別 2/6297
03 杜斌(見杜彬)
08 杜旟(季高)
杜氏續傳 1/93
杜斿(杜福、叔高)
晦翁門人 69/3843
杜旂(見杜旃)
杜旃(杜旂、杜斿、仲高、中高、癖齋)
杜氏續傳 1/92
杜旃(見杜旃)
10 杜可大
邵學別派 78/4466
杜醇(石臺先生)
安定同調 6/702

14 杜瑛(文玉、文獻、魏國公)
邵學續傳＊78/4473
杜氏家學 16/1319
17 杜瓊(用嘉、東原先生、淵孝先生)
陳氏家學別 3/6380
杜子野
荆公師承 98/5784
21 杜衍(世昌、正獻、祁國公)
石氏門人 3/396
杜仁傑(仲梁、善夫)
庸齋講友 90/5359
23 杜允昇
杜敏求大父 99/5998
26 杜俣(碩甫、野翁)
東坡門人 99/6032
27 杜叔範
三江門人 76/4392
31 杜濬(淵卿、則卿)
立齋家學 66/3621
杜濬之(若川)
杜氏家學 73/4235
杜福(見杜旂)
32 杜洲先生(見童居易)
杜淵
立齋家學 66/3621
杜沂
杜俣父＊99/6032
東坡學侶 99/5987
杜漸(子長)
廣陵學侶 6/738
38 杜滸(貴卿、梅壑)
立齋家學＊66/3622
文山同調 88/5233
杜裕(子問)
杜叔範從子 76/4392
40 杜士英
□□□□79/4539
杜希仲(德稱)
鶴山師承 80/4574
杜去非
杜氏續傳＊1/93
杜氏家學 70/3994
杜去僞
杜氏續傳＊1/93
杜紅家學 73/4235
杜去華
杜氏續傳＊1/93
杜氏家學 70/3994
杜去輕(端父)
杜氏續傳 1/93
42 杜彬(杜斌、思成、國賓)
柳氏講友 82/4872
44 杜莘老(起萊、杜殿院)
紫嚴同調 44/2364
杜萬

杜敏求父 99/5998
45 杜椿(大年)
南湖先緒 66/3611
47 杜圯(受言)
偉長家學 3/422
杜杞(偉長)
杜氏續傳 3/402
50 杜本(伯原、清碧先生、思學齋)
道園講友 ＊92/5553
邵學續傳 78/4476
57 杜抑之(伯陽、帶溪)
附傳 88/5243
60 杜思敬(文定)
魯齋門人 90/5405
杜杲(子昕)
晦翁私淑 49/2847
63 杜默(師雄)
徂徠門人 2/175
64 杜時昇(進之)
程學之餘 16/1315
66 杜嬰(大和)
荆公講友 98/5840
77 杜殿院(見殿莘老)
杜興(子師)
東坡門人 99/6034
杜貫道
南湖學侶 ＊66/3613
晦翁門人 69/3891
晦翁門人 49/2840
80 杜鎬(文周)
仲言同調 3/279
杜善甫
王氏學侶別 3/6329
81 杜鎭
水心門人 55/3196
86 杜鐸(文振)
偉長家學 3/422
杜知仁(仁仲、方山)
朱石門人 66/3612
88 杜範(成之、成己、儀夫、立齋、清獻)
南湖家學 66/3614
杜敏求(趣翁)
淨德講友 99/5998
96 杜煜(良仲、南湖先生)
朱石門人 66/3611
97 杜炤(自明)
偉長家學 3/422
99 杜榮祖(竹虛)
胡氏同調 70/4007
叩杜□
季節門人 1/81
杜□
朱學續傳 49/2881

4491_2枕

30 枕流居士(見李僑)

4491_4桂

00 桂彥良(桂德稱、彥良、清溪、文裕)
寶峯門人＊93/5617
孫氏門人 93/5620
17 桂子恭(伯允)
文山同調 88/5239
22 桂山
熊氏門人 49/2887
桂山(見洪适)
桂山先生(見謝諤)
桂山翁(見聞人詵)
24 桂德稱(見桂彥良)
桂德輝
象山門人 77/4425
44 桂莊(見涂應雷)
桂萬榮(夢協、石坡)
慈湖門人 74/4297
47 桂郁
玩齋門人 92/5586
50 桂本(林伯)
陸學之餘 58/3327
72 桂隱(見劉詵)
桂隱堂(見黃夢炎)
80 桂全
桂氏家學 93/5628
桂翁(見劉詵)
91 桂愼
桂氏家學＊93/5628
宋氏門人 82/4979

4491_4權

20 權秉忠(伯庸)
敬齋門人 2/242
21 權偕
漢上門人 37/2169
權經(無相居士)
張氏講友 19/1473
53 權甫(見傅立)
57 權邦彥(朝美)
權氏家學 19/1491

4491_7植

00 植齋(見鄭鑑)
77 植叟(見植耜)

4491_7蘊

00 蘊齋(見呂律)
蘊文(見王賁)
30 蘊之(見王該)
蘊之(見代淵)
蘊之(見木待問)

4492_7菊

17 菊磵(見高翥)

22 菊山(見鄭震)
菊山逸民(見丁石)
31 菊潭(見孛朮魯翀)
40 菊存書室(見張楧)
44 菊坡(見崔與之)
菊坡(見洪擠)
菊坡先生(見陳居仁)
菊莊(見陳宗仁)
栲栳山人(見岑安卿)
菊林學者(見袁士元)
51 菊軒(見韓循仁)
菊軒先生(見段成己)
72 菊隱(見鄭震)

4498_1 棋

44 棋埜(見徐元杰)

4498_6 横

27 横舟(見劉鎔)
31 横渠(見張載)
32 横溪翁(見馮延登)
33 横浦居士(見張九成)
40 横塘先生(見許景衡)

4499_0 林

00 林立之(叔恭)
陳氏家學別 1/6211
林方
艾軒門人 47/2589
林應承(汝大)
黄氏門人 70/4018
林應辰(渭起)
宋儒博考別 2/6240
林庚(林學之、明父)
勉齋門人 63/3514
林廉夫
止齋門人 53/3130
林廣發(明卿、三溪)
薛氏門人別 3/6365
林亦之(學可、網山山人、月魚氏、月漁、月魚先生、文介、網山先生)
艾軒門人 47/2583
林文珙(林珙、仲恭)
中村門人 64/3577
03 林詠道
林表民父 55/3198
04 林謨(丕顯)
東萊門人 *73/4218
拙齋門人 36/2153
晦翁門人 49/2840
07 林詢
網山門人 47/2594
10 林一龍(景雲)
別附別 2/6278
林至(德久)

晦翁門人 69/3849
林震(時旉、介翁)
陳氏家學别 1/6192
林霆(時隱)
夾漈講友 *46/2548
沮和議者 96/5737
林石(介夫、塘奥先生)
管氏門人 5/632
林栗(黄中、簡肅)
師黄門人 25/1703
11 林碩(興祖)
百源續傳 *10/1083
司户家學 35/2106
12 林磻(豈獻)
臞軒師承 81/4658
13 林武(林行之、強父)
勉齋門人 63/3514
林武(景文、尚絅齋)
晦翁門人 69/3882
14 林琦
文山同調 88/5233
林璹(壽玉、叔玉)
林氏家學 70/4023
林珙(見林文珙)
16 林理
林寬弟 2/244
17 林羽(見林學蒙)
林鼐(伯和)
晦翁門人 *69/3882
南湖講友 66/3614
林豫(順之)
又不在碑目者 96/5725
林子充(拙齋)
聖時講友 98/5898
林子雲(質夫)
毛氏家學别 2/6262
林子牧
勉齋門人 63/3515
林子冲(見林子沖)
林子沖(林子冲、通卿、雲岫居士)
拙齋家學 *36/2153
陳氏私淑 98/5931
林子蒙
晦翁門人 69/3920
林子燕(林子熙、申甫)
止齋門人 *53/3133
林氏家學 53/3139
林子恭(安父)
林田子 47/2587
林子敭
勉齋門人 63/3515
林子熙(見林子燕)
林取仁(及遠)
王氏門人 44/2447
20 林千之

朱氏學侶 78/4478
林季仲(懿成、竹軒、蘆山老人)
忠簡同調 44/2350
林維屏(邦援、榕臺先生)
義豐門人 70/4032
21 林仁實(敏翁)
晦翁門人 69/3887
林仁澤(德俊)
林仁實弟 69/3887
林行之(見林武)
林行知(子大)
晦翁私淑 * 49/2850
林氏家學 25/1719
林膚(碩儒)
餘官 96/5716
林慮(德祖)
林膚兄 * 96/5716
陳氏家學別 1/6189
林處恭
舒氏門人 55/3206
林師說(箕仲)
百源續傳 * 10/1082
伊川續傳 16/1300
林師魯(林魯山、師魯)
晦翁門人 69/3876
林師中
師氏門人 45/2493
林師中(質夫)
林氏家學 8/872
林穎(叔嘉)
東萊門人 73/4221
22 林旹
方氏門人 47/2623
林旹(德言)
方氏門人 47/2623
林嶠
了翁門人 35/2099
林崧孫(見林松孫)
林巒
晦翁門人 69/3913
23 林允中(擴之)
晦翁門人 69/3877
24 林仕夔
林偉子 45/2505
林德遇(若時)
晦翁門人 69/3936
林德甫
西山門人 81/4674
林德暘(林景熙、景爔、德陽、霽山)
皋羽同調 56/3243
林偉(文之)
高余講友 45/2505
林勳
唐氏家學別 1/6195
25 林仲參

晦翁門人 69/3937
林仲嘉
林子充附 98/5898
林仲損(炳之)
林氏家學 44/2429
26 林泉生(清源、文敏、書隱堂)
王氏門人別 3/6360
林泉民(見張夢臣)
林伯(見桂本)
林伯生(成之)
退思續傳 70/4083
林繹
陳絢弟別 1/6184
27 林仰
林無惑子 4/627
林修(見林脩)
林彖(商卿、萍齋、聽雨軒、意足園)
了翁門人＊35/2096
元城門人 20/1517
林脩(林修)
涑水同調 8/855
林魯山(見林師魯)
林絢(伯素)
陳氏家學別 1/6184
林叔文
逸平門人 25/1711
林叔豹(德惠、懿文)
橫塘門人 32/1939
林叔清
易氏家學別 2/6260
林叔舉(虞卿)
王氏門人 44/2437
28 林以辨(子泉)
林應承孫 70/4018
30 林寬(彥栗)
徐氏門人 2/244
林宥
林逋從子 9/937
林之奇(少穎、拙齋、文昭、三山先生)
紫微門人＊36/2136
籍溪門人 43/2323
荆公私淑 98/5922
林憲(景思、景獻、憲章、雪巢)
徐氏门人 27/1758
林憲卿(公度)
晦翁門人 69/3886
林守道(守一、艾隱)
晦翁私淑 49/2851
林宇
林寬弟 2/244
林安上(世治)
王氏門人 44/2447
林宏
林寬弟 2/244

林定志
鄭氏講友 52/3080
林定老
潘弼門人 51/3023
林宗臣(實夫)
晦翁門人 49/2839
林宋偉(龍門牧翁)
林仁實從子 69/3887
31 林遡
澹庵門人 34/2039
32 林叢桂(孟芳)
實齋門人 71/4154
林遜(復之)
林氏家學 8/873
33 林浦(東之)
艾軒門人 47/2589
林泳(太淵、方寮)
竹溪家學 * 47/2624
後村門人 47/2625
林溥(叔廣)
王氏門人 44/2446
林浚
林鶚翁子 47/2607
林補(退庵)
晦翁門人 69/3881
林逋(君復、和靖)
魏氏同調 9/937
34 林遠(思之)
林氏家學 8/873
林遠
澹庵門人 34/2040
36 林溫(伯恭)
潛齋門人 65/3605
林湯臣(商卿)
王氏門人 44/2437
林湜(正甫、盤隱)
晦翁門人 69/3792
37 林洵
公南門人 5/633
林次淵(希顏)
王氏門人 44/2434
林祖恭
林偉孫 45/2505
38 林祫(藏英)
濂溪續傳 * 12/1173
伊川續傳 16/1310
40 林大鼎
艾軒門人 47/2589
林大備(平陽善士)
止齋門人 53/3136
林大中(和叔、正惠)
慶元之學 79/4538
林大春(熙之、慥齋先生)
晦翁門人 69/3897
林大年(壽卿)
達觀同調別 2/6286

林士蒙

林憲卿門人 69/3886

林希逸(肅翁、竹溪、鬳齋)

樂軒門人＊47/2602

元暉門人 47/2601

鄭氏門人 73/4242

林鼒(叔和、草廬先生、景賢里)

晦翁門人＊69/3882

南湖講友 66/3614

慈湖講友 74/4273

絜齋講友 75/4343

廣平講友 76/4372

定川講友 76/4378

林存(以道)

西山門人 81/4674

林志寧

明道門人＊14/1212

文氏門人 2/179

林梓(材叔)

王氏門人 44/2440

41 林枅(子方)

誠齋同調 44/2411

林概(瑞父)

王氏學侶別 1/6164

42 林彬之(元質、囦山)

後村講友 47/2620

43 林式之(子敬)

竹溪門人 47/2625

44 林蒙亨(宿西)

林氏續傳＊25/1718

王氏同調 81/4680

林萬頃(叔度)

樂軒講友 47/2597

林芸齋

林師魯父 69/3836

林桂發

信齋門人＊70/3989

林氏家學 49/2865

林椅(奇卿)

節卿同調＊32/1955

宋儒博考別 2/6224

45 林棟(國輔、與守、訥庵)

止齋續傳＊53/3141

攻媿續傳 79/4560

林棟

黃氏門人 70/4018

林棟

文山同調 88/5241

46 林坦

林寬弟 2/244

47 林起宗(伯始、魯庵)

劉氏門人 91/5468

林起潛(用夫、東皋先生)

王氏門人別 2/6297

林起濱(顯夫、西墅先生)

王氏門人別 2/6297

48 林幹(國材、木榴子)
唐氏家學別 1/6197
林松孫(林崧孫、喬年、兌光居士)
陳氏講友 *44/2371
林氏家學 5/635
林氏家學 98/5924
林梅所
蔡復初師 47/2629
50 林胄(甲父)
林鶚翁子 *47/2607
竹溪門人 47/2625
林肅(恭之)
艾軒門人 47/2588
林表民(逢吉)
篔窗講友 55/3198
51 林振(子玉)
晦翁門人 69/3924
52 林揆(一之)
晦翁門人 69/3878
林靜(子山、愚齋)
宋氏門人 *82/4975
林氏續傳 47/2629
53 林成季(井伯、東巒)
艾軒家學 47/2582
54 林拱辰(巖起)
宋儒博考別 2/6240
55 林耕(耕叟、畊叟)
林氏續傳 36/2156
林耕道
剡源講友 85/5113
60 林旦(士明、次仲)
古靈同調 *5/611
林膚父 96/5716
林國鈞(公秉)
艾軒同調 47/2581
林易(藏用)
林袷弟 12/1173
林思齊
李春叟師 12/1179
林思齊
林棟從兄 53/3141
林田(叔疇)
艾軒門人 47/2587
林景熙(見林德暘)
64 林晞顏(幾老)
龔氏門人 *98/5902
林氏家學 5/635
林晞孟(醇老)
龔氏門人 *98/5902
林氏家學 5/635
林暐(公著)
了齋同調 35/2091
66 林賜(聞一)
晦翁門人 69/3927
67 林略(浩齋)

柯大春附 55/3168
林鶚翁(朝叔)
樂軒門人 47/2607
72 林隱(見程復心)
林岳
古靈續傳 5/636
73 林駿伯
林氏續傳 36/2156
77 林堅
林寬弟 2/244
林屋山人(見俞琰)
林岡孫
朱文霆師 49/2916
林用中(擇之、敬仲、、草堂先生)
晦翁門人＊69/3876
艾軒門人 47/2588
程林門人 70/4000
林同(子真、空齋)
文隱家學＊47/2609
後村門人 47/2626
林周卿(少望)
合沙門人 6/758
林居實(安之)
止齋門人＊53/3136
東萊門人 51/3016
林駉(德頌)
易氏家學別 2/6258
林熙之
林氏講友 69/3944
林學之(見林庚)
林學聚(林羽、正卿)
晦翁門人＊69/3845
勉齋門人 63/3511
林學履(安卿)
晦翁門人 69/3875
林岊(玉堂)
陳紱師 49/2859
林岊(仲山)
鶴山講友 80/4591
林興祖
潘伯修師 82/4952
林巽(巽之、草範先生)
王氏學侶別 1/6163
80 林金
習庵門人 74/4316
林夔孫(子武、蒙谷)
晦翁門人＊69/3771
節齋學侶 62/3481
林無惑(無惑)
季甫門人 5/627
林合(子常)
文隱家學 47/2609
林善補
林楝從兄 53/3141
林公遇(林滕、養正、寒齋、溪

堂、文隱、文潔、文介、文遠）
樂軒講友 * 47/2596
晦翁私淑 49/2850
象山私淑 58/3319
慈湖私淑 74/4310
87 林舒直
林詢子 47/2594
林舒長
林詢子 47/2594
88 林簡（綺伯）
網山家學 47/2592
90 林光世（逢聖、水村）
林氏家學 46/2558
林光朝（謙之、文節、艾軒先生、南夫子）
陸氏門人 * 47/2574
震澤私淑 29/1821
林氏門人 46/2556
鄭氏門人 98/5908
林焞
童溪講友 74/4288
97 林恂如
艾軒門人 47/2589
林恪（叔恭）
晦翁門人 69/3898
□林□
了齋同調 35/2092

4590_0 杕

86 杕錫山居士（見黃震）

4593_2 棣

44 棣華（見吴俯）

4594_4 樓

10 樓霞山人（見白珽）

4594_4 樓

00 樓序（仲彝）
樓澄孫 52/3082
樓應元
龍川門人 56/3233
15 樓璉（建連）
宋氏門人 * 82/4977
樓氏家學 56/3268
22 樓山（見袁明善）
30 樓淳
樓氏家學 79/4547
32 樓澄（文淵）
貝氏門人 52/3082
33 樓治
樓氏家學 79/4547
35 樓潚
樓氏家學 79/4547
40 樓大年（元齡）

徐氏門人 70/3973
樓士寶(彦珍)
淵穎門人 * 56/3266
凝熙門人 82/4945
樓有成(玉汝)
樓氏先緒 56/3256
樓奔(元應)
樓肖子 6/729
43 樓槮
樓氏家學 79/4548
47 樓郁(子文、西湖先生)
安定同調 6/703
60 樓日宏
樓澄子 52/3082
樓昉(暘叔、迂齋)
東萊門人 73/4193
80 樓鏞(樓鑰)
東萊門人 73/4220
86 樓鍔(景山)
東萊同調 51/3011
樓錫(昭聲)
李氏門人 * 6/764
樓氏續傳 6/764
樓錫(予善、申伯)
樓氏續傳 6/764
88 樓鑰(大防、啓伯、攻媿主人、宣獻、忠簡)
晦翁私淑 * 79/4521
李氏門人 6/765
景望門人 32/1955
叔永學侶 34/2037
東萊私淑 51/3018
艮齋門人 52/3047
止齋講友 53/3109
慈湖講友 74/4272
廣平講友 76/4371
三山門人 79/4530
樓鑰(見樓鏞)
90 樓光亨(景元)
淵穎門人 56/3265
樓肖(夢弼)
樓氏家學 6/729
97 樓炤(仲暉、襄靖)
權氏門人 * 19/1495
沮和議者 96/5734
叩樓□
東萊再傳 73/4240

4595_3椿

80 椿年(見周壽伯)

4611_0坦

00 坦齋(見應宗詒)
23 坦然(見句中正)
27 坦叔(見嚴粲)
50 坦夫(見呂夷簡)

80 坦翁(見王履)

4612_7場

60 場圃居士(見吴豫)

4621_0觀

21 觀順(見曾正言)
22 觀樂(見黄瑞節)
23 觀我(見解觀)
27 觀物先生(見張行成)
觀物老人(見祝泌)
觀象軒(見梁樞)
28 觀復(見龍仁夫)
觀復(見王蕃)
觀復道人(見馬煦)
32 觀洲(見胡季從)
53 觀成(見黄中德)
46 觀如居士(見鄭觀中)
60 觀國(見季光弼)
觀國(見趙觀光)
觀國(見駱季友)
觀易堂(見程直方)
80 觀養堂(見方疇)
90 觀光(見俞長孺)

4622_7獨

22 獨樂(見韋許)
獨樂園(見趙畯)
獨樂堂(見韋許)
57 獨擊鶻(見王素)
80 獨善(見汪大度)
獨善(見史彌鞏)
獨善先生(見熊蕃)
獨善堂(見熊蕃)

4632_7駕

33 駕之(見孟攀鱗)

4633_0恕

00 恕庵(見鮑仁濟)
恕齋(見謝升賢)
恕齋(見吴□)
恕齋(見安松)
恕齋(見洪勛)
恕齋(見趙善譽)
恕齋(見滕處厚)
24 恕先(見郭忠恕)
90 恕堂(見李伯玉)

4640_0如

00 如庵(見完顔璹)
21 如止居士(見糜鍇)
22 如山(見顔度)
32 如淵(見王淵)
33 如心(見張仁近)
如心(見張恕)

如心（見傅恕）

42 如斯（見楊令圭）

46 如如居士（見莫表深）

60 如愚（見陳應璧）

68 如晦（見魯訔）

4651_7韞

10 韞玉書室（見郭新）

4680_6賀

26 賀伯顔（賀勝、貞卿、舉安、伯顔、惠愍、忠宣、秦國公、涇陽王）

魯齋門人 90/5392

38 賀道成

濂溪續傳 12/1177

40 賀太平（賀惟一、元中）

趙氏門人 *83/5029

舉安家學 90/5433

47 賀均（也先忽都、公秉）

賀太平子 83/5029

53 賀成大（季常）

朱學續傳 49/2880

79 賀勝（見賀伯顔）

84 賀鑄（方回、慶湖遺老）

北山講友 6/756

90 賀惟一（見賀太平）

4690_0柏

51 柏軒（見范祖幹）

4690_0相

30 相之（見豐稷）

60 相墨堂（見何鏐）

4692_7楊

00 楊廔

料院家學 70/3993

楊齊賢（子見）

易氏家學別 2/6252

楊方（子直、淡軒）

晦翁門人 69/3810

楊庸（潛齋）

雪齋同調 90/5363

楊應桂

疊山門人 *84/5067

古爲門人 84/5069

張氏門人 84/5071

楊庭顯（時發、老楊先生）

象山學侶 58/3307

楊文仲（時發、見山）

平舟家學 12/1178

楊文舉

句中正附 2/123

02 楊訓（公發）

荆公門人 98/5875
03 楊誠之
東萊門人 73/4224
05 楊譓(克明)
濂溪續傳 * 12/1171
張氏私淑 70/3968
08 楊敦仁(仲遠)
龜山講友 25/1646
楊謙之(謙叔、謙山)
疊山門人 * 84/5068
楊氏續傳 6/766
10 楊三傑
楊友義孫 70/4032
楊至(至之)
晦翁門人 69/3824
楊玩
楊構子別 1/6168
楊瓌
楊構子別 1/6168
楊震亨(大卣)
馬煦師 1/96
楊霆(震仲)
楊氏家學 * 42/2305
李氏同調 80/4616
楊天德(君美)
文康先緒 90/5318
楊天倪(致一)
楊氏師承 72/4176
楊天惠(回光居士)
廬陵私淑 * 4/549
又不在碑目者 96/5725
楊雲翼(之美、文獻)
滏水同調 100/6112
12 楊璞(契立、東野遺民、東里野民)
洛學之先 * 6/669
張氏講友 9/937
16 楊瑁
楊構子別 1/6168
17 楊琛
楊構子別 1/6168
楊翮(文舉)
楊氏家學 82/4931
楊子謨(伯昌、浩齋)
楊氏家學 * 72/4179
滄江學侶 72/4175
楊子謂
浩齋家學 72/4183
楊子嘉
李鶚師 75/4353
楊翼(見楊異)
楊翼之
達觀同調別 2/6283
19 楊耿(國光)
薛京附 41/2283
20 楊億(大年、文)

楊氏家學 6/656
楊維楨(廉夫、鐵崖、鐵笛子、抱遺先生、東維先生)
倪氏門人＊52/3054
道園門人 92/5582
楊維翰(子固、方唐)
鐵崖學侶 52/3060
21 楊虞仲
楊氏先緒 72/4176
楊偕(次公)
种氏門人 9/933
楊師盤
楊友義子 70/4032
23 楊允恭(謙仲)
濂溪續傳 12/1171
24 楊仕訓(楊士訓、尹叔)
晦翁門人＊69/3834
東湖門人 70/3988
楊壯行(伯學)
劉鄧講友＊88/5243
楊氏續傳 12/1185
楊偉(子奇)
文公家學 6/676
楊升雲(雲衢)
蕭氏門人 92/5601
25 楊仲齊
白雲門人 82/4911
楊傑(次公、無為子)
安定學侶＊1/29
孫氏門人 2/136
盱江同調 3/389
楊純師
野氏門人 98/5901
26 楊伯允(文川)
楊氏家學＊59/3352
文白門人 59/3356
楊伯純(楊伯成)
小隱家學 74/4328
楊伯詹(靖安先生)
楊氏家學 4/574
楊伯起
逸平門人 25/1710
楊伯成(見楊伯純)
楊伯嵒(彥思、泳齋)
平齋同調 79/4554
楊侃(見楊大雅)
楊總(公元)
陳氏家學別 1/6187
27 楊倜
古靈門人 5/626
楊伋(次思)
楊氏家學 2/168
楊奐(楊煥、楊英、煥然、紫陽、文憲、紫陽先生、關西夫子)
雪齋學侶 90/5351
楊叔方(學睡先生)

靜春私淑 59/3350
楊叔正(楊惟、叔正)
慈湖家學 74/4289
楊叔中(楊慥、叔中)
慈湖家學 74/4289
28 楊作(次文、白雲子)
楊氏家學 * 2/168
荆公門人 98/5876
楊徽之(仲猷、文莊)
閩學之先 * 6/649
戚氏講友 3/263
楊復(志仁、茂才、信齋先生)
晦翁門人 * 69/3811
節齋學侶 62/3481
勉齋門人 63/3511
楊復義(子宜、西清隱士)
仁山門人 82/4863
楊從(存道)
陳氏家學别 1/6177
楊繪
劉氏門人 * 4/556
論新法者 96/5695
30 楊淮
殷奎師别 3/6386
楊寓(澤遠)
王氏門人 44/2442
楊適(安道、大隱先生)
安定同調 6/701
楊迹
涪翁門人 19/1485
楊準(公平、達觀、玉華居士)
草廬門人 92/5538
楊宏中(充甫)
士人 97/5748
楊定軒(見楊□)
楊寘(審賢)
楊察弟 3/408
楊寅
附攻慶元道學者 97/5753
楊宗仁
楊友義孫 70/4032
楊宗德
楊友義孫 70/4032
楊宗伯(禮卿)
楊友義孫 70/4032
楊宗侃
楊友義孫 70/4032
楊察(隱甫、宣懿)
晏氏門人 3/408
31 楊汪中(季子)
東山同調 44/2450
32 楊澄原(澄原)
王受益師 87/5201
楊湲
深寧門人 85/5113
33 楊溥(德淵、畏齋、益齋)

楊灼師 63/3516
楊黼(見楊與立)
34 楊漢英(熙載、中齋、中宣、播國公)
周學之餘 12/1183
楊汝南(彥侯、不欺堂)
李氏門人 * 16/1298
誠齋講友 44/2408
楊汝明
楊楝父 12/1173
35 楊迪(遵道)
龜山家學 25/1653
37 楊洞
玩齋門人 92/5585
楊汲(清父)
平舟家學 12/1178
楊祖識(世孫、樂行先生)
楊氏家學 4/574
楊迥
龜山家學 25/1653
38 楊道夫(仲思)
晦翁門人 * 69/3853
楊氏續傳 6/766
楊道夫
靜軒講友 * 67/3667
楊氏續傳 25/1720
40 楊九萬
胡炳南師 91/5485
楊大法(文範)
晦翁學侶 49/2828
楊大異(同伯)
胡氏所傳 42/2304
楊大雅(子政)
陳氏師承別 1/6125
楊友直(儆齋)
晦翁門人 69/3904
楊友義
儆齋家學 70/4032
楊士訓(見楊仕訓)
楊士表
晉臣門人 14/1226
楊圭
小隱家學 74/4328
楊圭(景義)
楊氏家學 82/4878
楊克(道孚)
張氏門人 99/6045
楊古
雪齋門人 90/5418
41 楊桓(武子、損齋、辛泉)
魯齋門人 * 90/5407
少堅私淑 70/4022
43 楊載(仲宏)
陳氏門人別 3/6338
楊朴(文之)
梅溪同調 44/2408

44 楊夢午
姜澤師 82/4835
楊芮(大章、小隱)
楊氏續傳 74/4325
楊芾(文卿、南溪居士)
楊氏先緒 44/2361
楊芾(仲章、鶴巖先生)
黄氏門人 *70/4069
鹿皮門人 70/4084
仲倫門人 82/4961
楊恭懿(元甫、文康)
魯齋講友 90/5344
楊萃
三山學侶 79/4512
楊萬里(廷秀、文節、誠齋)
張氏門人 *44/2386
王氏門人 19/1493
劉氏門人 34/2042
又未入案者 97/5750
椒溪門人 99/6060
清純門人 99/6060
楊英(見楊奐)
楊韡(明叔)
涪翁門人 19/1485
楊若海
晦翁門人 *69/3935
仲思家學 70/3998
楊楠(元幹)
王氏門人 44/2439
45 楊構(起宗)
王氏學侶別 1/6168
楊椿(大年)
王氏門人 44/2439
楊棟(平舟)
濂溪續傳 *12/1173
朱學續傳 49/2866
張學續傳 50/2972
46 楊恕(寬之)
陳氏家學別 1/6186
楊如山(少游)
王氏學侶別 3/6332
楊楫(通老、悦堂)
晦翁门人 69/3810
47 楊起宗(振之)
宋儒博考別 2/6241
50 楊中和
趙世崇師 2/164
楊青
楊氏先緒 100/6094
楊泰之(叔正、克齋)
黄氏門人 72/4182
楊由義(宜之)
劉胡同調 43/2321
52 楊撝謙
楊伯允門人 59/3352
楊蟠(公濟)

東坡講友 99/5985
53 楊輔(嗣勳、莊惠、恭惠)
劉氏同調 79/4520
楊輔世(昌英、遠齋)
誠齋學侶 44/2408
54 楊持
楊構子別 1/6168
57 楊邦弼(良佐)
楊氏續傳 6/765
楊邦乂(晞稷、忠襄)
□□□□45/2485
楊軥(梓夫)
陳氏門人別 3/6371
60 楊國寶(應之)
百源門人 33/1964
楊甲(鼎卿)
劉氏同調 * 79/4520
長民私淑 2/203
楊畏(子安)
别附 98/5880
楊異(楊翼)
劉氏門人 4/557
楊異
蘇渙附 99/5951
楊果(正卿、西庵、文獻)
庸齋學侶 90/5359
楊景亮
料院家學 70/3993
楊景行(賢可)
楊氏門人 92/5588
楊景芬(祖德)
楊氏家學 9/961
楊景略(康功)
楊氏家學 9/960
楊景隆(伯淳)
易氏家學別 2/6255
61 楊顯民(水北)
青陽同調 92/5561
64 楊時(中立、文靖、吳國公、將樂伯、龜山先生)
二程門人 * 25/1625
莘老私淑 1/69
楊時煦(春卿、庸齋)
□□□□95/5654
67 楊明叔(見楊韡)
楊明復(復翁、浦城先生)
翁氏門人 67/3672
楊昭述(宗魯)
古靈同調 5/608
楊嗣參
楊起宗子別 2/6241
70 楊驤(子節)
楊氏續傳 6/765
71 楊原
水北家學 92/5596
楊愿(謹仲、壽岡先生)

□□□□45/2487
楊驥
荆公門人＊98/5873
鄭氏門人 98/5908
楊滙(源澈、靖恭)
范氏私淑 19/1453
楊長孺(伯大、子伯、伯子、東山、東山潛夫、文惠)
楊氏家學＊44/2449
南劍門人 32/1949
晦翁門人 49/2839
西山講友 81/4655
72 楊剛中(志行、通微先生)
張氏門人 82/4879
楊朏(持正)
餘官 96/5716
77 楊居(溫如)
莊節門人 64/3570
楊學可(清風先生)
陳氏家學別 3/6387
楊與立(楊黼、子權、與立、船山先生、鉛山先生)
晦翁門人＊69/3853
楊氏續傳 6/765
楊興宗(似之)
艾軒門人＊47/2587
夾漈門人 46/2556
楊巽
王氏學侶別 3/6336
80 楊介(公望)
賢可家學 92/5602
楊令圭(如斯)
楊氏家學 79/4546
楊公度(元宏、玉峯)
楊氏家學 98/5911
楊公節
信齋家學 70/3988
83 楊鎔
楊應桂父 84/5067
84 楊錡(宗彝、樵寄幸民)
魯齋門人 82/4832
88 楊鎰
陳氏師承 93/5615
楊簡(敬仲、文元、慈湖先生)
象山門人 74/4255
楊籌(伯明)
楊氏家學 58/3319
楊節之(節之)
君成門人 3/433
90 楊惟(見楊叔正)
楊惟中(忠肅)
附傳 90/5317
楊惟肖(與似)
謝氏門人 95/5670
楊光祖
壽岡家學 45/2494

91 楊恒(本初、白鹿生)
淵穎門人＊56/3267
少堅私淑 70/4022
楊炳(若晦、儵溪居士)
宋儒博考別 2/6244
94 楊忱(明叔)
楊氏家學 9/959
楊忱中(德夫)
邵學之餘 78/4466
楊慥
楊氏家學＊9/960
公是講友 4/546
楊慥(見楊叔中)
97 楊恂
又不在碑目者 96/5727
楊恂
王宿附 96/5725
楊灼(見楊炟)
楊煥(見楊奐)
楊炟(得庵)
勉齋門人＊63/3516
悦堂家學 70/3988
叩楊□
韓氏門人 3/395
楊□(畸翁)
涑水私淑 8/864
楊□(定軒)
楊氏家學 29/1822
楊□龍(明夫)
朱學之餘 49/2889
楊□
絜齋門人＊75/4356
悦堂家學 70/3988

4694_1 楫

00 楫齋(見高錠)

4711_7 圯

44 圯老(見黄石)

4712_0 均

53 均輔(見寇平)
84 均饒(見季應期)

4712_7 鄞

31 鄞江先生(見王致)
鄞江先生(見周鍔)

4713_8 懿

00 懿文(見林叔豹)
25 懿仲(見林淵叔)
30 懿寧王(見耶律鑄)
53 懿成(見林季仲)
88 懿簡(見趙瞻)
懿敏(見王素)
97 懿恪(見王拱辰)

4722_7郁

22 郁繼善

漢卿再傳 90/5439

88 郁鋭(鈍之)

鐵崖門人 52/3071

4722_7鶴

22 鶴巖先生(見楊芾)

鶴山(見魏了翁)

鶴山先生(見馬大同)

44 鶴林(見吴泳)

67 鶴鳴先生(見李俊民)

4732_7郝

00 郝庸(季常)

劉氏門人 91/5468

10 郝元

明道門人 14/1212

郝震(郝旦、子陽、東軒老人)

郝氏續傳 14/1214

郝天禎

郝震子 14/1214

郝天祐(賢卿)

東軒家學 14/1216

郝天祺

郝震子 14/1214

郝天挺(晉臣、晉卿)

東軒家學 14/1216

郝天挺(繼先、文定、冀國公)

遺山門人 14/1235

20 郝采麟

陵川家學＊90/5425

盧氏門人 99/6087

21 郝經(伯常、陵川、文忠)

江漢學侶＊90/5367

周學之餘 12/1181

靜直家學 14/1231

遺山門人 14/1233

程學之餘 16/1315

25 郝傑(元英)

晦翁私淑 49/2851

26 郝伯魯(希曾)

郝道寧子 95/5665

27 郝彝(仲常)

陵川家學 90/5425

30 郝良弼

鶴山私淑 80/4616

38 郝道寧

□□□□95/5665

60 郝旦(見郝震)

郝思溫(和之、靜直處士)

晉臣家學 14/1218

郝思直(繼先)

郝天祐子 14/1216

74 郝隨

附攻元祐之學者 96/5731

4740_1聲

26 聲伯（見童鋐）
聲伯（見李仁深）
聲伯（見劉黻）
34 聲遠（見樂雷發）
聲遠（見胡斗元）
53 聲甫（見蔣迅雷）

4742_0朝

12 朝瑞（見陳總龜）
17 朝弼（見詹廷堅）
朝弼（見陳範）
24 朝佐（見李朝佐）
27 朝叔（見林鶚翁）
30 朝宗（見張汴）
朝宗（見江漢）
朝宗（見吴海）
朝宗（見葉東）
76 朝陽（見曾鳳）
朝陽先生（見戚崇僧）
朝陽室（見戚崇僧）
77 朝舉（見鄭翔）
80 朝美（見權邦彦）

4742_7郄

17 郄羽
胡氏門人 6/686

4742_7媧

77 媧民（見賈黄中）

4744_7好

00 好庵（見方信孺）
08 好謙（見朱夏）
40 好古（見李師愈）
好古齋（見葛誠）
77 好學（見蕭之敏）
好問（見張裕）

4748_6嬾

00 嬾庵（見趙汝譖）
90 嬾堂（見舒亶）

4752_0鞠

44 鞠華叔
劉欽附 88/5235
60 鞠杲
又不在碑目者 96/5729
72 鞠隱（見朱嗣壽）
鞠隱先生（見朱嗣壽）

4762_0胡

00 胡序（少賓）
直閣家學 34/2041

胡方平(師魯、玉齋)

介軒門人＊89/5270

節齋私淑 62/3490

胡應璣(粹翁)

達觀同調別 2/6287

胡襄(季皋)

忠簡學侶 44/2349

胡廣(文剛)

胡氏门人 86/5183

胡文可(胡夢炎、可山)

文山同調 88/5237

胡文靜

胡文可弟 88/5237

胡章(煥文)

吴氏門人 82/4923

胡章

胡堯卿子別 1/6178

胡衰

胡序父 34/2041

02 胡端一

曾兼善師 63/3512

03 胡誼(正之)

絜齋門人 75/4351

04 胡諶(見胡革)

胡訥

安定先緒 1/15

08 胡謙(牧之)

絜齋門人＊75/4352

鶴山門人 80/4605

胡詮(見胡銓)

10 胡一桂(德夫、人齋先生)

直閣續傳 34/2051

胡一桂(庭芳、雙湖先生)

玉齋家學＊89/5293

勿軒講友 64/3565

胡一中(允文、允大)

長民續傳 2/207

胡一中

胡渭從孫 70/4010

胡三省(身之、元魯、梅磵)

深寧門人＊85/5103

羅氏私淑 1/98

馬氏之餘 8/881

胡元叔

羅氏私淑 1/97

胡震

雙峯門人 83/5003

胡晉臣(子遠、文靖)

晦翁同調 79/4517

胡醇父(清父)

雲峯家學 89/5301

12 胡登臣(正平)

龍雲門人 4/573

胡瑗(翼之、文昭、安定先生、先儒胡子)

高平講友 1/15

16 胡珵(德輝)
元城門人＊20/1514
沮和議者 96/5735
胡璟(文叔)
韋齋講友 39/2194
17 胡子實(胡希孟、醇子)
朱學之餘 49/2889
18 胡瑜(季瑊)
胡氏續傳 73/4246
20 胡舜元
荆公講友 98/5839
胡季虎
胡伯虎弟 73/4218
胡季從(觀洲)
文山師承 88/5214
21 胡虛白
玩齋門人 92/5585
胡衍(衍道、晉遠)
胡氏家學 77/4437
胡衛(衛道)
胡氏家學＊77/4437
和叔門人 77/4446
胡處約(詳之)
通守門人 6/767
胡師夔(易簡居士)
考水先緒 89/5261
胡穎(叔獻、石壁)
趙氏門人 70/4006
22 胡鼎金(貴剛)
達觀同調別 2/6286
胡巖起(伯巖)
胡氏先緒 65/3596
23 胡允濟
胡師夔父 89/5261
24 胡升(濳夫、定庵)
晦翁私淑＊49/2856
西山門人 65/3595
胡紘
晦翁門人 69/3939
25 胡仲雲(從甫)
晦翁私淑 49/2859
胡仲霖
晦翁私淑 49/2859
胡仲溶
胡景崧父別 3/6324
胡仲皋
戴日宣師 6/767
胡仲舒(漢卿)
宋氏學侶 72/4171
胡伸(彥時)
浮溪講友 6/756
26 胡伯仁
師山講友 94/5638
胡伯虎(用之)
東萊門人 73/4218
胡嶧(仲連)

胡稷言子 1/56
胡釋之(開甫、玉山居士)
胡景南子 74/4322
胡稷言(正思)
安定門人 * 1/56
景文門人 19/1468
27 胡彝
馬氏講友 82/4883
28 胡份(兼美)
章貢門人 * 19/1492
胡氏家學 4/583
胡從聖
朱氏續傳 53/3143
30 胡寧(和仲、茅堂先生)
武夷家學 34/2001
胡宿(武平、文恭)
濂溪講友 * 12/1151
文安門人 6/667
蔣氏門人 99/5962
胡之純(穆仲)
石塘學侶 65/3601
胡之綱(仍仲)
石塘學侶 65/3601
胡憲(原仲、籍溪、簡肅、靖肅)
武夷家學 * 43/2310
韋齋講友 39/2194
又論事者 96/5738
胡守
少賓家學 34/2049
胡安(見胡安之)
胡安之(胡安、胡安定、叔器、白齋先生)
晦翁門人 69/3905
胡安定(見胡安之)
胡安國(康候、武夷先生、文定、楚國公、建寧伯)
二程私淑 * 34/1978
高平私淑 3/426
忠獻私淑 3/429
涑水私淑 8/864
胡寓
廣仲家學 42/2304
胡宏(仁仲、五峯先生)
武夷家學 42/2287
胡良
項良才師 82/4912
胡寔(見胡實)
胡寅(明仲、文忠、致堂先生)
武夷家學 * 41/2257
橫渠私淑 18/1378
忠簡同調 44/2351
胡實(胡寔、廣仲、擴齋)
五峯家學 42/2299
胡宗
止齋門人 * 53/3135
少賓家學 34/2048

錢氏學侶 61/3399
胡宗愈(完夫、簡修)
丁氏門人 *6/731
爭青苗變法者 96/5674
胡宗炎(彥聖)
胡氏家學 12/1161
32 胡淵(澤之)
武夷先緒 34/1977
胡祇遹(紹聞、紫山、文靖)
朱學之餘 49/2892
33 胡泳(季永)
澹庵家學 *34/2034
橫渠續傳 18/1379
胡泳(伯量、洞源先生、桐柏先生)
晦翁門人 69/3803
胡淀
雲峯同調 89/5299
胡濙(胡熒、景雲、蕉庵)
李氏門人 70/4076
34 胡斗元(聲遠、孝善先生)
朱氏門人 *89/5278
胡氏家學 89/5263
胡浹
澹庵家學 34/2035
胡祐之
胡中行子 73/4239
35 胡潚(幾道)
澹庵家學 34/2035
36 胡渭(景呂)
山南學侶 70/4010
37 胡澥(伯圜)
澹庵家學 *34/2034
誠齋同調 44/2414
胡次和
景迂續傳 *22/584
涑水私淑 8/871
胡次焱(濟鼎、梅巖先生)
朱學之餘 49/2891
胡深(仲淵、縉雲伯)
木訥門人 *82/4964
葉氏學侶 18/1383
胡滌
胡氏續傳 1/63
胡祖義(季時、宜齋)
朱學之餘 49/2902
38 胡汾
胡氏家學 35/2106
胡遵度
胡堯卿子別 1/6178
胡遵道
胡堯卿子別 1/6178
胡遵義
胡堯卿子別 1/6178
40 胡大壯(胡大履、季履)
五峯家學 *42/2300

晦翁門人 49/2839
南軒門人 50/2965
胡大時(季隨、盤谷、勿齋)
南軒門人 71/4103
胡大原(伯逢)
五峯家學 42/2300
胡大履(見胡大壯)
胡太和
胡氏門人 70/4089
胡士行
龜山之餘＊25/1723
拙齋私淑 36/2158
胡士會(小山先生)
胡揚子 59/3354
胡堯卿(宗元)
陳氏家學別 1/6178
胡希孟(見胡子實)
胡希仁(時中)
觀我門人＊92/5589
子山門人 90/5442
胡希是(則翁)
胡氏家學 49/2865
胡存道(師善)
陳氏家學別 3/6383
胡嚞
胡揚子 80/4603
胡森
胡揚子 80/4603
41 胡楨
宋氏門人＊82/4975
胡氏家學 82/4985
44 胡埜(德林、環中居士)
孫氏門人 3/432
胡荂
胡芳弟別 2/6275
胡夢魁(景明)
文肅門人 77/4451
胡夢炎(見胡文可)
胡芳(秀實)
別附別 2/6275
胡革(胡諶、胡并、從之、實之、易之)
絜齋門人＊75/4353
慈湖門人 74/4307
胡世佐(伯衡)
陳氏門人＊86/5182
胡氏續傳 85/5126
胡世顯
程氏門人 94/5643
胡楚材(叔章、逸民)
葛喬學侶 73/4226
胡權(經仲)
宋儒博考別 2/6245
46 胡觀
靜齋門人 65/3607
胡觀道

廖應瑞師別 2/6284
胡如愚
安定門人 1/56
47 胡杓
晦翁門人 69/3934
48 胡翰(仲申、長山先生)
白雲門人 82/4898
胡敬之
巽齋講友 88/5212
50 胡中行
胡氏家學 73/4239
54 胡持
胡氏家學 49/2927
胡拱(達材)
象山門人 77/4417
56 胡揚
莊山門人 59/3354
胡揚(伯清)
鶴山門人 80/4603
58 胡撙(崇禮)
象山門人 77/4417
60 胡旦(周父)
文安門人 6/666
胡見嵩
習庵門人 74/4317
胡晏
陳氏家學別 1/6186
胡昌齡(長彥)
蕭氏門人 45/2489
胡景崧(彥高、安定郡伯)
王氏學侶別 3/6324
胡景裕
附傳 3/430
胡景南
陳氏門人 74/4322
71 胡長孺(汲仲、石塘、純節先生)
余氏門人 *65/3599
徐氏門人 83/5014
74 胡助(履言、古愚)
胡氏續傳 73/4245
77 胡居仁
東萊門人 73/4221
胡居祐(彥承)
蕭氏門人 95/5658
80 胡益
胡景崧祖別 3/6324
胡鎬(從周)
澹庵學侶 34/2024
胡并(見胡革)
胡義
胡景崧從弟別 3/6324
胡善(師善)
胡氏門人 2/232
胡公武(英彥、彥英、學林居士)
澹庵家學 *34/2036
范氏學侶 45/2470

胡余潛(叔昭)

越國門人 75/4360

84 胡鑄(蓬山居士)

蕭氏門人 45/2489

86 胡鍔(廉夫)

澹庵學侶 34/2025

胡智

胡景崧曾祖別 3/6324

88 胡銓(胡詮、邦衡、澹庵、淡庵老人、忠簡、淡室)

武夷門人＊34/2006

章貢門人 19/1492

壯簡講友 20/1517

龜山門人 25/1667

舍人門人 35/2106

紫巖講友 44/2358

張氏門人 44/2385

鄧氏門人 45/2491

沮和議者 96/5736

胡箕(斗南)

澹庵家學 34/2037

90 胡常(立方、思齋)

玉峯講友 66/3624

胡烾

胡揚從子 80/4603

91 胡炳文(仲虎、雲峯先生)

考水家學 89/5297

胡炳南

靜修續傳 91/5485

99 胡燮

野民門人 98/5901

叩胡□(季懷、時中室)

澹庵家學 34/2035

胡□

宣卿門人＊34/2042

向氏門人 41/2279

胡□

桂山師 49/2887

胡□(存齋)

陳氏門人別 3/6376

4762_7都

28 都從善

陶氏門人 92/5602

37 都潔(聖與)

沈氏所傳 37/2169

47 都郁(子文)

都潔父 37/2170

4780_1起

10 起元(見魯真)

22 起巖(見王起宗)

起巖(見袁説友)

起樂齋(見王□)

30 起之(見龍昌期)

起宗(見楊構)

44 起萊(見杜莘老)
68 起晦(見孫炳炎)

4780_4趣

80 趣翁(見杜敏求)

4780_6超

23 超然館(見鄧牧)

4791_0楓

44 楓林(見朱升)

4791_4極

80 極翁(見周天錫)

4792_0柳

21 柳卣(致明)
柳氏家傳 82/4915
28 柳從龍(雲卿、靜虛精舍)
草廬門人 92/5549
30 柳肩愈(見柳開)
32 柳溪先生(見何煥文)
37 柳湖(見程珙)
40 柳塘居士(見汪莘)
50 柳申錫(彥養)
百源續傳 78/4461
60 柳因
柳氏家傳 82/4916
77 柳同
柳氏家傳 82/4916
柳開(柳肩愈、柳肖愈、仲塗、紹元、東郊野夫、補亡)
穆氏同調 9/916
柳貫(道傳、烏蜀山人、文肅、靜儉齋)
仁山門人 *82/4859
全歸門人 56/3248
皋羽門人 56/3257
石塘門人 65/3603
隆山門人 80/4626
方氏門人 81/4691
章氏門人 82/4873
剡源門人 85/5122
仇氏門人 93/5626
90 柳肖愈(見柳開)

4792_0桐

10 桐西(見馮桐西)
44 桐麓(見章樵)
46 桐柏先生(見胡詠)

4792_7郴

77 郴卿(見陳南仲)

4792_7橘

44 橘林先生(見康桑)

60 橘園(見李浩)

4794_7 穀

27 穀叔(見鄭耕老)
43 穀城(見黄銖)

4796_4 格

00 格齋先生(見程永奇)
格齋先生(見趙順孫)

4841_7 乾

67 乾曜(見孫成象)

4844_0 教

25 教生(見鄭洙)

4844_1 幹

38 幹道沖(宗聖)
元儒博考別 3/6319
71 幹臣(見李楨)
77 幹卿(見烏古孫良楨)

4864_0 敬

00 敬亭先生(見鮑若雨)
敬庵(見董敬庵)
敬齋(見唐復)
敬齋(見許□)
敬齋(見王柏)
敬齋(見詹樞)
敬齋(見沈貴珤)
敬齋(見李冶)
敬齋(見汪清卿)
敬齋(見黄樵仲)
敬齋(見葉苻叔)
敬齋(見曹□)
敬齋(見陶暘)
敬齋(見鄭昭祖)
敬文長
敬氏先緒 82/4834
17 敬子(見傅定)
敬子(見李燔)
敬子(見錢敬直)
22 敬巖(見王佖)
24 敬先(見廖欽)
敬德(見謝端)
敬德(見羅懋)
敬德(見劉欽)
25 敬仲(見安熙)
敬仲(見游欽)
敬仲(見林用中)
敬仲(見楊簡)
敬仲(見呂仁)
敬仲(見饒敬仲)
敬仲(見舒銑)
26 敬伯(見呂仁)
敬儼(威卿、文忠、魯國公)

白雲門人 82/4896
27 敬叔(見程端禮)
30 敬之(見辛愿)
敬之(見王顯子)
敬之(見張顯父)
敬之(見朱在)
敬之(見蔣宗簡)
敬之(見曾敬之)
35 敬禮(見金茂)
37 敬初(見陳基)
40 敬直(見金去僞)
敬存(見廖敬存)
46 敬恕齋(見□希程)
50 敬夫(見張栻)
53 敬甫(見王恂)
敬甫(見孫自修)
敬甫(見白恪)
60 敬思齋(見曹晉伯)
77 敬叟(見陳以莊)
80 敬鉉(鼎臣、大寧先生)
敬氏先緒 * 82/4834
屏山門人 100/6121
敬父(見張元簡)
敬父(見詹介)
敬義先生(見童伯羽)
敬義堂(見童伯羽)
88 敬敏(見宋禧)

4891_1 槎

32 槎溪(見廖德明)

4892_1 榆

22 榆山(見王去執)

4893_2 松

10 松雪道人(見趙孟頫)
22 松山(見丁本)
松山先生(見丁本)
26 松牕先生(見項璣)
27 松鄉(見任士林)
32 松淵先生(見吴邃)
松溪(見陳松溪)
松溪翁(見寇靖)
37 松澗先生(見趙宏偉)
44 松蘿山人(見曹汝弼)
松林處士(見侯宣)
47 松塢先生(見王逢)
67 松野先生(見羅希揚)
72 松隱居士(見卞大亨)
77 松隖先生(見王逢)
80 松年(見嚴松)
松谷(見程顯道)

4895_7 梅

00 梅亨(李劉)

鶴山門人 80/4605
梅庵(見柴廷)
10 梅西(見郭隚)
18 梅致和(彥達)
汪氏門人 95/5668
21 梅師哲
梅致和大父 *95/5668
梅氏續傳 4/594
22 梅巖先生(見胡次焱)
梅山先生(見周垕)
梅山老人(見李安國)
23 梅外處士(見李春叟)
26 梅泉(見王文澤)
27 梅壑(見杜湋)
梅叔(見方應龍)
30 梅寬夫(伯大、裕堂)
溪齋門人 *70/3985
文山同調 88/5239
梅窗(見馮泰卿)
梅窗居士(見方應龍)
32 梅溪(見王十朋)
33 梅浦(見王天與)
36 梅邊先生(見王炎午)
37 梅洞(見宋梅洞)
梅磵(見胡三省)
40 梅士熙
梅致和子 95/5668
梅堯臣(聖俞)
廬陵講友 4/485
44 梅坡先生(見彭蠡)
梅執禮(和勝、節愍)
程氏同調 35/2093
梅摯(公儀)
王氏學侶別 1/6166
梅村(見劉仲撫)
64 梅時舉(舜臣)
涑水續傳 8/878
67 梅野(見魏天應)
72 梅隱(見喻南强)
梅隱先生(見吴辰子)
77 梅熙(景和)
明所門人 83/5027
梅叟(見周子亮)
80 梅谷(見何英)
梅谷(見宋自達)
梅谷(見宋翔)

4896_6檜

51 檜軒(見丁復)

4928_0狄

38 狄遵度(元規)
狄遵禮兄 6/712
狄遵禮(子安)
章氏學侶 6/712
50 狄青(漢臣、武襄)

高平門人＊3/382
何氏門人 3/401

4980_2趙

00 趙充夫(趙達夫、可大、廉善)
誠齋同調＊44/2412
伊川續傳 16/1301
趙雍
沮和議者 96/5737
趙彥亨
趙氏家學 83/5032
趙彥端(德莊)
趙氏講友 46/2512
趙彥能(見趙彥眞)
趙彥眞(趙彥能)
王氏門人 44/2432
趙彥秬(周錫)
東萊門人 73/4204
趙彥秫(周實)
東萊門人 73/4213
趙彥侯(簡叔、東巖)
北山同調 69/3941
趙彥道(景平)
伊川門人 30/1849
趙彥肅(子欽、復齋、復齋先生)
象山私淑＊58/3317
晦翁學侶 49/2819
趙彥械(元道)
慈湖門人 74/4300
趙方(彥直、忠肅)
南軒門人＊71/4114
晦翁門人 49/2840
辛氏門人 49/2842
劉氏門人 79/4544
趙慶祚
王氏門人别 3/6359
趙唐卿
晦翁門人 69/3935
趙廣
趙鵬子 78/4486
趙文(惟恭、儀可、青山)
文山門人 88/5246
趙享孫
趙氏家學 32/1940
01 趙顏子(見趙霄)
02 趙端頤(養正、常庵)
伯微講友 58/3316
趙端卿(正之)
洺川門人 100/6130
03 趙謐(安卿)
趙氏家學 44/2373
08 趙敦臨(庇民)
樓氏私淑 6/748
10 趙王(見闊里吉思)
趙元(宜之、愚軒)
行齋師承 90/5361

趙霄(彥昭、昭顔子)

同許講友 32/1932

趙震揆

達觀同調别 2/6284

趙雲

趙虮子 12/1163

趙不悳(見趙不息)

趙不鰌(見趙不息)

趙不息(趙不悳、趙不鰌、仁仲、宣簡、崇國公)

晦翁同調 49/2830

11 趙彊

文山門人 88/5247

12 趙飛鳳

晦翁私淑 49/2854

13 趙琬(仲德)

趙氏家學 82/4888

14 趙珪(君璋)

趙彧父 90/5382

趙琳(君善)

趙氏續傳 44/2456

15 趙璉(伯器、忠定)

白雲門人 *82/4909

趙氏家學 82/4888

17 趙孟至

節齋家學 74/4321

趙孟何(漢弼)

趙氏家學 73/4243

趙孟傑

深寧門人 *85/5112

趙氏家學 73/4243

趙孟僴(三教遺逸)

巽齋門人 88/5229

趙孟頫(子昂、松雪道人、文敏、魏國公)

雪樓門人 83/5019

趙孟禮

羅氏私淑 1/98

趙弼

趙端卿曾祖 100/6130

趙承慶(祐之、康簡、天水郡公、循國公)

陳氏家學别 1/6176

趙子晝(叔問)

少卿門人 6/755

趙子明(子明)

晦翁門人 69/3919

趙鞏(子固、西林先生)

慶元之學 79/4539

趙君錫(無愧、無媿)

韓氏門人 3/392

趙郡公(見董士元)

18 趙珍

文白同調 59/3353

20 趙雋(德新)

張子厚師 90/5361

趙信
鐵崖門人 52/3067
趙采(德亮、隆齋)
朱學之餘 49/2893
趙秉文(周臣、閒閒老人、閑閑老人、滏水先生)
屏山講友＊100/6105
黄華門人 100/6123
趙秉正(公亮、忠敏、天水郡侯)
趙氏先緒 91/5467
趙秉溫(行直、文昭、定國公)
趙氏先緒 91/5466
21 趙順孫(和仲、格齋先生)
隱居家學 70/4018
趙衍
耶律希亮師 8/892
趙偕(子永、寶峯先生)
趙氏家學 93/5609
趙屼(景山)
清獻家學＊12/1163
安定門人 1/55
趙師雍(然道)
象山門人 77/4419
趙師端(知道)
晦翁門人 69/3890
趙師夏(致道、遠庵)
晦翁門人 69/3822
趙師孟(醇叟)
五峯門人＊42/2302
武夷門人 34/2023
趙師秀(紫芝)
水心門人 55/3197
趙師白(唐卿)
燭湖門人 77/4436
趙師騫
晦翁門人 69/3876
趙師宰(牧之、隨齋)
西山門人 81/4675
趙師淵(幾道、訥齋)
晦翁門人 69/3821
趙師游
晦翁門人 69/3876
趙師蒧(趙師晳、詠道)
象山門人 77/4419
趙師晳(見趙師蒧)
趙師郲(共父)
晦翁門人＊69/3889
又未入案者 97/5751
22 趙鼎(元鎮、得全、忠簡、豐國公)
子文門人＊44/2346
涑水私淑 8/864
伊川私淑 16/1295
沮和議者 96/5734
趙巘(見趙屼)
趙崇度(履節、節齋)

忠定家學 * 46/2554
南谿門人 46/2556
趙崇端
梅溪私淑 44/2457
趙崇憲(履常)
忠定家學 * 46/2554
南谿門人 46/2556
趙崇實
南谿門人 46/2556
趙崇模
南谿門人 46/2556
23 趙伏
雪齋門人 90/5419
趙俊(德進)
元城同調 20/1510
24 趙德(趙悳、鐵峯)
朱學之餘 49/2912
25 趙生
柳開附 9/916
趙仲通
蔡積中門人 62/3490
26 趙穆仲
項昕附 64/3569
27 趙像之(明則)
楊氏師承 44/2362
趙阜(則平)
梅塢門人 * 70/3994
湘泉家學 49/2863
陳氏門人 70/3980
趙屼(趙巙、景仁、戲綵堂)
清獻家學 12/1163
趙綱(湘泉先生)
石氏門人 49/2842
28 趙以夫(用父、虛齋)
晦翁私淑 * 49/2848
黄氏講友 70/3985
趙復(仁甫、江漢先生)
魯齋師承 90/5315
30 趙宜中(彥夫)
舒天民附別 3/6345
趙淮(靜齋)
趙氏家學 70/4005
趙濟
百源門人 * 33/1967
趙氏家學 3/432
趙汸(子常、東山先生)
資中門人 * 92/5566
邵學之餘 10/1089
止齋私淑 53/3138
汪氏門人 89/5301
道園門人 92/5578
師山門人 94/5640
趙寧孫
趙氏家學 32/1940
趙安仁(樂道、文定)
無媿先緒 3/277

趙宏偉(子英、貞獻、天水郡侯、松澗先生)
導江講友 82/4833
趙良震(伯起、東谷)
陳氏門人別 3/6373
趙良弼
王氏學侶別 3/6329
趙良恭
吴氏門人 82/4924
趙良本(立道、太初子)
朱氏門人 *82/4957
淵穎門人 56/3266
趙良鈞(鼎峯)
伊川續傳 16/1311
趙密(仲理)
劉氏門人 91/5470
趙宗道(子淵)
文忠門人 3/414
31 趙湑(元晉、冰壺)
趙氏家學 70/4005
32 趙冽泉(冽泉)
朱隱老師 49/2928
趙澄(公靖)
莊靖講友 78/4484
33 趙必健(宗强、石泉居士)
鸝塘門人 *77/4444
蟾塘門人 77/4446
趙必愿(立夫)
忠定家學 46/2555
34 趙汝讜(見趙汝譡)
趙汝譡(趙汝讜、蹈中、嬾庵)
水心門人 55/3191
趙汝談(履常、南塘、文懿)
晦翁門人 *69/3798
吴氏續傳 22/1585
趙汝安(茂實)
何王同調 82/4730
趙汝适
趙善待子 69/3880
趙汝述
趙善待子 69/3880
趙汝逵
趙善待子 69/3880
趙汝遇
趙善待子 69/3880
趙汝澮(文浩、假庵)
毛氏家學別 2/6256
趙汝楳
趙氏家學 65/3591
趙汝靚
趙氏家學 46/2518
趙汝愚(子直、忠定、沂國公、福王、周王)
玉山學侶 *46/2516
高平私淑 3/427
忠獻私淑 3/429

涑水私淑 8/870
趙氏家學 46/2518
趙汝馭
湯氏門人＊53/3141
湯氏門人 74/4312
趙汝騰(茂實、庸齋、南塘)
晦翁私淑 49/2860
趙汝鐩(見趙汝燧)
趙汝燧(趙汝鐩、明翁、野谷)
東萊門人＊73/4223
絜齋私淑 75/4356
趙淇(元德、太初、文思)
趙氏家學 70/4005
趙達夫(見趙充夫)
36 趙湘(叔靈)
清獻先緒 11/1099
趙澤(汝霖)
徂徠門人 2/177
37 趙渢(文孺、黄山)
榆山門人＊100/6118
洺川門人 100/6130
趙渥
趙端卿父 100/6130
趙次誠(學之、雪溪)
章氏門人 65/3606
趙逢龍(應甫)
□□□□79/4540
38 趙淦夫(南坡先生)
趙氏家學 73/4237
趙滋(濟甫、蘧然子)
滏水門人 100/6125
趙游夫(潢山)
東萊門人 73/4222
趙遂(景初、野塘先生、野塘書院、企疏堂)
章泉家學＊59/3347
岷隱門人 53/3138
趙遵
趙氏續傳 12/1167
40 趙友蘭(廉友、澄南)
本心門人＊82/4928
西山門人 82/4953
趙友同(彥如)
戴氏門人＊82/4969
宋氏門人 82/4977
趙希德
武臣 96/5720
趙希流
潘武門人 68/3715
趙希漢(南紀)
晦翁門人 69/3927
趙希瀞(無垢)
高平續傳 3/435
趙希喆(見趙希錧)
趙希夷
武臣 96/5720

趙希錧(趙希喆)君錫、時隱居士、信安郡公、信安郡王)
徐氏門人 61/3401
趙希忔(見泰)
遠廬家學 70/3991
趙希懌(叔和、正惠、成國公)
上蔡續傳 24/1615
趙志道
陳亮門人 92/5587
趙悳(見趙德)
趙古經(友柏)
趙氏家學 56/3261
趙吉甫(拙存)
魯齋講友 90/5345
趙奇
浮溪門人 6/764
趙壽(最樂翁)
時舉家學 70/4022
41 趙樗年(難老、子壽、廣真野人)
方舟講友 99/6058
43 趙狩
泰山門人 2/158
44 趙范(武仲)
宏齋門人 70/3963
趙莊叔
方舟講友 99/6059
趙茂元
平舟續傳 12/1185
趙恭夫
焦氏門人 30/1859
趙孝孫(仲修)
趙氏家學 32/1940
趙葵(南仲、信庵、庸齋、忠靖、忠清、魯國公、魏國公)
宏齋門人 70/3964
趙若恢(文叔)
皋羽同調 56/3244
趙若燭(竹逸)
毛氏家學別 2/6261
趙若煥(堯章)
陳氏講友別 2/6294
趙蕃(昌父、文節、章泉先生、思隱齋、難齋)
靜春門人 * 59/3339
大夫私淑 34/2042
楊氏門人 44/2454
壽岡門人 45/2494
鶴山講友 80/4590
趙世崇(德卿、廣平侯)
趙氏學侶 2/164
趙世昌(保之)
泰山門人 2/160
趙藝
趙時勉子 91/5478
趙贊
玩齋門人 92/5585

45 趙椿齡(壽卿)

漳南門人 99/6078

46 趙觀光(覲國)

趙氏續傳 79/4566

趙恕

趙樗年子 99/6058

47 趙起(時門居士)

趙綱父 49/2842

趙期

王洙師 3/332

48 趙敬(子恭、友卿、緣督、緣督先生)

傳氏同調 78/4492

趙松坡

姜澤師 82/4835

50 趙抃(閱道、清獻)

濂溪同調 *12/1156

周氏講友 1/60

趙本初

陳天驥師 70/4086

趙泰

靜直門人 14/1232

趙由欽

翁氏門人別 3/6378

52 趙挺之(正夫、清憲、清獻)

附攻元祐之學者 96/5730

趙哲(用哲)

西山門人 67/3680

53 趙彧

江漢門人 90/5382

60 趙唯夫

晦翁門人 69/3936

趙昱(希光、中川)

南軒私淑 *50/2966

涑水續傳 8/877

濂溪續傳 12/1168

明道續傳 14/1215

伊川續傳 16/1300

二江學侶 72/4176

趙國公(見康里禿忽魯)

趙國公(見許扆)

趙國公(見何榮祖)

趙國公(見董文用)

趙國公(見劉秉忠)

趙國公(見陳天祥)

趙思(再可)

趙孝孫子 32/1940

趙思恭(仲敬)

魯齋私淑 *90/5438

西山續傳 81/4693

趙思敬

趙氏家學 82/4888

趙昌言(幼謨、景肅)

文定門人 6/682

趙景緯(德父、星渚文安)

惟善門人 70/3979

趙景明(拙齋)
象山學侶 58/3312
61 趙顒
趙元子 90/5361
63 趙畯(德進、獨樂園)
龔氏私淑 98/5902
64 趙時奚
趙以夫子 49/2848
趙時勉(致堂)
滕氏門人 91/5478
趙時棣(宗華)
西山門人 81/4672
趙時錡(元鼎)
文清門人 64/3541
趙時敏(見趙時煥)
趙時賞(宗白)
文山同調 88/5240
趙時煥(趙時敏、文晦、克勤、恥齋)
傅氏門人 70/3977
66 趙暘
蕭氏門人 45/2489
67 趙瞻(大觀、懿簡)
涑水同調 *8/850
泰山同調 2/133
論新法者 96/5695
趙嗣元(長卿)
趙氏家學 56/3261
趙嗣鴻
白雲門人 82/4914
趙嗣興(時進)
趙氏家學 56/3261
70 趙璧(寶仁、忠亮)
西山續傳 81/4692
71 趙檗(趙公禋、叔平、康靖)
文定講友 3/387
72 趙質(景道)
王氏學侶別 3/6324
74 趙勵
趙彧弟 90/5382
77 趙鵬(搏霄)
秋澗师承 78/4486
趙鵬飛(企明、木訥子)
泰山續傳 2/208
趙卯發(漢卿、文節)
修齋門人 80/4615
趙與膺
徐桐門人別 2/6245
趙與黖(趙與票、晦叔、文簡、天水郡侯)
訥齋家學 70/4020
趙與票(見趙與黖)
趙與琇(器道)
馬氏同調 81/4678
趙與旹
徐桐門人別 2/6245

趙與旹(行之、德行)

慈湖門人 74/4307

趙與權(見趙與懽)

趙與篡(德淵、節齋)

慈湖門人 *74/4309

趙氏家學 24/1616

趙與懽(趙與權、悅道、説道、存耕、清敏、奉化郡王)

樓氏門人 73/4232

80 趙益之

陸氏門人 80/4628

趙令畤(德麟、安定郡王)

餘官 *96/5711

東坡門人 99/6030

趙善應((彥遠、幸庵)

趙氏先緒 46/2511

趙善譚

東萊門人 73/4225

趙善珍(子良)

東萊門人 73/4215

趙善繼

苕溪門人 35/2120

趙善佐(佐卿)

南軒門人 *71/4111

誠齋同調 44/2414

趙善待(時舉)

晦翁門人 69/3880

趙善湘(清臣、濮園、天水郡公)

潛室講友 65/3585

趙善括(應齋)

稼軒同調 49/2832

趙善譽(靜之、德廣、恕齋)

白雲講友 28/1798

趙公倚

王氏門人 44/2441

趙公禋(見趙槩)

趙公藻

趙彥䄵父 73/4213

88 趙篔翁

趙氏續傳 44/2456

90 趙省齋(省齋)

張克讓師別 3/6335

趙棠

南軒講友 50/2963

91 趙焯(景昭)

玉山門人 *46/2553

象山學侶 58/3312

93 趙悰(彥忠)

晦翁學侶 49/2827

96 趙煜

東萊門人 73/4225

□趙□(恬軒先生)

石氏門人 49/2842

趙□(素軒)

方氏門人 70/3983

趙□□

黄氏門人 72/4183
趙口
安氏門人 91/5484

5000_0史

03 史詠(見史泳)
07 史詔(升之、八行先生、越公)
樓氏門人 6/730
10 史天澤(忠武)
馬學之餘 8/885
11 史彌鞏(南叔、獨善)
慈湖門人 74/4292
史彌寧
易氏家學别 2/6259
史彌遠(同叔、忠獻、衛王)
别附 * 74/4309
燭湖門人 77/4436
史彌林(和旨)
慈湖門人 74/4292
史彌忠(良叔、文靖、自齋)
慈湖門人 74/4290
史彌堅(固叔、開叔、忠宣、滄洲)
慈湖門人 * 74/4291
八行家學 6/748
鄭氏門人 73/4241
17 史子翬
税氏講友 80/4607
21 史師魯
草廬門人 92/5551
22 史坒孫
史氏家學 87/5189
26 史伯璿(文璣)
朱學之餘 65/3604
27 史繩祖(長慶、學齋)
鶴山門人 80/4602
史移中
王宿附 96/5725
28 史徽孫(猷父)
邵學之餘 10/1087
30 史守道(孟傳、傳齋)
鶴山門人 80/4599
史安之
定川門人 76/4386
史賓之
鄭氏門人 73/4241
32 史漸
八行家學 6/748
史漸(鴻漸)
楊氏師承 72/4176
33 史泳(史詠、自亨、水東先生)
雙峯門人 83/5002
34 史浩(直翁、文惠、忠定、越王、會稽郡王、魏國公、明良慶會閣、舊學堂、真隱先生)
横浦門人 40/2238

35 史清卿
東坡師承 99/5962
36 史涓
八行家學 6/748
37 史通(子深)
陳氏家學別 1/6187
40 史堯弼(唐英)
南軒講友 *50/2960
東坡私淑 99/6050
史堯輔(克甫)
仲滋學侶 99/6037
史克恭(子敬)
魯齋門人 90/5410
史木
八行家學 6/747
42 史彭年
王宿附 96/5725
史彬(絕學先生)
何耕師 78/4462
44 史蓋孫(史薹孫)
史氏家學 87/5189
史薹孫(見史蓋孫)
史勤
王宿附 96/5725
史夢龍
用軒學侶 46/2559
史芳卿(季敷)
史氏家學 87/5189
史蒙卿(景正、景召、果齋、靜清處士)
陽王門人 87/5187
史楠
馮誠之師 99/6073
47 史杞
敬齋門人 *2/240
史氏家學 8/891
史格(晉明、裕齋)
史氏家學 8/891
48 史松(柔明、橘齋道人)
敬齋門人 *2/239
史氏家學 8/891
50 史肅(舜元、澹軒)
屏山講友 100/6109
史書言
王宿附 96/5725
60 史晏卿(史曼卿)
深寧門人 85/5112
史曼卿(見史晏卿)
70 史璧孫
史氏家學 87/5189
74 史勵節
王宿附 96/5725
77 史駉孫
獨善續傳 74/4326
80 史公挺(搢叟、蓬廬居士)
積齋同調 87/5199

87 史欽

王宿附 96/5725

97 史灼

武氏門人 95/5659

史煇

敬齋門人＊2/240

史氏家學 8/891

史炤(見可)

史清卿子＊99/5962

涑水私淑 8/863

史和

史氏家學 8/891

史□

敬齋門人 2/239

5000_6 中

00 中立(見楊時)

中立(見陶凱)

中庵(見劉敏中)

中齋(見鄧光薦)

中齋(見楊漢英)

中高(見方升)

中高(見杜旃)

中庸子(見陳充)

中庸先生(見張特立)

20 中孚(見鄔信)

21 中行(見吴中)

中行(見羅復)

22 中川(見趙昱)

中山(見劉濱)

中山(見陶□)

26 中和(見徐歡)

30 中實(見鄭鼎新)

32 中溪(見張清子)

38 中道(見陳公燮)

40 中乂(見鄧光薦)

44 中村(見韓信同)

50 中中子(見王子章)

53 中甫(見鄧光薦)

中甫(見易立中)

中甫(見易茂)

72 中隱居士(見謝敏行)

80 中父(見鄧光薦)

中義(見鄧光薦)

叩中□先生(見藺敏修)

5000_6 申

00 申齋先生(見劉岳申)

10 申王(見秦檜)

26 申伯(見樓鍚)

30 申之(見喬庠)

申之(見盧祖皋)

53 申甫(見何夢桂)

申甫(見程元鳳)

申甫(見林子燕)

60 申國公(見章惇)

申國公(見呂公著)
申國公(見哈剌章)
申國公(見鄭清之)
77 申屠致遠(大用、墨莊)
野齋同調＊2/239
申屠家學 100/6132
申屠衡(仲權、樹屋傭)
鐵崖門人 52/3067
申屠濬(見申屠溶)
申屠溶(申屠濬)
申屠家學 70/4087
申屠澂(仲敬)
申屠家學 70/4087
申屠駉(子迪、博古之堂)
申屠家學 2/245
申屠義(順之)
滏水門人 100/6124
申屠性
黄氏門人 70/4070
申叟(見錢申叟)
80 申益章
張氏門人 84/5071

5000_6車

11 車璿
鄭氏門人 65/3602
28 車似慶(車卿、石卿、隘軒)
敬齋家學 66/3620
30 車漳孫
雙峯家學 65/3598
40 車垓(見車若綰)
44 車若水(清臣、玉峯山民)
立齋門人＊66/3622
勉齋私淑 63/3518
克齋門人 70/3999
車若綰(車垓、經臣、雙峯)
車氏家學 65/3596
60 車景壽(雷叟、龍淵先生)
程氏門人別 2/6268
77 車卿(見車似慶)
90 車惟賢
車氏家學 65/3597

5003_2夷

10 夷吾(見方導)
25 夷仲(見顏岐)
夷仲(見王九成)
夷仲(見黄廉)
26 夷白先生(見陳基)
27 夷叔(見劉望之)
44 夷孝先生(見盧觀)
53 夷甫(見常稚)
77 夷門老人(見劉汝舟)
80 夷介先生(見時澐)

5008_6擴

00 擴齋(見胡實)

30 擴之(見林允中)

5013_2泰

00 泰(見解子玉)
泰庵(見王時會)
10 泰不華(達不花、達兼善、忠介、魏公、兼善、崇節廟)
本心門人 * 82/4928
李氏同調 64/3571
李氏門人 82/4950
12 泰發(見李光)
22 泰山先生(見孫復)
泰山老人(見李時亨)
26 泰伯(見李覯)
30 泰之(見程大昌)
泰之(見萬康)
泰之(見黄定)
泰之(見陳倫)
泰宇先生(見曹說)
53 泰甫(見貢師泰)
77 泰兒(見朱在)

5013_6蠢

00 蠢齋(見劉祥)
27 蠢物(見戴亨)
80 蠢翁(見戴亨)

5013_6蠹

00 蠹齋(見周孚)

5014_8蛟

22 蛟峯先生(見方逢辰)
40 蛟塘子(見程琰)

5022_7青

22 青山(見趙文)
青山先生(見范幼新)
32 青溪先生(見汪革)
44 青村先生(見劉涓)
45 青樋居士(見鄭欽)
76 青陽先生(見余闕)
青陽夢炎
木訥續傳 2/236
77 青風里(見陳舜俞)

5022_7肅

30 肅之(見岳珂)
53 肅甫(見黄桀)
80 肅翁(見林希逸)
肅公(見尹焞)
88 肅簡(見魯宗道)
肅簡(見李祥)

5023_0本

00 本立(見應本仁)
本立(見任序)
本齋(見王都中)

23 本然(見全鼎孫)

25 本仲(見金道源)

30 本之(見崔立)

33 本心(見文及翁)

本心(見周仁榮)

本心(見全晉孫)

37 本初(見任原)

本初(見楊恒)

38 本道(見周仔肩)

48 本敬(敬翁德修)

50 本忠(見周自立)

90 本堂(見陳著)

叩本□(見高復亨)

5033_3惠

10 惠正(見謝深甫)

23 惠獻(見王化基)

26 惠穆(見呂公弼)

27 惠叔(見石安民)

惠叔(見邱迪嘉)

惠叔(見鄭僑)

40 惠希孟(秋崖)

陳氏家學別 3/6379

77 惠卿(見蘭廷瑞)

78 惠愍(見賀伯顏)

80 惠父(見宋慈)

88 惠簡(見周葵)

5033_6忠

00 忠(見高稼)

忠(見鄒浩)

忠(見游仲鴻)

忠(見呂祖儉)

忠(見劉漢弼)

忠亮(見趙璧)

忠亮(見呂祖謙)

忠文(見王禕)

忠文(見王十朋)

忠文(見程公許)

忠文(見徐誼)

忠文(見洪咨夔)

忠文(見李彥穎)

忠文(見李檝)

忠文(見范鎮)

忠文(見蔣重珍)

忠文(見黃裳)

忠文(見陳襄)

忠文(見周端朝)

忠襄(見李植)

忠襄(見楊邦乂)

忠襄(見余靖)

05 忠靖(見趙葵)

07 忠毅(見張宏略)

忠毅(見向子韶)

忠毅(見彭汝方)

12 忠烈(見文天祥)
忠烈(見文彥博)
13 忠武(見文天祥)
忠武(見張宏範)
忠武(見史天澤)
21 忠貞(見卓敬)
忠貞(見董文忠)
23 忠獻(見康里脫脫)
忠獻(見張浚)
忠獻(見張九思)
忠獻(見董文炳)
忠獻(見范雍)
忠獻(見韓億)
忠獻(見韓琦)
忠獻(見史彌遠)
忠獻(見秦檜)
26 忠穆(見董文用)
30 忠宣(見張文謙)
忠宣(見李德輝)
忠宣(見范純仁)
忠宣(見賀伯顏)
忠宣(見楊漢英)
忠宣(見史彌堅)
忠宣(見留正)
忠宣(見余闕)
忠憲(見种師道)
忠憲(見韓億)
忠憲(見劉宣)
忠憲(見闊里吉思)
忠定(見張泳)
忠定(見張燾)
忠定(見李綱)
忠定(見葉適)
忠定(見趙璉)
忠定(見趙汝愚)
忠定(見史浩)
忠定(見劉安世)
忠定(見陳祐)
忠定(見邱密)
忠定(見鄭清之)
35 忠清(見趙葵)
37 忠潔(見司馬朴)
40 忠嘉(見耶律希亮)
50 忠肅(見何榮祖)
忠肅(見虞允文)
忠肅(見傅察)
忠肅(見吳昌裔)
忠肅(見彭龜年)
忠肅(見姚天福)
忠肅(見蔡齊)
忠肅(見楊惟中)
忠肅(見趙方)
忠肅(見呂思誠)
忠肅(見劉珙)
忠肅(見劉摯)
忠肅(見劉摯)

忠肅(見陳文龍)
忠肅(見陳瓘)
忠肅(見陳韡)
忠肅(見金安節)
忠惠(見方大琮)
忠惠(見王萬)
忠惠(見翟汝文)
忠惠(見宇文紹節)
忠惠(見蔡襄)
忠惠(見鄭僑)
53 忠甫(見張淳)
忠甫(見張恕)
忠甫(見朱元瑜)
61 忠顯(見劉韐)
78 忠愍(見譚必)
忠愍(見張庭堅)
忠愍(見孫昭遠)
忠愍(見徐元杰)
忠愍(見董士元)
80 忠介(介唐震)
忠介(見泰不華)
88 忠簡(見許景衡)
忠簡(簡王介)
忠簡(見張闡)
忠簡(見傅伯成)
忠簡(見徐清叟)
忠簡(見宗澤)
忠簡(見李昴英)
忠簡(見樓鑰)
忠簡(見胡銓)
忠簡(見趙鼎)
忠簡(見劉欽)
忠簡(見陳庸)
忠敏(見辛棄疾)
忠敏(見任伯雨)
忠敏(見沈與求)
忠敏(見趙秉文)
忠敏(見趙范)
忠敏(見余闕)
忠愍(見鄭剛中)
忠節(見李芾)
忠節(見陳繼周)
忠節(見滕茂實)
忠節(見曾三聘)

5040_4婁

00 婁文輔(道輿)
婁氏家學 84/5061
15 婁建(良堂、德厚莊)
徑畈講友 84/5049
40 婁南良(德剛)
婁氏家學 84/5061
婁志淳
婁南良子 84/5061
婁志冲(太和)
婁氏家學 84/5062

47 婁起南
婁志冲父 84/5062
婁起莘
婁氏家學 84/5062

5050_3奉

24 奉化郡王(見趙與懽)

5060_1書

22 書巢先生(見張希文)
72 書隱堂(見林泉生)

5060_0由

80 由益(見張由益)

5060_3春

26 春伯(見許應庚)
春伯(見羅點)
77 春叟(見邵大椿)
春卿(見王春卿)
春卿(見潘朝卿)
春卿(見楊時煦)
80 春谷處士(見季仁壽)

5073_2表

16 表聖(見田錫)
71 表臣(見石中立)
表臣(見朱處仁)
77 表民(見章望之)

5080_6貴

02 貴新(見陳經邦)
10 貴一(見陳經正)
26 貴白(見陳翯伯)
72 貴剛(見胡鼎金)
77 貴卿(見杜滸)
貴與(見馬端臨)
80 貴全(見薛良貴)
貴益(見薛良朋)

5090_3素

51 素軒(見蔡格)
素軒(見趙□)
素軒先生(見蔡格)

5090_4秦

00 秦庚
蛟峯門人＊82/4874
秦氏家學 99/6045
10 秦玉(德卿、孝友先生)
秦氏家學＊82/4926
安定之餘 1/96
秦䨓(公肅、南澗先生)
易氏家學別 2/6258
18 秦玠(伯鎮)
百源門人 33/1968

25 秦仲(山甫、歌竹山人)
紫陽門人 90/5422
27 秦約(文仲)
秦氏家學 82/4927
34 秦湛(處度)
秦氏家學 99/6045
40 秦希甫(辨之)
餘官 96/5714
46 秦觀(少游、太虛、淮海)
東坡門人 *99/6009
秦氏家學 1/76
穎濱門人 99/6038
秦覿(少儀)
秦氏家學 1/76
48 秦檜(會之、忠獻、謬醜、繆醜、申王)
附攻專門之學者 96/5739
56 秦覯(少章)
東坡門人 *99/6026
秦氏家學 1/77
60 秦國公(見衛涇)
秦國公(見魏了翁)
秦國公(見李孟)
秦國公(見賀伯顏)
□□秦□
安定門人 1/58

5090_6東

00 東庵(見滕庵上)
東廬先生(見王國望)
東齋(見陳大猷)
07 東郊野夫(見柳開)
東郭先生(見郭翼)
東畝(見曹豳)
10 東平郡公(見曹元用)
東平郡公(見呂彧)
東平先生(見馬伸)
12 東發(見黃震)
20 東維先生(見楊維楨)
22 東巖(見王與之)
東巖(見元德明)
東巖(見洪天驥)
東巖(見趙彥侯)
東巖老人(見鄭良朋)
東山(見安劉)
東山(見汪華)
東山(見楊長孺)
東山(見鄭洙)
東山先生(見朱清)
東山先生(見見趙汸)
東山先生(見饒焯)
東山潛夫(見楊長孺)
東山翁(見徐子卿)
東巒(見林成季)
26 東白山人(見孫德之)
東吳先生(見吳儀)
東皋(見陳東皋)

東皋子(見戴敏)
東皋先生(見林起潛)
27 東阜老人(見陳櫟)
東叔(見方大東)
東叔(見高載)
30 東之(見汪注)
東之(見林浦)
32 東洲(見吴龍朋)
東淵先生(見王遇)
東溪(見劉伯熊)
東溪先生(見高登)
東溪先生(見甘泳)
37 東湖先生(見王遇)
東湖先生(見陳益新)
東澗(見湯漢)
40 東南遺老(見姚敩)
44 東埜翁(見王惟寅)
東坡居士(見蘇軾)
東萊(見李呂)
東萊郡侯(見呂好問)
東萊先生(見呂祖謙)
東萊先生(見呂好問)
東萊先生(見呂本中)
東萊公(見呂好問)
51 東軒老人(見郝震)
53 東甫(見許巨川)
60 東里野民(見野璞)
東園(見朱嗣壽)
東園先生(見彭尋)
62 東甽(見曹豳)
67 東明(見賈蕃)
東野遺民(見楊璞)
71 東原先生(見龔鼎臣)
東原先生(見杜瓊)
74 東陸先生(見馮復)
76 東陽郡公(見葛洪)
東陽隱君子(見陳樵)
80 東美(見舒球)
東谷(見李景文)
東谷(見趙良震)
東谷(見鄭汝諧)
90 東堂(見朱元德)

5103_2振

00 振齋(見章粢)
振文(見馮復)
25 振仲(見王綱)
振仲(見陳之紀)
30 振之(見王天鐸)
振之(見張叔振)
振之(見楊起宗)
53 振甫(見徐鐸)
振甫(見馮興宗)
77 振卿(見葉起)

5104_0軒

22 軒山(見王藺)

5106_1 揩

77 揩叟(見史公挺)

5193_1 耘

17 耘子(見李文子)
32 耘溪(見危□)
耘業齋(見章蟬)
50 耘夫(見蓋苗)
77 耘叟(見李文子)

5202_7 撝

90 撝堂(見劉炎)

5203_4 揆

80 揆父(見尤棐)

5204_1 挺

30 挺之(見李之才)
挺之(見曹廷)
71 挺臣(見宇文紹節)

5206_9 播

60 播國公(見楊漢英)

5207_2 拙

00 拙庵(見唐子彰)
拙庵(見時戬)
拙齋(見張仁近)
拙齋(見林子充)
拙質(見林之奇)
拙齋(見趙景明)
拙齋(見曾撙)
拙齋先生(見王過)
拙齋先生(見張忠恕)
04 拙訥(見葉黼)
37 拙逸子(見熊兆)
拙逸軒(見劉直孺)
拙逸居士(見戴溁)
40 拙存(見趙吉甫)
80 拙翁(見孫頎)
拙翁(見嚴拙翁)
拙翁先生(見黎獻)

5216_9 蟠

30 蟠室(見葛洪)
48 蟠松(見石一鰲)

5225_7 靜

00 靜庵先生(見曾機)
靜齋(見徐宗實)
靜齋(見李龜朋)
靜齋(見葉子奇)
靜齋(見趙淮)
靜齋(見見劉垕)
靜齋(見□子山)

靜齋先生(見劉垕)
10 靜一先生(見湯泳)
靜正先生(見牟楷)
21 靜能(見岑安卿)
靜虛精舍(見柳從龍)
22 靜山居士(見陳應洪)
24 靜德(見柴一桂)
27 靜修先生(見劉因)
28 靜儉齋(見柳貫)
30 靜之(見藍仁)
靜之(見趙善譽)
35 靜清處士(見史蒙卿)
37 靜退居士(見歐陽懋)
38 靜裕先生(見朱昂)
40 靜直處士(見郝思溫)
靜吉(見易茂)
46 靜觀處士(見劉傳)
50 靜春(見劉黻)
靜春先生(見劉清之)
51 靜軒(見閻復)
靜軒先生(見蔡權)
53 靜甫(見劉清夫)
67 靜明先生(見陳苑)
77 靜閱居士(見孫逢吉)
靜學(見李唐)
靜學(見余仲敬)
靜學居士(見王昌世)
靜居(見李建中)
79 靜勝(見詹廷堅)
80 靜翁(見吴仁)

5260_2 哲

00 哲齋(見張和孫)

5302_7 輔

00 輔廣(漢卿、潛庵、傳貽先生)
朱吕門人 * 64/3525
節齋講友 62/3480
18 輔政
輔氏續傳 64/3541
20 輔季章(文甫)
潛庵家學 64/3539
30 輔之(見龔鼎臣)
輔之(見王惟德)
輔之(見連舜賓)
輔之(見姚宋佐)
輔之(見吕良佐)
40 輔友仁
輔政子 64/3541
60 輔國(見舒邦佐)
77 輔周(見姚奭)

5304_4 按

22 按出(見徒單鎰)

5310_7 盛

18 盛璲(溫如)

濂溪續傳 12/1168
27 盛象翁(景則、聖泉先生)
魯齋門人＊82/4832
黄氏門人 82/4879
36 盛溫如(見盛璲)
46 盛如梓(庶齋)
陳氏門人別 3/6373
50 盛夬
項氏私淑 49/2864

5320_0成

00 成(見呂祖謙)
成齋(見黄雲)
成齋先生(見王珹)
17 成子(見許奕)
成己(見杜範)
20 成季(見洪擬)
成季(見李昭玘)
21 成倬
荆公門人 98/5878
22 成彪
王宿附 96/5725
23 成我(見解子玉)
24 成德(見王公彦)
成德(見司馬爽)
25 成仲(見耶律鑄)
26 成和(見陳秬)
27 成叔(見歐陽龍生)
成叔(見鄭文遹)
30 成之(見辛有終)
成之(見鄧考甫)
成之(見樂韶)
成之(見葉武子)
成之(見杜範)
成之(見林伯生)
成之(見劉玉汝)
38 成遵(誼叔)
夏氏門人別 3/6366
44 成老(見詹抃)
53 成甫(見許中應)
成甫(見賈昉之)
成甫(見季立道)
成甫(見葉由庚)
成甫(見陳紹大)
成甫(見陳守淳)
成甫(見周元卿)
60 成國公(見趙希懌)
77 成叟(見廖及)
成與(見陳善)
80 成父(見張默)
成父(見牟應龍)
成父(見蔣公順)

5320_0威

25 威仲(見王炎澤)
威仲(見蔡端武)

27 威仰（見程震）

46 威如齋（見蘇榮祖）

威如先生（見蘇榮祖）

77 威卿（見徐世隆）

威卿（見敬儼）

5320_0戚

20 戚舜賓（楚邱先生）

仲言家學 3/327

戚舜臣（世佐）

仲言家學 3/327

戚舜舉

戚舜臣兄 3/327

戚維（仲本）

戚氏家學 3/278

21 戚師道（元魯）

仲言家學 3/328

22 戚崇僧（仲咸、朝陽先生、朝陽室）

白雲門人 82/4905

28 戚綸（仲言）

戚氏家學 3/278

77 戚同文（同文、文約、堅白先生、正素先生、堅素先生）

高平所出 3/261

5320_0咸

30 咸寧貞獻王（見野仙鐵木兒）

5322_7甫

22 甫山（見李淯孫）

5340_0戎

80 戎益

道濟門人 90/5421

5340_0戒

51 戒軒先生（見周□）

5404_1持

00 持齋（見鄭可學）

10 持正（見謝湜）

持正（見楊朏）

持正（見馬隨）

持正先生（見施德操）

持要（見沈樞）

18 持政（見路昌衡）

38 持道（見劉拱）

50 持中（見劉鐔）

持忠（見薛洪）

53 持甫（見張宗湜）

60 持國（見韓維）

5408_1拱

30 拱之（見朱柯）

71 拱辰（見高拱辰）

拱辰(見傅箕)
拱辰(見徐拱)

5500_0井

00 井齋(見虞汲)
26 井伯(見林成季)

5504_3搏

10 搏霄(見趙鵬)

5523_2農

21 農師(見陸佃)

5533_7慧

77 慧開(見晏溥)

5560_0曲

27 曲阜先生(見曾肇)
74 曲肱先生(見欒洪)
曲肱軒(見魏衍)
曲肱居士(見魏衍)
80 曲全道人(見葉審言)

5560_6曹

00 曹彥純
晦翁門人 69/3769
曹方賢
艾軒門人 47/2589
曹應時
曹逢時兄 44/2374
03 曹誠
殿丞同調 3/328
07 曹毅(士宏、士弘)
深寧私淑 * 85/5114
許氏講友別 3/6346
08 曹說(習之、泰宇先生)
曹氏家學 20/1525
10 曹元樸
孟季成門人 52/3070
曹元用(子貞、文獻、東平郡公)
靜軒同調 10/1091
曹晉伯
西山學侶 81/4657
曹晉叔
晦翁門人 69/3928
曹不占
艾軒門人 47/2588
12 曹延祚(熙載)
曹肅子別 1/6210
曹廷(挺之)
曹氏家學 70/3999
14 曹確
荊公同調 98/5842
15 曹璉
曹確從子 98/5842
曹建(立之、无妄先生、無妄先

生)
晦翁門人＊69/3869
南軒私淑 50/2969
16 曹理孫(悅道)
王氏學侶別 3/6330
曹璪(子華)
曹確從子 98/5842
20 曹集
晦翁私淑 49/2847
22 曹豳(西士、東畝、東甽、文恭)
白石門人＊61/3402
曹氏家學 53/3140
26 曹伯啓(士開、文貞、魯郡公)
野齋門人 2/242
27 曹象
網山門人 47/2595
曹叔遠(曹叔遐、器遠、文肅)
止齋門人＊53/3131
晦翁門人 49/2841
曹叔遐(見曹叔遠)
曹絳(思厚)
易氏家學別 2/6252
曹紹開(見程紹開)
31 曹涇(清甫、宏齋)
朱子私淑＊89/5263
縮齋門人 80/4609
靖齋門人 80/4610
32 曹沂(文起)
曹絳子別 2/6252
33 曹燚炎(見曹漢炎)
34 曹漢燚(見曹漢炎)
曹漢炎(曹燚炎、曹漢燚、久可、懋山)
杜洲門人 74/4318
曹汝弼(夢得、松蘿山人)
魏氏同調 9/939
曹淇(元圭、霞寓)
楊陳講友 82/4833
37 曹逢己(能謙)
蒙齋門人＊75/4358
訥齋門人 70/3990
曹逢時(夢良)
鄭氏門人 44/2374
38 曹道振
豫章私淑 39/2206
50 曹盅(囦明、牧庵居士)
曹氏家學 20/1524
曹肅(士先)
陳氏家學別 1/6210
53 曹輔(載德、子方)
了翁門人 35/2098
曹輔(子方)
東坡學侶＊99/5986
涪翁學侶 19/1466
曹咸角(見曹膐)
曹膐(曹咸角、修士、平州)

曹氏家學 53/3140

80 曹無易

陸氏門人 80/4627

88 曹鑑(克明、文穆)

薛氏門人別 3/6365

90 曹粹中(純老、放齋)

李氏門人 20/1521

□曹□(敬齋)

曹氏先緒 89/5261

5580_6費

43 費求

陳氏家學別 1/6178

60 費易

王宿附 96/5725

5590_0耕

10 耕雲堂(見王南美)

22 耕樂(見項復)

38 耕道(見方耒)

耕道(見方疇)

耕道(見尹起莘)

耕道(見徐元得)

耕道(見竺大年)

67 耕野(見王充耘)

77 耕叟(見尹穀)

耕叟(見林耕)

耕學室(見戴禮)

5601_0規

00 規齋(見祝才叔)

5602_7捐

30 捐之(見王益)

5602_7揭

22 揭傒斯(曼碩、文安、豫章郡公)

雪樓門人 83/5017

34 揭汯(伯防)

揭氏家學 83/5027

40 揭來成

揭氏先緒 83/5013

5602_7揚

00 揚庭(見陳獻可)

揚庭(見鄭夬)

67 揚明

王宿附 96/5725

77 揚貫

王宿附 96/5725

5602_7暢

21 暢師文(純甫、文肅、魏郡公)

魯齋門人 90/5394

40 暢大隱(潛道)

伊川門人 30/1852

50 暢中伯
伊川門人 30/1854
51 暢軒(見郭樌)

5604_1 擇

10 擇可(見潘從善)
30 擇之(見祖無擇)
擇之(見林用中)
擇之(見陳琦)
擇之(見曾祖道)
80 擇善(見馮誠)
擇善(見范同)
擇善(見喬幼聞)

5608_6 損

00 損齋(見楊桓)
26 損伯
尤彬門人 69/3942
30 損之(見雷益)
損之(見馮□)
損之(見陳越)

5609_4 操

13 操琬(公瑛)
登庸門人＊89/5297
克升講友 83/5017

5701_2 抱

10 抱一翁(見項昕)
35 抱遺先生(見楊維楨)
40 抱真(見賈璞)

5701_7 把

25 把仲輝
別附 90/5415

5702_0 抑

00 抑齋(見湯中)
抑齋(見陳韡)
22 抑崇(見高閌)
30 抑之(見王宻)

5702_7 邦

00 邦亮(見俞元燮)
邦彦(見張必達)
邦彦(見陳良翰)
21 邦衡(見胡銓)
30 邦之(見龍崇)
邦憲(見彭恪)
34 邦達(見魏矼)
40 邦直(見江介)
邦直(見李清臣)
邦壽(見鄭君老)
48 邦翰(見王都中)
52 邦援(見林維屏)
77 邦用(見邢世材)

5708_1 擬

47 擬栩(見王中立)

5712_7 蝸

30 蝸室老人(見李大同)

5716_1 蟾

40 蟾塘(見危和)

5743_0 契

00 契立(見楊璞)

5790_3 絜

00 絜齋先生(見袁燮)
80 絜矩(見劉欽)

5804_6 撙

00 撙齋(見曾丰)

5811_6 蛻

00 蛻庵(見張翥)
　蛻齋(見譚惟寅)

5824_0 敖

22 敖繼翁(見敖繼公)
　敖繼公(敖繼翁、君善)
　　忠甫續傳 52/3049
77 敖陶孫(器之、臞庵)
　　忠定同調 46/2519

5824_0 敷

30 敷之(見汪大發)

5840_1 聱

76 聱隅子(見黄晞)

5880_6 贅

44 贅世生(見王樵)
　贅世翁(見王樵)
76 贅隅子(見黄晞)
80 贅翁(見葉審言)

6001_4 唯

00 唯庵(見顏褒)
　唯庵(見曾興宗)
30 唯室先生(見陳長方)
38 唯道(見俞師魯)
44 唯菴(見高期誠)

6010_0 日

00 日章(見曾爟)
02 日彰(見竇偁)
　日新(見鮑俊德)
37 日湖(見鄭昭先)
44 日華(見朱元昇)

6010_0旦

37 旦初(見曾勫)

6010_4星

12 星瑞(見解夢斗)
32 星灣先生(見陳慕)
34 星渚(見趙景緯)

6010_4墨

44 墨莊(見申屠致遠)
墨莊先生(見張泳)

6010_7疊

22 疊山(見謝枋得)

6011_3晁

02 晁端彥(美叔)
晁氏續傳 3/423
晁端稟(大受、寂默居士)
晁氏續傳 3/423
晁端仁(堯民、汝南主客)
古靈同調 *5/612
忠宣講友 3/356
晁氏續傳 3/424
晁端友(君成)
晁氏續傳 3/424
03 晁詠之(之道、晁崇福)
景迂學侶 *22/1574
晁氏續傳 3/425
又不在碑目者 96/5724
08 晁說之(以道、伯以父、景迂生、國安堂老法華、天台教僧、嵩山景迂生、景迂先生)
涑水門人 *22/1547
安定私淑 1/62
晁氏續傳 3/425
廬陵私淑 4/548
明道私淑 14/1213
伊川私淑 16/1295
正愍同調 19/1448
晁謙之
晁氏家學 5/630
10 晁百談(晁伯談、元默)
之道續傳 22/1584
22 晁崇福(見晁詠之)
25 晁仲衍(子長)
文莊家學 3/405
晁仲熙(子政)
晁氏家學 3/337
26 晁伯談(見晁百談)
30 晁宗慤(世良、文莊)
晁氏家學 3/336
晁宗恪(世恭)
晁氏家學 3/337
33 晁補之(無咎、无咎、歸來子、濟

北）

東坡門人＊99/6005

晁氏續傳 3/425

潁濱門人 99/6038

35 晁沖之（叔用、用道、具茨）

陳氏門人＊4/579

晁氏續傳 3/425

景迂家學 22/1577

37 晁迥（明遠、文元）

王氏門人 3/284

43 晁載之（伯羽）

晁氏續傳 3/425

46 晁觀之（盥道）

景迂家學 22/1577

77 晁貫之（季一）

右丞門人 23/1600

80 晁公慶（仲石）

紫微門人 36/2150

晁公諤

晁氏續傳 3/425

晁公武（子止、昭德先生）

晁氏家學＊4/589

景迂家學 22/1579

晁公酇

景迂家學 22/1579

晁公遡（子西）

晁氏家學 4/590

晁公壽（晁公艾、平子）

景迂家學 22/1579

晁公艾（見晁公壽）

晁公耄

景迂家學 22/1579

6011_4讜

60 讜文（見劉翼）

6012_7蜀

17 蜀郡公（見范鎮）

24 蜀先生（見李舜臣）

6012_7勗

30 勗實帶克烈（見克烈士希）

勗實帶慕顏鐵木（見慕顏鐵木）

6012_3躋

40 躋壽堂（見吴龍翰）

6014_7最

22 最樂翁（見王朝）

最樂翁（見趙壽）

6015_3國

07 國望（見鄧桂賢）

12 國瑞（見王珍）

國瑞（見芮煇）

20 國秀（見陳觀）

6021_0四

6021_0見

6022_7易

30 易之(見沈易)
易之(見胡革)
33 易祓(彦章、山齋)
宋儒博考别 2/6235
44 易茂(中甫、静吉)
易氏家學别 2/6248
46 易相
文山同調 88/5236
52 易蟠(時甫)
彭恪師 45/2491
易園(見諸葛説)
易足居士(見章甫)
77 易開霖
易茂弟别 2/6248
88 易簡居士(見胡師夔)
90 易炎正
許氏講友别 3/6342
91 易恒
莫轅師别 3/6389
叩易□
象山門人 77/4431

6022_7囿

22 囿山(見林彬之)

6023_2囦

53 囦甫(見方回)
67 囦明(見曹盅)

6033_0思

00 思齊(見王惟賢)
思齋(見胡常)
思齋(見翁泳)
思齋先生(見余□)
03 思誠(見唐懷德)
思誠子(見張潤之)
10 思正(見張觀)
思正(見李思正)
18 思政(見張觀)
21 思順(見譚助)
思順(見何逮)
思順(見周天祐)
思仁(見周成已)
24 思勉齋(見蔣師文)
25 思純(見羅處約)
27 思叔(見張繹)
思叔(見徐得之)
30 思宣(見李洙)
思永(見李修已)
思之(見司馬方)
思之(見林遠)
思容(見于欽)
32 思淵老人(見王天鐸)
34 思遠(見汪雄圖)
38 思道(見陳公燮)
48 思敬(見周直已)

思敬堂(見許仁)
50 思本(見周用己)
53 思成(見杜彬)
67 思明(見周審己)
71 思厚(見曹絳)
72 思隱齋(見趙蕃)
77 思學齋(見張翼)
思學齋(見杜本)
思賢亭(見徐子卿)
80 思父(見劉斁)
思養(見周存己)

6033_2 愚

00 愚庵(見方克勤)
愚齋(見葛誠)
愚齋(見林靜)
46 愚如(見王景賢)
51 愚軒(見趙元)
80 愚翁(見程瑀)

6040_0 田

00 田亮功
劉氏門人 35/2116
田彥實
陳規師 14/1228
04 田誥
洛學之先 6/670
11 田棐
文忠門人 3/414
17 田子仁
陳氏家學別 3/6383
28 田從先
陳氏門人 4/581
田復
黄氏門人 49/2926
33 田述古(明之)
道鄉講友 35/2088
36 田況(元均、宣簡)
文忠講友 3/385
40 田希呂(志叔)
陳氏講友別 2/6292
44 田若思
魯齋私淑 90/5437
47 田懿
田錫父 6/662
50 田晝(承君)
道鄉講友 35/2087
64 田曉
□□□□79/4539
田疇(興齋)
沈氏續傳 37/2171
77 田腴(誠伯)
横渠門人 31/1904
田居子(見黄景昌)
86 田錫(表聖)
楊氏門人＊6/662

文安門人 6/667

6040_4 晏

08 晏敦復(景初)
伊川門人 * 30/1844
晏氏續傳 3/426
忠簡同調 44/2351
沮和議者 96/5735
15 晏殊(同叔、元獻)
晁氏門人 * 3/337
文公同調 6/660
33 晏溥(慧開)
晏氏續傳 3/425
70 晏防(宗武)
晏氏續傳 3/426

6040_7 曼

11 曼碩(見揭傒斯)
30 曼容(見劉長福)
77 曼卿(見王夢松)
曼卿(見石延年)

6041_6 冕

25 冕仲(見黄裳)

6043_1 吴

00 吴彦啓
竹洲先緒 71/4101
吴方(季仁、懶庵居士)
陸氏門人 80/4626
吴方
許氏講友別 3/6344
吴方慶(少琳)
梁溪師承 25/1652
吴應賢(定夫)
實齋同調 71/4143
吴康年
張氏門人 44/2404
吴唐卿
晦翁門人 69/3899
吴文正
吴淑父 2/140
吴文炳(元質)
吴氏先緒 60/3387
吴文煥
文山同調 88/5241
吴諒(直軒)
謙齋家學 70/4030
01 吴龍翰(武賢、式賢、古梅、躋壽堂)
吴氏家學 * 70//4022
後村門人 47/2625
方氏門人別 2/6273
吴龍朋
蛟峯續傳 82/4875
03 吴誠若(仲詩、叔有)

象山門人＊77/4427
吴氏家學 58/3313
08 吴謙(伯恭)
吴似孫父 56/3256
吴說之
李椿年門人 4/586
10 吴正子(西泉)
吴氏家學＊58/3314
象山私淑 58/3319
吴正道
徐氏續傳 2/231
吴玉林(伯岡)
趙氏門人＊92/5598
樗庵門人 94/5643
吴元扆(君華)
陳氏師承别 1/6151
吴元士
宋儒博考别 2/6246
吴元美
安定私淑 1/62
吴霞舉(孟陽、默堂)
朱學續傳＊49/2873
馬學之餘 8/881
吴氏家學 70/4022
吴天常(希全)
丁氏門人 6/732
吴可
吴氏學家 77/4453
吴可孫(聖可、闌林)
徽庵門人＊83/5012
馮氏門人 83/5014
吴雲龍(叔霖)
朱學續傳 49/2868
11 吴玭(仲玭)
晦翁門人 69/3915
12 吴廷祚(慶之)
陳氏師承别 1/6151
13 吴琮(仲方)
晦翁門人 69/3915
14 吴瑛(德仁)
吴氏家學 2/173
吴瑋
汪氏門人 49/2928
17 吴翌(晦叔、澄齋)
五峯門人＊42/2301
衡麓門人 41/2277
吴鄹(義山先生)
朱學之餘 49/2890
吴豫(正甫、場圃居士)
吴氏家學 70/4022
吴子良(明輔、荊溪)
篔窗門人 55/3201
吴子英
周馳門人 100/6111
吴子美(世英)
劉氏講友别 3/6362

吴君玉
象山門人 77/4430
吴翼(季南)
王氏門人 44/2445
吴柔勝(勝之、正肅)
晦翁私淑 *49/2846
吴氏家學 16/1298
18 吴矜
姚源門人 6/746
吴孜
安定門人 1/53
19 吴耿
涑水同調 8/852
20 吴俯(益章、棣華)
竹洲學侶 71/4136
吴千兕
敏道學侶 77/4433
吴秉信(信叟)
王氏師承 44/2360
吴稚(見吴雉)
21 吴仁(靜翁)
吴氏先緒 75/4343
吴仁傑(斗南、南英、蠡隱)
晦翁门人 69/3778
吴虎臣(道威)
師山門人 94/5640
吴行世
吴郇子 77/4428
吴處厚(伯固)
餘官 96/5708
吴偕(聚德堂)
陳氏家學別 1/6188
吴師孟
不附新法者 96/5696
吴師道(正傳)
白雲學侶 *82/4867
武夷續傳 34/2054
于氏門人 73/4244
西山續傳 81/4693
清容門人 85/5127
魯齋私淑 90/5439
吴眞子(克齋)
朱學續傳 49/2869
22 吴偁(見吴儆)
24 吴化龍(伯秀、漢翔)
剡源講友 85/5113
吴德溥(時可、友竹)
徽庵門人 *83/5012
吴氏家學 51/3025
吴德鴻(儀可)
馮氏門人 83/5014
吴德駿
張子覺門人 99/6043
吴特
于欽師別 3/6355
吴幼敏(功父)

臯羽門人 56/3256
25 吴仲修
潘武門人 68/3715
吴伸(子直)
顯道門人 77/4441
吴傑
庸齋講友 90/5358
吴純臣
崔氏同調 79/4535
26 吴自牧(益謙)
易氏家學別 2/6260
吴自中(益欽)
易氏家學別 2/6260
吴伯宗(吴伯祏、伯宗)
東吴家學 92/5600
吴伯海(滄浪)
徑畈同調 84/5050
吴伯厚(經德)
吴氏續傳 77/4452
吴臯(舜舉、平齋)
草廬門人 * 92/5548
履齋續傳 77/4454
吴程(伯章)
朱學之餘 49/2902
27 吴郛(衛道)
武夷門人 34/2023
吴名揚
吴氏家學 77/4453
吴名揚(叔瞻)
文山同調 88/5239
吴郇
象山門人 77/4428
吴紹古(子嗣)
象山門人 77/4422
吴叔達
網山門人 47/2596
吴叔巽
陳良能師 52/3069
28 吴似孫(續古)
臯羽門人 56/3256
吴倫
顯道門人 77/4442
儆(吴偁、益恭、竹洲、文肅)
南軒門人 * 71/4115
晦翁學侶 49/2818
東萊講友 51/3010
止齋講友 53/3110
龍川講友 56/3227
梭山講友 57/3276
吴復(見心)
鐵崖門人 52/3068
吴復古(子野、遠遊)
二蘇講友 99/5982
吴儀(國華、審律、審律先生)
龜山講友 * 25/1645
了翁講友 35/2080

吴儀（明善、東吴先生）
道園門人 ＊92/5577
吴氏家學 77/4453
吴從彦
蕭氏門人 92/5601
吴從龍（子雲）
附傳 74/4288
吴給（敦仁）
伊川門人 30/1840
30 吴沆（德遠、環溪先生）
歐陽學侶 45/2478
吴淳（世英）
古學同調 82/4986
吴之巽（先之）
易氏家學別 2/6253
吴安詩（傳正）
餘官 96/5701
吴安遜
餘官 96/5712
吴良弼
吴之巽父別 2/6253
吴良金
文肅門人 77/4451
吴定夫
慈湖門人 74/4308
吴定翁（仲谷、北齋）
平山門人 84/5070
吴宗萬
林憲卿门人 69/3886
31 吴潛（毅夫、履齋、慶國公、許國公）
鄒氏門人 77/4438
吴祏（見吴伯宗）
吴迂（仲迂、可堂先生、逸民）
雙峯門人 83/5002
32 吴淵（萬頃、白雲先生）
吴玉林父 92/5598
吴澄（吴瀓、幼清、伯清、文正、臨川郡公、草廬先生）
程戴門人 ＊92/5498
元中門人 28/1811
吕學之餘 51/3023
俞氏續傳 77/4454
吴漸（茂榮、東齋）
象山師承 58/3287
吴祈
絜齋門人 ＊75/4354
吴氏家學 76/4393
吴适（君若）
季文門人 76/4387
吴遁（雲交）
种氏門人 9/935
33 吴必大（伯豐）
晦翁門人 69/3856
吴泳（叔永、鶴林）
鶴山門人 80/4595

吴浚(德普)
草廬門人 92/5550
吴祕(君謨)
長民門人 *2/179
宋氏同調 6/694
吴邃(松淵先生)
吴氏家學 56/3234
34 吴沈(濬仲)
吴氏家學 82/4921
吴浩(義夫)
陳氏講友 * 別 2/6294
陳氏家學別 3/6380
吴洪
東萊門人 *73/4222
吴氏家學 49/2843
35 吴迪吉
溪堂門人 23/1601
36 吴渭
吴幼敏父 56/3256
吴昶(叔夏、友堂)
晦翁门人 69/3862
37 吴淑(正億)
徐氏門人 2/140
吴澥
歐陽學侶 45/2478
吴深(原伯)
吴氏家學 82/4922
吴寀(直翁)
晦翁門人 69/3926
38 吴瀓(見吴澄)
吴海(朝宗、聞過齋)
陳氏家學別 3/6285
吴褕
華川門人 70/4085
吴裕
絜齋門人 *75/4354
吴氏家學 76/4393
吴遵路(安道)
吴氏家學 2/172
40 吴大成
陳氏講友 41/2280
吴友諒
吴懿德子 81/4655
吴友直
吴懿德子 81/4655
吴友恭 81/
吴懿德子 81/4655
吴士亨
嚴氏門人 51/3022
吴直方(行可)
吴氏先緒 56/3242
吴奎(長文、文肅)
廬陵同調 4/492
吴克己(復之)
石陵講友 56/3229
吴南(宜之)

晦翁門人 69/3924
吴存
程與權師 92/5592
吴志淳(主一)
李氏師承 82/4921
吴志道
宋氏門人＊82/4976
學士家學 56/3258
吴希奭
文山同調 88/5237
吴雄(伯英)
晦翁門人 69/3897
42 吴獵(德夫、文定、畏齋先生)
南軒門人＊71/4107
吴氏家學 44/2455
晦翁門人 49/2840
吴彬(仲文)
定宇門人 70/4080
43 吴棫(才老)
景迂同調＊22/1575
傅氏學侶 1/90
邢氏私淑 2/185
44 吴藜軒(藜軒)
焦悦師 91/5465
吴夢炎
鶴山私淑＊80/4616
蔣氏同調 87/5200
吴芾(子通)
張氏門人 44/2405
吴芾(明可、湖山居士、康叔)
晦翁學侶 49/2812
吴恭之(叔惠)
晦翁門人 69/3935
吴孝宗
荆山門人 98/5873
吴執中
康節講友 10/1026
吴攀龍(元登、晉齋、愛敬齋)
蛟峯講友 82/4820
吴萊(立夫、深裹山道人、貞文、
淵穎先生、深裹先生)
方氏門人＊56/3249
張學之餘 50/2976
46 吴觀萬(亨壽)
朱學續傳 49/2869
吴如愚(子廢、準齋)
文惠所薦 73/4227
吴楫(公濟、悦齋)
晦翁學侶＊49/2819
西山學侶 62/3448
47 吴坰
竹洲家學＊71/4144
正惠門人 2/206
吴懿德(夏卿)
西山學侶 81/4655
吴郁

晦翁學侶 49/2830
吴獬(省齋先生)
陳氏講友 44/2373
吴愨(德穀)
吴氏家學 4/569
48 吴松年(公叔)
吴氏家學 * 32/1943
張氏門人 44/2404
東萊講友 51/3010
吴梅(仁伯)
北山門人 82/4776
吴梅卿(清叔)
晦翁門人 69/3898
50 吴中(子善)
鹿皮門人 70/4084
吴中(吴中行、中行、直卿、準軒)
雙峯門人 * 83/5000
勉齋門人 63/3515
吴中孚
吴之巽子別 2/6253
吴中行(見吴中)
吴申
晦翁門人 69/3915
吴惠子(石泉)
吴氏家學 58/3313
吴表臣(正仲、湛然)
浮沚門人 * 32/1938
了翁私淑 35/2100
吴貴(良貴)
全歸門人 * 56/3247
方氏門人 56/3254
皋羽門人 56/3256
51 吴振
晦翁門人 69/3920
53 吴成大(浩然)
朱學之餘 * 49/2907
程氏同調 64/3567
吴輔
吴氏家學 58/3320
57 吴蟾
疊山門人 84/5065
60 吴國英
環谷門人 83/5031
吴國公(見范成大)
吴國公(見蔡松年)
吴國公(見楊時)
吴思齊(子善、全歸子)
松淵家學 * 56/3236
梅邊同調 88/5249
吴昌裔(季永、忠肅)
南軒私淑 50/2969
吴園(見張根)
吴景立
吴士亨祖 51/3022
吴景奎(文可)

吴氏先緒 82/4884
61 吴點(聖與)
荆公门人 98/5874
吴顯道
廬陵門人 4/542
64 吴晞
龜山門人 25/1668
67 吴明善(明善先生)
吴褕父 70/4085
70 吴雅
西山门人 *62/3483
吴氏家學 49/2845
71 吴辰子(君明、梅隱先生)
馮氏門人 *83/5014
友竹家學 83/5022
吴厚若(仲詩、叔有)
象山門人 *77/4427
吴氏家學 58/3313
72 吴垕
晦翁私淑 *49/2859
南軒私淑 50/2970
棣華家學 71/4151
吴垕子(君載)
馮氏門人 *83/5014
友竹家學 83/5021
吴隱若(靖甫)
王氏門人 44/2449
吴彤(文明)
道園門人 *92/5576
危氏門人 93/5631
77 吴履(德基)
凝熙門人 82/4933
吴熙(季明)
了翁講友 35/2080
吴民宗
竹洲先緒 71/4101
80 吴益
吴郇孫 77/4428
吴鉉
句中正附 2/123
吴羨門
吴淵師 34/1977
吴雉(吴稚、和中)
晦翁門人 69/3919
吴會
吴氏家學 58/3320
84 吴錡(學行先生)
友堂家學 70/3398
吴饒
吴氏家學 77/4453
86 吴錫疇(元倫、蘭皋)
徽庵門人 *83/5008
吴氏家學 49/2865
吴鐸
草廬先緒 92/5497
88 吴銓(伯承、思親堂)

武夷門人＊34/2023
五峯門人 42/2303
吴鎰
誠齋同調 44/2411
吴範(端翁)
潁濱門人 99/6038
吴敏(元中)
梁溪講友 25/1683
吴箕(嗣之)
象山學侶 58/3312
90 吴尚志
草廬門人 92/5545
吴當(伯尚)
草廬家學 92/5522
吴炎(晦夫)
絜齋門人 75/4352
吴燊(與權)
南溪門人 79/4549
91 吴炳(彦輝)
宋氏門人 95/5670
93 吴怡(熙老)
張氏門人 99/6045
95 吴性初
雲峯門人 89/5304
口吴□
伊川私淑 16/1296
吴□
師川門人 25/1701
吴□(恕齋)
退翁門人 47/2618
吴□
黄氏門人 70/4073
吴□
慈湖門人 74/4308
吴□
吴伯厚父 77/4452

6044_7 夓

32 夓淵(亞夫、蓮塘)
晦翁門 69/3789

6050_0 甲

80 甲父(見林冑)

6050_4 畢

25 畢仲游(叔)
餘官＊96/5702
忠宣門人 3/412
畢氏續傳 6/746
畢仲愈
畢氏續傳 6/746
30 畢良史(少董)
王氏門人别 2/6300
40 畢士安(舜舉、仁叟、文簡)
東野講友 6/671
44 畢世長

畢氏家學 6/694

6060_0回

90 回光居士（見楊天惠）

6060_0呂

00 呂應淼（存齋）
蛟峯續傳 82/4875
呂廣問（仁夫）
和靖門人 *27/1750
權氏門人 19/1495
呂諒卿
餘官 96/5712
01 呂龍翰（武賢、古梅）
秋崖門人 77/4453
02 呂端善（見呂戡）
05 呂竦（士瞻）
晦翁門人 69/3924
08 呂誨（獻可）
涑水同調 *8/848
康節講友 10/1021
爭青苗變法者 96/5694
10 呂正甫
鄭翔師 70/4023
呂夏卿（縉叔）
廬陵講友 4/488
13 呂武
文山同調 88/5232
17 呂弸中（呂朋中、仁武）
右丞家學 23/1600
呂弼
賀太平師 83/5029
20 呂喬年（巽伯）
勝之門人 49/2864
21 呂仁（山甫、敬伯、敬仲）
西山門人 81/4675
呂師愈
呂氏先緒 56/3231
呂㮚
呂燊父 82/4980
23 呂稽中（德元）
和靖門人 27/1750
24 呂升卿
別附 98/5881
呂皓（呂浩、子陽、雲溪逸叟）
林氏門人 *79/4556
呂氏家學 56/3236
25 呂仲甫
又不在碑目者 96/5727
呂律（蘊齋）
張氏門人 82/4880
27 呂緣嗣
呂氏家學 99/6040
30 呂宏
陸氏師承 98/5845
呂良佐（輔之）

鐵崖講友 52/3061
呂良才(賢甫)
西山門人 81/4662
31 呂源(子中)
呂氏學侶 *79/4557
呂氏家學 56/3236
呂祉(安老)
忠簡同調 44/2349
34 呂浩(見呂皓)
35 呂沖之(大老)
止齋門人 53/3132
呂洙
張氏門人 82/4883
37 呂汲(仲修、水西翁)
呂氏先緒 82/4871
呂凝之(澤父)
張氏門人 78/4462
呂祖謙(伯恭、成、忠兩、開國伯、東萊先生、小東萊)
林汪門人 *51/2983
廬陵續傳 4/587
濂溪續傳 12/1167
明道續傳 14/1215
伊川續傳 16/1300
横渠續傳 18/1378
華陽續傳 21/1544
龜山續傳 25/1708
五峯私淑 42/2303
艮齋講友 52/3044
止齋講友 53/3109
復齋講友 57/3277
象山講友 58/3306
靜春講友 59/3338
定川講友 76/4377
呂祖儉(子約、大愚叟、忠)
東萊家學 *51/3012
曾氏門人 29/1823
晦翁門人 49/2839
南軒講友 50/2959
38 呂遵
呂師愈父 56/3231
40 呂大倫(時敘)
紫微家學 36/2134
呂大圭(圭叔、樸鄉)
楊氏門人 *68/3722
復齋同調 62/3482
北溪門人 68/3720
呂大忠(晉伯、進伯)
正愍學侶 *19/1447
張程門人 31/1883
呂大器(治先)
紫微家學 36/2134
呂大防(微仲、正愍、汲郡公、宣國公)
横渠同調 19/1446
呂大臨(與叔)

張程門人＊31/1887
天祺門人 18/1378
正愍學侶 19/1448
呂大鈞(和叔)
正愍學侶＊19/1447
張程門人 31/1883
呂友德
放翁講友 98/5930
呂希純
正獻家學＊19/1454
呂希道(正叔)
呂氏家學 19/1429
呂希哲(原明、滎陽先生、滎陽公)
胡程門人 23/1589
呂南公
文昭同調 4/561
呂燾(德昭)
晦翁門人 69/3884
呂枋(汝芳)
陳氏門人別 3/6368
42 呂機(審言)
馬學之餘 8/887
44 呂蒙正(聖功、文穆、蔡國公、隨國公、許國公)
呂氏先緒 19/1396
呂著
明道講友 14/1210
45 呂椿(之壽)
邱氏門人 68/3730
47 呂好問(舜徒、東萊郡侯、東萊先生、東萊公)
滎陽家學＊23/1597
張氏門人 8/872
景迂門人 22/1581
呂切問(舜從)
張氏門人 8/872
50 呂中(時可)
東萊續傳 51/3018
呂夷簡(坦夫、文靖、許國公)
呂氏先緒 19/1398
呂本中(呂大中、居仁、文清、東萊先生、大東萊)
滎陽家學＊36/2129
涪翁門人 19/1482
右丞家學 23/1600
忠簡同調 44/2350
呂惠卿(吉甫)
別附 98/5879
52 呂折
呂氏家學 70/4033
53 呂或(呂端善、伯充、文穆、東平郡公)
魯齋門人＊90/5390
勤齋同調 95/5653
60 呂思誠(仲實、忠肅)

蕭氏門人 95/5657
70 呂防(大防)
陳氏家學別 1/6180
77 呂同老
莊節講友 64/3559
呂陶(元鈞)
東坡同調 *99/5990
蔣氏門人 99/5962
呂朋中(見呂弸中)
呂居簡
呂氏先緒 19/1397
79 呂勝己(季克、渭川居士、存齋)
晦翁門人 *69/3833
呂氏家學 44/2374
80 呂午(伯可、竹坡)
洺水門人 71/4163
呂公孺(雅卿)
呂氏家學 19/1429
呂公弼(寶臣、惠穆)
呂氏家學 19/1428
呂公綽(仲裕)
呂氏家學 19/1427
呂公著(晦叔、正獻、申國公)
涑水同調 *19/1413
高平講友 3/308
石氏門人 3/399
康節講友 10/1021
呂氏家學 19/1428
爭青苗變法者 96/5693
90 呂光祖
晦翁門人 69/3923
呂炎(德明)
晦翁門人 69/3884
91 呂恒(長德)
鐵崖門人 52/3071
97 呂恂(漱芳)
鐵崖門人 52/3071
呂煥
晦翁門人 69/3884
99 呂熒(慎明、雙泉)
宋氏門人 82/4980
叩呂□
戚氏門人 82/4960
呂□
放翁門人 98/5934

6060_0 昌

00 昌裔(見黄茂宗)
昌言(見張問)
昌言(見潘鯁)
昌言(見陳宗謂)
11 昌孺(見蕭世京)
13 昌武(見李宗諤)
28 昌齡(見王百朋)
44 昌英(見楊輔世)
昌世(見魏衍)

53 昌甫(見王奎文)
60 昌國(見謝諤)
昌國(見李邦瑞)
80 昌父(見趙蕃)

6060_4 固

00 固齋(見戴貞)
27 固叔(見史彌堅)

6060_4 圖

40 圖南(見謝鵬)
圖南(見陳摶)
圖南(見劉翔)

6073_1 曇

10 曇龗(夢堂)
別附 65/3603
26 曇伯(見龔郯)

6073_2 畏

00 畏齋(見游桂)
畏齋(見楊溥)
畏齋先生(見吳獵)
畏齋先生(見程端禮)
30 畏之(見仲簡)

6073_2 曩

20 曩秉彝(曩加台)
王氏學侶別 3/6334
46 曩加台(見曩秉彝)

6080_0 貝

17 貝瓊(海鶴生)
鐵崖門人 52/3064
27 貝翱
貝氏家學 52/3082
32 貝溪居士(見李如雷)
57 貝翽
貝氏家學 52/3082
87 貝翔
貝氏家學 52/3082

6080_1 足

80 足翁(見周珩)

6080_1 是

00 是齋(見葉夢得)
是齋(見時觀)

6080_6 員

56 員擇
紫陽門人 90/5422
77 員興宗(顯道)
南軒講友 50/2960

6088_0 眾

25 眾仲(見陳旅)

6090_4 困

00 困齋(見方疇)
困齋先生(見方疇)
77 困叟(見方疇)

6090_4 杲

77 杲卿(見張昇)
杲卿(見葉曙)

6090_4 果

00 果齋(見魏文翁)
果齋(見徐□)
果齋(見李方子)
果齋(見李之紹)
果齋(見史蒙卿)

6090_6 景

00 景亮(見黄義明)
景齊(見李叔寶)
景唐(見邱景唐)
景文(見王質)
景文(見宋祁)
景文(見黄必昌)
景文(見林武)
景言軒(見范筌)
07 景望(見鄭伯熊)
08 景説(見徐霖)
景説(見翁夢得)
景説(見鄭霖)
10 景正(見史蒙卿)
景元(見真德秀)
景元(見蕭漢中)
景元(見樓光亨)
景元(見劉昂霄)
景元(見陳紀)
景元(見鄭伯英)
景元一
晦翁私淑 49/2854
景平(見李元白)
景平(見李以稱)
景雲(見朱元龍)
景雲(見林一龍)
景雲(見胡奭)
景平(見趙彦道)
12 景烈(見鄭魏挺)
15 景建(見曾極)
17 景孟(見王宗傳)
景召(見史蒙卿)
景召(見鄭棠)
20 景千(見鄭思忱)
景重(見滕處厚)
21 景仁(見傅伯壽)
景仁(見游似)
景仁(見范鎮)
景仁(見趙汎)

景仁(見周元卿)
景行(見唐術)
景行(見莫惟賢)
景盧(見洪邁)
景衛(見陳元中)
22 景山(見王開祖)
景山(見孫奕)
景山(見蔣嶠)
景山(見樓鍔)
景山(見趙屼)
景山(見喻時)
23 景獻(見林憲)
景傅(見黃巖孫)
24 景先(見張良裔)
景先(見范祖幹)
景先(見葛文孫)
景先(見鄭奕夫)
26 景伯(見洪适)
景和(見梅熙)
27 景修(見孫頎)
景彝(見鄭銘)
景叔(見游師雄)
景紹(見鄭昭先)
28 景微(見黃晞)
景儀(見李國鳳)
30 景濂(景宋濂)
景房(見董爲良)
景憲(見齊諾)
景憲(見詹淵)
景實(見唐震)
31 景潛(見鄭陶孫)
景迂先生(見晁說之)
景迂生(見晁說之)
34 景遠(見周馳)
35 景禮(見李以制)
景禮(見舒格)
36 景溫(見鄭雄飛)
37 景初(見傅伯成)
景初(見傅蒙)
景初(見趙遂)
景初(見晏敦復)
景初(見鄭旭)
景通先生(見張邀)
景深(見王回)
38 景游(見邱定夫)
景祥(見舒斗祥)
景道(見趙質)
40 景南(見邱景南)
景希(見真德秀)
景韋(見鄭厚)
景真(見李寔)
44 景坡(見蔣燦)
景莊(見馬元椿)
景芳(見謝升賢)
景蕭(見黃何)
景荀(見薛觀)

景薛（見舒嶽祥）
景林（見張坰）
48 景翰（見葉儀）
50 景申（見王岳）
景肅（見趙昌言）
景東（見周震）
53 景甫（見別湜）
60 景星（德輝、訥庵）
黄氏門人 49/2932
景思（見張堯封）
景思（見林憲）
景回（見陳庸）
景呂（見胡渭）
62 景則（見盛象翁）
66 景嚴（見洪遵）
67 景明（見胡夢魁）
景明（見鄭昭先）
景瞻（見余嶸）
景昭（見趙焯）
71 景厚
張氏講友別 3/6353
景厚（見李以申）
景長（見陳夢庚）
77 景隆（見俞應元）
景歐（見鄭滁孫）
景賢（見劉昂霄）
景賢里（見林肅）
80 景父（見施郁）
景義（見楊圭）
景曾（見鮑魯卿）
87 景翔（見鮑雲龍）
88 景繁（見蔡承禧）
98 景爔（見林德暘）

6091_4 羅

00 羅文節（仲正）
羅履泰子別 3/6359
11 羅棐恭（欽若、不欺先生）
滄庵講友 * 34/2025
宋儒博考別 2/6228
17 羅孟郊
王氏學侶別 1/6162
羅子有
廣平門人 76/4383
20 羅維藩（价卿）
羅上達子 34/2026
21 羅上行（元亨）
羅氏門人 34/2043
羅上達（元通）
滄庵講友 34/2026
羅處約（思純）
王氏講友 3/270
23 羅紱（天文）
羅上達父 34/2026
28 羅復（中行）
朱學之餘 49/2921

羅從彦(仲素、文質、豫章先生)

龜山門人＊39/2183

横渠私淑 18/1378

吴氏門人 25/1689

30 羅適(正之、赤城)

安定私淑＊1/61

鼇隅私淑 6/738

羅良弼(長卿、漫叟)

蕭氏門人 45/2490

31 羅濬(明甫)

澹庵講友 34/2026

33 羅必元(亨父、北谷老人)

驪塘門人 77/4443

羅泌(長源、歸愚子)

羅氏家學 45/2501

羅泳

羅氏家學 45/2502

40 羅士能(少陸)

王氏門人 44/2434

羅士友(兼善、晉卿、融齋)

馬學之餘 8/880

羅克開(達父)

明甫家學 34/2043

羅希揚(士鼎、松野先生)

異齋講友 88/5212

羅志沖

伊川私淑 16/1296

43 羅博文(宗約、宗禮)

李氏門人＊39/2197

横渠續傳 18/1378

劉氏門人 20/1524

44 羅蒙正

梁臨師 67/3680

羅蒙正(希吕)

陳氏家學別 3/6384

羅茂良

楊氏門人 44/2453

羅懋(敬德)

陳氏門人別 3/6375

羅苹

羅泌子 45/2501

羅革

仲辰門人 25/1702

羅椅(子遠、磵谷)

雙峯門人 83/5002

45 羅椿(永年、就齋)

楊氏門人＊44/2452

達齋門人 44/2455

46 羅如篪

廖欽師 59/3358

50 羅中彦(茂衡)

涪翁門人 19/1486

52 羅虯

羅棐恭父 34/2025

60 羅愚(季能)

羅氏家學 58/3320

61 羅點（春伯、此庵、文恭）
象山學侶＊58/3310
涑水續傳 8/876
正獻門人 34/2047
紹熙爭過宫者 97/5743
70 羅璧（子蒼、默耕）
朱學續傳 49/2873
71 羅願（端良）
朱氏門人 39/2199
77 羅履泰（以通、通齋先生）
王氏門人別 3/6359
80 羅無競（謙中、遯翁、孝逸先生）
羅氏先緒＊45/2484
宋儒博考別 2/6227
羅善同（信遠、純古先生）
明道講友 14/1210
81 羅頌（端規）
羅氏學侶 39/2205
86 羅鍔（士廉）
忠襄學侶 45/2488
羅知古
西山門人 81/4676
90 羅惟一（允中）
誠齋講友 44/2408
羅尚志
澹庵門人＊34/2040
99 羅榮祖（仁甫）
勤齋同調 95/5653
叩羅□（澗谷）
磻洲門人 59/3352

6104_0盱

31 盱江郡侯（見陳宗禮）
盱江先生（見李覯）

6138_6顯

21 顯仁（見和嵻）
24 顯德（見唐元嘉）
25 顯仲（見徐大亨）
27 顯叔（見孫昭遠）
30 顯之（見康曄）
顯之（見蘇榮祖）
顯之（見陳經）
38 顯道（見謝良佐）
顯道（見包揚）
50 顯夫（見宋褧）
顯夫（見凌登龍）
顯夫（見林起濱）
53 顯甫（見潘自晦）

6148_6顒

30 顒之（見蘇大璋）
51 顒軒（見徒單公履）

6217_7蹈

30 蹈之（見閻路）
50 蹈中（見趙汝讜）

6240_0別

36 別湜(景甫)
南軒私淑＊50/2969
晦翁私淑 49/2858

6280_0則

00 則亮(見余應)
則齋(見李仁深)
10 則平(見趙阜)
21 則仁(見徐覺)
50 則中(見鄭鍔)
53 則成(見袁斗楠)
67 則明(見高誠)
71 則臣(見王以道)
77 則卿(見杜濬)
80 則翁(見胡希是)
則善(見陳宏磬)
90 則堂(見家鉉翁)

6333_4默

00 默庵(見庵熙)
默齋(見王應鳳)
默齋(見洪夢炎)
默齋(見游九言)
默齋先生(見游九言)
默齋(見劉蕃卿)
默齋(見留默齋)
20 默信(見詹阜民)
44 默勒吉庫庫(子清)
文康門人 99/6085
默勒吉堅童(永叔)
魯齋門人＊90/5413
文康門人 99/6085
51 默軒(見陳賡)
53 默成(見潘良貴)
55 默耕(見羅璧)
77 默叟(見戴溁)
80 默翁先生(見俞浙)
90 默堂(見吴霞舉)
默堂先生(見陳淵)
默堂居士(見李澂)

6386_0貽

12 貽孫(見歐慶)

6401_4睦

90 睦堂(見劉炳)

6402_1畸

00 畸庵(見孫衲)
80 畸翁(見楊□)

6402_7睎

26 睎稷(見楊邦乂)
72 睎髪子(見謝翺)

晞髮先生(見謝翱)

6404_1時

00 時亨(見時□)
時亨(見嚴世文)
時充之
魯齋學侶 82/4815
時齋(見康里回回)
時齋(見俞金)
10 時可(見王鎡)
時可(見吴德溥)
時可(見吕中)
時可(見陳煥)
12 時發(見楊庭顯)
時發(見楊文仲)
13 時戩(天保、多福、拙庵)
蓬門講友 100/6116
17 時子源
晦翁門人 69/3917
21 時紫芝(時佚、紫芝)
伊川門人 30/1857
24 時佐(見方一夔)
26 時泉
東萊門人 73/4213
時和(見姚應鳳)
27 時佚(見時紫芝)
時叔(見程端學)
30 時進(見趙嗣興)
31 時涇
東萊門人 73/4213
時澐(子雲、子澐、夷介先生、學古室)
東萊門人 73/4206
34 時法(見汪大度)
37 時瀾(子瀾、南堂)
東萊門人 73/4205
50 時中(見皮濛)
時中(見樊執經)
時中(見胡希仁)
時中(見馬伸)
時中(見陳庸)
時中室(見胡□)
時中堂(見皮湝)
53 時甫(見易蟠)
時甫(見陳及)
時雱(見林震)
72 時隱(見林霆)
77 時舉(見方槐生)
時舉(見魯士能)
時舉(見趙善待)
80 時鎬
東萊門人 73/4212
81 時鋹(長卿)
東萊門人 73/4212
84 時錡
東萊門人 73/4213

時鑄(壽卿)
東萊門人 73/4212
87 時銘(季照、季昭)
春草門人 93/5629
88 時鑰
東萊門人 73/4212
時敏(見鄭遜志)
時敘(見呂大倫)
90 時少章(天彝、所性)
時氏家學 * 73/4237
朱學續傳 49/2869

6404_1 時

72 時隱居士(見趙希錧)

6412_7 跨

58 跨鼇(見李新)

6500_0 畊

77 畊叟(見林耕)

6502_7 嘯

10 嘯雲軒(見李嗣榮)

6509_0 味

38 味道(見張膄)
味道(見葉味道)
60 味易叟(見鄭閎)

6602_7 暘

27 暘叔(見張杲)
暘叔(見樓昉)

6621_4 瞿

10 瞿丙
曩秉彝師別 3/6334
24 瞿佑(宗吉)
遂初門人 85/5126
40 瞿士弘
劉聲之門人別 3/6337
44 瞿莊
瞿興嗣子 68/3729
瞿懋
瞿興嗣子 68/3729
77 瞿興嗣(華卿)
北溪續傳 68/3729

6624_8 嚴

00 嚴賡
張氏師承 44/2346
17 嚴羽(見嚴滄浪)
21 嚴師夔(顧齋)
鶴山門人 80/4604
26 嚴侶(君友、高節先生)
賈氏門人 * 65/3598
梅邊同調 88/5249

27 嚴粲(明請、坦叔)
東萊續傳 51/3019
34 嚴斗巖
朱學續傳 49/2879
38 嚴滄浪(嚴羽、丹邱、滄浪)
嚴半巖師 49/2879
44 巖世文(時亨、亨父)
晦翁門人 69/3850
48 嚴敬(莊人)
晦翁學侶 49/2816
嚴松(松年)
梭山門人 57/3278
50 嚴肅
別附別 2/6277
嚴忠嗣
行齋門人 *90/5440
孟卿門人 90/5423
嚴忠範
尚書門人 2/237
52 嚴拙翁(拙翁)
李彥華師 45/2477
60 嚴昌裔(慶曾)
張氏門人 44/2404
71 巖巨川
嚴氏續傳 25/1725
78 嚴啟
陳氏門人別 3/6338
80 嚴養晦
朱學之餘 *49/2900
邵學之餘 10/1086
周學之餘 12/1182
叩嚴□
息齋門人 25/1695

6650_6單

00 單庚金(君範)
程氏私淑 *72/4186
呂學之餘 51/3023
12 單瑞
陸氏門人 80/4628
22 單崔明
梁應龍門人別 2/6268
24 單佐(見單仲友)
25 單仲友(單佐、仲友)
朱學之餘 49/2992
38 單祥
陸氏門人 80/4628
57 單拯(濟甫)
晁氏講友 99/6035

6666_3器

30 器之(見朱軾)
器之(見詹範)
器之(見莫伯鎔)
器之(見敖陶孫)
器之(見劉安世)

器之(見陳埴)
34 器遠(見曹叔遠)
37 器資(見彭汝礪)
38 器道(見趙與琇)

6666_8 嚚

66 嚚嚚生(見戴良)

6699_4 槑

72 槑隱(見喻南强)

6702_0 明

00 明(見張載)
07 明望(見施宜生)
10 明可(見吴芾)
11 明孺(見傅常)
23 明允(見蘇洵)
25 明仲(見馮誠之)
明仲(見戴述)
明仲(見胡寅)
明仲(見陳旦)
明仲(見陳焞)
26 明白先生(見王桓)
27 明叔(見郭知章)
明叔(見賈易)
明叔(見鮑俊德)
明叔(見楊韡)
明叔(見楊忱)
明叔(見俞西發)
明叔(見余如晦)
28 明復(見孫復)
明復(見劉忱)
30 明之(見王昕)
明之(見虞炫)
明之(見藍智)
明之(見萬序)
明之(見田述古)
明之(見鄭公敏)
明安達兒
草廬門人 92/5552
明良慶會閣(見史浩)
34 明遠(見孔昭孫)
明遠(見汪澈)
明遠(見李存)
明遠(見李昉)
明遠(見黄景昌)
明遠(見晁迥)
明遠(見劉如愚)
明遠(見陶煜)
37 明逸(見种放)
38 明道(見王去執)
明道(見孔思誨)
明道(見孛朮魯遠)
明道(見劉顔)
明道先生(見程顥)
47 明起

劉氏同調 6/656
50 明夫(見楊□龍)
明夫(見劉元德)
51 明軒(見方敏中)
53 明輔(見吴子良)
明甫(見方暹)
明甫(見霍暐)
明甫(見耶律希亮)
明甫(見白景亮)
明甫(見句龍傳)
明甫(見羅濬)
62 明則(見潘文鐃)
明則(見趙像之)
67 明略(見廖正一)
72 明所先生(見朱公遷)
77 明服(見李紱)
明叟(見王覿)
明叟(見李山甫)
明舉(見鄭少微)
明卿(見王鑑)
明卿(見林廣發)
明卿(見嚴粲)
80 明翁(見趙汝燧)
明父(見林庚)
明善(見吴儀)
明善(見韓性)
明善(見程□)
明善(見范一漢)
明善(見陳徵)
明善齋(見周子華)
明善先生(見張雄飛)
明善先生(見吴明善)

6706_1 瞻

24 瞻岵居士(見柴隨亨)

6706_2 昭

17 昭子(見解夢斗)
20 昭信(見劉藻)
24 昭德(見皮溍)
昭德先生(見晁公武)
47 昭聲(見樓鍚)
50 昭忠廟(見陳文龍)
53 昭甫(見王昌世)
昭甫(見蕭服)
60 昭回(見周啓明)
77 昭卿(見章煥)
80 昭父(見韓永)

6712_2 野

00 野庵(見姚隆)
野齋先生(見李謙)
22 野仙鐵木兒(咸寧真獻王)
魯齋門人 90/5412
27 野舟(見葉野舟)
40 野塘先生(見趙遂)

野塘書院(見趙遂)
77 野民(見王景)
野民(見戴希文)
80 野翁(見郭翼)
野翁(見杜俣)
野谷(見趙汝燧)
野谷先生(見洪初)

6712_7 郢

60 郢國公(見張士遜)

6716_4 路

00 路康(子齡)
絜齋門人 75/4352
08 路謙亨(彥彬)
象山門人 77/4424
10 路元亨
黄華門人 100/6123
24 路德章
東萊門人 73/4214
30 路宣叔
元好問師 14/1221
60 路昌衡(持政)
曾任待制以上者 96/5707

6722_0 嗣

24 嗣勳(見楊輔)
30 嗣之(見張震)
嗣之(見吴箕)
嗣宗(見葉紹翁)
嗣宋(見葉紹翁)

6732_7 黟

40 黟南生(見程文)

6742_7 鷃

38 鷃游子(見王良)

6782_7 鄖

43 鄖城(見硯彌堅)

6802_1 喻

10 喻立
草廬門人 92/5551
25 喻仲衡(平甫)
陶氏門人 95/5672
26 喻偘(喻枏老、喻宏、伯經、蘆隱)
龍川門人 56/3232
27 喻叔(見王所)
30 喻寬(見喻南强)
喻宏(見喻偘)
喻良弼(季直、杉堂)
喻氏先緒 56/3230
喻良倚(伯壽)
喻氏先緒 56/3230

喻良能(叔奇、香山)
　　喻氏先緒 56/3230
40 喻南强(喻寬、伯强、梅隱、槑隱)
　　龍川門人 56/3232
41 喻樗(子才、湍石、玉泉)
　　龜山門人＊25/1662
　　沮和議者 96/5735
47 喻�老(見喻偘)
60 喻思然
　　王氏門人別 2/6309
64 喻時(景山)
　　復齋講友 69/3942
叩喻□
　　龍川門人 56/3234

6802_7 吟

00 吟齋(見魯訔)

6805_7 晦

00 晦庵(見朱熹)
　晦齋(見謝直)
21 晦仁(見和峴)
24 晦升(見劉顯)
26 晦伯(見劉爚)
27 晦叔(見王炎)
　晦叔(見吴翌)
　晦叔(見李煇)
　晦叔(見葛炳奎)
　晦叔(見葉文炳)
　晦叔(見趙與票)
　晦叔(見呂公著)
30 晦之(見張景)
　晦之(見張知白)
　晦之(見司馬章)
　晦之(見周嗣明)
50 晦夫(見吴炎)
　晦夫(見歐陽闢)
52 晦靜(見湯巾)
80 晦翁(見朱熹)

6806_1 哈

52 哈剌章(申國公)
　　鄭氏門人 56/3268
　哈剌魯師聖(見哈剌魯伯顏)
　哈剌魯伯顏(哈剌魯師聖、宗道、文節)
　　朱學之餘 49/2904
　哈剌魯曲出
　　哈剌魯伯顏兄 49/2904

6832_7 黔

30 黔安居士(見黄庭堅)

7021_4 雅

77 雅卿(見呂公孺)

7090_4檗

22 檗山先生(見黃顏榮)

7121_1阮

10 阮元白
阮泰發父 51/3018
14 阮珪(友璋)
任氏門人 64/3573
37 阮鴻
古靈門人 5/625
阮逸(天隱)
安定學侶 1/29
50 阮泰發
大愚門人 51/3018
70 阮璧(友琮)
任氏門人 64/3573

7121_1歷

22 歷山書院(見齊諸)

7121_1隴

10 隴西郡伯(見董文蔚)
隴西郡公(見李巘)

7121_4雁

37 雁湖居士(見李壁)

7122_7厲

00 厲齋先生(見宋沆)
厲文翁(劉髯翁、聖錫)
西山門人 *65/3595
邵學之餘 10/1084
10 厲元吉(無咎、羊忖)
栲栳師承 52/3062
40 厲志先生(見朱元龍)
72 厲髯翁(見厲文翁)

7123_2辰

22 辰峯先生(見解應辰)
77 辰叟(見解應辰)

7123_9愿

50 愿中(見李侗)
80 愿父(見宋自逢)

7124_7反

43 反求齋(見李紱)

7124_7厚

00 厚齋(見鞏嶸)
厚齋(見馮椅)
厚齋(見李明新)
厚齋先生(見王應麟)
30 厚之(見張恕)

51 厚軒先生(見王自中)
77 厚卿(見安燾)

7129_6原

14 原功(見謝肅)
原功(見歐陽玄)
25 原仲(見胡憲)
26 原伯(見吴深)
原伯(見曾逢)
27 原魯(見孔道輔)
原叔(見王洙)
30 原宏(見鮑仁濟)
35 原禮(見戴原禮)
38 原道(見朱文霆)
44 原蒙(見劉英)
50 原夫(見王逢)
53 原輔(見馮翊)
67 原明(見吕希哲)
77 原學(見戴習)
80 原父(見劉敞)
原善(見俞善衛)
88 原範先生(見劉有定)

7131_1驪

40 驪塘先生(見危稹)

7132_7馬

00 馬充實(士輝)
魯齋門人 90/5412
馬應昌
柳氏門人 9/958
馬文璧
鐵崖門人 52/3075
02 馬端復
曹氏門人 89/5293
馬端臨(貴與、竹洲)
曹氏門人 89/5279
10 馬元壽
馬元椿弟 63/3518
馬元椿(景莊)
馬氏續傳 63/3518
12 馬廷鸞(翔仲、玩芳)
竹洲先緒 * 89/5266
馬氏續傳 1/97
張祝同調 78/4467
13 馬琮
又不在碑目者 96/5727
17 馬羽
馬□父 19/1494
20 馬壬仲(次辛)
東萊門人 * 73/4222
晦翁私淑 49/2846
21 馬虚中
褚□門人别 2/6292
24 馬德璋
白雲門人 82/4914

25 馬仲舒(漢臣)98/
荆公門人 98/5877
馬伸(時中、東平先生)
伊川門人 30/1839
馬純(子約、樸樕翁)
馬氏續傳 2/190
馬純(馬景純、毅父、文叔)
涪翁門人 19/1484
27 馬磐(子漸)
安撫師承 3/307
30 馬永卿(見馬大年)
馬之純(師文、師父)
南軒門人 *71/4133
杏溪講友 60/3390
馬定國(子卿、薺堂先生)
元儒博考別 3/6379
馬寅(致遠)
莊靖講友 78/4485
馬宗諒(馬友諒)
勉齋門人 63/3514
34 馬洪(容堂先生)
馬宗諒子 63/3514
37 馬潤(仲澤)
馬學之餘 8/886
馬祖謙(元德)
馬氏家學 82/4932
馬祖常(伯庸、石田、文貞、魏郡公)
張氏門人 82/4881
馬氏家學 8/891
元氏門人 92/5574
38 馬道貫(德珍、一得叟)
白雲門人 82/4908
40 馬大同(會叔、鶴山先生、澮居處士)
晦翁學侶 49/2813
馬大年(馬永卿、永卿、大年)
元城門人 20/1514
馬友諒(見馬宗諒)
馬友直(伯忠)
李氏講友 99/6035
馬希孟(馬晞孟、彥醇)
從新學者 98/5884
馬希孟
馬隨子 2/159
馬存(子才)
節孝門人 1/65
50 馬申之
馬元椿子 63/3518
馬泰之(茂材)
馬元椿子 63/3518
60 馬昉
馬煦兄 1/96
馬景純(見馬純)
64 馬晞孟(見馬希孟)
67 馬煦(得昌、觀復道人)

安定之餘 1/96

66 馬曙

馬煦兄 1/96

74 馬隨(持正)

徂徠門人 *2/175

泰山門人 2/159

77 馬熙(初明)

許氏講友別 3/6341

88 馬節之

晦翁門人 69/3926

90 馬光祖(華父、實夫、莊敏、欒山樓、君子堂)

西山門人 *81/4661

馬氏續傳 71/4159

99 馬瑩(仲珍)

朱學之餘 49/2892

□馬□

王氏門人 19/1494

7171_1 匪

10 匪石(見鄧文原)

7171_6 區

30 區適子(正叔、登洲、登洲先生)

許氏講友別 3/6344

7171_7 巨

22 巨山(見方岳)

30 巨濟(見袁濤)

巨濟(見劉涇)

31 巨源(見孫洙)

巨源(見董瀛)

50 巨中(見陳并)

80 巨翁(見徐應鑣)

7173_2 長

00 長彥(見胡昌齡)

長齋(見陳志崇)

長齋(見陳□)

長慶(見史繩祖

長文(見孟夢恂)

長文(見吴奎)

長文(見戴厚)

04 長訥(見謝敏行)

11 長孺(見唐元)

長孺(見郭絳)

長孺(見石公孺)

長孺(見黄正孫)

21 長儒(見唐元)

長儒(見唐瞻)

長儒(見徐彥伯)

長儒(見汪德輔)

長睿(見黄伯思)

22 長山先生(見胡翰)

24 長德(見吕恒)

31 長源(見孔延之)

長源(見程渥)
長源(見李濆)
長源(見羅泌)
38 長道(見顔復)
65 長嘯(見王柏)
長嘯公(見范鎮)
66 長嬰(見盧彭祖)
67 長明(見陳德一)
77 長卿(見王士元)
長卿(見董士元)
長卿(見趙嗣元)
長卿(見羅良弼)
長卿(見時鋹)
長卿(見劉秉德)
長卿(見劉秉恕)
長民(見劉牧)
80 長翁(見劉震孫)
長父(見程其深)
長善(見黄庠)

7178_6頤

00 頤庵(見張衍)
頤庵(見劉應時)
頤齋(見張文謙)
頤齋(見張衍)
10 頤正先生(見郭雍)
22 頤樂先生(見白天禄)
頤樂堂(見白天禄)

7210_0劉

00 劉立言(禹昌)
劉氏先緒 4/455
劉立之(斯立)
劉氏先緒 4/455
劉立禮
劉立之弟 4/455
劉應登(堯咨)
別附別 2/6274
劉應龜(元益)
滄齋門人 70/4009
劉應李(劉棨、希泌)
勿軒講友 64/3565
劉應時(良佐、頤庵)
劉氏家學 6/763
劉應鳳(堯擧、克擧)
梅邊講友 88/5248
劉賡(熙載)
文獻續傳 * 16/1320
鹿庵南人 78/4492
劉康夫(公南)
公闢門人 * 5/628
劉氏家學 1/70
劉庚
王氏學侶別 1/6165
劉庚達(竹西先生)
竹坪家學 67/3678

劉庭老(季齡、養浩堂)
宋儒博考别 2/6232
劉庠(希道)
劉氏家學 6/725
劉文度
元氏門人 92/5574
劉文廷
劉蒙正子别 3/6332
劉文通(叔達)
王氏门人 44/2448
劉文郁(從周)
誠齋同調 44/2414
劉文振
劉輝兄 90/5438
劉章
江氏同調 1/97
01 劉顏(子望、明道)
泰山同調 * 6/696
賈氏門人 2/165
02 劉端
王氏門人别 2/6304
03 劉誠
大劉家學 32/1940
04 劉詵(桂翁、桂隱)
廬陵之餘 4/591
劉詵(應伯)
老泉私淑 99/6003
05 劉靖之(子和、孝敬先生)
朱張同調 * 59/3333
劉氏續傳 4/587
濂溪續傳 12/1168
07 劉望之(夷叔)
方舟講友 99/6059
08 劉敦詩(溫夫)
王氏門人 44/2438
劉敦信(信叟)
王氏門人 44/2446
10 劉一止(行簡、苕溪)
劉氏家學 35/2101
劉正甫
王若虛師 99/6062
劉玉汝(成之)
朱學之餘 49/2918
劉至能
秋崖講友 77/4450
劉元(仲元)
須溪門人 88/5250
劉元亨(子嘉)
濂學之先 6/656
劉元瑜(君玉)
康節講友 10/1024
劉元德(明夫)
王氏門人 44/2436
劉元迪(德華)
宋儒博考别 2/6227
劉元芝

劉傳大父 49/2902

劉元振(君式)

鷹山講友 ＊26/1735

劉氏家學 1/59

藍田講友 31/1899

劉元剛(南夫、南强、容齋)

文清所學 64/3541

劉震(伯聲)

南豐門人 4/567

劉震

鍾柔師 88/5253

劉震孫(長翁)

忠肅續傳 2/206

劉震孫(朔齋)

鶴山門人 80/4605

劉天祐(祐之)

吾氏門人 65/3603

劉天益

劉氏家學 32/1956

劉晉昭

克升講友 83/5017

劉雲章

周震師別 3/6372

劉霖

道園門人 92/5576

11 劉玶(劉瑆、平甫、平父、七者翁)

屏山家學 ＊43/2326

范氏門人 34/2034

籍溪門人 43/2325

劉彌正(退翁、退齋)

著作家學 47/2598

劉彌邵(壽翁、習靜先生)

直閣門人 ＊46/2559

著作家學 47/2598

節齋門人 62/3489

陳氏門人 70/3979

劉礪(用之)

晦翁門人 69/3860

劉碩

劉畊孫子別 3/6361

12 劉瑞龍

履齋門人 77/4449

劉發

廣陵門人 6/758

劉延儁

壽翁門人 50/2977

劉廷直(諤卿、養浩、浩齋)

武夷門人 34/2023

劉砥(履之)

晦翁門人 69/3859

13 劉珹

謹翁門人 73/4247

14 劉珪(伯玉)

劉鎮父 6/760

劉瑾(公瑾)

朱學之餘＊49/2897
西山私淑 62/3490
劉瑾
晦翁門人 69/3922
劉琦(公玉)
論新法者 96/5694
劉珙(共父、忠肅)
屏山家學＊43/2325
忠顯家學 1/87
紫巖同調 44/2364
16 劉環(見劉環翁)
劉環翁(劉環、環翁)
叔獻門人 55/3207
劉琿(見劉玶)
劉强學(行父、退庵)
劉氏家學 44/2454
17 劉孟容(公度)
晦翁門人＊69/3845
劉氏續傳 4/587
南軒門人 50/2965
劉孟節
种氏門人 9/935
劉珣(道章、章江先生)
仲元家學 88/5254
劉承(樸溪)
西山私淑 81/4682
劉承弼(彥純、西溪)
清純門人 99/6060
劉承直
王以道門人別 3/6369
劉子方
王氏門人 19/1494
劉子彰(西川先生)
竹西續傳 67/3680
劉子聰(見劉秉忠)
劉子羽(彥修)
忠顯家學 1/87
劉子翬(彥沖、文靖、齊國公、屏山先生)
洛学私淑＊43/2312
忠顯家學 1/87
武夷同調 34/2000
紫微學侶 36/2134
韋齋講友 39/2194
紫巖講友 44/2358
劉子玠(劉玠、君錫)
勉齋門人 63/3507
劉子俊(民章)
文山同調 88/5230
劉子寰(圻父、篁墺翁)
晦翁門人 69/3914
劉子禮
晦翁門人 69/3921
劉子東
王氏門人 19/1493
劉君平

徂徠門人 2/177
劉君房
劉氏續傳 20/1519
劉君舉(季賢)
鹿庵門人 78/4492
劉翼(鼉文、心如)
樂軒門人 47/2607
18 劉玠(見劉子玠)
劉瑜(倩玉)
涪翁門人 19/1486
劉致
牧庵門人 90/5431
19 劉琰(見劉炎)
20 劉仿
忠肅門人 2/188
劉季裴(少度)
王氏門人別 2/6308
劉航(仲通)
元城先緒＊20/1505
涑水同調 8/852
劉禹錫
浩齋學侶 34/2030
劉秉德(劉國寶、長卿)
劉氏先緒 91/5447
劉秉恕(長卿)
文獻門人 16/1319
劉秉忠(劉侃、劉子聰、仲晦、藏春散人、文貞、文正、趙國公、常山王、聰書記)
邵學續傳 78/4471
劉維思(良貴)
朱學之餘 49/2897
21 劉仁
劉傳弟 49/2902
劉師邵
貢鏞師 92/5603
劉㒲(子有、横舟)
史堯輔師 99/6037
劉眞(子野)
楊氏師承 72/4176
劉㒲(子有、横舟)
史堯輔師 99/6037
劉穎(公實)
張氏門人 44/2403
22 劉岑(季高)
劉氏家學 3/433
劉任時
清容門人 85/5127
劉鼎孫(伯鎮)
陸氏同調 49/2882
劉鼎安(安成)
曾震附 53/3137
劉嶠(子淵)
説齋講友 60/3387
劉嵩(仲高)
子夷門人 3/429

劉繼寬(致明、無閡先生)
楊杜私淑 *6/748
濂溪私淑 12/1165
横渠私淑 18/1378
劉崧(伯高)
劉嵩兄 3/429
劉崧(劉楚)
劉文度孫 92/5574
23 劉允(子允)
仲羽門人 95/5668
劉允恭
劉格子 2/163
劉傳(巖叟)
王氏門人 44/2442
24 劉仕先
仲元家學 88/5254
劉德淵(道濟)
魯齋同調 *90/5348
滹南門人 99/6078
劉德眞
湛然門人 8/895
劉德智(彥明、千里、知非子)
朱學之餘 49/2892
劉勉之(致中、白水、草堂、簡肅、劉白水先生)
劉楊門人 *43/2309
韋齋講友 69/2194
劉緯
又不在碑目者 96/5729
25 劉仲寶
劉氏續傳 70/4037
劉仲撫(梅村)
晦翁私淑 49/2858
劉傳(芳伯、靜觀處士)
朱學之餘 49/2902
劉傳(見劉定國)
劉傳漢
朱學續傳 49/2869
26 劉白水先生(見劉勉之)
劉伯文(政平)
文山同調 88/5235
劉伯龍(見劉伯熊)
劉伯証(劉伯證、証甫、正甫、證甫)
諶甫家學 74/4321
劉伯證(見劉伯証)
劉伯諶(諶甫)
慈湖門人 74/4307
劉伯熊(劉伯龍、東溪)
方舟門人 99/6072
劉伯淵
郁繼善師 90/5439
劉伯溫
道園門人 92/5580
劉伯熙(善甫、房山)
雷氏同調 100/6122

劉侃(見劉秉忠)
劉得吉(見劉矩甫)
劉侶
劉彭壽子 50/2974
劉和仲
道原家學 * 8/861
徂徠私淑 2/178
27 劉仍祖(乃翁、即翁、蘭泉、芷洲)
劉氏家學 74/4319
劉衆
謹翁門人 73/4247
劉貉
文山同調 88/5236
劉彝(執中)
安定門人 1/46
劉繩武(琴軒先生)
王氏學侶別 3/6331
劉絢(質夫)
二程門人 30/1830
劉叔向(滋蘭)
劉氏家學 6/763
28 劉似(稚章、善人)
劉氏先緒 100/6094
劉似祖(即翁、乃翁、蘭泉、芷洲)
劉氏家學 74/4319
劉復亨(誠之)
湛然門人 8/895
劉儀可
劉傳弟 49/2902
劉從益(雲卿、蓬門)
李趙學侶 100/6110
劉牧(先之、長民)
泰山門人 * 2/151
范氏門人 10/1035
劉繪
庸齋講友 90/5359
30 劉宣(伯宣、忠憲、彭城郡公)
魯齋門人 90/5391
劉淮(叔通、泉溪)
晦翁門人 69/3914
劉淮(子從)
晦翁門人 69/3923
劉滂(德霖)
梅氏學侶 35/2094
劉寧止(無虞)
劉氏家學 35/2100
劉永之(仲修)
梁氏講友 49/2923
劉宬(孟容)
習靜家學 47/2621
劉宰(平國、漫塘、漫堂、文清)
默齋門人 * 71/4139
晦翁私淑 49/2847
南軒門人 50/2965

周氏講友 55/3199
竇湯講友 69/39463
劉準(南窗先生)
陳氏講友別 2/6292
劉安上(劉安世、元禮、小劉先生)
伊川門人 32/1929
劉安世(器之、忠定、元城先生、殿上虎)
涑水門人 20/1505
劉安世(平叔、世臣、清純先生)
東坡私淑 99/6049
劉安世(見劉安上)
劉安國
劉養浩子 * 63/3513
雪齋門人 90/5419
劉安節(元承、大劉先生)
伊川門人 32/1928
劉容(仲寬)
魯齋學侶 90/5348
劉定國(劉傳、平仲)
安定門人 1/53
劉定國(伯于)
劉氏家學 4/555
劉賓之
李勝門人 35/2116
劉宗道(劉駟、宗道、愛禮先生)
北溪續傳 68/3729
31 劉江
王氏門人 19/1493
劉涇(純父)
勿軒講友 64/3565
劉涇(巨濟、前溪先生)
劉氏先緒 * 79/4507
荆公同調 98/5842
劉潛(仲方)
高氏門人 * 6/697
中舍門人 3/336
劉潛
謹翁門人 73/4247
劉濬
劉似父 100/6094
劉福遠
范一漢師 92/5552
劉迂
象山學侶 58/3312
32 劉淵(學海、象環、永政先生)
張學續傳 * 50/2973
武夷續傳 34/2052
33 劉演(浩卿)
鄭氏門人 52/3085
劉濱(謙叔、中山)
劉淵大父 50/2973
劉黼(劉黻、季章)
靜春門人 59/3344
劉黻(季文、靜春)

晦翁門人 *69/3791
西山講友 81/4655
劉黻(聲伯、升伯、忠肅、蒙川先生)
慈湖私淑 74/4311
劉黻(見劉黼)
劉述(孝叔、仲高)
劉氏先緒 *3/307
論新法者 96/5695
劉述(繼先)
劉氏先緒 91/5447
劉述祖
楊氏門人 44/2453
34 劉渤
餘官 96/5715
劉漢弼(劉漢鼎、正甫、忠)
忠愍同調 81/4679
劉漢鼎(見劉漢弼)
劉漢傳(習甫、全歸居士)
何氏門人 67/3671
劉漢儀(山甫)
何氏門人 *67/3671
劉氏家學 81/4691
劉汝舟(夷門老人)
劉輝父 90/5438
劉汝舟(端父)
劉準子別 2/6292
劉沐(淵伯)
文山同調 88/5230
35 劉沖(進之)
莊靖講友 78/4485
劉清之(子澄、靜春先生)
孝敬家學 *59/3334
高平私淑 3/427
劉氏續傳 4/587
涑水私淑 8/871
誠齋同調 44/2411
劉清夫(靜甫)
劉子寰附 69/3914
36 劉溫
劉格父 2/163
劉涓(金涓、項涓、德源、青村先生)
白雲門人 82/4906
劉渭(仲清)
劉汲弟 100/6093
劉遇(鼎臣)
王氏講友 99/6069
37 劉渙(凝之、西磵居士、西澗居士)
陳氏學侶 1/59
劉渙
楊氏門人 44/2452
劉汲(伯深、西嵓子)
劉氏先緒 100/6093
劉祖衍

陳氏家學別 3/6379
劉祖向(直孺)
劉銓從父 44/2361
劉祖漢(季孫)
王氏門人 44/2448
劉祁(京叔、神川遯士、歸潛堂)
蓬門家學 * 100/6125
莊靖講友 78/4484
劉迎(無黨、無諍居士)
王氏講友別 3/6321
劉逢源
久軒門人 67/3670
38 劉滋(潤之)
翁氏師承 1/31
劉滁
清江先緒 * 59/3333
劉氏續傳 4/587
劉祥(仲祥、蠢齋)
靜修講友 91/5463
劉道中
劉氏家學 16/1312
劉棨((見劉應李)
40 劉大有(處謙)
達觀同調別 2/6286
劉大中(立道)
忠簡同調 44/2351
劉友益(水窗先生)
朱學續傳 * 49/2880
劉氏之餘 4/594
劉士偲(子怡)
水心學侶 55/3167
劉圭
劉延儁門人 50/2977
劉直孺(拙逸軒)
漫堂家學 71/4151
劉才邵(美中、檆溪居士)
東坡私淑 * 99/6048
涪翁私淑 19/1490
劉堯京
王氏門人 19/1493
劉堯夫(淳叟)
象山門人 * 77/4431
晦翁門人 49/2841
劉克(子至、南皋先生)
東萊續傳 * 51/3022
劉氏家學 55/3199
劉克永(子修)
退翁家學 47/2617
劉克遜(無競)
退翁家學 47/2617
劉克莊(潛夫、後村、文定)
退翁家學 * 47/2610
井伯門人 47/2591
練伯門人 47/2602
方氏門人 47/2623
雲莊門人 70/3976

傳氏門人 70/3977
悦堂門人 70/3988
遠廬門人 70/3991
唐氏學侶 70/4032
鶴山門人 80/4602
劉克剛(處和)
退翁家學 * 47/2617
豫章私淑 39/2206
劉有定(能靜、原範先生)
九峯續傳 * 67/3676
邵學之餘 10/1087
劉有年
草廬私淑 92/5602
劉希醇
建翁家學 47/2622
劉希仁(居厚)
迪功家學 47/2623
劉希傳
彭進門人別 2/6257
劉希深(審淵)
建翁家學 47/2622
劉希賢(仲愚、木石子、木石先生)
薛氏門人別 3/6364
劉南甫
劉希深子 47/2622
劉燾孫
陳氏門人別 3/6366
劉嘉譽(德稱)
李氏門人 39/2198
劉吉甫
劉希深子 47/2622
41 劉桓(迪哲)
劉子彰子 67/3680
42 劉彭壽(壽翁、眉陽先生)
劉氏家學 50/2974
劉彬(宗文)
劉氏門人 52/3086
43 劉式(叔度、磨勘工部府君)
劉氏先緒 4/454
劉載(劉鉞、通達)
王氏門人 44/2440
44 劉埜
劉文度孫 92/5574
劉埜(見劉質甫)
劉基(伯溫、文成、誠意伯)
鄭氏門人 52/3085
劉藻(昭信)
王氏同調 8/871
劉麓
劉文度孫 92/5574
劉莊孫(正仲、樗園)
吴氏門人 * 55/3204
羅氏私淑 1/98
吴氏續傳 22/1586
舒氏門人 55/3206
劉芮(子駒、順寧)

孫氏門人 20/1520
劉蒙
劉庚子別 1/6165
劉蒙正(聖功)
王氏學侶別 3/6332
劉恭叔
晦翁門人 69/3911
劉懋(子勉、恒軒先生)
籍溪門人 43/2323
劉孝昌
劉氏續傳 20/1519
劉贄(莘老、忠肅)
姜氏門人 *2/180
龔氏門人 2/184
論新法者 96/5695
劉英(原蒙)
劉氏門人 91/5471
劉蕃卿(子才、默齋)
劉淵父 50/2973
劉荀(子卿)
衡麓門人 41/2274
劉楚
雲陵門人 4/596
劉楚(見劉崧)
劉楚蘭(芳叟、深林先生、玩易齋)
劉繩武子別 3/6331
劉林宗(子劉子、養浩齋)
苕溪家學 35/2118
46 劉坦
劉克子 51/3022
劉恕(道原、道源)
涑水學侶 *8/844
西澗家學 1/77
劉如愚(明遠)
晦翁同調 49/2831
47 劉均
胡震師 83/5003
劉均(宗平)
劉珣孫 *88/5254
西山門人 67/3681
劉鶴皋
劉子彰從父 67/3680
劉獬(去邪)
穎濱私淑 99/6050
劉聲之
王氏學侶別 3/6337
劉朝端
陳氏門人別 3/6371
劉好謙
庸齋講友 90/5359
劉起世
正字家學 47/2600
劉起晦(建翁)
正字家學 *47/2600
晦翁門人 49/2839
劉格(道純)

西澗家學 1/77
劉格
劉氏先緒 2/163
48 劉翰(武子)
于湖門人 * 41/2281
石湖门人 25/1720
劉翰(仲偃、忠顯)
太保家学 1/75
50 劉中(庸道)
玩齋門人 92/5584
劉本立(子源)
竹梧門人 * 59/3358
劉氏續傳 77/4454
劉春(端木)
止齋講友 53/3110
劉東父
彭進門人別 2/6257
52 劉撝(仲謙、南山翁)
劉氏先緒 100/6093
53 劉成道
晦翁門人 69/3936
54 劉拱(持道)
了翁學侶 35/2080
55 劉耕道
柯維翰師 77/4450
56 劉揚祖(宏宗、介白散人)
伊川續傳 * 16/1309
劉氏家學 74/4319
57 劉拯
附攻元祐之學者 96/5731
60 劉昱
又不在碑目者 96/5728
劉國寶(見劉秉德)
劉易(退安處士)
忠獻講友 * 3/324
泰山同調 2/133
劉因(劉駰、劉駰、夢吉、夢驥、汎翁、文靖、容城郡公、靜修先生)
江漢別傳 * 94/5448
邵學之餘 10/1086
劉愚(必明、靖君、謙靖先生)
水心學侶 * 55/3166
高平私淑 3/428
劉昂(之昂)
崔氏門人 100/6119
劉昂霄(景元、景賢、季房)
屏山門人 100/6120
劉景石
劉敏中父 90/5423
劉景山
毛氏家學別 2/6263
劉景明
清純門人 99/6060
61 劉顯(晦升)
忠宣門人 3/412
62 劉蹈

莘老門人 1/68
64 劉時中
牧庵門人 90/5432
劉時舉
涑水續傳 8/879
劉暐
陳氏家學別 1/6180
劉跂(斯立、學易先生、學易堂)
忠肅家學 *2/186
莘老門人 1/68
道鄉講友 35/2088
定國門人 99/6046
65 劉畊孫(存吾)
王氏門人別 3/6361
66 劉器博
崔憲附 100/6099
67 劉鶚(沖遠)
王氏門人 44/2438
劉鶚(楚奇、浮雲先生、浮雲道院)
陳氏門人別 3/6376
68 劉斆(思父)
清江先緒 59/3333
71 劉辰翁(會孟、須溪)
巽齋門人 *88/5227
江氏門人 70/4003
劉愿
伊川私淑 16/1295
劉厚南(子固、寶山)
慈湖門人 *74/4302
劉氏家學 6/763
伊川續傳 16/1301
王氏門人 74/4312
劉巨
東坡師承 99/5962
劉長福(曼容)
學易家學 2/203
劉槩
文忠講友 3/386
72 劉剛(養浩)
宋氏門人 82/4977
劉剛
王宿附 96/5725
劉垕(伯醇、靜齋、靜齋先生)
雲莊家學 70/3975
劉岳申(高仲、申齋先生)
桂隱講友 4/593
劉質甫(劉埜、去華)
處和家學 47/2626
76 劉駟(見劉因)
劉駟(見劉宗道)
劉騆(見劉因)
77 劉几(伯壽)
康節講友 10/1028
劉夙(賓之)
艾軒門人 *47/2586

廬陵續傳 4/587
劉同
劉珣子 88/5254
劉聞(聞庭、容齋)
道園門人 92/5580
劉居正
劉氏先緒 2/163
劉居業
劉居正弟 2/163
劉學古
晦翁門人 * 69/3922
七者家學 43/2331
劉學裘(傳之)
忠肅家學 43/2331
劉學雅(正之)
晦翁門人 * 69/3922
忠肅家學 43/2331
劉學箕(習之、種春子、方是閒居士)
屏山家學 43/2328
劉民先
安定門人 1/55
劉民覺(莘材)
太保家學 1/75
劉興祖(孝先)
宋儒博考別 2/6230
80 劉人傑(德萬)
平園學侶 35/2116
劉鏞(叔聲)
祭酒門人 82/4953
劉羲仲(壯輿、漫浪翁、漫翁先生)
道原家學 8/860
劉羲叟(仲更)
李氏門人 * 10/1020
廬陵同調 4/493
景文同調 19/1247
劉愈(進之、達之)
水心師承 54/3147
劉弇(偉明、龍雲)
廬陵私淑 4/548
劉公輔
劉氏續傳 79/4565
劉養浩(劉養拙、白石先生)
勉齋門人 63/3513
劉養拙(見劉養浩)
劉養晦
東發講友 86/5177
81 劉鐔(持中、龍津)
平仲師承 82/4915
劉鎮
鴻慶門人 6/760
劉鎮(可升)
劉銓從弟 44/2361
劉鎮(叔安、隨如、隨如先生)
崔氏同調 79/4534
劉矩甫(劉得吉)

劉希深子 47/2622
劉榘(仲則、求齋、文肅、友于堂)
後村師承 47/2599
83 劉鉞(見劉載)
劉鎔(叔冶)
劉鎮弟 79/4534
84 劉鑄(季冶)
君行同調 19/1450
86 劉鍔(宗榮、快軒)
劉文度子 92/5574
劉鐸(叔文)
劉鎮弟 79/4534
87 劉欽(子時、冰壺散人、忠簡)
九峯門人 67/3668
劉欽(敬德、絜雉)
文山同調 88/5235
劉朔(劉翔、復之)
艾軒門人 47/2586
劉朔
劉獬師 99/6050
劉翔(圖南)
王氏門人別 2/6304
劉朔(見劉翔)
88 劉銓(全之)
仰氏學侶 44/2361
劉筠(子儀)
文公同調 6/659
劉敞(叔贛父、貢父、贛父、公非先生)
廬陵門人 *4/527
文節門人 3/404
劉敏中(端甫、中庵、文簡、齊國公)
善夫門人 90/5423
90 劉光(自謙、泉山先生)
劉氏續傳 63/3518
劉光(元暉)
許氏講友別 3/6346
劉光祖(炳先、怡齋)
楊氏門人 44/2453
劉光祖(德修、後溪、文節)
晦翁同調 *79/4514
東溪家學 99/6081
劉常(子中)
劉庚子別 1/6165
劉當時
又不在碑目者 96/5727
劉炎(劉琰、潛夫、撝堂)
晦翁门人 69/3829
劉炎(子宣)
西山門人 81/4663
劉棠
王龔門人 99/6073
劉粹中
楊伯允門人 59/3352
91 劉炳(韜仲、睦堂)
晦翁門人 69/3763

劉炳
余氏門人 92/5596
92 劉焌
松塢門人 83/5033
94 劉忱(明復)
康節講友 10/1028
劉燁
劉几父 10/1028
95 劉性(粹衷)
道園門人 92/5580
劉性初
鐵崖門人 52/3076
劉性初
汪氏門人 95/5667
97 劉輝(文大)
魯齋私淑 *90/5438
藍田續傳 31/1912
劉炯
晦翁門人 69/3874
98 劉爚(晦伯、雲莊、文簡、文安、雲莊山房)
晦翁門人 69/3761
劉敞(仲遼父、原父、遼父、公是先生)
廬陵門人 *4/499
文節門人 3/404
99 劉惔(養明、謹齋)
劉氏家學 67/3672
劉榮祖
劉氏家學 16/1312
口劉□(伯玉)
王氏門人 44/2441
劉□
劉元父 88/5250
劉□
賈鑄師別 2/6266

7220_0剛

25 剛仲(見王侃)
27 剛叔(見王毅)
50 剛中(見王居正)
剛中(見柴隨亨)
剛中(見陳孚)
剛中(見鄭鍔)

7222_1所

30 所寄先生(見黎立武)
40 所南(見鄭思肖)
95 所性(見汪深)
所性(見時少章)

7223_0瓜

22 瓜山先生(見潘柄)
60 瓜圃(見翁定)

7223_7隱

00 隱齋(見左繼樗)

20 隱季(見强淵明)
30 隱之(見章詧)
隱之(見余允文)
40 隱直(見張諷)
53 隱甫(見楊察)
80 隱翁(見范渫)
90 隱堂(見陳夢庚)

7226$_1$后

22 后山先生(見陳師道)

7277$_2$岳

11 岳珂(肅之、倦翁)
廖氏同調 69/3940

7280$_6$質

50 質夫(見章楶)
質夫(見張希文)
質夫(見練繪)
質夫(見薛直孺)
質夫(見林子雲)
質夫(見林師中)
質夫(見劉絢)
質肅(見唐介)
53 質甫(見陳求曾)
質甫(見袁文)
67 質野翁(見戴表元)
質野堂(見戴表元)

7421$_4$陸

00 陸府(聖修)
平園師承 35/2096
陸唐輔(見陸正)
陸文圭(子方、牆東先生)
陵陽門人 * 80/4619
文氏門人 82/4872
07 陸韶之(虞仲)
陸氏先緒 27/1749
09 陸麟之
象山家學 58/3315
10 陸正(陸唐輔、行正、清獻先生、靖獻先生)
安定之餘 1/95
陸天祐
朱學之餘 49/2907
陸天驥
履齋門人 77/4449
陸震發(德甫)
敬巖同調 82/4824
13 陸琮(寶之)
陸氏先緒 98/5845
20 陸秀夫(君實)
朱學續傳 49/2870
陸秉(陸東、端夫)
附傳 2/165
22 陸循之

象山家學＊58/3315
彭氏門人 77/4435
23 陸參
馮元附 2/134
陸參
濂溪師承 11/1098
26 陸佃(隆師、陶山)
荆公門人＊98/5850
徐氏私淑 2/189
28 陸以衎
朱學之餘 49/2901
30 陸憲元(道祖)
黄氏門人 6/737
31 陸濬(深甫)
象山家學＊58/3315
從政家學 8/880
34 陸祐(亦顔、支離先生)
劉胡學侣 43/2319
38 陸滋(元象)
强氏師承 3/278
陸游(務觀、放翁)
元錫家學＊98/5924
練塘門人 1/92
紫微門人 36/2150
40 陸九韶(子美、梭山居士)
道鄉家學＊57/3271
晦翁講友 49/2791
陸九齡(子壽、文達、復齋先生)
道鄉家學＊57/3273
明道續傳 14/1215
伊川續傳 16/300
横浦私淑 40/2246
晦翁講友 49/2791
南軒講友 50/2959
東萊講友 51/3010
陸九淵(子静、存齋、象山翁、文安、象山先生、先儒陸子)
艾軒講友＊58/3287
震澤私淑 29/1821
竹軒私淑 32/1947
横浦私淑 40/2246
晦翁講友 49/2791
東萊講友 51/3010
龍川講友 56/3227
陸九皋(子昭、庸齋)
陸氏家學 8/873
41 陸槱之
梭山家學 57/3278
44 陸夢發(太初)
馬氏同調 81/4687
50 陸東(見陸秉)
54 陸持之(伯微)
象山家學＊58/3314
梭山家學 57/3278
58 陸軫
陸氏先緒 98/5845

60 陸思誠
陸天祐子 49/2907
72 陸垕(仁仲、莊簡、義齋)
高平緒傳 3/439
77 陸鵬升
李春叟師 12/1179
陸鵬升
張學續傳 50/2971
陸居敬
陸天祐子 49/2907
88 陸筠(嘉材、元禮)
王氏門人別 2/6306
90 陸棠
龜山門人 25/1670
97 陸煥之(伯章、伯政、山堂先生)
從政家學 * 8/879
象山學侶 58/3313

7422_7勵

40 勵志先生(見朱元龍)

7423_2隨

00 隨齋(見趙師宰)
27 隨緣居士(見黃策)
30 隨適居士(見湯千)
46 隨如(見劉鎮)
隨如先生(見劉鎮)
60 隨國公(見呂蒙正)

7424_7陵

22 陵川(見郝經)
76 陵陽先生(見牟巘)

7438_1騏

80 騏父(見徐之祥)

7521_8體

21 體仁(見詹儀之)
體仁(見宋德潤)
體仁(見陳知柔)
90 體常(見陳易)

7529_6陳

00 陳立伯
尤彬門人 69/3942
陳亨道
白雲門人 82/4914
陳充(若虛、中庸子)
陳氏師承別 1/6150
陳亮(陳同、同甫、同父、文毅、文達、龍川先生)
鄭芮同人 * 56/3216
盧陵續傳 4/587
陳亮
鮑氏門人 92/5587
陳彥默
又不在碑目者 96/5727

陳膺別
俞希魯師別 3/6334
陳齊沖
晦翁門人 69/3923
陳育孫
陳氏家學 76/4393
陳高(靖逸)
陳中立父 47/2628
陳高(子正、不繫舟漁者)
學士師承 90/5436
陳庸(時中、忠簡)
吴氏門人 49/2843
陳庸
蕃遠門人 *93/5623
俟庵門人 93/5625
孫氏門人 93/5627
葛氏門人 93/5628
危氏門人 93/5631
陳庸(景回)
王氏學侶別 1/6162
陳應龍(定夫)
止齋門人 53/3136
陳應龍(見陳應隆)
陳應乙
文山同調 88/5236
陳應嵩
羅氏私淑 1/98
陳應洪(恢叟、靜山居士)
東澗門人 84/5050
陳應潤(澤雲)
獻肅續傳 44/2458
陳應璧(全趙、如愚)
木居門人 66/3625
陳應辰
朝奉家學別 1/6212
陳應隆(辰應龍)
晦翁和淑 49/2860
陳應午(志可)
定宇先緒 70/4019
陳豪(見陳好)
陳庚
朝瑞家學 70/4002
陳庾(子京、澮軒)
雪齋學侶 90/5356
陳庚(南金、月橋先生)
東湖家學別 2/6296
陳廣勉(志問)
定宇先緒 70/4019
陳賡(子颺、默軒)
雪齋學侶 *90/5356
遺山門人 14/1235
陳文龍(陳子龍、君賁、忠肅、宗肅、昭忠廟)
正獻續傳 34/2051
陳文叔(元彬)
達觀同調別 2/6286

陳文蔚(才卿、克齋先生)
晦翁門人 * 69/3862
節齋學侶 62/3480
陳文煥
陳士貞曾祖 56/3264
陳章(季髗)
易祓門人別 2/6235
陳章伯(奎龍)
陳敬叟子別 2/6278
陳奕
陳氏續傳 5/634
陳袠
浮溪門人 6/764
陳衮
古靈家學 5/622
陳襄(述古、忠文、古靈先生)
安定同調 * 5/601
爭青苗變法者 96/5693
01 陳龍復(清陂)
文山同調 88/5232
03 陳誼
陳萬里子 84/5269
陳誠善(誠善)
陳徵兄 92/5550
04 陳謨
唐氏家學別 1/6199
07 陳翊
李春叟師 12/1179
08 陳旅(衆仲)
道園門人 * 92/5575
馬氏門人 82/4933
陳說(習之)
易庵家學 53/3138
陳諭
陳庸族弟別 1/6162
陳謙(益之、易庵)
止齋學侶 * 53/3111
誠齋同調 44/2414
著作門人 47/2599
09 陳麟(文昭)
實峯門人 93/5616
10 陳一新(又之)
休齋門人 44/2429
陳一中(霽月)
蛟峯續傳 82/4875
陳一鶚(開祖)
橫浦講友 40/2235
陳正仲
北溪門人 68/3719
陳正彙
陳氏門人 19/1474
陳正同
了翁家學 35/2096
陳璋(子章)
淵穎門人 56/3266
陳元龍(仲章)

達峯家學 88/5255

陳元佐(希仲)

王氏門人 44/2433

陳元大(孔碩)

濂溪續傳 12/1177

陳元有

荼山門人 34/2033

陳元中(元忠、景衛)

梁氏講友 ＊41/2272

澹庵門人 34/2037

陳元忠(見陳元中)

陳元善

白雲門人 82/4914

陳元粹

白石門人 61/3402

陳震(省仲)

宋儒博考別 2/6245

陳震(誠齋)

北山師承 82/4715

陳平甫

陳氏門人 ＊70/3980

瓜山門人 70/3985

陳天瑞(德修、南村、古堂先生)

魯齋門人 82/4825

陳天祐(見陳祐)

陳天澤(澤民、玉巖)

葉氏門人 70/4008

陳天祥(吉甫、緱山先生、文忠、趙國公)

滹南私淑 ＊99/6079

節齋家學 90/5425

陳天驥

陳萬里子 84/5069

陳天騏

夷白家學 70/4086

陳晉齋(晉齋)

陳□子 53/1337

陳雲(世望)

王氏門人別 2/6307

陳雲庚

綱山門人 47/2595

陳雲鼎

綱山門人 47/2595

陳雲卣

綱山門人 47/2595

11 陳麗

陳應洪父 84/5050

陳研(叔幾)

宋儒博考別 2/6230

陳碩

陳氏家學 92/5599

12 陳烈(季慈、季甫先生)

古靈講友 5/607

陳延(見陳與元)

陳廷言(君從、蓮屋道人)

許氏講友別 3/6345

陳廷臣别
陳德瑜孫别 3/6335
陳孔碩(膚仲、元大、孔碩、北山先生)
晦翁門人＊69/3777
水心學侣 55/3167
節齋講友 62/3480
13 陳武(蕃叟)
止齋學侣 53/3110
陳瑢(端甫)
慈湖門人＊74/4304
西山門人 81/4676
14 陳珪
木居門人 66/3626
陳瓘(瑩中、忠肅、了齋先生、四明先生、了翁、陳右司)
清敏門人＊35/2063
滎陽門人 23/1599
陳琦(擇之、克齋)
南軒門人 71/4113
陳琦(元老、伯比)
忠獻私淑 3/429
陳珙
□□□□79/4539
16 陳瓔(天賜、谷口耕叟)
盱江門人 3/420
17 陳取青(間巘翁、巘翁)
石氏門人 70/4025
陳及(時甫)
黄氏門人 70/4072
陳子龍(見陳文龍)
陳子敬
文山門人 88/5247
陳子中
陳輝師 90/5438
陳君平
盱江門人 3/418
19 陳耿(仲操)
陳氏師承别 1/6157
20 陳億孫(一之)
李氏同調 80/4616
陳舜咨(叔弼)
王氏門人 44/2444
陳舜申(宗默、高齋)
晦翁私淑 49/2854
陳舜俞(令舉、白牛居士、白牛鎮、青風里)
安定門人＊1/51
東坡學侣 99/5985
陳信仲
傅□門人 70/3953
陳孚
達觀同調别 2/6283
陳孚(剛中、文惠、臨海郡公)
許氏講友别 3/6350
陳孚仲

鮑德賢師別 3/6368

陳禾(秀實、文介)

清敏同調 19/1450

21 陳止善

潛室學侶 65/3585

陳仁(子壽、畬山老人)

陳元善父 82/4914

陳仁子(同俌、古愚)

西山私淑 81/4683

陳仁本

魯齋私淑 90/5439

陳虛中

王朝門人 49/2934

陳偕

季光弼門人 40/2244

陳衡(公權)

陳氏先緒 69/3744

陳師可(伯大、存心老人)

邵學之餘 10/1088

陳師聖

伯模家學 5/631

陳師純

伯模家學 5/631

陳師稷

定川門人 * 76/4386

慈湖門人 74/4308

廣平門人 76/4383

陳師凱(道勇)

九峯續傳 67/3674

陳師道(履常、無己、后山先生、後山先生、陳夫子)

南豐門人 * 4/562

長道門人 3/426

涪翁門人 19/1482

道鄉講友 35/2087

東坡門人 99/6026

陳師雄

陳氏家常 2/167

陳師韓

陳氏家學 2/167

陳師成

陳氏家學 2/167

陳師錫(伯修、伯備、間樂居士)

了齋同調 * 35/2090

餘官 96/5715

陳貞固

白雲門人 82/4915

陳椝

陳繼周子 88/5231

陳經(正甫、顯之)

象山門人 77/4429

陳經(公適)

陳氏家學別 1/6169

陳經正(貴一)

伊川門人 32/1931

陳經邦(貴新)

伊川門人 32/1932
陳秬(成和)
星灣家學 35/2118
陳秠(秀成)
晦翁門人＊69/3903
星灣家學 35/2118
22 陳鼎新
習庵門人 74/4316
陳後山
陳元大子 13/117
陳巖(仲石)
止齋門人＊35/2136
陳介子 47/2607
徐氏門人 61/3401
陳巖石
陳介子 47/2607
陳利用
白雲門人 82/4915
陳繼
杜瓊師別 3/6380
陳繼周(碩卿、忠節)
文山同調 88/5231
23 陳允平(君衡、西麓)
陳氏續傳 25/1725
陳獻可(揚庭)
王氏門人 44/2442
陳傅良(君舉、文節、止齋先生、老陳郎中)
鄭薛門人＊53/3091
尤氏門人 25/1718
著作門人 47/2599
晦翁講友 49/2791
廣平講友 76/4371
陳俊卿(應求、正獻、魏國公)
葉氏門人＊34/2031
晦翁講友 49/2791
陳紱(若晦)
晦翁私淑 49/2859
24 陳先生(見陳煥)
陳侁(復之)
了翁講友 35/2080
陳德亨(見張德亨)
陳德高
高平續傳 3/436
陳德一(長明)
陳舜申子 49/2854
陳德豫(子順)
明道續傳 14/1215
伊川續傳 16/1305
陳德瑜
王氏學侶別 3/6335
陳德永(叔夏、兩峯先生)
林氏門人 82/4885
陳德祥
陳思禮父別 3/6382
陳德剛

宣撫家學 26/1739
陳特
平園師承 35/2096
陳岐
陳氏私淑 98/5931
25 陳仲文(奎甫)
朱學之餘 49/2898
陳仲
陳氏家常 26/1738
陳純臣
范氏門人 10/1035
26 陳自新(貢父)
邵學之餘 10/1085
陳自新(見陳盤)
陳自修(求仁)
橫浦門人 40/2242
陳自中(季高)
季節門人 1/81
陳伯有
方氏門人 47/2633
陳和尚(見陳彝)
陳總龜(朝瑞)
晦翁門人 69/3894
陳繹(和叔)
康節講友 10/1030
陳繹曾(伯敷)
剡源門人 85/5122
27 陳盤(自新、伴竹先生)
朱氏門人 * 70/4092
趙氏門人 92/5599
陳龜朋(錫公)
涑水續傳 8/879
陳多遜
陳氏家學 82/4947
陳象
古靈先續 5/601
陳象之
陳堯子別 1/6154
陳彝(良佐、陳和尚)
王氏學侶別 3/6322
陳彝仲
秋崖講友 77/4450
陳魯(學詩齋)
鐵崖門人 52/3070
陳紀(景元、淡軒先生)
東湖家學別 2/6296
陳叔謙
陳作哲子 47/2591
陳叔聲
楊氏門人 44/2452
陳紹叔(克甫、浮邱先生)
濂溪續傳 * 12/1175
邵學之餘 10/1087
陳紹大(成甫、西山先生、西山夫子)
牟氏同調 82/4893

陳紹夫
古靈家學 5/622
陳紹年
龍川講友 56/3228
28 陳以莊(敬叟)
穀城門人 43/2332
陳作哲(君保)
井伯門人 47/2591
陳倫(泰之)
勉齋門人 63/3510
陳徵(明善/天倪)
草廬門人 92/5550
陳從
慈湖門人 74/4305
陳從古(希顔)
紫微門人 *36/2149
向氏門人 20/1524
養直門人 99/6051
陳從易(簡夫)
陳氏師承別 1/6152
陳牧之
艮齋門人 52/3047
30 陳淳(安卿、北溪、文定)
朱林門人 *68/3685
堯卿門人 70/3990
陳寥玄(見陳植)
陳宿(師道、克齋)
正獻家學 34/2046
陳適
西山門人 81/4676
陳之紀(振仲)
王氏門人 44/2448
陳之奇(虞卿)
安定同調 *1/30
王氏學侶別 1/6163
陳宓(師復、復齋)
晦翁門人 *69/3780
節齋同調 62/3481
勉齋門人 63/3511
傅氏門人 70/3977
陳守淳(成甫、南窗居士)
長齋家學 *55/3202
水心門人 55/3198
陳宇(允初)
晦翁門人 69/3874
陳宇
陳經子別 1/6169
陳準(正臣、清隱)
星灣家學 35/2118
陳宰
陳經子別 1/6169
陳宇(伯愛)
古靈家學 5/623
陳安民(子惠、陳四丈)
李氏門人 10/1021
陳宏磬(則善)

張學之餘＊50/2976
龜山之餘 2/1723
陳審交
陳耿祖別 1/6157
陳良能（善之、庸齋）
鐵崖門人 52/3069
陳良祐（天與）
潘氏同調 25/1674
陳良祖（存心）
定宇家學 70/4077
陳良翰（邦彥）
趙張同調 44/2367
陳定（師德）
晦翁門人＊69/3480
艾軒學侶 47/2581
陳定孫
陳氏續傳 25/1725
陳宗謂（昌言）
紫巖講友 44/2359
陳宗說（汲古堂）
達觀同調別 2/6288
陳宗仁（元善、菊莊）
晦翁私淑 49/2860
陳察
陳經子別 1/6169
陳宋霖（元雩、元滂）
晦翁學侶 49/2817
陳宗禮（立之、文定、盱江郡侯）
蒙齋門人 75/4356
陳寀
陳經子別 1/6169
31 陳潛夫
余熿師別 3/6387
陳源長（陳履長、復之、復齋）
定宇先緒 70/4019
32 陳淵（陳漸、幾叟、知默、庵山、默堂先生）
龜山門人 38/2177
陳漸（鴻漸、金龜子）
文惠家學＊9/961
宋氏同調 6/691
陳漸（見陳淵）
33 陳鏽（斯士）
東萊門人 73/4202
34 陳斗龍（南仲、陳孝子）
陳氏家學 70/4024
陳漢
陳覿子 86/5180
陳漢臣
張氏門人 34/2044
陳漢公（伯英）
盱江門人 3/417
陳汝秩（惟寅）
天倪家學 92/5592
陳汝器（適用）
盱江門人 3/419

陳澔(可大、雲莊、北山、經師、雲住師、雲莊先生、經歸先生)
雙峯私淑 83/5005
陳祐(陳天祐、慶甫、節齋、忠定、河南郡公)
李氏同調 90/5364
陳禧
陳氏先緒 69/3744
陳禧
草廬門人 92/5547
陳達(元達)
子山門人 *90/5441
杜氏門人 92/5594
陳造(唐卿、江湖長翁)
宋儒博考別 2/6242
35 陳洙(師道)
泰山同調 2/132
37 陳潤(澤民、勉齋)
許氏講友別 3/6348
陳汲(及之、璽齋)
水心學侶 55/3168
陳次山
盱江門人 3/418
陳次翁(見陳次公)
陳次公(陳次翁、漢傑、仲父)
盱江門人 3/418
陳潔
朱學之餘 49/2898
陳深(汝資)
本堂家學 86/5180
陳深(子微、微靜、寧極、寧極先生、清全齋)
武夷續傳 34/2053
陳氏門人別 3/6374
陳祖永(慶長)
晦翁門人 69/3928
38 陳洽
錢閩詩附 49/2851
陳祥道(用之、祐之)
荆公門人 98/5870
陳肇(德遠)
王氏門人 44/2443
40 陳九達
錢興祖師 25/1722
陳大震(希聲、蘧覺先生、蘧翁)
蘇學之餘 99/6082
陳大登
方氏門人 56/3254
陳大倫(彥理)
淵穎門人 56/3264
陳大雅
陳輔父 3/322
陳大猷(文獻、東齋)
雙峯門人 83/5000
陳大猷(復齋)
慈湖私淑 74/4311

陳太初
別附 99/5988
陳友仁(君復)
新學續傳 98/5935
陳友沅
雙峯門人 83/5003
陳士元(元仲、玉雪、玉雪亭)
王氏門人別 3/6361
陳士貞(彦正、儼若思齋)
淵疑門人 56/3264
陳士允
李氏門人 70/4076
陳士直(彦忠)
晦翁門人 69/3925
陳士楚(英仲)
艾軒門人 47/2587
陳士桂(西郭生)
陳氏家學別 3/6383
陳垚(伯高)
草廬門人 92/5548
陳堯
陳氏師承別 1/6154
陳堯龍(繼臣、五山先生)
疊山同調 84/5059
陳堯佐(希元、知餘子、文惠)
种氏門人 9/933
陳堯咨(嘉謨、康肅)
陳堯佐兄 9/933
陳堯英(秀伯)
陳氏先緒 * 54/3147
沮和議者 96/5738
陳堯叟(唐夫、文忠)
陳堯佐兄 9/933
臣堯舉(鳳岡先生)
文山師承 88/5214
陳克(子高)
叔彝家學 5/632
陳克讓
黃氏門人 70/4072
陳有霖(希說)
藍田續傳 * 31/1912
朱學之餘 49/2890
陳有輝
百源續傳 10/1083
陳南仲(彬卿)
象山學侶 58/3312
陳希亮(公弼)
王氏學侶別 1/6160
陳希點(子與)
東萊門人 73/4214
陳存
徐文鳳師別 2/6278
陳存禮
鐵崖門人 52/3075
陳志崇(仲孚、長齋)
水心門人 55/3196

陳志同(聖嘉)
芮氏門人 44/2428
陳杰
袁斗楠師 74/4323
陳右司(見陳瓘)
陳去華
象山門人 77/4410
陳橐(見陳槖)
陳樵(君采、鹿皮子、東陽隱君子)
陳氏家學 ＊70/4050
程氏門人 78/4499
41 陳址(廉夫)
晦翁門人 ＊69/3894
正獻家學 34/2046
陳桱(子經)
本堂家學 86/5180
陳枅(自修)
晦翁門人 ＊69/3929
陳氏家學 49/2844
42 陳塏(子爽、清毅)
陳氏續傳 5/634
陳彭年(永年、文僖)
徐氏門人 ＊2/142
畢氏門人 6/695
陳壎(見陳塤)
陳櫟(壽翁、定宇、東阜老人)
草窗門人 ＊70/4038
九峯續傳 67/3673
櫟齋私淑 79/4563
曹氏學侶 89/5265
43 陳求曾(質甫)
艮齋私淑 ＊52/3048
止齋續傳 53/3141
陳氏家學 55/3201
陳越(損之)
文公同調 6/661
44 陳基(敬初、韋羌山人、夷白先生)
黃氏門人 70/4067
陳埴(器之、潛室先生)
朱葉門人 65/3583
陳藻(元潔、樂軒、文遠)
艾軒門人 ＊44/2589
網山門人 44/2593
陳夢庚(景長、竹溪、隱堂)
陳氏續傳 5/634
陳夢良(與叔)
晦翁門人 69/3933
陳苑(立大、靜明先生)
楊傳私淑 ＊93/5609
慈湖續傳 74/4325
陳薦(彥升)
涑水同調 ＊8/855
論新法者 96/5695
陳蒙
習庵家學 74/4316
陳蒙正

勿軒門人 64/3574
陳芝(庭秀)
晦翁門人 69/3932
陳慕(陳篆、必正、星灣先生)
了翁門人＊35/2097
劉氏門人 8/872
養直門人 99/6051
陳恭
金以聲附 52/3083
陳恭(莊仲)
孫氏門人 93/5620
陳孝子(見陳斗龍)
陳萬里(德甫)
古爲門人 84/5069
陳葵(叔向)
金溪同調 61/3400
陳葵(伯嚮)
了翁門人＊35/2097
又不在碑目者 96/5726
陳華祖(理常)
益之續傳 53/3143
陳韡(子華、抑齋、忠肅)
水心門人＊55/3193
拙齋私淑 36/2158
東萊續傳 51/3021
節齋同調 62/3481
陳耆卿(壽老、篔牕)
水心門人 55/3183
陳若
東發門人 86/5179
陳著(子微、本堂)
東發學侶＊86/5175
宣撫家學 26/1739
輔氏所傳 64/3547
陳植(寥玄)
北溪家學＊68/3717
陳氏續傳 41/2283
陳植(叔方、慎獨叟、慎獨處士、慎獨居士)
寧極家常＊34/2055
陳氏家學別 3/6378
45 陳棣
陳希點父 73/4214
陳棣孫
陳德瑜子別 3/6335
46 陳塤(陳壎、和仲、習庵)
慈湖門人＊74/4296
西山門人 81/4672
陳覿(國秀)
本堂家學 86/5180
陳柏(茂卿、南塘)
吴氏學侶 69/3944
陳樫(師聖、納齋)
陳澗子別 3/6348
47 陳均(平甫)
正獻家學 34/2047

陳朝揆(正卿)
王氏門人 44/2437
陳好(陳豪)
龜山門人 25/1668
陳杞(楚材、蘭畹)
王氏門人別 3/6358
陳格
北溪家學 68/3717
48 陳增
潛室學侶 65/3585
陳增(仲能、習齋)
陳宿子 34/2046
陳敬
晦翁私淑 49/2854
陳敬叟(炳然)
別附別 2/6278
陳棁(孟藻)
陳氏家學 93/5630
陳松溪(松溪)
王與之師 16/301
50 陳中(子中、庸齋)
黃氏門人 70/4071
陳中立(誠中)
艾軒私淑 *47/2628
朱學續傳 49/2867
陳杰子 74/4323
陳中庸
陈宇淳弟 55/3202
陳夫子(見陳師道)
陳肅(文端、蓮峯)
文山同调 88/5242
陳忠(茂行先生)
陈祐祖 90/5364
陳東(少陽)
襄陵同调 45/2475
陳東皋(東皋)
楊維翰師 52/3060
陳槖(陳橐、德應)
忠簡同調 44/2350
51 陳振孫(直齋)
吴氏續傳 22/1585
陳軒
王格附別 1/6184
53 陳輔(安國)
劉氏師承 3/322
陳成(養晦)
剡源門人 *85/5122
舒氏門人 55/3206
陳成父(玉汝)
仁齋家學 70/3987
54 陳持之(立叔、屏山居士)
蔡氏門人 53/3139
55 陳摶(圖南、白雲先生、希夷先生)
邵學之先 9/901
56 陳規(正叔)
段氏師承 14/1228

陳規(養直、縮軒、潛窩室)
剡源門人 85/5123
陳損伯
尤彬門人 69/3942
57 陳拯
劉氏門人 68/3730
59 陳邦衡(伯明)
晦翁門人 69/3904
陳邦臣
陳從父 74/3921
陳邦鑰
晦翁門人 69/4305
60 陳旦(民仲)
晦翁門人 69/3905
陳昉
準齋門人 73/4240
陳四丈(見陳安民)
陳易(體常)
北溪講友 *68/3715
百源私淑 10/1076
陳畾伯(貴白、海陰先生)
陳氏續傳 *76/4395
汪灝師別 2/6293
陳晟(子晟)
朱氏門人 82/4976
陳思謙(退之)
堯卿門人 *70/3990
晦翁門人 49/2841
陳思謙(通敏、魯國公)
邵學續傳 *78/4477
節齋續傳 90/5441
陳思禮(用和)
陳氏家學別 3/6382
陳昌業
陳耿父別 1/6157
陳昂(仲昂)
王氏門人 44/2441
陳杲(孔英)
陳氏家學 82/4947
陳景茂(逢春、肖軒)
陳鳳子 77/4447
陳景肅(和仲)
高氏門人 41/2280
61 陳顯(德明)
廌山講友 26/1735
陳顥(仲明、文忠、冀國公)
鹿庵門人 78/4495
62 陳則之
古靈先續 5/601
陳則通(鐵山先生)
武夷續傳 34/2053
63 陳貽序(叔彝)
白模學侶 5/626
陳貽範(伯模、伯謨)
古靈門人 5/624
64 陳畦(子從)

陳秬子 35/2118
陳時可(季玉、寂通居士)
神川講友 100/6129
66 陳暘(晉之)
陳氏家學 98/5909
67 陳昭度(元矩、西軒子)
艾軒講友 47/2579
陳嗣道(可儀)
劉氏講友別 3/6362
68 陳曦(元和)
陳氏家學 19/1473
70 陳雅言
朱學之餘 49/2921
71 陳長方(齊之、唯室先生)
震澤門人 29/1818
72 陳剛(公潛、子潛、潛齋先生、潛學先生)
石塘門人 65/3602
陳剛(正己)
象山門人 77/4418
陳剛
止齋門人 *53/3136
水心門人 55/3195
陳剛(子浩)
傅氏學侶 93/5621
陳剛中(彥柔)
澹庵同調 34/2029
77 陳鳳(芥軒)
履齋門人 *77/4447
嚴氏門人 51/3022
文肅門人 77/4451
陳同(見陳亮)
陳鵬飛(少南)
趙張同調 44/2370
陳履長(見陳源長)
陳居仁(安行、文懿、菊坡先生、澹室)
魏氏門人 *25/1712
玉山門人 46/2554
陳聞
蕃遠門人 *93/5623
俟庵門人 93/5625
孫氏門人 93/5628
葛氏門人 93/5628
危氏門人 93/5631
陳留郡伯(見郭天祐)
陳留郡侯(見謝端)
陳留郡公(見袁桷)
陳與延(陳延、與延)
陳氏家學別 3/6388
陳與義(去非)
陳氏家學別 1/6201
80 陳益新(東湖先生、在湖)
別附別 2/6276
陳介(方叟)
樂軒門人 47/2607

陳介
葛元喆門人 93/5615
陳介卿
崔若舟附 34/2038
陳夔
論新法者 96/5696
陳無逸
陸氏講友 80/4625
陳并(巨中)
餘官 96/5717
陳普(尚德、懼齋、石堂先生)
恂齋門人 *64/3550
勉齋私淑 63/3518
信齋私淑 70/4049
陳善(成與)
定宇家學 70/4077
陳公凱
吴氏同調 56/3241
陳公舉(正臣)
吴氏同調 56/3241
陳公燮(思道、中道)
盱江門人 3/420
81 陳榘
陳繼周子 88/5231
86 陳知柔(體仁、休齋居士)
□□□□44/2372
87 陳鏗翁(陳鑑翁、太希、石門)
蕃遠门人 *93/5623
於氏門人 66/3626
陳鈞
魯齋私淑 90/5437
88 陳鑑翁(見陳鏗翁)
陳篆(見陳慕)
陳範(朝弼)
晦翁門人 69/3904
陳簵
默堂家學 38/2179
陳節庵(節庵)
陳□子 53/3137
陳敏學(志仲)
陳萬里子 84/5069
陳策(次賈、南墅)
劉氏门人 81/4691
90 陳小登
方氏門人 56/3254
陳惟允
天倪家學 92/5593
陳惇
張持附 4/567
陳堂(宅之)
莊節門人 *64/3570
黄氏門人 70/4068
陳少虞(祖舜)
王氏門人 44/2445
陳少微
朱諧附別 2/6267

陳光(世德)

陳氏講友 44/2373

陳光(實卿)

定宇家學 70/4078

陳光遠

盱江門人 3/419

陳光祖(世德)

節齋門人 *62/3487

濂溪續傳 12/1171

陳光道(公亮、有為子)

盱江門人 3/419

陳光朝(臺卿)

王氏門人 44/2437

陳尚

陳經父別 1/6169

陳炎酉

崔翼之附 49/2899

陳焞(明仲)

晦翁學侶 49/2815

91 陳炳(德先)

二喻同調 56/3231

94 陳慥(季常、岐亭)

陳希亮子別 1/6160

陳慥

唐氏家學別 1/6199

陳煒(光仲)

方氏門人 47/2624

陳煒

陳潤孫別 3/6348

96 陳煜(民表)

潛室先緒 65/3583

陳燡

方氏門人 47/2623

97 陳恂

陳希亮子別 1/6160

陳恪(叔慕)

王氏門人 44/2434

陳恪

陳希亮子別 1/6160

陳煥(少微、陳先生)

吏部同調 45/2480

陳煥(時可、巏山先生)

陳氏講友別 2/6295

98 陳悅

陳希亮子別 1/6160

99 陳嵤

蕭氏門人 95/5658

□□陳□

柯氏門人 49/2844

陳□

朱學之餘 49/2898

陳□(長齋)

止齋門人 53/3137

陳□

文貞學侶 70/4035

陳□

東叔門人 80/4607

陳□

文氏門人 99/6041

7621_4臞

00 臞庵(見敖陶孫)

51 臞軒(見王邁)

7622_7陽

22 陽巖(見洪天錫)

40 陽孝本(行先、玉巖居士)

陳氏家學別 1/6191

陽枋(陽昌朝、宗驥、字溪、大陽先生)

晏氏門人 * 70/3981

惟善門人 70/3979

60 陽思

公默門人 4/571

陽昌朝(見陽枋)

77 陽鳳(見傅陽鳳)

97 陽恪(謹仲、以齋)

陽氏家學 70/4013

叩陽□(玉井)

陽氏續傳 70/7089

7710_0且

31 且河(見莫汲)

7710_4堅

26 堅白(見崔遵度)

堅白先生(見戚同文)

堅白道人(見何時)

堅白居士(見周伯琦)

堅伯(見曾松)

44 堅老(見汪杞)

50 堅素先生(見戚同文)

7710_4閏

44 閏芳(見李天祥)

7710_7盥

38 盥道(見晁觀之)

7712_7邱

00 邱應辰(詠聖)

張氏講友別 3/6352

邱膺(子服)

晦翁門人 69/3911

09 邱麟

子直門人 70/3988

20 邱秉嘉

邱迪嘉弟別 2/6262

21 邱何(漢規)

宋儒博考別 2/6231

22 邱崇(子陵)

西山門人 62/3482

邱崇(次姚)

東坡門人 99/6032

26 邱程(憲古、富沙)

古靈同調 6/712
28 邱以道(容德齋)
匪石門人 82/4951
邱稅(為高)
王氏門人別 2/6298
30 邱定夫(景游)
邱氏續傳 79/4564
邱密(宗卿、忠定、文定)
張呂同調 *79/4512
西山學侶 62/3448
35 邱迪(彥啓)
熊氏門人 *49/2886
宗敏門人 55/3207
邱迪嘉(惠叔)
毛氏家學 2/6262
40 邱壽邁
邱氏家學 *79/4542
西山門人 62/3483
44 邱基
邱定夫子 79/4564
邱葵(吉甫、釣磯翁)
吴氏門人 *68/3728
俞氏私淑 77/4445
邱世良(子正)
陳氏家學別 3/6381
60 邱景唐(景唐)
邱氏續傳 76/4564
邱景南(景南)
邱氏續傳 76/4564
77 邱堅
邱定夫子 79/4564
80 邱義(通濟、芹溪小隱)
晦翁學侶 *49/2826
伊川續傳 16/1301
84 邱鑄
潁濱同調 99/6003
86 邱鐸(文振)
文成門人 52/3086
叩邱□(退齋)
樂軒門人 47/2608

7716_4闊

60 闊里吉思(趙王、高唐忠憲王、高唐王、忠憲)
吴氏門人 49/2927

7721_0風

10 風雩亭(見舒璘)
77 風月處士(見范啓)

7721_0鳳

00 鳳亭子(見王得臣)
09 鳳麟(見鄭太和)
27 鳳叔(見鄒溫)
34 鳳池先生(見姚璉)
77 鳳岡先生(見陳堯舉)

7721_4隆

00 隆齋(見趙汖)

22 隆山(見牟應龍)

7721_6閬

38 閬道(見趙抃)

52 閬靜老人(見張巖)

7721_6覺

00 覺齋(見董覺齋)

30 覺宗聖

別附 85/5128

51 覺軒先生(見王瑛)

覺軒先生(見蔡模)

77 覺民(見周之道)

80 覺翁(見齊夢龍)

覺翁(見曾炎)

7722_0月

22 月巖(見程紹開)

26 月泉(見季復初)

27 月魚先生(見林亦之)

月魚氏(見林亦之)

月舟先生(見范仲黼)

月魯不花

莊節門人 64/3571

31 月河李氏(見李師道)

32 月溪(見王月溪)

月溪(見王桂)

37 月湖(見何異)

月湖先生(見許錫)

月澗(見朱應焱)

月漁(見林亦之)

42 月橋先生(見陳庚)

7722_0用

00 用章(見李俊民)

21 用衡(見顧權)

24 用休(見謝天升)

26 用和(見黄鍰)

用和(見陳思禮)

30 用之(見夏伯虎)

用之(見傅光)

用之(見李遇)

用之(見胡伯虎)

用之(見劉礪)

用之(見陳祥道)

用賓(見張觀光)

38 用道(見晁沖之)

40 用大(見唐朝)

用嘉(見杜瓊)

用吉(見王藹)

50 用中(見廖剛)

用中(見俞希魯)

用夫(見包宏)

用夫(見林起潛)

51 用軒先生(見韓思恭)

52 用哲(見趙哲)

67 用明(見錢朝彦)

68 用晦(見張知白)

71 用臣(見康里不忽木)

80 用父(見趙必晕)

7722_0 同

00 同庵(見葉祐之)

同文(見戚同文)

07 同毅

蕭氏門人 95/5658

22 同繼先

椝庵先緒 95/5649

23 同倩(見陳仁子)

24 同岐(見於相)

26 同伯(見楊大異)

27 同叔(見何異)

同叔(見傅寅)

同叔(見史彌遠)

同叔(見晏殊)

46 同恕(寬甫、文貞、京兆郡公、椝庵)

晦翁續傳 *95/5651

程學之餘 16/1315

朱學之餘 49/2894

53 同甫(見方其義)

同甫(見陳亮)

80 同父(見陳亮)

同父(見翁合)

7722_0 周

00 周亨仲

晦翁門人 69/3896

周彦(見王庠)

周方

晦翁門人 69/3896

周商英

東山門人 *44/2457

周氏家學 44/2458

周應極(南翁)

周垕子 *70/4002

周氏家學 80/4625

周應合(淳叟、溪園)

濂溪續傳 12/1174

周康叔

象山門人 77/4431

周廉夫(見周清叟)

周庭秀

周堯章孫 44/2458

02 周端朝(子敬、忠文)

周氏家學 *71/4148

浮沚續傳 32/1943

晦翁門人 49/2840

周新民

周堯章子 44/2458

04 周謨(舜弼、舜弜)

晦翁門人 69/3836
07 周諝(希圣、周夫子)
王氏同調＊21/1540
不附新法者 96/5696
08 周敦實(見周敦頤)
周敦頤(周敦實、茂叔、濂溪先生、元公、汝南伯、道國公、先儒周子)
高平講友＊11/1100
穆氏私淑 9/949
09 周麟之(茂振)
孫氏再傳 1/80
10 周王(見趙汝愚)
周元龜(錫疇、蒼巖)
慈湖講友 74/4283
周元卿(周冬卿、景仁、聖予、成甫)
周氏家學＊45/2492
晦翁門人 49/2839
周霆震(亨遠、石田子、清節先生)
二劉學侶 4/594
周天和
周氏先緒 59/3350
周天祐(思順、貞孝處士)
陳氏家學別 3/6384
周天成
周天和弟 59/3350
周天驥(子德、穎齋)
西山門人 81/4672
周天錫(極翁、初遂)
附傳 70/4003
周可象(純菴)
象山續傳 58/3321
周雲(從龍)
楊氏門人＊44/2451
平園門人 25/2121
周雲龍
周宗岳子別 2/6284
周震(景東)
王氏門人 44/2440
周震(宗振)
陳氏門人別 3/6372
周震一
疊山講友 84/5056
11 周珩(德昭、足翁)
復齋同調 54/3277
周頊(正晦先生)
陳氏師承別 1/6149
13 周武仲(憲之)
陳氏家學別 1/6212
14 周琦(廷玉、雪堂)
周尚忠孫 44/2452
17 周弼(見鄒次陳)
周承己(恭先)
浮沚家學 32/1937
周子雍
陳氏門人 4/581

周子亮(梅叟)
周氏續傳 12/1166
周子直
歐陽門人 82/4955
周子華(明善齋)
周□父 80/4628
周子固
邵學之餘 * 10/1088
周學之餘 12/1184
20 周舜元
濂洛續傳 12/1168
周千里(百駒)
王氏門人 44/2438
周孚(信道、蠹齋)
宋儒博考別 2/6234
周孚先(伯忱)
伊川門人 * 30/1481
龜山門人 25/1667
周孚先(志道堂)
象山門人 77/4426
周穜(仁熟)
荆公門人 98/5876
21 周仁榮(本心)
周氏家學 82/4877
周行己(恭叔、浮沚先生)
程呂門人 32/1918
周師厚(敦夫)
鄞江門人 * 6/729
高平門人 3/384
周師鋭(儀父)
伊川續傳 16/1309
周紫芝(少隱、竹坡居士)
李氏門人 * 3/431
張氏門人 99/6045
周秬(見周耜)
周穎(伯堅、正介)
安定門人 1/52
22 周鼎(仲恒)
湜溪門人 59/3355
周鼎臣(鎮伯)
浮沚續傳 32/1943
23 周徧(尚志)
解氏門人 82/4983
周綰(彦紉、蓮峯先生)
□□□□45/2487
24 周升
夏僎附 36/2157
周勉
止齋門人 53/3135
25 周仲翔(周次鳳)
王氏門人 44/2432
周秩
周穜弟 98/5876
周純明(全伯)
伊川門人 * 30/1846
明道門人 14/1212

26 周自立(本中)
周宗岳孫別 2/6284
周伯(見李彤)
周伯玉(元韞)
廣陵學侶 6/737
周伯琦(伯溫、堅白居士)
草廬門人＊92/5546
周氏家學 80/4625
匪石門人 82/4951
道園門人 92/5576
周伯熊
象山門人＊77/4425
晦翁門人 49/2841
周伯祿(天錫)
褚氏門人 99/6039
周繹堂(見周□)
27 周仔肩(本道)
周氏家學 82/4878
周冬卿(見周元卿)
28 周儀
陳氏師承別 1/6151
周綸
伊川門人 30/1857
30 周濂
草廬門人 92/5546
周淳中(仲古)
宋儒博考別 2/6226
周之德
慈湖門人 74/4305
周之綱
周之翰兄 95/5659
周之道(覺民)
安定門人 1/54
周之翰(子宜)
楊氏門人 95/5659
周之翰
薛氏門人加 3/6364
周之綱
周之翰兄 95/5659
周憲(可則)
侯氏門人 30/1858
周審己(思明)
浮沚家學 32/1937
周良(元忠、蕙林堂)
象山門人 77/4422
周良佐
朱學之餘 49/2907
周密(公謹、弁陽老人、四水潛夫、草窗、蕭齋、弁陽嘯翁)
附晚宋詆詈諸儒者 97/5768
周實(見趙彥稶)
周宗岳(文範先生)
達觀同調別 2/6284
31 周濬(子深)
王氏門人 44/2435
周源(子深)

歐陽門人 82/4984
33 周必大(子充、洪道、平園、文忠、益國公)
劉氏門人＊35/2107
廬陵續傳 4/587
文毅門人 25/1707
誠齋同調 44/2411
周述
劉氏同調 6/656
34 周汝能(堯夫)
東萊同調 51/3011
周浩(鐵石先生)
周天和從子 59/3350
35 周沖
周氏家學 6/747
周清叟(周廉夫、廉夫、清叟)
象山門人 77/4418
周洙(綵衣翁)
希夷續傳 9/948
36 周澤之(磻洲先生)
靜春私淑 59/3350
37 周潤祖(彥德、紫巖先生、紫微先生)
本心門人＊82/4927
周氏續傳 63/3519
周次鳳(一夔)
王氏門人 44/2442
周次鳳(見周仲翔)
周通
蕭氏門人 92/5601
38 周道卿
龐安仁門人別 1/6211
周啓明(昭回)
附傳 6/680
40 周九鼎(信齋)
周天錫父 70/4003
周奭(允升、飲齋、斂齋)
南軒門人＊71/4111
百源續傳 10/1083
周奭(見周堯卿)
周直己(思敬)
浮沚家學 32/1937
周直卿
周氏續傳 12/1166
周堯章
周氏家學 44/2458
周堯卿(周奭、子俞、子餘)
高平同調 3/318
周希孟(公闢)
古靈講友 5/608
周南(南仲、山房)
水心門人＊55/3188
西山講友 62/3448
周南老(正道)
周氏之餘 12/1186
周存己(思養)

浮沚家學 32/1937
周燾(通老、次元)
濂溪家學 12/1160
周壽(元老、元翁)
濂溪家學 12/1160
周壽伯(椿年、清澗)
周尚忠子 44/2452
41 周標
晦翁門人 69/3924
43 周式
湖湘之先 6/676
周式
陳氏師承別 1/6153
44 周夢瀧
周堯章子 44/2458
周恭先(伯溫)
伊川門人 30/1842
周孝友(子施)
王氏門人 44/2435
周孝思(子則、世則)
王氏門人 44/2435
周孝顯(子揚)
王氏門人 44/2435
周葵(立義、惟心居士、惠簡)
龍川師承＊56/3215
權氏門人 19/1495
周世則
王氏門人 44/2432
周模
周沖子 6/747
45 周椿(伯壽)
晦翁門人 69/3933
46 周塤(伯和)
周氏之餘 12/1186
周楫(伯濟)
周沖子 6/747
48 周翰(見朱申)
周翰(見程鉅夫)
周翰(見茅甫生)
50 周夫子(見周諝)
53 周輔成
濂溪先緒 11/1097
周成己(思仁)
浮沚家學 21/1937
周甫(次山)
宇文學侶 72/4171
57 周耜(周秬、植叟)
晦翁私淑 49/2851
60 周日章
王氏門人別 2/6299
周思誠
易氏家學別 2/6259
周冕
周氏家學 99/3350
周昂(德卿)
周氏家學 99/6052

周景略(宗夷)

周學古子 32/1942

67 周明作(元興)

晦翁門人 69/3921

周明仲(居晦)

晦翁私淑 49/2580

周嗣明(晦之、放翁)

雷氏同調 * 100/6121

德卿家學 99/6062

68 周喻(彥博)

周氏家學 3/401

71 周臣(見趙秉文)

周臣(見舒誼)

72 周屋(良載、梅山先生)

江氏門人 * 70/4002

唐氏同調 80/4613

周岳

疊山門人 84/5066

74 周馳(仲才、迂齋)

滏水講友 * 100/6111

廣道門人 100/6117

周馳(景遠)

陳氏門人別 3/6376

77 周堅(砥道、皜齋)

寶峯門人 * 93/5619

王氏門人 93/5620

周用己(思本)

浮沚家學 32/1938

周聞孫(以立)

鐵崖同調 52/3062

周學古(會卿)

浮沚續傳 32/1942

周卿(見度正)

周卿(見王德文)

周卿(見董士珍)

周卿(見尚文)

周與可(從之)

東坡門人 99/6033

周興嗣

周氏續傳 12/1166

80 周介(叔謹、公謹)

東萊門人 73/4207

周父(見胡旦)

周父(見鄭适)

周公恕

朱學之餘 49/2920

84 周鑄

史氏門人 40/2252

86 周錫(見趙彥秬)

周鍔(廉彥)

樓氏門人 6/730

89 周鏜(以聲)

王氏門人別 3/6359

90 周懷孝

附傳 74/4310

周尚之(東揚)

張氏講友別 3/6356

周尚忠(了了老人)

楊氏門人 44/2452

周焱(衡齋)

附傳 88/5215

92 周愷(子諒)

周鼎子 59/3355

叩周□(環溪)

周氏續傳 12/1165

周□(繹堂)

勉齋門人 63/3516

周□(戒軒先生)

慈湖講友 * 74/4283

陸氏門人 80/4628

周□

鶴山講友 80/4592

7722_0 陶

10 陶元幹

山泉門人 92/5591

17 陶弼(商翁)

陶氏家學 6/717

22 陶幾先

涪翁門人 19/1487

陶山(見陸佃)

27 陶凱(中立、耐久道人)

鞠隱門人 82/4971

陶叔獻(元之)

陳氏家學別 1/6170

30 陶安(主敬)

伯羽門人 95/5668

陶宗儀(九成、南村、陶孝子)

陶氏家學 * 82/4970

李氏門人 82/4950

杜氏門人 92/5593

張氏門人 93/5632

44 陶薰(南仲)

伊川續傳 16/1305

陶孝子(見陶宗儀)

51 陶振

鐵崖門人 52/3072

66 陶暘(敬齋)

晦翁門人 69/3910

72 陶岳(舜咨)

湖湘之先 6/675

77 陶與諧

橫浦門人 40/2243

93 陶熾(茂叔、文簡)

陶暘孫 69/675

96 陶煜(明遠、逍奧山人、白雲漫士)

本心門人 82/4928

叩陶□(中山)

匪石門人 82/4951

陶□

山泉門人 92/5591

7722_0朋

30 朋之(見舒明翁)

7722_7郿

26 郿伯(見張載)

7722_7鵬

77 鵬舉(見崔翼之)
鵬舉(見程翔)

7724_1屏

22 屏巖(見張觀光)
屏巖先生(見張觀光)
屏山先生(見劉子翬)
屏山居士(見李純甫)
屏山居士(見陳持之)

7724_7殿

21 殿上虎(見劉安世)

7724_7履

00 履齋(見吴潛)
履齋(見方大壯)
履言(見胡助)
30 履之(見方大壯)
履之(見劉砥)
38 履祥(見曾穎瑞)
履道(見王安中)
履道(見耶律履)
50 履中(見李復)
80 履善(見文天祥)
履善(見韓祥)
88 履節(見趙崇度)
90 履常(見孫轍)
履常(見何淡)
履常(見趙崇憲)
履常(見趙汝談)
履常(見陳師道)

7726_4居

10 居正(見唐意)
居正(見曾元忠)
21 居仁(見吕本中)
24 居德(居司馬齊)
25 居純(見孫庚)
30 居之(見祁寬)
48 居敬(見王元恭)
居敬(見孫礿)
68 居晦(見周明仲)
71 居厚(見劉希仁)
80 居父(見徐寓)

7726_4屠

46 屠槐
萬竹門人 25/1722

7726_7眉

76 眉陽先生(見劉彭壽)

7732_0駒

80 駒父(見洪芻)

7733_1熙

25 熙績(見鄭汝諧)
30 熙之(見林大春)
38 熙道(見士建中)
43 熙載(見楊漢英)
熙載(見曹延祚)
熙載(見劉賡)
熙載(見錢堯卿)
44 熙老(見吳怡)

7736_4駱

20 駱季友(觀國)
宋儒博考別 2/6241
40 駱士宏(駱躍、子發)
駱季友子別 2/6241
67 駱躍(見駱士宏)

7740_0閔

71 閔厚甫
鮑雲龍師 49/2872

7740_1聞

00 聞庭(見劉聞)
10 聞一(見林賜)
30 聞之(見鄭文)
37 聞過齋(見吳海)
80 聞人詵(聞詵老、詵老、桂山翁)
魯齋門人 * 82/4832
王氏門人 73/4234
聞人詵老(見聞人詵)
聞人叔勉
宋氏門人 52/3081
聞人宏(君度)
了翁門人 35/2099
聞人滋(茂德)
沙隨師承 25/1677
聞人夢吉(應之、凝熙先生)
聞人家學 82/4883
聞人樞(德機)
鮑氏門人 92/5586

7740_7學

04 學詩齋(見陳魯)
10 學可(見林亦之)
21 學行先生(見吳錡)
30 學之(見趙次誠)
38 學海(見廖應淮)
學海(見顧叔川)
學海(見劉淵)
40 學古(見張大訓)
學古室(見時澐)
44 學者室(見方覩)

學林居士(見胡公武)
學林堂(見譚知言)
60 學易齋(見俞鎮)
學易先生(見高仲震)
學易先生(見雷思)
學易先生(見劉跂)
學易先生(見俞鎮)
學易堂(見劉跂)
62 學睡先生(見楊叔方)

7743_0闕

50 闕中(見鄭穆)

7744_0丹

22 丹山(見翁合)
32 丹溪先生(見朱震亨)
76 丹陽(見洪興祖)
77 丹邱(見嚴滄浪)

7744_1開

24 開先(見解開)
27 開叔(見叔彌堅)
37 開祖(見陳一鶚)
44 開封伯(見呂祖謙)
53 開甫(見胡釋之)

7744_7段

10 段元愷(建信)
段冲子 34/2027
35 段冲(謙叔、潛叟、芝齋)
滄庵講友 34/2027
40 段直(正卿)
明道之餘 14/1231
段克己(復之、遯庵先生)
遺山門人 14/1236
段希元
文忠講友 3/386
53 段成己(誠之、菊軒先生)
遺山門人 14/1236
60 段思温(叔恭)
段氏家學 14/1242
段昌武(子武、叢桂堂)
東萊續傳 51/3021
86 段鐸
段克己從曾祖 14/1236
87 段鈞
段克己曾祖 14/1236

7750_8舉

30 舉之(見朱昂)
舉安(見賀伯顔)

7750_0毋

12 毋廷瑞(仁叔、平山先生)
安定之餘 1/94

7760_2 留

10 留正(仲至、忠宣、魯國公、衛國公、魏國公)
曾任宰執者 97/5744
44 留恭(伯禮)
晦翁私淑 49/2847
63 留默齋(默齋)
孔濤師 90/5430

7760_6 閭

77 閭邱襄(元吉)
涑水私淑 8/868

7760_7 間

22 間樂居士(見陳師錫)
28 間犧翁(見陳取青)
51 間軒(見徐大正)
52 間靜居士(見危和)
77 間間老人(見趙秉文)
閑閑老人(見趙秉文)

7772_0 即

80 即翁(見劉仍祖)
即翁(見劉似祖)

7772_0 卿

34 卿遠(見袁坰)

7773_2 艮

00 艮齋(見應恕)
艮齋(見謝諤)
艮齋(見魏掞之)
艮齋先生(見魏掞之)
艮齋(見鄒夢遇)
艮齋(見洪适)
艮齋(見薛季宣)
22 艮山(見孫嵩)
60 艮園(見諸葛説)
80 艮翁(見李丑父)

7773_2 閬

77 閬風先生(見舒嶽祥)

7774_7 民

00 民章(見劉子俊)
21 民師(見何先覺)
43 民式(見連憲)
50 民表(見江公望)
民表(見陳煜)
67 民瞻(見王庭珪)

7777_2 關

10 關西夫子(見楊奐)
30 關注(子東、香巖居士)
安定續傳 1/77

7777_7閻

03 閻詠
乖崖私淑 10/1084
22 閻鼎吉(和卿)
閻宏父 90/5431
23 閻然
閻宏子 90/5431
28 閻復(子静、静軒、文康、永國公)
康氏門人＊10/1090
野齋同調 2/238
30 閻宏(子濟)
牧庵門人 90/5431
67 閻路(蹈之、太原)
陳氏師承別 1/6153

7778_2歐

00 歐慶(歐陽慶、貽孫)
文懿學侶 6/688
38 歐海
楊氏門人 44/2453
歐道(性之)
王氏學侶別 3/6328
76 歐陽彥文
劉庭老師別 2/6232
歐陽應求(仲俊、樗叟)
王氏門人別 2/6297
歐陽慶(見歐慶)
歐陽奕(仲純)
廬陵家學 4/498
歐陽玄(歐陽元、原功、圭齋、文、楚國公)
白雲門人 82/4897
歐陽裒
歐陽應求子別 2/6297
歐陽誠之
艮齋學侶 71/4135
歐陽謙之(希遜)
晦翁門人 69/3804
歐陽元(見歐陽玄)
歐陽棐(叔弼)
廬陵家學 4/498
歐陽發(伯和)
廬陵家學 4/497
歐陽致遠(致遠)
巽齋家學 88/5216
歐陽衡(師尹、莘雲先生)
解氏講友＊82/4956
歐陽續傳 4/591
歐陽貞(元春、石戸農)
揭氏門人 83/5028
歐陽經
東坡同調 99/5997
歐陽佑(公輔)
歐陽家學 82/4954

歐陽修（永叔、醉翁、六一居士、文忠、先儒歐陽子、廬陵、兗公）
高平同調＊4/457
晏氏學侶 3/343
薛氏門人 19/1419
歐陽佖（以大、道江先生）
朱學之餘 49/2890
歐陽守道（歐陽巽、公權、迂父、巽齋）
劉氏門人＊88/5209
歐陽續傳 4/591
歐陽浚（資深）
巽齋家學 88/5216
歐陽清卿
楊氏門人 44/2453
歐陽澈（德明）
襄陵同調 45/2475
歐陽朴（全真）
艮齋門人＊28/1807
盤洲門人 28/1809
歐陽懋（德孺、靜退居士）
廬陵家學 4/498
歐陽觀（仲賓、崇國公、崇公）
廬陵先緒 4/451
歐陽起鳴
許氏講友別 3/6346
歐陽闢（晦夫）
梅氏門人＊4/554
東坡同調 99/5994
歐陽巽（見歐陽守道）
歐陽養正
蕭鎡附 49/2899
歐陽簡
梅氏門人 4/554
歐陽光祖（慶嗣、童瑞）
屏山門人＊43/2330
晦翁門人 49/2839

7780_1 具

44 具茨（見晁沖之）
67 具瞻（見許廣大）

7780_1 與

00 與立（見楊與立）
10 與正（見王師愈）
與可（見高道充）
與可（見文同）
與可（見熊朋來）
與可（見黃許）
12 與延（見陳與延）
18 與政（見唐仲友）
27 與叔（見呂大臨）
與叔（見陳夢良）
28 與似（見楊惟肖）
30 與之（見施南一）

與之(見柴中行)
與守(見林棟)
44 與權(見吴燊)
55 與耕(見王充耘)
67 與瞻(見金彌高)
77 與賢(見李燧)

7780_1 巽

00 巽齋(見歐陽守道)
22 巽巖先生(見李燾)
26 巽伯(見吕喬年)
30 巽之(見范育)
巽之(見林巽)
34 巽波(見鄧泳)
37 巽初(見曾巽申)
44 巽坡(見鄧泳)
53 巽甫(見稅與權)
77 巽卿(見王申子)
80 巽翁(見黄溍)

7780_1 興

00 興齋(見田疇)
01 興龍(見齊魯瞻)
30 興之(見王聞詩)
37 興祖(見姚紹宗)
興祖(見林碩)

7780_6 賢

10 賢可(見楊景行)
21 賢師(見方大東)
24 賢侍從(見孫逢吉)
53 賢甫(見汪維崇)
賢甫(見吕良才)
77 賢卿(見郝天祐)
88 賢節(見王庠)

7780_6 貫

10 貫雲石(見貫小雲石海涯)
30 貫之(見張揆)
貫之(見魯宗道)
貫之(見宋咸)
貫之(見梁彥通)
貫之(李道傳)
38 貫道(見丁石)
貫道(見王文貫)
貫道(見韓冠卿)
90 貫小雲石海涯(貫雲石、酸齋、文靖、京兆郡公)
牧庵門人 90/5430

7821_6 脫

12 脫烈海牙(恒山郡公)
王氏學侶別 3/6333
78 脫脫(見康里脫脫)

7821_7 隘

51 隘軒(見車似慶)

7870_0臥

10 臥雪齋(見袁文)

7876_6臨

00 臨齋(見湯德威)
22 臨川郡公(見吴澄)
臨川先生(見王安石)
30 臨之(見張景觀)
38 臨海郡侯(見應繇)
臨海郡公(見陳孚)

7922_7勝

12 勝瑞(見師天麟)
30 勝之(見吴柔勝)
87 勝欲(見蔣捷)

7922_7騰

34 騰波先生(見汪大發)

7923_2滕

00 滕高用
滕氏先緒 1/31
滕庚(子端)
滕友子 96/5718
滕康(子濟)
滕友子 96/5718
10 滕元發(滕甫、達道、元發、章敏)
安定門人＊1/42
高平門人 3/380
14 滕珙(德章)
晦翁門人＊69/3803
希尹家學 27/1761
16 滕强恕
攻媿講友 79/4533
19 滕璘(德粹、溪齋)
晦翁門人＊69/3801
希尹家學 27/1761
止齋門人 53/3137
定川講友 76/4378
21 滕處厚(謹仲、景重、恕齋、己齋)
鶴山門人 80/4600
22 滕巖(見滕宬)
30 滕宬(滕巖、季度、廉靖處士)
水心門人 55/3191
滕安上(仲禮退齋、文穆、東庵)
静修講友 91/5462
滕宗諒(子京)
安定學侶 1/27
31 滕涉
戚氏門人 3/281
35 滕洙(希尹)
滕氏家學＊27/1760
俞氏門人 39/2205

36 滕裸(滕茂實)

40 滕友

餘官 96/5718

41 滕塛(仲復)

文山私淑＊88/5250

陸學之餘 58/3327

44 滕茂實(滕裸、秀穎、忠節)

滕氏家學 1/69

53 滕甫(見滕元發)

80 滕公遇

絜齋私淑 75/4356

81 滕鉦(和叔)

德章家學 70/3986

86 滕知白

戚氏講友 3/263

88 滕鉛(和叔、萬菊)

德章家學 70/3985

92 滕愷(南夫、溪堂先生)

節夫學侶 27/1757

8000_0 八

21 八行先生(見張堅)

八行先生(見邵清)

八行先生(見崔頁)

八行先生(見徐中行)

八行先生(見史詔)

44 八桂老人(見黄庭堅)

8000_0 人

00 人齋先生(見胡一桂)

8010_1 企

10 企疏堂(見趙遂)

67 企明(見趙鵬飛)

8010_4 全

10 全晉孫(本心)

習庵門人 74/4316

21 全仁(見黄顔榮)

22 全鼎孫(本然)

全氏學侶 74/4317

26 全伯(見周純明)

27 全歸子(見吴思齊)

全歸居士(見劉漢傳)

全叔(見江琦)

30 全之(見劉銓)

全之(見余璧)

40 全真(見歐陽朴)

44 全耆(味道子)

本然家學 74/4323

49 全趙(見陳應璧)

50 全夫一(見王全夫)

51 全軒(見應翔孫)

58 全整(修齋、三石草堂)

丁氏門人＊74/4324

本然家學 74/4323

8010_7益

00 益齋(見楊溥)
益齋先生(見王吉才)
益章(見吴俯)
08 益謙(見吴自牧)
益謙(見范沖)
11 益孺(見張公裕)
25 益仲(見廖謙)
30 益之(見許謙)
益之(見張友直)
益之(見上官損)
益之(見柴元裕)
益之(見魏益之)
益之(見艾謙)
益之(見陳謙)
37 益深(見柴淵)
44 益恭(見吴儆)
60 益國公(見江萬里)
益國公(見周必大)
87 益欽(見吴自中)

8010_9金

00 金彦(義門)
衡麓同調 41/2270
金彦博
袁章師 6/762
金應
文山同調 88/5234
金文剛(子潛)
西山門人 * 81/4662
高平續傳 3/436
金氏續傳 44/2456
11 金彌高(與瞻)
伊川續傳 * 16/1311
晦翁私淑 49/2860
14 金礎(廷器)
金道源子 82/4982
20 金信
鐵崖門人 52/3072
25 金健
金若愚大父 70/4082
27 金龜子(見陳漸)
金叔明
俞氏私淑 77/4445
28 金以聲
貝氏門人 52/3083
30 金永(仲明)
白雲門人 82/4913
金安道
項良才師 82/4912
金安節(彦亨、忠肅)
紫巖同調 44/2365
34 金斗(見鄭條)
金波亭(見許仁)

35 金潚(伯清)
龍川門人 56/3233
36 金涓(見劉涓)
38 金道源(本仲、水南)
潘氏門人 82/4982
40 金去僞(敬直、草窗先生)
晦翁門人 69/3895
金南美(儀叔)
西山門人 81/4675
43 金式(元度)
説齋門人 60/3388
44 金若愚(伯明)
定宇門人 70/4082
金茂(敬禮)
金道源從子 82/4982
47 金極(市隱、醉鄉廬)
餘官 96/5711
60 金昇卿
東萊門人 73/4220
77 金朋説(希傳)
晦翁門人 69/3911
金履祥(吉父、次農、文安、仁山先生)
北山門人 * 82/4776
馬學之餘 8/886
金氏家學 16/1312
五峯續傳 42/2305
金居敬(元忠)
趙氏門人 * 92/5598
朱氏門人 70/4092
金問(公素)
立庵門人 49/2926
98 金悦
衡麓門人 * 41/2278
金氏家學 41/2280
叩金□居士(見姜□)

8011_6鏡

31 鏡潭(鏡王□)

8012_7翁

00 翁彦深(養元、鍾離子)
翁氏家學 1/71
21 翁衡
皋羽門人 56/3257
22 翁山翁(見游應梅)
24 翁德修(本敬)
陳氏門人別 3/6366
翁升(南仲)
又不在碑目者 96/5727
25 翁仲通(濟可)
安定門人 1/51
26 翁伯章
蔣氏師承 87/5199
30 翁永年(可尚)
毛氏家學別 2/6262

翁定(應叟、安然、瓜圃)
西山同調 81/4658
33 翁泳(永叔、思齋)
節齋門人 62/3488
40 翁森(秀卿)
朱學之餘 49/2895
42 翁埏
慈湖門人 74/4308
44 翁夢得(景說)
別附別 2/6277
翁蒙之(子功)
翁氏續傳 1/91
52 翁挺(仕挺、五峯居士)
行簡家學 1/81
60 翁易(醉翁、竹林先生)
晦翁門人 *69/3893
西山門人 62/3483
74 翁陞
西山門人 62/3483
80 翁合(叔備、同父、丹山)
覺軒門人 *67/3669
葉氏門人 49/2843
古心同調 70/3976
88 翁敏之(功甫)
潛室門人 *65/3589
水心門人 55/3198
90 翁卷(續古、靈舒)
水心門人 55/3197

8020_7 今

60 今是翁(今謝景初)
今是堂(今邵囦)

8021_6 兑

00 兑齋(見郭磊卿)
兑齋(見焦悅)
90 兑光居士(見林松孫)

8022_0 介

00 介(見鄭俠)
10 介石(見許堅)
介石(見毛應龍)
22 介巖(見潘墀)
26 介白散人(見劉揚祖)
50 介夫(見孫立節)
介夫(見林石)
介夫(見鄭俠)
51 介軒(見王鑑)
介軒(見董夢程)
介軒先生(見方重桂)
53 介甫(見王安石)
介甫(見程思廉)
72 介隱先生(見邵士英)
80 介翁(見于石)
介翁(見林震)

8022_1 俞

00 俞方
陸氏門人 98/5907
俞高室(見倪伯珍)
俞應元(景隆)
平山門人 84/5071
02 俞端(公美)
默翁學侶 49/2881
05 俞靖(俞猷仲、宋祐、西郊老人)
韋齋講友 39/2197
10 俞元燮(邦亮)
九峯續傳 67/3676
俞天民
俞鎮父 * 82/4950
潛庵私淑 64/3567
俞酉發(明叔)
別附別 2/6277
12 俞廷椿(壽翁)
象山門人 * 77/4423
晦翁門人 49/2841
19 俞琰(玉吾、林屋山人、石澗先生)
朱學續傳 * 49/2878
邵學之餘 10/1086
21 俞師魯(唯道)
方氏門人 81/4691
俞貞木(俞楨、貞木、有立、立庵)
俞氏家學 49/2888
23 俞參
王至善師 52/3078
25 俞仲溫(子玉)
俞氏家學 49/2887
26 俞皋(心遠)
趙氏門人 * 16/1313
武夷續傳 34/2053
俞皋
北山門人 82/4814
32 俞浙(季淵、致曲老人、致曲先生、默翁先生)
朱學續傳 49/2867
34 俞漢(仲雲、文惠)
張氏講友別 3/6354
俞汝礪
仲虎學侶 99/6043
俞汝尚(退翁)
清獻講友 12/1159
俞洪(孝善先生)
考水門人 89/5298
37 俞潔己(季清)
晦翁門人 69/3933
40 俞大有
俞恂父 82/4978
俞希魯(用中)
王氏學侶別 3/6334

41 俞楨(見俞貞木)
44 俞若著
　　涪翁同調 19/1467
60 俞易齋(易齋)
　　張仁近師 52/3078
　俞易直(平叔)
　　陳氏家學別 1/6184
71 俞長孺(觀光)
　　陳氏門人別 3/6377
80 俞金(叔器、時齋)
　　陳氏講友別 2/6295
　俞善衛(原善)
　　白雲再傳 82/4967
81 俞鎮(伯貞、學易先生、學易齋)
　　匪石門人＊82/4950
　　蕭氏門人 92/5601
83 俞猷仲(見俞靖)
97 俞恂
　　宋氏門人 82/4978

8022_1 前

32 前溪先生(見劉涇)
44 前村(見程直方)

8023_7 兼

22 兼山(見黃裳)
　兼山先生(見郭忠孝)
80 兼美(見胡份)
　兼善(見泰不華)
　兼善(見羅士友)

8025_3 羲

25 羲仲(見郭翼)

8030_7 令

42 令狐俅(端夫)
　　劉氏門人 1/71
　令狐揆(子先)
　　陳氏家學別 1/6186
77 令舉(見陳舜俞)

8033_1 無

00 無競(見劉克遜)
　無妄先生(見曹建)
02 無諍居士(見劉迎)
10 無可(見侯可)
11 無玷(見曾三復)
17 無已(見陳師道)
20 無爲子(見楊傑)
　無爲先生(見宋惟亮)
21 無虞(見劉寧止)
22 無變(見李流謙)
23 無咎(見焦養直)
　無咎(見晁補之)
　無咎(見厲元吉)
27 無疑(見曾三異)

37 無逸（見謝逸）
無逸（見曾三聘）
42 無垢（見趙希瀞）
無垢居士（見張九成）
46 無相居士（見權經）
50 無事老人（見董文甫）
53 無惑（見林無惑）
60 無暴棄齋（見李芾）
77 無閡先生（見劉繼寬）
90 無黨（見劉迎）
96 無媿（見趙君錫）
無愧（見潘燾）
無愧（見趙君錫）

8033_2愈

67 愈明（見王希旦）

8033_3慈

37 慈湖先生（見楊簡）

8034_6尊

21 尊經閣（見師天麟）
38 尊道（見王大中）
40 尊古（見司馬述）

8040_0午

22 午山（見黄午山）

8040_4姜

17 姜君弼（唐佐）
東坡門人 99/6032
31 姜潛（至之）
泰山門人 2/153
34 姜濤
汝直門人 6/761
36 姜澤（潤甫）
姜氏先緒 82/4835
41 姜柄
大愚講友 51/3015
姜柄（子謙）
東萊門人 73/4216
44 姜模
東萊門人 73/4215
60 姜愚（子發）
百源門人 33/1964
87 姜翔仲
蒙齋私淑 75/4359
90 姜焴
凝熙門人 82/4945
卯姜□（金□居士）
姜氏續傳 2/186

8043_0美

30 美宗（見王廷）
50 美中（見劉才邵）

8050_1 羊

44 羊村(見厲元吉)

8055_3 義

00 義立(見張方)
義齋(見陸垕)
義齋先生(見石鵬)
22 義山先生(見吴鄹)
27 美叔(見晁端彦)
37 義初(見洪初)
40 義太初(仲遠)
濂溪續傳 12/1170
44 美蔭室(見章綜)
50 義夫(見虞兟)
義夫(見吴浩)
51 義軒(見方興)
53 義成逸士(見黄問)
義甫(見孔平仲)
義甫(見毛居正)
77 義門(見金彦)
義學先生(見師古)
80 義父(見孔平仲)
義父(見范晞韓)
99 義榮(見潘良貴)

8060_1 合

00 合齋(見王柟)
39 合沙漁父(見鄭東卿)

8060_1 首

76 首陽居士(見蔡諒)

8060_1 普

00 普庵(見保八)
24 普化帖睦爾
白雲門人 82/4912
77 普賢(見葛巖)

8060_5 善

00 善庵(見韓性)
善齋(見唐如晦)
22 善繼(見虞光祖)
30 善之(見鄧文原)
善之(見陳良能)
50 善夫(見卓得慶)
善夫(見杜仁傑)
53 善甫(見廉希憲)
善甫(見黄仲元)
善甫(見劉伯熙)
80 善人(見劉似)

8060_6 曾

00 曾充
澹庵門人 34/2039
曾充之(充之)

象山門人 77/4431

曾應孫

五峯講友 82/4887

曾度

文莊先緒 34/1999

曾文仲

勉齋門人 63/3515

02 曾誕

道鄉講友 35/2088

03 曾誼(子常)

陳氏家學別 1/6181

04 曾塾

草廬門人 92/5545

10 曾三聘(無逸、忠節)

誠齋同調 44/2414

曾三復(無玷)

誠齋同調 44/2414

曾三異(無疑、雲巢、仰高堂)

晦翁門人 *69/3875

平園門人 35/2121

曾正言(觀順)

平山家學 84/5069

曾正中(見曾集)

曾元圭(礪峯)

陳氏講友別 2/6293

曾元忠(居正、文節先生)

唐氏家學別 1/6195

曾震(樵南)

止齋私淑 *53/3137

武夷續傳 34/2054

曾天騏

曾兼善子 36/3512

12 曾發(見曾信道)

曾延年

曾崇子 24/1615

17 曾子良(平山先生、節居齋)

徑畈門人 *84/5055

曾氏家學 58/3326

曾子淵(深甫)

須溪師承 88/5215

曾鞏(子固、文定、南豐先生)

廬陵門人 *4/529

梅氏門人 4/554

余氏門人 4/554

18 曾致堯(正臣)

曾氏先緒 4/456

20 曾信道(曾發、信道)

曾氏先緒 71/4101

曾季貍(裘父、艇齋)

紫微門人 *36/2148

子翊續傳 4/589

韓氏門人 99/6050

曾集(曾正中、曾中節、致虛)

曾氏家學 26/1738

曾穜(獻之)

白雲門人 28/1802

21 曾順(至順)
曾兼善孫 63/3512
曾仁
草廬門人 92/5548
曾處仁
文莊先緒 34/1999
曾紆(公衮、公卷)
文肅家學 *4/577
餘官 96/5713
曾穎瑞(履祥、勁節先生)
曾同子 34/2049
曾穎茂(仲實)
文莊家學 34/2050
22 曾豐(見曾丰)
曾幾(吉甫、茶山、文清)
武夷門人 34/2003
曾崇(希元)
曾氏家學 *24/1615
關氏門人 1/88
曾纁(元禮)
文昭家學 4/576
26 曾伯(見戴表元)
27 曾魯(得之、守約先生、守約齋)
曾兼善曾孫 63/3512
曾魯仲
勉齋門人 63/3515
30 曾家度
王宿附 96/5725
曾守約(維魯)
勉齋門人 63/3512
曾宰(子翊)
南豐家學 4/561
曾安中
又不在碑目者 96/5726
曾宏
韓氏門人 3/395
31 曾潭先生(見傅夢泉)
32 曾漸(鴻甫、文莊)
武夷再傳 34/2045
33 曾祕
石氏門人 70/3990
34 曾造
文肅續傳 4/589
35 曾逮(仲躬、習庵先生)
震澤門人 29/1819
37 曾汲古(子濬)
慈湖門人 74/4303
曾祖道(宅之、擇之)
晦翁門人 69/3861
曾逢(原伯)
茶山家學 *34/2033
籍溪門人 43/2323
曾逢震(誠叟)
晦翁門人 69/3886
38 曾澂
象山續傳 58/3322

曾肇(子開、文昭、曲阜先生)
南豐家學＊4/557
忠宣門人 3/412
40 曾士倬(子美)
文溪門人 79/4562
曾圭
陳氏門人別 3/6375
曾堯臣
曾圭子別 3/6375
曾克永
靜廬家學 28/1809
曾克定
靜廬家學 28/1809
曾布(子宣、文肅)
南豐家學＊4/559
別附 4/546
別附 96/5704
曾存(存之)
陳氏家學別 1/6191
曾忐(仲常)
南豐續傳 4/577
42 曾機
曾槐弟 35/2122
44 曾協
曾炎父 4/588
曾耆年
曾崇子 24/1615
46 曾旭(見曾勗)
曾槐(仲卿、肯齋)
平園門人＊35/2122
楊氏門人 44/2453
47 曾獬父
紫微門人 36/2149
曾極(景建、雲巢)
曾氏家學 57/3279
48 曾翰(仲巽)
熊氏門人 49/2887
曾敬之(敬之)
象山門人 77/4425
曾松(堅伯)
茶山續傳 34/2047
50 曾中節(見曾集)
曾丰(曾豐、幼度、撙齋)
鄧氏師承 55/3171
53 曾成叔(伯玉)
勉齋門人 63/3508
58 曾撙(節夫、拙齋)
南軒門人 71/4115
60 曾旼(彥和)
王氏門人別 2/6300
曾易占(不疑)
曾氏先緒 4/456
曾暈(叔茂)
博士家學 4/546
64 曾勗(曾旭、旦初)
陳氏家學別 3/6383

66 曾嚴卿(務光、恭貞先生)
曾正言子 84/5069
67 曾躍鱗(子龍)
宋儒博考別 2/6244
71 曾原一(子實)
東山門人 44/2457
曾原郕
東山門人 44/2457
77 曾堅(子白、滄海逸史)
草廬門人 * 92/5544
曾氏續傳 57/3281
平山家學 84/5070
曾鳳(朝陽、秀峯)
文山師承 88/5213
曾覺(道濟)
博士家學 4/547
曾同
文莊家學 34/2049
曾開(天游)
沮和議者 96/5735
曾巽申(巽初)
道園講友 92/5553
曾興宗(光祖、唯庵)
晦翁門人 69/3879
曾貫(傳道)
陳氏家學別 3/6381
80 曾兼善
勉齋門人 63/3512
87 曾欽
草廬門人 92/5545
90 曾炎(南仲、覺翁)
文昭續傳 4/588
曾棠(召南)
茶山續傳 34/2047
91 曾悟(蒙伯)
文昭續傳 4/588
92 曾恬(天隱)
上蔡門人 24/1612
94 曾慥
文昭續傳 4/588
曾燿(日章)
魯氏門人 74/4328
97 曾熠(定遠)
慈湖門人 74/4300

8060_6會

10 會元(見程覃)
17 會孟(見劉辰翁)
23 會稽郡王(見史浩)
27 會叔(見馬大同)
30 會之(見王柏)
會之(見孫逢辰)
會之(見葉大同)
會之(見秦檜)
50 會由(見姚舜仁)
77 會卿(見周學古)

叩會□(見龔中元)

8060$_{7}$倉

51 倉振

張氏講友別 3/6356

8060$_{8}$谷

17 谷子(見李畋)

33 谷心(見鄭大惠)

60 谷口耕叟(見陳瓔)

8060$_{9}$畬

22 畬山老人(見陳仁)

8071$_{7}$瓮

10 瓮天先生(見丁錟)

8073$_{0}$公

00 公立(見李植)

公序(見宋庠)

公衮(見鄒補之)

公亮(見廉輝善哈雅)

公亮(見趙秉正)

公亮(見陳光道)

公度(見許楫)

公度(見林憲卿)

公度(見劉孟容)

公衮(見曾紆)

04 公謹(見李文子)

公謹(見李端愿)

公謹(見周密)

公謹(見周介)

05 公靖(見趙澄)

07 公望(見項良才)

公望(見韓奕)

公望(見楊介)

08 公議(見王冏)

10 公玉(見謝璡)

公玉(見劉琦)

公疏(見賈同)

公元(見楊總)

公平(見李齊)

公平(見楊準)

11 公非先生(見劉攽)

12 公瑞(見張珪)

公發(見楊訓)

13 公武(見盧熊)

公武(見李遵勖)

14 公瑾(見劉瑾)

17 公孟(見保八)

公弼(見汪襄)

公弼(見陳希亮)

公羣(見蘇渙)

19 公琰(見操琬)

20 公垂(見宋綬)

公信(見王孚)

公秉(見賀均)
公秉(見林國鈞)
21 公綽(見高遵裕)
24 公偉(見汪奕)
公休(見司馬康)
27 公叔(見吳松年)
公叔(見畢仲游)
28 公儀(見高弁)
公儀(見許衮)
公儀(見鄧立)
公儀(見梅摯)
30 公濟(見邵博)
公濟(見吳楫)
公濟(見袁轂)
公濟(見楊蟠)
公渡(見李澥)
公適(見陳經)
公寶(見傅瑾)
公實(見嵇潁)
公實(見劉潁)
31 公潛(見陳剛)
33 公冶(見崔若礪)
34 公遠(見徐緬)
36 公澤(見張志行)
公澤(見李惠)
37 公初(見馮制)
38 公裕(見黄孝綽)
公裕(見黄問)
40 公才(見程汝能)
公南(見宇文之邵)
公南(見李布)
公南(見劉康夫)
44 公著(見林暐)
公茂(見豐存芳)
公茂(見姚樞)
公權(見陳衡)
公權(見歐陽守道)
50 公肅(見秦噩)
公肅(見鄭雍)
公素(見李絢)
公素(見金問)
53 公輔(見歐陽佑)
公甫(見章衡)
56 公擇(見李常)
59 公掞(見朱光庭)
60 公是(見黄寔)
公是先生(見劉敞)
63 公默先生(見王向)
64 公時(見傅察)
67 公明(見鄭向)
公路(見焦瑗)
68 公晦(見李方子)
公晦(見李山甫)
70 公雅(見丁度)
公雅(見沈度)
77 公闢(見周希孟)

公巽(見翟汝文)
80 公美(見俞端)
84 公饒(見李裕)
88 公飭(見張子紆)
公飾(見張紆)
90 公卷(見曾紆)
92 公愷(見華悰韡)

8073_2養

00 養高先生(見王宗岳)
10 養正(見譚知言)
養正(見龔頤正)
養正(見王蒙)
養正(見張敦頤)
養正(見何中)
養正(見程頤)
養正(見家頤)
養正(見董文進)
養正(見林公遇)
養正(見趙端頤)
養吾(見李天勇)
26 養伯(見戴蒙)
31 養源(見程渭)
養源(見汪涓)
養源(見翁彥深)
34 養浩(見劉廷直)
養浩(見劉剛)
養浩齋(見劉林宗)
養浩堂(見劉庭老)
40 養直(見蘇庠)
養直(見陳規)
50 養素處士(見李珙)
52 養拙軒(見張撝)
67 養明(見劉惔)
68 養晦(見陳成)

8090_4余

00 余童(余穜、端蒙)
涑水私淑 8/869
余應(則亮)
朱學之餘 49/2920
余文起
張學續傳 *50/2922
晦翁私淑 49/2860
余文夫
余□孫 69/3934
余京
古靈門人 *5/625
石氏門人 5/629
01 余諧(□仲)
王氏門人 44/2443
05 余靖(安道、武溪、忠襄)
廬陵同調 4/490
17 余聚齋(聚齋)
余□子 69/3934
20 余穜(見余童)

21 余貞

王經師別 3/6370

23 余允文(隱之)

晦翁學侶 49/2817

24 余德臣

余氏家學 92/5595

25 余仲敬(靜學)

息齋家學 89/5301

26 余偶(占之)

晦翁門人 69/3892

28 余復

張氏門人 45/2504

29 余嶸(徐嶸、景瞻、肯堂)

劉氏門人 55/3200

30 余安行(仲勉、石月先生)

泰山私淑 2/164

余安裕

疊山門人 84/5067

余良弼(巖起)

朱氏門人 39/2203

余宗旦(仲阜)

王氏門人 44/3433

余宋傑(伯秀、國秀)

晦翁門人 69/3837

37 余潔(伯秀)

晦翁門人 69/3934

40 余大車

蔡復初師 47/2629

余大雅(正叔)

晦翁門人＊69/3825

王氏門人 27/1758

余大猷(方叔)

晦翁門人 69/3874

余克濟(叔濟)

易氏家學＊別 2/6250

邱迪嘉師別 2/6262

余南卿

網山門人 47/2595

余燾(元輔)

陳氏學侶別 1/6178

余嘉(見余嚞)

余嚞(余嘉、若蒙)

附攻慶元道學者 97/5752

余木

附傳 89/5263

43 余載(大車、三山布衣)

陳氏門人 64/3572

44 余芑舒(德新、息齋)

桃谷家學 89/5277

46 余如晦(明叔)

王氏門人 44/2436

50 余東卿

網山門人 47/2595

60 余日強(彥莊、淵默)

鐵崖同調 52/3061

余國輔

草廬同調 92/5521
余思齋（見余□）
64 余時言
程氏門人 1/92
余疇若（堯輔）
盱江門人 3/419
70 余璧（全之）
王氏門人 44/2439
余驤
網山門人 47/2595
74 余臒（叔成）
余璧父 44/2439
77 余闕（廷心、天心、文忠、忠宣、忠愍、夏國公、青陽先生）
張氏講友 92/5554
88 余範（彝孫）
晦翁門人 69/3892
90 余炎
疊山門人 84/5068
98 余熾（茂本）
陳氏家學別 3/6387
叩余□（思齋先生）
晦翁門人 69/3934

8111_7 鉅

50 鉅夫（見程鉅夫）

8118_1 鎭

26 鎭伯（見周鼎臣）
30 鎭之（見王礎）
鎭之（見葉夢鼎）
34 鎭遠（見萬鼎）
50 鎭夫（見李大鼎）

8141_7 矩

90 矩堂（見祝士表）

8190_4 榘

00 榘庵（見同恕）
90 榘堂（見董槐）

8211_4 鍾

00 鍾離子（見翁彥深）
10 鍾震（宗一先生）
晦翁門人 69/3894
17 鍾柔（元剛、一峯先生）
鍾氏家學 88/5253
22 鍾山先生（見李繒）
25 鍾律（伯紀）
程學之餘 16/1317
30 鍾寅
文山同調 88/5236
37 鍾過（改之）
張氏講友別 3/6355
鍾朗
楊氏門人 59/3353
40 鍾士懋

陳思禮師別 3/6382

鍾克俊

附傳 88/5243

44 鍾夢鯉

鍾氏續傳 71/4159

46 鍾恕(以行)

鍾氏家學 88/5254

80 鍾美(見王令)

8229_4穌

30 穌之(見司馬育)

8315_0鐵

00 鐵庵(見方大琮)

10 鐵石先生(見周浩)

22 鐵崖(見楊維楨)

鐵峯(見趙德)

鐵山先生(見陳則通)

40 鐵木兒塔識(九齡、文忠、冀寧王)

康里家學別 3/6363

88 鐵笛子(見楊維楨)

8315_3錢

00 錢彥遠(子高)

錢氏家學 10/1032

錢廓(錢擴、叔因)

龍川門人 56/3233

錢文子(錢宏、文季、文子、白石、白石先生)

永嘉同調 * 61/3397

潁濱續傳 99/6061

錢衮(去私)

祕監同調 10/1030

20 錢舜在

鐵崖門人 52/3076

21 錢顗(安道)

論新法者 96/5695

27 錢象祖

李龜朋門人 31/1911

30 錢宏(見錢文子)

錢良

錢衮從父 10/1030

錢良右(翼之、江村民人、江村先生)

徐氏門人 2/244

32 錢淵龍(見錢申叟)

33 錢演

湛若附別 2/6276

34 錢造父(孝廉先生)

方舟講友 99/6059

40 錢大有

履齋門人 77/4450

錢堯卿(熙載)

梅溪同調 44/2406

錢木之(子升)

晦翁門人 69/3923
41 錢槱(誠甫)
融堂家學 74/4314
44 錢藻(醇老)
安定門人 * 1/50
錢氏家學 10/1033
錢世雄(濟明、冰華先生)
東坡門人 99/6029
46 錢勰(穆父)
錢氏家學 10/1033
47 錢朝彥(用明、沖虛居士)
錢氏門人 * 44/2455
錢氏先緒 61/3395
錢起
湛若附别 2/6276
48 錢敬直(錢易直、敬子、季莊)
華陽續傳 21/1544
50 錢申叟(錢淵龍、申叟)
文山同調 88/5237
錢擴(見錢廓)
60 錢易(希白)
忠定門人 9/952
錢易直(見錢敬直)
錢景諶
百源門人 33/1965
錢景臻
荆公門人 98/5873
64 錢時(子是、融堂先生)
慈湖門人 * 74/4293
文惠所薦 73/4228
70 錢璧(伯全)
南村師承 82/4929
71 錢長文
錢長卿兄 1/57
錢長卿
安定門人 1/57
77 錢用壬
玩齋門人 92/5586
錢用壬
湯志眞門人别 3/6385
錢熙(太雅)
文公同調 6/660
錢聞詩(子言)
晦翁私淑 49/2851
錢興祖(國材)
錢氏家學 25/1722
80 錢義方(子宜)
陳氏門人别 3/6370
錢公輔(君倚)
安定門人 1/33
87 錢翔龍
錢申叟弟 88/5237
88 錢節
沙隨門人 25/1718

8363_4猷

80 猷父(見史徽孫)

8375_0餓

47 餓殺塚（江友直）

8471_1饒

00 饒應龍（翔夫）
饒氏續傳 77/4446
饒應子（定夫）
儆齋門人 *63/3517
章氏門人 77/4445
饒氏續傳 77/4446
12 饒延年（伯永、壽翁、止翁）
象山門人 77/4419
17 饒子儀（元禮、淩雲先生、葆光庵）
楊氏門人 2/171
27 饒魯（伯輿、仲元、師魯、雙峯、文元）
黄柴門人 *83/4991
濂溪續傳 12/1177
饒約（見饒敬仲）
30 饒安道
饒□父 70/4074
饒宗魯（心道）
平山門人 84/5070
35 饒神童（見饒□）
40 饒克明
晦翁門人 69/3925
48 饒敬仲（饒約、敬仲）
草廬門人 92/5541
88 饒敏學
晦翁門人 69/3807
饒節（德操）
滎陽門人 23/1599
91 饒焯（東山先生）
饒氏家學 77/4438
□饒□
張氏學侶 69/3940
饒□（神童）
黄氏門人 70/4074
饒□
蒙齋門人 75/4358

8490_0斜

22 斜川居士（見蘇過）

8511_7鈍

00 鈍齋（見倪用宣）
30 鈍之（見郁鋭）

8612_7錦

22 錦峯老人（見王仲元）
32 錦溪先生（見張巽）

8612_7錫

38 錫道（見張子覺）

65 錫疇(見周元龜)

80 錫公(見陳龜朋)

8640_0 知

00 知彦(見張鄰)

11 知非子(見劉德智)

21 知止亭(見朱昂)

22 知幾(見李石)

知幾(見麻九疇)

23 知稼翁(見黄公度)

28 知微(見毛徹)

知復(見王中行)

38 知道(見葉味道)

知道(見趙師端)

40 知來(見李占)

60 知足老人(見李琥)

63 知默(見陳淵)

88 知餘子(見陳堯佐)

90 知常(見張根)

8660_0 智

21 智行(見莫表深)

53 智甫(見沈省曾)

91 智炳

蕭氏門人 95/5658

8712_0 釣

12 釣磯翁(見邱葵)

77 釣月(見王南美)

8716_1 鉛

22 鉛山先生(見楊與立)

8718_2 欽

21 欽止(見鮑慎由)

欽止(見李獻卿)

27 欽叔(見李獻能)

30 欽之(見傅堯俞)

44 欽若(見羅棐恭)

53 欽甫(見蘇思恭)

60 欽國(見程洵)

77 欽用(見李獻甫)

80 欽父(見薛舜俞)

8722_7 邠

44 邠老(見潘大臨)

8742_0 朔

00 朔齋(見劉震孫)

24 朔儔

趙氏門人 83/5030

8742_7 鄭

00 鄭亨仲

横浦私淑 40/2246

鄭雍(公肅)

別附 96/5698
鄭康仲
疊山門人 84/5065
鄭度
鄭濟甫父 47/2621
鄭慶長
鄭偘兄 73/4241
鄭文寶(仲賢)
徐氏門人 2/141
鄭文遹(成叔、庸齋)
晦翁門人 *69/3880
勉齋門人 63/3511
鄭文嗣
鄭綺六世孫別 1/6206
鄭奕夫(景先、習齋先生)
鄭氏續傳 73/4248
鄭褎
陸氏門人 98/5907
10 鄭玉(子美、師山、獅山處士)
夏吴門人 *94/5635
鄭氏家學 49/2925
鄭王(見蔑兒吉解脱脱)
鄭至道
古靈同調 5/613
鄭元秉
陳氏門人別 3/6374
鄭丙(少融、簡肅)
葉氏門人 34/2032
鄭可學(子上、持齋)
晦翁門人 69/3826
鄭可與
逸平門人 25/1711
鄭云
陸氏門人 98/5907
鄭震(鄭起、叔起、菊山、安節)
和靖之餘 *27/1761
安定之餘 1/94
鄭霖(景說、雪巖)
□□□□79/4540
11 鄭瓏(純甫)
忠惠家學 46/2557
12 鄭發(華父)
鄭霖弟 79/4541
13 鄭琮(叔方)
師山家學 *94/5639
程氏門人 94/5642
鄭戩(天休、文肅)
文公門人 6/677
14 鄭璹(伯壽)
高平續傳 3/437
17 鄭子誠
樂軒門人 47/2609
鄭子誠
黄所志附 95/5654
鄭君老(邦壽、靖節先生)
別附別 2/6277

鄭柔(克剛)
陳氏門人 41/2283
20 鄭千齡(鄭椿、耆卿、貞白先生)
鮑氏門人 49/2886
鄭集(宏齋)
韓永師 63/3513
21 鄭行(見鄭聞)
鄭眞(千之)
鄭氏門人 *85/5126
貝氏門人 52/3082
22 鄭鼎新(中實、仲實)
勉齋門人 *63/3508
信齋門人 70/3989
鄭僑(惠叔、忠惠)
誠齋同調 44/2411
24 鄭僅(彥能)
東坡門人 99/6031
鄭德璋(子振)
梭山私淑 57/3280
鄭德珪
鄭德璋兄 57/3280
鄭俠(介夫、一拂居士、介)
荆公門人 98/5867
鄭僖
李曄師 82/4946
鄭升
逸平門人 25/1711
鄭秸(獻可)
方槐生師 47/2628
鄭綺(宗文、沖素處士)
陳氏家學別 1/6206
25 鄭仲禮(仲禮)
南軒門人 71/4134
鄭仲履
晦翁門人 69/3921
26 鄭自誠(見鄭性之)
鄭伯謙(節卿)
景望家學 32/1950
鄭伯熊(景望、文肅、大鄭公)
公叔講友 *32/1943
正獻私淑 19/1495
華陽私淑 21/1543
鄭伯海(彥容)
景望家學 32/1950
鄭伯壽(伯壽)
南軒門人 71/4134
鄭伯英(景元、歸愚翁、小鄭公)
景望家學 32/1949
鄭偘(鄭濬甫、德言、村邊)
鄭氏門人 73/4241
鄭保忠
鄭氏家學 *78/4491
草廬門人 92/5550
鄭魏挺(景烈、西園老圃)
鄭可與子 25/1711
鄭穆(閎中)

古靈講友 5/607
27 鄭向(公明)
濂溪師承 11/1097
鄭條(金斗)
穆氏同調 9/916
28 鄭倫(子夔、環谷野人)
俟庵門人 93/5626
30 鄭沆
萬竹門人 25/1721
鄭濟(仲辨)
宋氏門人 82/4972
鄭濟甫(逢原)
鐵庵學侶 47/2621
鄭濂(仲德)
淵穎門人 56/3263
鄭憲(彥仁)
鄭氏家學 70/4034
鄭安正
鄭氏先緒 4/575
鄭準
又不在碑目者 96/5729
鄭良朋(少宏、東巖老人)
白石門人 61/3402
鄭寅(子敬)
忠惠家學 46/2556
鄭宗顏
從新學者 98/5894
鄭寀(載伯)
潛庵門人 *64/3540
北溪門人 68/3719
31 鄭潛甫(見鄭偘)
鄭灝
宋氏門人 82/4974
32 鄭淵(仲涵、貞孝處士)
宋氏門人 82/4972
鄭适(周父)
勉齋門人 63/3511
鄭遜志(時敏)
王氏門人 44/2433
33 鄭泳(仲潛)
宋氏門人 *82/4973
馬學之餘 8/887
朱氏門人 82/4961
34 鄭洧(仲宗、貞義處士)
宋氏門人 82/4974
鄭汝諧(舜舉、東谷)
伊川續傳 16/1298
鄭汝諧(熙績、武庫)
宋儒博考別 2/6224
鄭汝原
倪氏門人 52/3060
鄭濤(仲舒)
柳氏門人 *82/4916
淵穎門人 56/3262
黃氏門人 70/4071
35 鄭清之(鄭燮、德源、文叔、安

晚、忠定、申國公、衛國公、越國公、齊國公、魏郡王）
樓氏門人 *73/4230
三江門人 76/4391
鄭氏家學 79/4550
鄭洙（教生、東山）
古靈同調 5/619
36 鄭湜（溥之、補之）
曾任待制以上者 97/5745
鄭湜（仲特）
宋氏門人 82/4972
37 鄭涣
宋氏門人 *82/4974
鄭氏家學 49/2931
鄭澳
宋氏門人 82/4974
鄭次申
樓氏門人 73/4233
鄭次時
樓氏門人 73/4233
鄭深（仲幾、浚常）
淵穎門人 56/3262
鄭逢辰
師山家學 94/5639
38 鄭滁孫（景歐）
朱氏同調 *78/4478
鄭氏續傳 16/1318
朱學續傳 49/2879
40 鄭大和（見鄭太和）
鄭大惠（子東、谷心）
立齋學侶 66/3616
鄭太和（鄭大和、鳳麟）
朱學之餘 *49/2908
鄭氏家學 57/3281
鄭士華
易氏家學別 2/6257
鄭克寬（伯厚）
項氏門人 49/2843
鄭南升（文振）
晦翁門人 69/3889
鄭希誠
葉氏門人 18/1383
鄭嘉正（叔張）
鄭氏家學 98/5907
鄭雄飛（景溫、慥堂）
吴氏學侶 69/3945
鄭樵（漁仲、溪西先生、夾漈先生）
鄭氏先緒 *46/2524
徐氏私淑 2/189
41 鄭桓（見鄭柏）
鄭楷（叔度、醇翁）
宋氏門人 82/4977
43 鄭載
鄭戩兄 6/677
鄭樸翁（宗仁）

臯羽同調 56/3243
鄭檝(叔通)
宋氏門人 82/4978
44 鄭夢協(新恩)
鶴山講友 *80/4590
西山講友 81/4655
鄭若沖(季真、魯國公)
攻媿講友 79/4531
鄭世忠
鄭氏家學 *78/4491
草廬門人 92/5550
45 鄭椿(見鄭千齡)
46 鄭旭(景初)
王氏講友別 3/6391
鄭如圭(伯玉)
史氏同調 65/3605
鄭柏、鄭桓、叔端、清逸處士)
宋氏門人 82/4976
47 鄭獬(毅夫)
鄧氏門人 6/719
鄭轂(致遠、九思)
上蔡門人 24/1612
鄭起(見鄭震)
鄭杓(子經)
陳氏講友 92/5583
48 鄭教忠
鄭氏家學 *78/4491
草廬門人 92/5550
鄭松(特立)
邵學續傳 78/4477
50 鄭申之(惟任、聚遠樓)
晦翁門人 69/3902
鄭夬(揚庭)
百源門人 33/1968
鄭本忠
舒氏門人別 3/6389
鄭東卿(少梅、少楳、合沙漁父)
邱氏門人 *6/740
百源私淑 10/1076
54 鄭拱辰
師山家學 94/5639
55 鄭耕老(穀叔)
廬陵續傳 4/586
57 鄭邦彥(國材)
忠簡同調 44/2352
60 鄭國翰
晦翁同調 49/2832
鄭國公(見夏竦)
鄭國公(見富弼)
鄭國公(見宋庠)
鄭思孟(齊卿)
晦翁門人 *69/3903
勉齋門人 63/3511
仁齋門人 70/3987
鄭思尹
廖氏門人 70/3968

鄭思肖(憶翁、所南)

鄭氏家學 27/1762

鄭思忱(景千)

白石門人 68/3721

鄭昌齡

梁溪門人 25/1708

67 鄭昭先(景明、景紹、日湖、文靖)

昭翁門人 69/3843

鄭昭祖(孔明、敬齋)

鮑氏學侶 49/2883

71 鄭厚(景韋、叔友、溪東先生、湘鄉先生)

鄭氏先緒 46/2519

鄭原善(復初)

貝氏學侶 52/3079

72 鄭剛中(漢章、亨仲、北山、觀如居士)

潘氏講友 25/1670

沮和議者 96/5735

77 鄭鳳(千奇)

鄭氏家學 85/5126

鄭覺民(以道、求齋)

鄭氏家學 *85/5125

畏齋門人 87/5200

鄭陶孫(景潛)

鄭氏學侶 *78/4480

鄭氏續傳 16/1319

鄭履(立禮)

石門門人 93/5632

鄭聞(鄭行、行之、聞之)

象山續傳 58/3321

鄭閎(以純、以仁、味易叟)

鮑氏門人 92/5586

鄭卿(見常濬孫)

鄭與言(彝叟)

虛齋門人 49/2864

鄭與叔(希默)

達觀同調別 2/6285

鄭貫

玩齋門人 92/5586

80 鄭公敏(明之)

宋儒博考別 2/6229

86 鄭鍔(則中、剛中、三山)

樓氏師承 79/4508

87 鄭銘(景彝)

淵穎門人 56/3262

鄭欽(子敬、青槤居士)

鄭氏家學 49/2930

鄭翔(朝舉)

呂氏私淑 70/4023

88 鄭銓(應權、應庵、應庵先生)

陳氏家學別 1/6204

鄭鑑(自明、植齋)

正獻門人 34/2047

90 鄭少微(明舉)

劉涇附 79/4507

鄭光弼(子直)
晦翁門人 69/3921
鄭棠(景召)
顧齋門人 74/4324
鄭棠(叔美、道山)
宋氏門人 82/4976
95 鄭性之(鄭自誠、性之、行之、毅齋、文定)
晦翁門人 69/3901
99 鄭燮(見鄭清之)
叩鄭□(天趣)
永嘉之餘 53/3142
鄭□
鄭寀父 64/3540
鄭□(栖筠)
雙峯門人 65/3598
鄭□(苔泉)
西山門人 81/4676

8752_0 翔

25 翔仲(見馬廷鸞)
50 翔夫(見饒應龍)
77 翔卿(見李鳳)

8762_2 舒

00 舒高
晦翁門人 69/3919
03 舒誼(周臣)
南軒門人 71/4133
10 舒元
吴氏門人 82/4923
舒亶(信道、嬾堂)
樓氏門人 *6/731
桃源門人 6/746
舒天民(執風)
許氏講友別 3/6345
13 舒琬(傳正)
廣平學侶 76/4370
舒球(東美)
廣平學侶 76/4371
舒琮(伯禮)
舒黼子 25/1674
19 舒璘(元質、元賓、廣平、文靖、風雩亭)
張陸門人 *76/4367
樓氏私淑 6/748
復齋門人 57/3278
21 舒卓(可立)
陳氏門人別 3/6368
22 舒嶽祥(舜侯、景薛、閬風先生)
吴氏門人 *55/3203
羅氏私淑 1/98
27 舒叔恭
剡源門人 85/5124
30 舒賓王
安定門人 1/57

32 舒澄之(少度)
東美續傳 76/4393
33 舒泌(子和)
廣平續傳 76/4387
舒黼(德明)
舒氏先緒 25/1674
舒黻
持之講友 25/1695
34 舒斗祥(景祥)
舒氏家學 55/3206
35 舒津(通叟)
三江門人 76/4392
38 舒滸(平叟)
廣平續傳 * 76/4387
三江門人 76/4395
43 舒棫(德文)
舒泌子 76/4387
44 舒莊(汝臨)
德文續傳 76/4397
舒慕(自謙、說齋)
舒天民子別 3/6345
47 舒格(景禮)
舒泌子 76/4387
52 舒撝(謙叔)
洺水講友 71/4159
53 舒成大
徐子鄧師 89/5278
56 舒揚(德彰)
慈湖同調 74/4285
57 舒邦佐(輔國、平叔)
晦翁學侶 49/2818
60 舒國公(見王安石)
67 舒明翁(朋之)
舒泌孫 76/4387
70 舒雅(子正)
吴氏同調 2/143
80 舒益(裕父)
慈湖門人 74/4303
舒公平(廉夫、平山先生)
蘇學之餘 99/6083
81 舒鈃(和仲)
廣平家學 76/4378
88 舒鋭(子春)
傳正家學 76/4384
叩舒□(叔獻)
舒氏家學 55/3206

8771_2飽

22 飽山閣(見程瑀)

8778_2飲

00 飲齋(見周奭)

8810_1竺

26 竺稷
竺氏續傳 76/4394

40 竺大年(耕道)
定川門人 76/4385

8810$_4$篁

41 篁塛翁(見劉子寰)

8811$_7$鑑

37 鑑湖老樗(見解子玉)
51 鑑軒(見方恬)
90 鑑堂先生(見方恬)

8812$_7$篘

32 篘溪先生(見李彌遜)
33 篘心(見郭琤)
37 篘澗先生(見解開)
51 篘軒(見唐元)

8822$_0$竹

10 竹西先生(見王居正)
竹西先生(見劉庚達)
21 竹盧(見杜榮祖)
22 竹山先生(見蔣捷)
30 竹房(見吾衍)
32 竹洲(見吳儆)
竹洲(見馬端臨)
竹洲先生(見何天聲)
竹溪(見徐大受)
竹溪(見林希逸)
竹溪(見陳夢庚)
竹溪(見党懷英)
37 竹湖(見李韶)
竹澗(見高天錫)
竹逸(見趙若燭)
40 竹友(見謝薖)
41 竹梧(見白恪)
竹梧(見解子元)
44 竹埜(見埜時)
竹坡(見項采)
竹坡(見黄疇若)
竹坡(見呂午)
竹坡居士(見周紫芝)
竹莊堂(見李存)
竹林先生(見林晞説)
竹林先生(見翁易)
竹林居士(見廖正一)
竹林精舍(見蕭雷龍)
45 竹樓(見王善)
51 竹軒(見林季仲)
67 竹野(見葉時)
72 竹所堂(見丁應桂)
竹隱(見徐似道)
竹隱精舍(見李用)
竹隱居士(見何劉發)
竹隱居士(見傅伯成)
77 竹岡(見葉竹岡)
竹居(見張元禮)

80 竹谷(見熊慶胄)
88 竹簡先生(見毛友誠)

8822_7簡

27 簡修(見胡宗愈)
簡叔(見趙彥傒)
30 簡之(見謝與賢)
40 簡克己
南軒門人 71/4112
44 簡世傑(伯俊)
石湖門人 25/1720
50 簡夫(見潘納)
簡夫(見陳從易)
簡肅(見薛奎)
簡肅(見黄中)
簡肅(見林栗)
簡肅(見胡憲)
簡肅(見劉勉之)
簡肅(見鄭丙)

8824_3符

28 符谿先生(見薛紱)
37 符初(復仲)
晦翁門人 49/2841
叩符□
李氏門人 *20/1523
澹庵門人 34/2041

8832_7篤

77 篤堅不花
黄氏門人 49/2926

8843_0笑

88 笑笑先生(見文同)

8854_0敏

00 敏齋(見許□)
敏齋(見袁俊翁)
25 敏仲(見王古)
30 敏之(見高若訥)
38 敏道(見包遜)
40 敏才(見戴敏)
敏存(見袁瓘)
50 敏中(見蕭之敏)
77 敏問(見葛洄)
88 敏節(見王庶)

8872_7飾

80 飾父(見梁季珌)

8872_7節

00 節庵(見黄巽)
節庵(見陳節庵)
節齋(見張廷)
節齋(見蔡淵)

節齋（見趙崇度）
節齋（見趙與篙）
節齋（見陳祐）
節齋先生（見潘榮）
21 節行里（見李僑）
30 節之（見楊節之）
37 節初（見齊夢龍）
節初（見齊節初）
44 節孝（見徐積）
節孝先生（見李貫道）
50 節夫（見夏侯旄）
節夫（見洪擣）
節夫（見曾撙）
節惠（見王萬）
51 節軒先生（見張廷）
77 節居齋（見曾子良）
節叟（見牟子才）
節卿（見鄭伯謙）
78 節愍（見張庭堅）
節愍（見董士元）
節愍（見梅執禮）
80 敏翁（見林仁實）

8877_7管

24 管納
鐵崖門人 25/3076
27 管叔奇
梅溪學侶 44/2406
40 管壽昌（伯齡、尚志齋）
朱學之餘 49/2921
64 管時可
管氏家學 5/632
管時敏
鐵崖門人 52/3075

8880_1箕

25 箕仲（見林師説）

8880_6簣

26 簣牕（見陳耆卿）
88 簣簹書舍（見季復初）

8884_0斂

00 斂齋（見周奭）

8896_1籍

32 籍溪（見胡憲）

9000_0小

22 小山先生（見胡士會）
26 小程子（見程頤）
27 小舟（見李開）
30 小宋（見宋惟幹）
36 小湯（見湯中）
44 小坡（見蘇過）
小蘇（見蘇籍）

小萬卷(見朱昂)
46 小楊(見楊甲)
50 小東萊(見呂祖謙)
72 小劉先生(見劉安上)
小隱(見楊芮)
87 小鄭公(見鄭伯英)

9001_4 惟

22 惟任(見鄭申之)
30 惟寅(見陳汝秩)
33 惟心居士(見周葵)
34 惟斗(見蕭㪺)
44 惟恭(見卓敬)
惟恭(見趙文)
50 惟中(見多爾濟巴勒)
惟中(見李好文)

9002_7 慵

50 慵夫(見王若虛)

9003_2 懷

27 懷叔(見柴瑾)
40 懷古(見程珌)

9003_6 憶

80 憶翁(見鄭思肖)

9004_7 惇

00 惇立(見徐度)
50 惇夫(見邢居實)

9020_0 少

00 少度(見舒澄之)
少度(見劉季裴)
少章(見朱弁)
少章(見秦覯)
07 少望(見戴溪)
少望(見林周卿)
10 少平(見何坦)
11 少張(見許安世)
少裴(見朱賡)
14 少琳(見方虁)
15 少融(見鄭丙)
21 少潁(見林之奇)
26 少白(見李庚)
27 少伊(見許景衡)
少約(見范子該)
28 少微(見陳煥)
少儀(見秦覿)
30 少宏(見鄭良朋)
少賓(見胡序)
33 少述(見孫侔)
38 少游(見楊如山)
少游(見秦觀)
40 少才(見施淵然)
少南(見陳朋飛)
44 少董(見畢良史)

少華(見連士表)
少藴(見葉夢得)
少楳(見鄭東卿)
48 少梅(見鄭東卿)
56 少揚(見朱誥)
60 少愚(見張俞)
67 少明(見許景亮)
72 少隱(見周紫芝)
74 少陸(見羅士能)
76 少陽(見陳東)

9021_1 光

12 光烈(見蔡兹)
25 光仲(見陳煒)
27 光叔(見何謙)
34 光遠(見王昭禹)
光遠(見安昭祖)
37 光祖(見李郁)
光祖(見曾興宗)
38 光道(見程益)
44 光薦(見鄧光薦)
53 光甫(見許輝先)

9021_6 党

20 党禹錫(唐卿)
陳氏家學别 1/6186
90 党懷英(世傑、竹溪、文獻)
廣道門人＊100/6116
蔡氏門人 100/6118

9022_7 肖

07 肖望(見李起渭)
肖望(見戴溪)
27 肖舟老人(見郭叔誼)
51 肖軒(見陳景茂)
80 肖翁(見張巖)
肖説(見許子良)

9022_7 尚

00 尚文(周卿、正獻、齊國公)
静直門人 14/1232
24 尚佐均
尚大伸父 8/868
尚德(見陳普)
27 尚絅齋(見林武)
尚絅翁(見黄正孫)
30 尚賓(見詹觀)
40 尚大伸(道長)
涑水私淑 8/868
尚友堂(見牛諒)
尚志齋(見管壽昌)
尚志(見周徧)
44 尚英(見彭宗茂)
67 尚野(文蔚、文懿、上黨郡公)
王氏學侣别 3/6325
72 尚隱先生(見董煟)

尚質(見黄幹)
77 尚賢(見張師德)

9022_7常

00 常立
常氏家學 4/569
常庵(見趙端頤)
04 常誅孫(直卿、雪溪先生)
常氏家學 19/1497
14 常拱(君璧)
文定門人 3/415
17 常豫(伯起)
長民所傳 2/179
22 常山王(見劉秉忠)
25 常秩(夷甫)
廬陵門人 4/544
30 常之(見葛立方)
常宗(見王彝)
31 常濬孫(鄭卿)
常氏家學 19/1497
34 常禧
常珙父 3/415
53 常甫(見王安仁)
67 常明
沮和議者 96/5737
77 常同(子正、虚間居士)
常氏家學 * 19/1476
元城門人 20/1514
忠簡同調 44/2352
張氏門人 99/6045
79 常勝(見張文剛)

9050_0半

20 半千(見雷淵)

9050_2掌

20 掌禹錫(唐卿)
原叔同調 3/334

9060_2省

00 省齋(見蘇思恭)
省齋(見趙省齋)
省齋先生(見吴獬)
25 省仲(見陳震)
50 省中(見潘伯修)
省中(見李恕)
省中先生(見李恕)
省事老人(見朱翌)

9060_6當

10 當可(見馮時行)
44 當世(見馮京)

9094_8粹

00 粹衷(見劉性)
30 粹之(見李琉)

50 粹夫（見蔡天球）

80 粹翁（見胡應璣）

粹父（見宋班）

9101_6 恒

22 恒山郡侯（見大食瞻思）

恒山郡公（見王思廉）

恒山郡公（見脫烈海牙）

51 恒軒先生（見劉燃）

76 恒陽王（見廉希憲）

9408_1 愼

00 愼齋先生（見王夢松）

26 愼獨叟（見陳植）

愼獨處士（見陳植）

愼獨先生（見文奎文）

愼獨居士（見陳植）

67 愼明（見呂熒）

86 愼知禮

陳氏師承別 1/6152

9182_7 炳

00 炳文（見范仲彪）

23 炳然（見陳敬叟）

24 炳先（見劉光祖）

27 炳叔（見汪文炳）

30 炳之（見林仲損）

38 炳道（見康文虎）

40 炳大（見李夷行）

50 柄中（見柴元彪）

9206_4 恬

51 恬軒先生（見趙□）

9280_0 剡

31 剡源先生（見戴表元）

9306_0 怡

00 怡齋（見劉光祖）

90 怡堂（見齊魯瞻）

9403_6 慥

00 慥齋（見林大春）

90 慥堂（見鄭雄飛）

9408_9 恢

77 恢叟（見陳應洪）

9501_4 性

30 性之（見王順）

性之（見王銍）

性之（見歐道）

性之（見鄭性之）

37 性初（見許仁）

性初（見丁存）

50 性夫（見方慤）

80 性善(見度正)
性善(見鮑德賢)

9503_0快

51 快軒(見劉鍔)

9601_4惺

96 惺惺主人(見牟完)

9601_4懼

00 懼齋(見陳普)

9682_7燭

37 燭湖先生(見孫應時)

9702_0恂

00 恂齋(見韓翼甫)

9708_6懶

00 懶庵居士(見吴方)

9721_4耀

77 耀卿(見黄曦)

9722_7鄰

22 鄰幾(見孫僅)
鄰幾(見江休復)

9725_6輝

77 輝卿(見張德輝)

9783_4煥

00 煥文(見唐堯章)
煥文(見胡章)
23 煥然(見楊奐)
30 煥之(見譚章)

9801_6悅

30 悅之(見王豫)
38 悅道(見朱文)
悅道(見鄒次陳)
悅道(見趙與懽)
悅道(見曹理孫)
90 悅堂(見楊楫)

9910_3瑩

50 瑩中(見陳瓘)

9923_2滎

76 滎陽先生(見呂希哲)
滎陽公(見呂希哲)

9940_7燮

16 燮理普化(元普、元溥)
楊氏門人 83/5029

9990_4榮

50 榮夫(見汪華)

60 榮國公(見何執中)

榮國公(見蔡沈)

叩叩□□

02□彰

徂徠門人 2/178

08□謙之

房彪師 4/574

17□子山(靜齋)

艮齋門人 28/1808

□子野

柳氏門人 9/958

20□季雅

柳氏門人 9/958

21□行季

荆公門人 98/5878

25□仲(見余諧)

□仲晦

西山門人 81/4677

27□彙

壽翁門人 50/2977

□叔達

柳氏門人 9/958

40□希程(敬恕齋)

明道續傳 14/1215

44□茂功

西山門人 81/4677

□耆

房彪師 4/574

50□夫(見繆克己)

80□公繼

横浦講友 40/2236

叩□□□

夾漈續傳 46/2560

□□(玉谿翁)

文肅門人 * 77/4451

巽齋門人 88/5229

拼音檢字表

A

ai	隘	7821_7
	艾	4440_0
	愛	2024_7
an	安	3040_4
	庵	0021_6
	按	5304_4
ao	敖	5824_0
	聱	5840_1

B

ba	八	8000_0
	把	5701_7
bai	伯	2620_0
	白	2600_0
	百	1060_0
	柏	4690_0
ban	班	1111_4
	半	9050_0
	伴	2925_0
bang	邦	5702_7
bao	包	2771_2
	保	2629_4
	葆	4429_4
	飽	8771_2
	寶	3080_6
	抱	5701_2
	鮑	2731_2
bei	北	1111_0
	貝	6080_0
	備	2422_7
ben	本	5023_0
bi	比	2171_0
	必	3300_0
	庇	0021_1
	畢	6050_4
	碧	1660_1
biao	彪	2221_2
bian	邊	3630_2
	卞	0023_0
	弁	2344_0
	辨	0044_1
biao	表	5073_2
bie	別	6240_0
bin	邠	8722_7
	彬	4292_2
	賓	3080_6
	濱	3318_6
bing	冰	3213_0
	秉	2090_7
	炳	9182_7
	病	0012_7
bo	孛	4040_7
	博	4304_2
	渤	3412_7
	檗	7090_4
	播	5206_9
bu	不	1090_0
	卜	2300_0
	補	3322_7
	布	4022_7

C

cai	才	4020$_0$
	材	4490$_0$
	綵	2299$_4$
	蔡	4490$_1$
can	參	2320$_2$
cang	倉	8060$_7$
	滄	3816$_7$
	蒼	4460$_7$
cao	操	5609$_4$
	曹	5560$_6$
	草	4440$_6$
cen	岑	2220$_7$
cha	茶	4490$_4$
	槎	4891$_1$
chan	蟾	5716$_1$
	躔	6011$_4$
chang	長	7173$_2$
	昌	6060$_0$
	常	9022$_7$
	場	4612$_7$
	暢	5602$_7$
chao	朝	4742$_0$
	超	4780$_6$
	晁	6011$_3$
	巢	2290$_4$
che	車	5000$_6$
	徹	2824$_0$
	澈	3814$_0$
chen	陳	7529$_6$
	郴	4792$_7$
	辰	7123$_2$
	諶	0461$_1$
cheng	澄	3211$_8$
	承	1723$_2$
	程	2691$_4$
	誠	0365$_0$
chi	池	3411$_2$
	持	5404$_1$
	恥	1310$_0$
	赤	4033$_1$
chong	充	0021$_3$
	沖	3510$_6$
	翀	1510$_6$
	崇	2290$_1$
chai	柴	2190$_4$
chu	初	3722$_0$
	儲	2426$_0$
	處	2124$_1$
	楚	4480$_1$
	褚	3426$_0$
chuan	傳	2524$_3$
	船	2746$_1$
chui	垂	2010$_4$
chun	純	2591$_7$
	春	5060$_3$
	椿	4596$_3$
	淳	3014$_7$
	醇	1064$_7$
	蠢	5013$_6$
chuo	綽	2194$_6$
ci	次	3718$_2$
	慈	8033$_3$
	此	2111$_0$
cong	從	2828$_1$
	聰	1613$_0$
	叢	3214$_7$
	淙	3319$_1$
cu	徂	2721$_0$
cui	崔	2221$_4$
	粹	9094$_8$
	翠	1740$_8$
cun	村	4490$_0$
	存	4024$_7$

D

da	達	3430_4
	大	4003_0
dai	待	2424_1
	代	2324_0
	帶	4422_7
	戴	4385_0
dan	丹	7744_0
	單	6650_6
	旦	6010_0
	淡	3918_9
	澹	3716_1
dang	當	9060_6
	党	9021_6
dao	導	3834_3
	道	3830_6
	衜	2160_1
	蹈	6217_7
de	得	2624_1
	德	2423_1
deng	登	1210_8
	鄧	1712_7
di	狄	4928_0
	迪	3530_6
	翟	1721_4
	砥	1264_0
	帝	0022_7
	棣	4593_2
dian	殿	7724_7
diao	釣	8712_0
die	疊	6010_7
ding	丁	1020_0
	鼎	2222_1
	矴	1162_0
	定	3080_1
dong	東	5090_6
	董	4410_4
	洞	3712_0
dou	斗	3400_0
	竇	3080_6
du	都	4762_7
	讀	0468_6
	獨	4622_7
	篤	8832_7
	杜	4491_0
	螙	4013_6
	蠹	5013_6
duan	端	0212_7
	段	7744_7
dui	兑	8021_6
dun	敦	0844_0
	惇	9004_7
	鈍	8511_7
	遯	3130_3
duo	多	2720_7

E

e	餓	8375_0
	諤	0662_7
er	二	1010_0

F

fa	法	3413_1
fan	反	7124_7
	蕃	4460_9
	樊	4443_0
	汎	3711_0
	范	4411_2
fang	方	0022_7
	芳	4422_7
	房	3022_7
	放	0824_0
fei	費	5580_6
	飛	1241_3

	蜚	1113_6
	匪	7171_1
feng	逢	2730_4
	馮	3112_7
	封	4410_0
	風	7721_0
	楓	4791_0
	豐	2210_8
	奉	5050_3
	鳳	7721_0
fo	佛	2522_7
fu	浮	3214_7
	復	2824_7
	孚	2040_7
	敷	5824_0
	膚	2122_7
	涪	3016_1
	符	8824_3
	鳧	2721_7
	福	3126_6
	甫	5322_7
	滏	3811_9
	輔	5302_7
	傅	2324_2
	富	3060_6

G

gai	改	1874_0
	溉	3111_4
gan	干	1040_0
	甘	4477_0
	乾	4841_7
	幹	4844_1
	贛	0748_6
gang	剛	7220_0
	綱	2792_0
	戇	0733_8
gao	皋	2640_3
	高	0022_7
	杲	6090_4
	郜	2762_7
ge	歌	1768_0
	革	4450_6
	格	4796_4
	葛	4472_7
gen	艮	7773_2
geng	畊	6500_0
	耕	5590_0
	賡	0028_6
	耿	1918_0

gong	公	8073_0
	功	1412_7
	共	4480_1
	攻	1814_0
	恭	4433_8
	躬	2722_7
	龔	0180_1
	拱	5408_1
	鞏	1750_6
	貢	1080_6
gou	句	2762_0
	緱	2793_4
	苟	4462_7
gu	姑	4446_0
	古	4060_0
	谷	8060_8
	穀	4794_7
	固	6060_4
	顧	3128_6
gua	瓜	7223_0
guai	乖	2011_1
guan	冠	3721_4
	關	7777_2
	觀	4621_0
	管	8877_7

	貫	7780_6
	盥	7710_7
	灌	3411_4
guang	光	9021_1
	廣	0028_6
gui	圭	4010_4
	規	5601_0
	龜	2711_7
	歸	2712_7
	桂	4491_4
	貴	5080_6
	檜	4896_6
guo	郭	0742_7
	過	3730_2
	國	6015_3
	果	60904

H

ha	哈	6806_1
hai	海	3815_7
han	寒	3030_3
	韓	4445_6
	漢	3413_4
hao	郝	4732_7
	濠	3013_2
	好	4744_7
	浩	3416_1
he	紇	2891_7
	合	8060_1
	蓋	4410_7
	何	2122_0
	和	2690_0
	河	3112_0
	龢	8229_4
	賀	4680_6
	鶴	4722_7
heng	亨	0020_7
	恒	9101_6
	横	4498_6
	衡	2143_0
hong	弘	1223_0
	宏	3043_2
	洪	3418_1
	閎	7743_0
	鴻	3712_7
hou	侯	2723_4
	后	7226_1
	厚	7124_7
	後	2224_7
hu	忽	2733_2
	滹	3114_9
	胡	4762_0
	斛	2420_0
	壺	4010_7
	湖	3712_0
	瓠	4223_0
hua	化	2421_0
	華	4450_4
huai	淮	3011_4
	懷	9003_2
huan	環	1613_2
	浣	3311_1
	曼	6044_7
	煥	9783_4
huang	皇	2610_4
	黄	4480_6
	潢	3418_6
	篁	8810_4
hui	會	8060_6
	恢	9408_9
	撝	5202_7
	輝	9725_6
	徽	2824_0
	回	6060_0
	晦	6805_7

	惠	5033_{3}
	慧	5533_{7}
	蕙	4433_{3}
hun	渾	3715_{6}
huo	霍	1021_{4}

J

ji	姬	4141_{6}
	稽	2397_{2}
	幾	2225_{3}
	畸	6402_{1}
	箕	8880_{1}
	機	4295_{3}
	躋	6012_{3}
	及	1724_{7}
	吉	4060_{1}
	即	7772_{0}
	汲	3714_{7}
	寂	3094_{7}
	集	2090_{4}
	楫	4694_{1}
	極	4791_{4}
	蕺	4415_{3}
	籍	8896_{1}
	己	1771_{7}
	濟	3012_{3}
	忌	1733_{1}
	季	2040_{7}
	寄	3062_{1}
	冀	1180_{1}
	薺	4422_{3}
	繼	2291_{3}
	霽	1022_{3}
jia	家	3023_{2}
	賈	1080_{6}
	夾	4003_{8}
	嘉	4046_{5}
	甲	6050_{0}
	假	2724_{7}
	价	2822_{0}
	稼	2393_{2}
	駕	4632_{7}
jian	肩	3022_{7}
	兼	8023_{7}
	堅	7710_{4}
	間	7760_{7}
	簡	8822_{7}
	見	6021_{0}
	建	1540_{4}
	澗	3712_{0}
	鑑	8811_{7}
	磵	1762_{0}
jiang	江	3111_{0}
	姜	8040_{4}
	將	2724_{2}
	蔣	4424_{7}
jiao	教	4844_{0}
	焦	2033_{1}
	蛟	5014_{8}
jie	揭	5602_{7}
	絜	5790_{3}
	節	8872_{7}
	碣	1662_{7}
	潔	3719_{3}
	解	2725_{2}
	介	8022_{0}
	戒	5340_{0}
	芥	4422_{8}
jin	今	8020_{7}
	金	8010_{9}
	錦	8612_{7}
	謹	0461_{4}
	近	3230_{2}
	勁	1412_{7}
	晉	1060_{1}

	進	3030_1
	搢	5106_1
	縉	2196_1
jing	京	0090_6
	涇	3111_1
	荆	4240_0
	經	2191_1
	井	5500_0
	景	6090_6
	儆	2824_0
	璟	1619_6
	徑	2121_1
	淨	3215_7
	敬	4864_0
	靖	0512_7
	靜	5225_7
	鏡	8011_6
jiu	九	4001_7
	久	2780_0
	就	0391_4
	廄	0024_7
	舊	4477_7
ju	居	7726_4
	駒	7732_0
	菊	4492_7
	橘	4792_7
	鞠	4752_0
	矩	8141_7
	莒	4460_6
	榘	8190_4
	舉	7750_8
	巨	7171_7
	具	7780_1
	鉅	8111_7
	聚	1723_2
	懼	9601_4
juan	捐	5602_7
	倦	2921_2
jue	決	3513_0
	覺	7721_6
	絕	2791_7
jun	君	1760_7
	均	4712_0
	麇	0029_4
	俊	2324_7
	浚	3314_7
	菌	4460_0
	濬	3116_8

K

kai	開	7744_1
kang	亢	0021_7
	康	0023_2
kao	考	4420_7
ke	柯	4192_0
	可	1062_0
	克	4021_6
ken	肯	2122_7
kong	空	3010_1
	孔	1241_0
kou	寇	3021_4
kua	跨	6412_7
kuai	快	9503_0
kuan	寬	3021_3
kuang	況	3611_0
kui	奎	4010_4
	揆	5203_4
	葵	4443_0
kun	困	6090_4
kuo	闊	7716_4
	擴	5008_6

L

lai	來	4090_8
	萊	4490_8
lan	藍	4410_7

	蘭	4422_{7}
	嬾	4748_{6}
	懶	9708_{6}
lang	郎	3772_{7}
	閬	7773_{2}
lao	老	4471_{1}
le	樂	2290_{4}
lei	雷	1060_{3}
leng	冷	3813_{7}
li	厲	7122_{7}
	黎	2713_{2}
	藜	4413_{2}
	驪	7131_{1}
	李	4040_{7}
	理	1611_{4}
	禮	3521_{8}
	醴	1561_{8}
	力	4002_{7}
	立	0010_{8}
	利	2290_{0}
	栗	1090_{4}
	歷	7121_{1}
	勵	7422_{7}
	櫟	4299_{4}
	酈	1722_{7}
lian	連	3530_{0}
	廉	0023_{7}
	蓮	4430_{4}
	濂	3013_{7}
	斂	8884_{0}
	練	2599_{6}
liang	良	3073_{2}
	梁	3390_{4}
	兩	1022_{7}
liao	廖	0022_{2}
	了	1720_{7}
lin	林	4499_{0}
	鄰	9722_{7}
	臨	7876_{6}
	麟	0925_{9}
	藺	4422_{7}
ling	令	8030_{7}
	玲	1813_{7}
	凌	3414_{7}
	淩	3414_{7}
	陵	7424_{7}
	靈	1010_{8}
liu	留	7760_{2}
	劉	7210_{0}
	柳	4792_{0}
	六	0080_{0}
long	隆	7721_{4}
	龍	0121_{1}
	隴	7121_{1}
lou	婁	5040_{4}
	樓	4594_{4}
lu	露	1016_{4}
	陸	7421_{4}
	盧	2121_{7}
	廬	0021_{7}
	瀘	3111_{7}
	蘆	4421_{7}
	魯	2760_{3}
	鹿	0021_{1}
	逯	3730_{3}
	禄	3723_{2}
	路	6716_{4}
	潞	3716_{4}
lü	閭	7760_{6}
	呂	6060_{0}
	履	7724_{7}
	緑	2793_{2}
lun	倫	2822_{7}
	綸	2892_{7}
luo	羅	6091_{4}

	洛	3716_4
	駱	7736_4

M

ma	麻	0029_4
	馬	7132_7
mai	邁	3430_2
man	漫	3614_7
	曼	6040_7
mao	毛	2071_4
	茅	4422_2
	茂	4425_3
	懋	4433_9
mei	眉	7726_7
	梅	4895_7
	郿	7722_7
	槑	6699_4
	美	8043_0
meng	蒙	4423_2
	濛	3413_2
	孟	1710_7
	夢	4420_7
	寢	3022_7
mi	糜	0029_4
	彌	1122_7
	密	3077_2
mian	勉	2441_2
	冕	6041_6
	緬	2196_0
miao	繆	2792_2
mie	蔑	4425_3
min	民	7774_7
	岷	2774_7
	敏	8854_0
	閔	7740_0
ming	名	2760_0
	明	6702_0
	洺	3716_0
	溟	3718_1
miu	謬	0762_2
mo	磨	0026_1
	礪	1061_1
	莫	4443_0
	墨	6010_4
	默	6333_4
mou	牟	2350_0
	謀	0469_4
mu	木	4090_0
	牧	2854_0
	睦	6401_4
	慕	4433_2
	穆	2692_2

N

na	納	2492_7
nai	乃	1722_7
	迺	3130_6
	耐	1420_0
nan	南	4022_7
	難	4051_4
nang	囊	6073_2
ne	訥	0462_7
neng	能	2121_1
ni	倪	2721_7
	擬	5708_1
nie	聶	1014_1
ning	甯	3022_7
	寧	3020_1
	凝	3718_1
niu	牛	2500_0
nong	農	5523_2

O

ou	區	7171_6
	歐	7778_2

P

pan	潘	3216_9
	槃	2790_4
	磐	2760_1
	磻	1266_9
	蟠	5216_9
	盤	2710_7
pang	龐	0021_1
peng	朋	7722_0
	彭	4212_2
	蓬	4430_4
	鵬	7722_7
pi	丕	1010_9
	皮	4024_7
	癖	0014_1
ping	屏	7724_1
	平	1040_9
	萍	4414_9
po	坡	4414_7
	婆	3440_4
pu	蒲	4412_7
	樸	4293_4
	濮	3213_4
	浦	3312_7
	普	8060_1
	溥	3314_2

Q

qi	豈	2210_8
	奇	4062_1
	棋	4498_1
	齊	0022_3
	七	4071_0
	栖	4196_0
	戚	5320_0
	棲	4594_4
	榿	4291_8
	漆	3413_2
	圻	4212_1
	岐	2474_7
	祁	3722_7
	俟	2323_4
	旂	0822_1
	耆	4460_1
	淇	3418_1
	騏	7438_1
	麒	0428_1
	起	4780_1
	啓	3860_4
	綺	2492_1
	企	8010_1
	契	5743_0
	棄	0090_4
	葺	4440_1
	器	6666_3
qian	錢	8315_3
	千	2040_0
	鉛	8716_1
	謙	0863_7
	前	8022_1
	虔	2124_0
	潛	3116_1
	黔	6832_7
	灊	3112_7
	倩	2522_7
qiang	强	1623_6
	牆	2426_1
qiao	喬	2022_7
	樵	4093_1
	橋	4292_7
	譙	0063_1
qie	且	7710_0
qin	欽	8718_2
	親	0691_0

	芹	4422_1
	秦	5090_4
	琴	1120_7
	勤	4412_7
qing	青	5022_7
	卿	7772_0
	清	3512_7
	慶	0024_7
qiong	瓊	1714_7
qiu	邱	7712_7
	秋	2998_0
	仇	2421_7
	求	4313_2
	裘	4373_2
qu	瞿	6621_4
	曲	5560_0
	蘧	4430_3
	臞	7621_4
	去	4073_1
	趣	4780_4
quan	全	8010_4
	泉	2623_2
	巏	2471_4
	權	4491_4

R

ran	然	2333_3
rao	饒	8471_1
ren	人	8000_0
	仁	2121_0
	任	2221_4
	仍	2722_7
ri	日	6010_0
rong	戎	5340_0
	容	3060_8
	榕	4396_8
	榮	9990_4
	蓉	4460_8
	融	1523_6
rou	柔	1790_4
ru	如	4640_0
	茹	4446_0
	儒	2122_7
	汝	3414_0
ruan	阮	7121_1
rui	芮	4422_7
	瑞	1212_7
	睿	2160_8
run	閏	7710_4
	潤	3712_0
ruo	若	4460_4

S

san	三	1010_1
sen	森	4099_4
sha	沙	3912_0
shan	杉	4292_2
	樧	4196_0
	山	2277_0
	剡	9280_0
	善	8060_5
shang	商	0022_7
	上	2110_0
	尚	9022_7
shao	韶	0766_2
	少	9020_0
	邵	1762_7
	紹	2796_2
she	畲	8060_9
shen	身	2740_0
	沈	3411_2
	申	5000_6
	伸	2520_6
	深	3719_4

	詵	0461_1
	神	3520_6
	審	3060_9
	愼	9108_1
sheng	盛	5310_7
	升	2440_0
	生	2510_0
	勝	7922_7
	聲	4740_1
	眚	2560_1
	聖	1610_4
shi	石	1060_0
	適	3030_2
	施	0821_2
	師	2172_7
	獅	4122_7
	詩	0464_1
	時	6404_1
	湜	3618_1
	實	3080_6
	史	5000_0
	始	4346_0
	士	4010_0
	世	4471_7
	仕	2421_0
	市	0022_7
	式	4310_0
	侍	2424_1
	是	6080_1
	埶	4411_7
	飾	8872_7
shou	守	3034_2
	首	8060_1
	受	2040_7
	壽	4064_1
shu	書	5060_1
	疏	1011_3
	舒	8762_2
	樗	4192_7
	蔬	4411_3
	叔	2794_0
	淑	3714_0
	蜀	6012_7
	述	3330_9
	恕	4633_0
	庶	0023_7
	漱	3718_2
	樹	4490_0
	儵	2723_1
shuai	帥	2472_7
shuang	雙	2040_7
shui	水	1223_0
	稅	2891_6
shun	舜	2025_2
	順	2108_6
shuo	碩	1168_6
	說	0861_6
	朔	8742_0
si	司	1762_0
	思	6033_0
	斯	4282_1
	四	6021_0
	似	2820_0
	佀	2727_7
	嗣	6722_0
song	松	4893_2
	崧	2293_8
	嵩	2222_7
	宋	3090_4
su	宿	3026_1
	蘇	4439_4
	涑	3519_6
	素	5090_3
	傃	2529_3
	肅	5022_7

suan	酸	1364_7
sui	遂	3830_3
	隨	7423_2
sun	孫	1249_3
	損	5608_6
suo	縮	2396_1
	梭	4394_7
	所	7222_1

T

tai	台	2360_0
	苔	4460_3
	臺	4010_4
	太	4003_0
	泰	5013_2
tan	曇	6073_1
	檀	4091_6
	譚	0164_6
	坦	4611_0
tang	湯	3612_7
	唐	0026_7
	塘	4016_7
tao	韜	4257_7
	桃	4291_3
	陶	7722_0
te	特	2454_1
teng	騰	7922_7
	滕	7923_2
ti	體	7521_8
tian	天	1043_0
	田	6040_0
	恬	9206_4
tiao	苕	4460_2
tie	鐵	8315_0
ting	聽	1413_1
	廷	1240_1
	亭	0020_1
	庭	0024_1
	挺	5204_1
	艇	2244_1
tong	通	3730_2
	同	7722_0
	桐	4792_0
	童	0010_4
tu	禿	2021_7
	徒	2428_1
	涂	3819_4
	屠	7726_4
	塗	3810_4
	圖	6060_4
tuan	湍	3212_7
	摶	5504_3
tui	退	3730_3
	蛻	5811_6
tuo	脫	7821_6

W

wa	媧	4742_7
wan	完	3021_1
	玩	1111_1
	萬	4442_7
wang	汪	3111_4
	王	1010_4
	網	2792_0
	望	0710_4
wei	委	2040_4
	威	5320_0
	微	2824_0
	危	2721_2
	韋	4050_6
	唯	6001_4
	惟	9001_4
	爲	2022_7
	維	2091_4
	魏	2641_3

	偉	2425_6
	位	2021_8
	味	6509_0
	畏	6073_2
	渭	3612_7
	衛	2150_6
wen	温	3611_7
	文	0040_0
	聞	7740_1
weng	翁	8012_7
	瓮	8071_7
wo	蝸	5712_7
	我	2355_0
	臥	7870_0
wu	无	1041_0
	無	8033_1
	毋	7755_0
	午	8040_0
	烏	2732_7
	鄔	2732_7
	吴	6043_1
	吾	1060_1
	梧	4196_1
	五	1010_7
	伍	2121_7
	武	1314_0
	勿	2722_0
	務	1722_7

X

xi	戲	2325_0
	溪	3213_4
	西	1060_0
	希	4022_7
	奚	2043_0
	晞	6402_7
	僖	2426_5
	熙	7733_1
	羲	8025_3
	席	0022_7
	息	2633_0
	習	1760_2
	錫	8612_7
	襲	0173_2
	璽	1010_3
	郄	4742_7
xia	夏	1024_7
	霞	1024_7
xian	仙	2227_0
	先	2421_1
	鮮	2835_1
	咸	5320_0
	賢	7780_6
	顯	6138_6
	憲	3033_6
	獻	2323_4
xiang	相	4690_0
	香	2060_9
	湘	3610_0
	薌	4422_7
	襄	0073_2
	祥	3825_1
	翔	8752_0
	詳	0865_1
	向	2722_0
	象	2723_2
	項	1118_6
	嚮	2722_7
xiao	逍	3930_2
	蕭	4422_7
	囂	6666_8
	小	9000_0
	孝	4440_7
	肖	9022_7
	笑	8843_0

	嘯	6502_7
xie	斜	8490_0
	協	4402_7
	燮	9940_7
	謝	0460_0
xin	心	3300_0
	辛	0040_1
	莘	4440_1
	新	0292_1
	信	2026_1
xing	行	2122_1
	星	6010_4
	惺	9601_4
	興	7780_1
	醒	1661_4
	邢	1742_7
	滎	9923_2
	省	9060_2
	杏	4060_9
	幸	4040_1
	性	9501_4
xiong	雄	4071_4
	熊	2133_1
xiu	休	2429_0
	修	2722_2
	脩	2722_7
	秀	2022_7
xu	許	0864_0
	盱	6104_0
	胥	1722_7
	虛	2121_7
	須	2128_6
	徐	2829_4
	序	0022_2
	勗	6012_7
	續	2498_6
xuan	宣	3010_6
	軒	5104_0
	玄	0073_2
xue	學	7740_7
	薛	4474_1
	雪	1017_7
xun	恂	9702_0
	洵	3712_0
	荀	4462_7
	循	2226_4
	詢	0762_0
	訓	0260_0
	巽	7780_1

Y

ya	雅	7021_4
	亞	1010_7
yan	鬳	2122_7
	燕	4433_1
	言	0060_1
	延	1240_1
	嵒	2266_6
	閻	7777_7
	顏	0128_6
	嚴	6624_8
	巖	2224_8
	兗	0021_6
	衍	2110_3
	儼	2624_8
	彥	0022_2
	晏	6040_4
	硯	1661_0
	雁	7121_4
	鷃	6742_7
yang	羊	8050_1
	揚	5602_7
	陽	7622_7
	暘	6602_7

	楊	4692_7
	仰	2722_0
	養	8073_2
yao	姚	4241_3
	堯	4021_1
	耀	9721_4
ye	葉	4490_4
	耶	1712_7
	也	4471_2
	野	6712_2
yi	一	1000_0
	伊	2725_7
	黟	6732_7
	圯	4711_7
	夷	5003_2
	沂	3212_1
	宜	3010_7
	怡	9306_0
	益	8010_7
	移	2792_7
	貽	6386_0
	儀	2825_3
	誼	0361_7
	遺	3530_8
	頤	7178_6
	彝	2744_9
	乙	1771_0
	以	2810_0
	艤	2845_3
	亦	0033_0
	佚	2523_0
	抑	5702_0
	易	6022_7
	逸	2730_1
	意	0033_6
	義	8055_3
	億	2023_6
	毅	0724_7
	憶	9003_6
	翼	1780_1
	繹	2694_1
	藝	4473_1
	懿	4713_8
yin	殷	2724_7
	吟	6802_7
	訔	2260_1
	寅	3080_6
	鄞	4712_7
	尹	1750_7
	飲	8778_2
	隱	7223_7
ying	英	4453_0
	應	0023_1
	瑩	9910_3
	郢	6712_7
	潁	2128_6
yong	庸	0022_7
	雍	0071_4
	慵	9002_7
	顒	6148_6
	永	3023_2
	泳	3313_2
	詠	0363_2
	用	7722_0
you	繇	2279_3
	幽	2277_0
	尤	4301_0
	由	5060_0
	游	3814_7
	猷	8363_4
	友	4004_7
	有	4022_7
	酉	1060_0
	又	1740_0
	幼	2472_7

	佑	2426_{0}
	囿	6022_{7}
	祐	3426_{0}
yu	潏	3712_{7}
	于	1040_{0}
	余	8090_{4}
	俞	8022_{1}
	於	0823_{3}
	迂	3130_{4}
	予	1720_{2}
	愚	6033_{2}
	榆	4892_{1}
	虞	2123_{4}
	逾	3830_{2}
	漁	3713_{6}
	與	7780_{1}
	宇	3040_{1}
	雨	1022_{7}
	禹	2042_{7}
	玉	1010_{3}
	育	0022_{7}
	郁	4722_{7}
	喻	6802_{1}
	愈	8033_{2}
	裕	3826_{8}
	豫	1723_{2}
yuan	囦	6023_{2}
	淵	3210_{0}
	鴛	2732_{7}
	元	1021_{1}
	原	7129_{6}
	員	6080_{6}
	袁	4073_{2}
	源	3119_{6}
	緣	2793_{2}
	邍	3730_{3}
	遠	3430_{3}
	愿	7123_{9}
yue	約	2792_{0}
	月	7722_{0}
	岳	7277_{2}
	悦	9801_{6}
	越	4380_{5}
	粵	2620_{7}
	閲	7721_{6}
	嶽	2223_{4}
yun	芸	4473_{1}
	耘	5193_{1}
	雲	1073_{1}
	筠	8812_{7}
	鄖	6782_{7}
	篔	8880_{6}
	允	2321_{0}
	韞	4651_{7}
	韻	0668_{6}
	藴	4491_{7}

Z

zai	宰	3040_{1}
	載	4355_{0}
	再	1044_{7}
	在	4021_{4}
zang	臧	2325_{0}
	藏	4425_{3}
zao	藻	4419_{4}
	慥	9403_{6}
ze	擇	5604_{1}
	則	6280_{0}
	澤	3614_{1}
zeng	曾	8060_{6}
zha	查	4010_{6}
	札	4291_{0}
zhai	宅	3071_{4}
zhan	湛	3411_{8}
	占	2160_{0}

	詹	2726_1
	瞻	6706_1
zhang	張	1123_2
	章	0040_6
	樟	4094_6
	掌	9050_2
	杖	4590_0
zhao	昭	6706_2
	召	1760_2
	趙	4980_2
zhe	哲	5260_2
	蔗	4423_7
zhen	貞	2180_6
	振	5103_2
	眞	2180_1
	甄	1111_7
	枕	4491_2
	震	1023_2
	鎮	8118_1
zheng	正	1010_1
	征	2121_1
	政	1814_0
	証	0161_1
	鄭	8742_7
	證	0261_8
zhi	之	3030_7
	支	4040_7
	知	8640_0
	芝	4430_7
	直	4010_1
	執	4441_7
	植	4491_7
	質	7280_6
	止	2110_0
	芷	4410_1
	至	1010_4
	志	4033_1
	治	3316_0
	致	1814_0
	畤	6404_1
	智	8660_0
	廌	0022_7
	稚	2091_4
	穉	2795_1
zhong	中	5000_6
	忠	5033_6
	鍾	8211_4
	种	2590_6
	種	2291_4
	仲	2520_6
	眾	6088_0
zhou	周	7722_0
zhu	朱	2590_0
	諸	0466_0
	朮	4321_0
	竹	8822_0
	竺	8810_1
	燭	9682_7
	主	0010_4
	祝	3621_0
zhuang	莊	4421_4
	壯	2421_0
zhui	贅	5880_6
zhun	準	3040_1
zhuo	卓	2140_6
	拙	5207_2
zi	滋	3813_2
	資	3780_6
	子	1740_0
	梓	4094_1
	紫	2190_3
	字	3040_7
	自	2600_0
zong	宗	3090_1
	縱	2898_1

zou	鄒	2742_7
zu	足	6080_1
	祖	3721_0
zui	最	6014_7
	醉	1064_8
zun	尊	8034_6
	遵	3830_4
	撙	5804_6
zuo	作	2821_1
	左	4010_1
	佐	2421_1

筆畫檢字表

一畫

一 1000_0
乙 1771_0

二畫

丁 1020_0
七 4071_0
乃 1722_7
九 4001_7
了 1720_7
二 1010_0
人 8000_0
八 8000_0
力 4002_7
卜 2300_0
又 1740_0

三畫

三 1010_1
上 2110_0
久 2780_0
也 4471_2
于 1040_0
千 2040_0
士 4010_0
大 4003_0
子 1740_0
小 9000_0
山 2277_7
己 1771_0
干 1040_0
才 4020_0

四畫

不 1090_0
中 5000_6
丹 7744_0
之 3030_7
予 1720_2
五 1010_7
井 5500_0
亢 0021_7
仁 2121_0
仇 2421_7
今 8020_7
介 8022_0
仍 2722_7
允 2321_0
元 1021_1
公 8073_0
六 0080_0
勿 2722_0
化 2421_0
升 2440_0
午 8040_0
卞 0023_0
及 1724_7
友 4004_7
反 7124_7
天 1043_0
太 4003_0
孔 1241_0

少 9020_0
尤 4301_0
尹 1750_7
心 3300_0
支 4040_7
文 0040_0
斗 3400_0
方 0022_7
无 1041_0
日 6010_0
月 7722_0
木 4090_0
止 2110_0
毋 7755_0
比 2171_0
毛 2071_4
水 1223_0
牛 2500_0
王 1010_4

五畫

且 7710_0
丕 1010_9
世 4471_7
主 0010_4
仕 2421_0
仙 2227_0
代 2324_0
令 8030_2
以 2810_0
充 0021_3
功 1412_7
包 2771_2
北 1111_0
半 9050_0
占 2160_0
去 4073_1
古 4060_0
句 2762_0
召 1760_2
可 1062_0
台 2360_0
史 5000_0
司 1762_0
四 6021_0
左 4010_1
巨 7171_7
市 0022_7
布 4022_7
平 1040_9
幼 2472_7
弁 2344_0
弘 1223_0
必 3300_0
旦 6010_0
本 5023_0
札 4291_0
朮 4321_0
正 1010_1
民 7774_7
永 3023_2
玄 0073_2
玉 1010_3
瓜 7223_0
甘 4477_0
生 2510_0
用 7722_0
田 6040_0
由 5060_0
甲 6050_0
申 5000_6
白 2600_0
皮 4024_7
石 1060_0
立 0010_8

六畫

字	號碼
亦	0033_0
仰	2722_0
仲	2520_6
价	2822_0
任	2221_4
企	8010_1
伊	2725_7
伍	2121_7
休	2429_0
先	2421_1
光	9021_1
全	8010_4
共	4480_1
再	1044_7
冰	3213_0
危	2721_2
合	8060_1
吉	4060_1
同	7722_0
名	2760_0
后	7226_1
向	2722_0
回	6060_0
在	4021_4
圭	4010_4
圯	4711_7
多	2720_7
夷	5003_2
好	4744_7
如	4640_0
字	3040_7
存	4024_7
宅	3071_4
宇	3040_1
守	3034_2
安	3040_4
式	4310_0
戎	5340_0
曲	5560_0
有	4022_7
朱	2590_0
次	3718_2
此	2111_0
汎	3711_0
汝	3414_0
江	3111_0
池	3411_2
牟	2350_0
百	1060_0
竹	8822_0
羊	8050_1
老	4471_1
考	4420_7
自	2600_0
至	1010_4
艮	7773_2
艾	4440_0
行	2122_1
西	1060_0

七畫

字	號碼
亨	0020_7
伯	2620_0
伴	2925_0
伸	2520_6
似	2820_0
佀	2727_7
位	2021_8
佐	2421_1
佑	2426_0
何	2122_0
余	8090_4
佚	2523_0

佛	2522_7	岐	2474_7	決	3513_0
作	2821_1	岑	2220_7	沂	3212_1
克	4021_6	希	4022_7	沈	3411_2
兌	8021_6	庇	0021_1	沖	3510_6
冷	3813_7	序	0022_2	沙	3912_0
別	6240_0	廷	1240_1	狄	4928_0
利	2290_0	忌	1733_1	甫	5322_7
即	7772_0	志	4033_1	矸	1162_0
君	1760_7	快	9503_0	禿	2021_7
吟	6802_7	我	2355_0	秀	2022_7
吳	6043_0	戒	5340_0	肖	9022_7
吾	1060_1	把	5701_7	育	0022_7
呂	6060_0	抑	5702_0	良	3073_2
囷	6023_2	改	1874_0	見	6021_0
困	6090_4	攻	1814_0	言	0060_1
圻	4212_1	杉	4292_2	谷	8060_8
均	4712_0	李	4040_7	貝	6080_0
壯	2421_0	杏	4060_9	赤	4033_1
夾	4003_8	材	4490_0	足	6080_1
孚	2040_7	村	4490_0	身	2740_0
孛	4040_7	杖	4590_0	車	5000_6
孝	4440_7	杜	4491_0	辛	0040_1
宋	3090_4	求	4313_2	辰	7123_2
完	3021_1	汪	3111_4	迂	3130_4
宏	3043_2	汲	3714_7	郊	8722_7

邢 1742_7
邦 5702_7
酉 1060_0
阮 7121_1

八畫

乖 2011_1
亞 1010_7
京 0090_6
來 4090_8
侍 2424_1
兩 1022_7
具 7780_1
初 3722_0
卓 2140_6
協 4402_7
叔 2794_0
受 2040_7
周 7722_0
味 6509_0
和 2690_0
固 6060_4
坡 4414_7
坦 4611_0
奇 4062_1
奉 5050_3
始 4346_0
姑 4446_0
委 2040_4
孟 1710_7
季 2040_7
宗 3090_1
定 3080_1
宜 3010_1
尚 9022_7
居 7726_4
岳 7277_2
岷 2774_7
幸 4040_1
延 1240_1
征 2121_1
徂 2721_0
忠 5033_6
怱 2733_2
怡 9306_0
性 9501_4
房 3022_7
所 7222_1
承 1723_2
抱 5701_2
拙 5207_2
放 0824_0
於 0823_3
昌 6060_0
明 6702_0
易 6022_7
朋 7722_0
東 5090_6
杲 6090_4
松 4893_2
枕 4491_2
林 4499_0
果 6090_4
武 1314_0
河 3112_0
治 3316_0
況 3611_0
法 3413_1
泳 3313_2
牧 2854_0
玩 1111_1
盱 6104_0
直 4010_7
知 8640_0
祁 3722_7

秉 2090_{7}
空 3010_{1}
竺 8810_{1}
肩 3022_{7}
肯 2122_{7}
臥 7870_{0}
芝 4430_{7}
芥 4422_{8}
芮 4422_{7}
芳 4422_{7}
芷 4410_{1}
芸 4473_{1}
芹 4422_{1}
表 5073_{2}
近 3230_{2}
邱 7712_{7}
邵 1762_{7}
金 8010_{9}
長 7173_{2}
雨 1022_{7}
青 5022_{7}

九畫

亭 0020_{1}
侯 2723_{4}
俊 2324_{7}
保 2629_{4}
俞 8022_{1}
俟 2323_{4}
信 2026_{1}
兗 0021_{6}
冠 3721_{4}
則 6280_{0}
前 8022_{1}
勁 1412_{7}
勉 2441_{2}
南 4022_{7}
厚 7124_{7}
咸 5320_{0}
哈 6806_{1}
囿 6022_{7}
垂 2010_{4}
奎 4010_{4}
契 5743_{0}
姚 4241_{3}
姜 8040_{4}
威 5320_{0}
宣 3010_{6}
封 4410_{0}
屏 7724_{1}
帝 0022_{7}
帥 2472_{7}
幽 2277_{0}
建 1540_{4}
彥 0022_{2}
待 2424_{1}
後 2224_{7}
思 6033_{0}
恂 9702_{0}
恒 9101_{6}
恢 9408_{9}
恬 9206_{4}
拱 5408_{1}
持 5404_{1}
按 5304_{4}
政 1814_{0}
施 0821_{2}
星 6010_{4}
春 5060_{3}
昭 6706_{2}
是 6080_{1}
柏 4690_{0}
柔 1790_{4}
查 4010_{6}
柯 4192_{0}

柳 4792_0
段 7744_7
泉 2623_2
洛 3716_4
洞 3712_0
洪 3418_1
洵 3712_0
洺 3716_0
炳 9182_7
玲 1813_7
瓮 8071_7
畊 6500_0
畏 6073_2
皇 2610_4
相 4690_0
省 9060_2
眉 7726_7
禹 2042_7
秋 2998_0
种 2590_6
約 2792_0
紇 2891_7
美 8043_0
耐 1420_0
耶 1712_7
胡 4762_0
胥 1722_7
致 1814_0
苔 4460_3
苕 4460_2
苟 4462_7
若 4460_4
英 4453_0
茂 4425_3
范 4411_2
茅 4422_2
衍 2110_3
貞 2180_6
迪 3530_6
述 3330_9
郁 4722_7
郄 4742_7
郎 3772_7
革 4450_6
韋 4050_6
風 7721_0
飛 1241_3
首 8060_1
香 2060_9
虔 2124_0
修 2722_2

十畫

倉 8060_7
倦 2921_2
倩 2522_7
倪 2721_7
倫 2822_7
党 9021_6
兼 8023_7
凌 3414_7
剛 7220_0
剡 9280_0
匪 7171_1
卿 7772_0
原 7129_6
員 6080_6
哲 5260_2
唐 0026_7
夏 1024_7
奚 2043_0
姬 4141_6
孫 1249_3
宰 3040_1
家 3023_2

字	號碼
容	3060_8
師	2172_7
席	0022_7
庭	0024_1
徐	2829_4
徑	2121_1
徒	2428_1
恕	4633_0
恥	1310_0
恭	4433_8
息	2633_0
悅	9801_6
振	5103_2
挺	5204_1
捐	5602_7
旂	0822_1
晁	6011_3
時	6404_1
晉	1060_1
晏	6040_4
書	5060_1
朔	8742_0
柴	2190_4
栖	4196_0
栗	1090_4
格	4796_4
桂	4491_4
桃	4291_3
桐	4792_0
殷	2724_7
泰	5013_2
浚	3314_7
浣	3311_1
浦	3312_7
浩	3416_1
浮	3214_7
海	3815_7
涂	3819_4
涇	3111_1
涑	3519_6
烏	2732_7
特	2454_1
班	1111_4
留	7760_2
病	0012_7
臯	2640_3
益	8010_7
眚	2560_1
眞	2180_1
矩	8141_7
砥	1264_0
祐	3426_0
祖	3721_0
祝	3621_0
神	3520_6
秦	5090_4
笑	8843_0
納	2492_7
純	2591_7
素	5090_3
翀	1510_6
翁	8012_7
耆	4460_1
耕	5590_0
耘	5193_1
耿	1918_0
能	2121_1
茶	4490_4
茹	4446_0
荀	4462_7
草	4440_6
袁	4073_2
訓	0260_0
訔	2260_1
豈	2210_8

貢	1080_{6}
起	4780_{1}
躬	2722_{7}
軒	5104_{0}
迺	3130_{6}
退	3730_{3}
部	2762_{7}
郝	4732_{7}
郢	6712_{7}
馬	7132_{7}
高	0022_{7}

十一畫

乾	4841_{7}
假	2724_{7}
偉	2425_{6}
冕	6041_{6}
勗	6012_{7}
務	1722_{7}
區	7171_{6}
參	2320_{2}
唯	6001_{4}
商	0022_{7}
啓	3860_{4}
國	6015_{3}
埶	4411_{7}
執	4441_{7}
堅	7710_{4}
婁	5040_{4}
婆	3440_{4}
宿	3026_{1}
寂	3094_{7}
寄	3062_{1}
寅	3080_{6}
密	3077_{2}
寇	3021_{4}
將	2724_{2}
屠	7726_{4}
崇	2290_{1}
崔	2221_{4}
崧	2293_{8}
巢	2290_{4}
帶	4422_{7}
常	9022_{7}
庵	0021_{6}
庶	0023_{7}
康	0023_{2}
庸	0022_{7}
張	1123_{2}
彪	2221_{2}
彬	4292_{2}
得	2624_{1}
從	2828_{1}
惇	9004_{7}
惟	9001_{4}
戚	5320_{0}
敏	8854_{0}
敖	5824_{0}
教	4844_{0}
斛	2420_{0}
斜	8490_{0}
晞	6402_{7}
晦	6805_{7}
曹	5560_{6}
曼	6040_{7}
望	0710_{4}
梁	3390_{4}
梅	4895_{7}
梓	4094_{1}
梧	4196_{1}
梭	4394_{7}
棄	0090_{4}
涪	3016_{1}
淇	3418_{1}
淑	3714_{0}

字	號碼
淙	3319_{1}
淡	3918_{9}
淨	3215_{7}
淩	3414_{7}
淮	3011_{4}
深	3719_{4}
淳	3014_{7}
淵	3210_{0}
清	3512_{7}
理	1611_{4}
瓠	4223_{0}
畢	6050_{4}
時	6404_{1}
疏	1011_{3}
盛	5310_{7}
眾	6088_{0}
祥	3825_{1}
移	2792_{7}
章	0040_{6}
符	8824_{3}
紹	2796_{2}
習	1760_{2}
脩	2722_{7}
脫	7821_{6}
船	2746_{1}
莊	4421_{4}
莒	4460_{6}
莘	4440_{1}
莫	4443_{0}
處	2124_{1}
規	5601_{0}
訥	0462_{7}
許	0864_{0}
貫	7780_{6}
逍	3930_{2}
通	3730_{2}
逢	2730_{4}
連	3530_{0}
郭	0742_{7}
郴	4792_{7}
都	4762_{7}
野	6712_{2}
釣	8712_{0}
陳	7529_{6}
陵	7424_{7}
陶	7722_{0}
陸	7421_{4}
雪	1017_{7}
鹿	0021_{1}
麻	0029_{4}

十二畫

字	號碼
傣	2529_{3}
傅	2324_{2}
備	2422_{7}
準	3040_{1}
勝	7922_{7}
博	4304_{2}
善	8060_{5}
喬	2022_{7}
單	6650_{6}
喻	6802_{1}
堯	4021_{1}
場	4612_{7}
壺	4010_{7}
媧	4742_{7}
富	3060_{6}
寒	3030_{3}
尊	8034_{6}
就	0391_{4}
嵇	2397_{2}
嵒	2266_{6}
巽	7780_{1}
幾	2225_{3}
廄	0024_{7}

强	1623_6	渤	3412_7	絕	2791_7
彭	4212_2	渭	3612_7	絜	5790_3
復	2824_7	游	3814_7	翔	8752_0
循	2226_4	渾	3715_6	肅	5022_7
惠	5033_3	湍	3212_7	舒	8762_2
惺	9601_4	湖	3712_0	舜	2025_2
掌	9050_2	湘	3610_0	荆	4240_0
揆	5203_4	湛	3411_8	菊	4492_7
揚	5602_7	湜	3618_1	菌	4460_0
揭	5602_7	湯	3612_7	華	4450_4
搗	5202_7	溉	3111_4	萊	4490_8
敦	0844_0	滋	3813_2	萍	4414_9
斯	4282_1	無	8033_1	虛	2121_7
普	8060_1	焦	2033_1	蛟	5014_8
景	6090_6	然	2333_3	証	0161_1
智	8660_0	爲	2022_7	詠	0363_2
曾	8060_6	琴	1120_7	象	2723_2
最	6014_7	甯	3022_7	貴	5080_6
朝	4742_0	畲	8060_9	費	5580_6
棋	4498_1	登	1210_8	貽	6386_0
棣	4593_2	硯	1661_0	賀	4680_6
森	4099_4	稅	2891_6	超	4780_6
棲	4594_4	程	2691_4	越	4380_5
植	4491_7	童	0010_4	逯	3730_3
欽	8718_2	紫	2190_3	進	3030_1

逸	2730_{1}
郿	7722_{7}
鈍	8511_{7}
開	7744_{1}
閎	7743_{0}
閏	7710_{4}
間	7760_{7}
閔	7740_{0}
陽	7622_{7}
隆	7721_{4}
雁	7121_{4}
雄	4071_{4}
雅	7021_{4}
集	2090_{4}
雲	1073_{1}
項	1118_{6}
順	2108_{6}
須	2128_{6}
飲	8778_{2}
馮	3112_{7}
黄	4480_{6}

十三畫

戛	6044_{7}
傳	2524_{3}
勤	4412_{7}
嗣	6722_{0}
塗	3810_{4}
塘	4016_{7}
嵩	2222_{7}
幹	4844_{1}
廉	0023_{7}
廌	0022_{7}
微	2824_{0}
愈	8033_{2}
意	0033_{6}
愚	6033_{2}
愛	2024_{7}
慈	8033_{3}
慎	9108_{1}
損	5608_{6}
搢	5106_{1}
敬	4864_{0}
新	0292_{1}
暘	6602_{7}
會	8060_{6}
椿	4595_{3}
楊	4692_{7}
楓	4791_{0}
楚	4480_{1}
楫	4694_{1}
極	4791_{4}
榆	4892_{1}
殿	7724_{7}
源	3119_{6}
溟	3718_{1}
溥	3314_{2}
溪	3213_{4}
温	3611_{7}
滄	3816_{7}
滏	3811_{9}
煥	9783_{4}
猷	8363_{4}
獅	4122_{7}
瑞	1212_{7}
當	9060_{6}
畸	6402_{1}
睦	6401_{4}
祿	3723_{2}
稚	2091_{4}
筠	8812_{7}
節	8872_{7}
粵	2620_{7}
經	2191_{1}
義	8055_{3}

聖 1610$_4$
艇 2244$_1$
萬 4442$_7$
葆 4429$_4$
葉 4490$_4$
葛 4472$_7$
董 4410$_4$
葵 4443$_0$
葺 4440$_1$
虞 2123$_4$
蛻 5811$_6$
蜀 6012$_7$
裕 3826$_8$
裘 4373$_2$
補 3322$_7$
解 2725$_2$
詢 0762$_0$
詩 0464$_1$
詳 0865$_1$
誂 0461$_1$
詹 2726$_1$
誠 0365$_0$
資 3780$_6$
賈 1080$_6$
跨 6412$_7$
路 6716$_4$
載 4355$_0$
農 5523$_2$
逾 3830$_2$
遂 3830$_3$
過 3730$_2$
道 3830$_6$
達 3430$_4$
鄒 2742$_7$
鄔 2732$_7$
鄖 6782$_7$
鉅 8111$_7$
鉛 8716$_1$
隘 7821$_7$
雍 0071$_4$
雷 1060$_3$
靖 0512$_7$
飽 8771$_2$
飾 8872$_7$
麂 2721$_7$
鼎 2222$_1$

十四畫

僖 2426$_5$
嘉 4046$_5$
圖 6060$_4$
壽 4064$_1$
夢 4420$_7$
實 3080$_6$
寧 3020$_1$
廖 0022$_2$
徹 2824$_0$
愿 7123$_9$
慥 9403$_6$
慵 9002$_7$
摶 5504$_3$
暢 5602$_7$
榕 4396$_8$
榘 8190$_4$
榮 9990$_4$
榿 4291$_8$
槃 2790$_4$
槎 4891$_1$
槑 6699$_4$
歌 1768$_0$
滎 9923$_2$
滹 3114$_9$
漁 3713$_6$
漆 3413$_2$
漢 3413$_4$

漫 3614_7
漱 3718_2
澈 3814_0
熊 2133_1
熙 7733_1
甄 1111_7
睿 2160_8
碣 1662_7
碧 1660_1
碩 1168_6
福 3126_6
種 2291_4
端 0212_7
箕 8880_1
管 8877_7
粹 9094_8
維 2091_4
綱 2792_0
網 2792_0
綵 2299_4
綸 2892_7
綺 2492_1
綽 2194_6
緑 2793_2
翟 1721_4
翠 1740_8
聚 1723_2
聞 7740_1
臧 2325_0
臺 4010_4
與 7780_1
蒙 4423_2
蒲 4412_7
蒼 4460_7
蓉 4460_8
蓋 4410_7
蜚 1113_6
褚 3426_0
說 0861_6
賓 3080_6
趙 4980_2
輔 5302_7
遠 3430_3
鄞 4712_7
酸 1364_7
韶 0766_2
鳳 7721_0
齊 0022_3

十五畫

儀 2825_3
億 2023_6
儆 2824_0
劉 7210_0
厲 7122_7
嘯 6502_7
墨 6010_4
審 3060_9
寬 3021_3
履 7724_7
廣 0028_6
德 2423_1
慕 4433_2
慧 5533_7
慶 0024_7
撙 5804_6
播 5206_9
敷 5824_0
樂 2290_4
樊 4443_0
樓 4594_4
樗 4192_7
樟 4094_6
歐 7778_2
毅 0724_7
滕 7923_2

頴 2128_6
潏 3712_7
潔 3719_3
潘 3216_9
潛 3116_1
潢 3418_6
潤 3712_0
澄 3211_8
澗 3712_0
瑩 9910_3
盤 2710_7
磐 2760_1
稼 2393_2
穀 4794_7
篁 8810_4
緣 2793_2
緬 2196_2
緱 2793_4
練 2599_6
膚 2122_7
蓬 4430_4
蓮 4430_4
蔑 4425_3
蔗 4423_7
蔡 4490_1
蔣 4424_7
蔬 4411_3
蝸 5712_7
衛 2150_6
衟 2160_1
誼 0361_7
諸 0466_0
賡 0028_6
賢 7780_6
質 7280_6
趣 4780_4
輝 9725_6
適 3030_2
遯 3130_3
鄧 1712_7
鄭 8742_7
鄰 9722_7
醇 1064_7
醉 1064_8
閬 7773_2
閭 7760_6
閱 7721_6
震 1023_2
鞏 1750_6
養 8073_2
餓 8375_0
駒 7732_0
駕 4632_7
魯 2760_3
黎 2713_2

十六畫

儒 2122_7
冀 1180_1
凝 3718_1
器 6666_3
學 7740_7
導 3834_3
憲 3033_6
憶 9003_6
擇 5604_1
操 5609_4
曇 6073_1
樵 4093_1
樸 4293_4
樹 4490_0
橋 4292_7
橘 4792_7
機 4295_3
橫 4498_6

歷 7121_1
潞 3716_4
澤 3614_1
澮 3716_1
濂 3013_7
燕 4433_1
獨 4622_7
璟 1619_6
盥 7710_7
盧 2121_7
磨 0026_1
穆 2692_2
穎 2198_6
篔 8880_6
篤 8832_7
縉 2196_1
羲 8025_3
興 7780_1
蕃 4460_9
蕙 4433_3
蕭 4422_7
薌 4422_7
融 1523_6
[illegible] 4013_6
衡 2143_0
親 0691_0
諤 0662_7
諶 0461_1
謀 0469_4
豫 1723_2
辨 0044_1
遵 3830_4
遺 3530_8
醒 1661_4
錢 8315_3
錦 8612_7
錫 8612_7
閻 7777_7
隨 7423_2
霍 1021_4
靜 5225_7
頤 7178_6
駱 7736_4
鬳 2122_7
鮑 2731_2
鴛 2732_7
麇 0029_4
黔 6832_7
默 6333_4
龍 0121_1
龜 2711_7

十七畫

儲 2426_0
勵 7422_7
嶽 2223_4
彌 1122_7
徽 2824_0
應 0023_1
懋 4433_9
戲 2325_0
戴 4385_0
擬 5708_1
斂 8884_0
檀 4091_6
[illegible] 4196_0
檗 7090_4
檜 4896_6
濛 3413_2
濟 3012_3
濠 3013_2
濬 3116_8
濮 3213_4
濱 3318_6
燭 9682_7

燮 9940_7
牆 2426_1
環 1613_2
磵 1762_0
磻 1266_9
穉 2795_1
糜 0029_4
縮 2396_1
縱 2898_1
繆 2792_2
繇 2279_3
翼 1780_1
聰 1613_0
聱 5840_1
聲 4740_1
臨 7876_6
蕺 4415_3
薛 4474_1
襄 0073_2
謙 0863_7
謝 0460_0
蹈 6217_7
邁 3430_2
鍾 8211_4
闊 7716_4
隱 7223_7
霞 1024_7
鞠 4752_0
韓 4445_6
鮮 2835_1
鴻 3712_7

十八畫

叢 3214_7
嚮 2722_7
彝 2744_9
舉 7750_8
擴 5008_6
歸 2712_7
癖 0014_1
瞻 6706_1
瞿 6621_4
禮 3521_8
簡 8822_7
聶 1014_1
舊 4477_7
薺 4422_3
藍 4410_7
藏 4425_3
蟠 5216_9
謬 0762_2
謹 0461_4
豐 2210_8
贅 5880_6
鎮 8118_1
雙 2040_7
顏 0128_6
顒 6148_6
騏 7438_1
魏 2641_3
黟 6732_7
儵 2723_1

十九畫

嬾 4748_6
廬 0021_7
懶 9708_6
懷 9003_2
櫟 4299_4
瀘 3111_7
璽 1010_3
瓊 1714_7
繹 2694_1
羅 6091_4
艤 2845_3

藜	4413_{2}
藝	4473_{1}
蟾	5716_{1}
證	0261_{8}
譙	0063_{1}
譚	0164_{6}
邊	3630_{2}
鏡	8011_{6}
關	7777_{2}
隴	7121_{1}
難	4051_{4}
韜	4257_{7}
韞	4651_{7}
韻	0668_{6}
鵬	7722_{7}
麒	0428_{1}
龐	0021_{1}

二十畫

嚴	6624_{8}
寶	3080_{6}
獻	2323_{4}
竇	3080_{6}
籍	8896_{1}
繼	2291_{3}
耀	9721_{4}
藺	4422_{7}
藻	4419_{4}
蘆	4421_{7}
蘇	4439_{4}
蘊	4491_{7}
覺	7721_{6}
邅	3730_{3}
醴	1561_{8}
饒	8471_{1}
騰	7922_{7}

二十一畫

㝱	3022_{7}
囂	6666_{8}
巏	2471_{4}
懼	9601_{4}
曩	6073_{2}
灊	3112_{7}
灌	3411_{4}
續	2498_{6}
蘧	4430_{3}
蘭	4422_{7}
蠢	5013_{6}
躋	6012_{3}
鐵	8315_{0}
露	1016_{4}
顧	3128_{6}
鶴	4722_{7}
鷃	6742_{7}
儼	2624_{8}
懿	4713_{8}
權	4491_{4}
疊	6010_{7}
聽	1413_{1}
臞	7621_{4}
襲	0173_{2}
讀	0468_{6}
躔	6011_{4}
酈	1722_{7}
鑑	8811_{7}
霽	1022_{3}
龔	0180_{1}
龢	8229_{4}

二十二畫以上

巖	2224_{8}
顯	6138_{6}
體	7521_{8}
麟	0925_{9}

礶　1061_{1}
蠹　5013_{6}
贛　0748_{6}
靈　1010_{8}
觀　4621_{0}
戇　0733_{8}
驪　7131_{1}